PONTIFICAL INSTITUTE OF MEDIAEVAL STUDIES

STUDIES AND TEXTS

27

ACKNOWLEDGMENT

This book has been published with the help of a grant from the University of Ottawa.

COMMENTUM SEDULII SCOTTI IN MAIOREM DONATUM GRAMMATICUM

BY

DENIS BREARLEY
University of Ottawa

PONTIFICAL INSTITUTE OF MEDIAEVAL STUDIES
TORONTO, CANADA
1975

ISBN 0-88844-027-8
ISSN 0082-5328

PRINTED BY UNIVERSA, WETTEREN (BELGIUM)

Parentibus meis carissimis

Aut lego vel scribo, doceo scrutorve sophian.

Sedulius Scottus Poems
LXXIV 1

TABLE OF CONTENTS

PREFACE

This present volume is a revised version of a thesis entitled

"SEDULIUS SCOTTUS' COMMENTARY ON DONATUS: A CRITICAL EDITION AND STUDY OF THE COMMENTARY OF SEDULIUS SCOTTUS ON THE *ARS MAIOR (DE OCTO PARTIBUS ORATIONIS)* OF DONATUS. (VOLUME I: TEXT. VOLUME 2: THE STUDY AND NOTES).".[1]

The thesis was submitted in conformity with the requirements for the degree of Doctor of Philosophy in the Department of Classics at the University of Toronto in May 1967. Some new evidence has since come to light, which I believe helps to solve a number of problems which remained in the text and source study, and which explain the delay in publishing this important educational treatise of the later Carolingian period.

The project was announced in 1965[2] at the same time Professor Bengt Löfstedt of Uppsala and (now) Los Angeles mentioned that he was preparing an edition of Sedulius' commentaries.[3] In spite of my enquiries in Europe and North America, I had no knowledge of Professor Löfstedt's interest in Sedulius Scottus until late 1967 and we did not finally meet until the summer of 1968 in Munich.

Professor Löfstedt suggested that I continue with my plans to publish ff. 12^r-67^v of British Museum Arundel 43, and since then he has written me that he is preparing an edition and philological commentary of the rest of Sedulius' grammatical commentaries in British Museum Arundel 43 along with Sedulius' partial commentary on the Ars Minor of Donatus in Tours 843-D, Sedulius' Priscian Commentary in Voss. Lat. F67 and other mss., as well as a new edition of Sedulius' Commentary on Eutyches, taking into account new ms. material.

My gratitude is extended to the Canada Council which awarded me a Research Fellowship in the Humanities during the summers of 1968 and 1969 to complete my work on the manuscript material. With this

---

1 *Dissertation Abstracts*, XXVIII 12, 1968.

2 *Bulletin de Philosophie Médiévale*, 7 (1965), 50 C89. This issue did not appear until after December 1967.

3 *Der Hibernolateinische Grammatiker Malsachanus*, Acta Universitatis Upsaliensis, Studia Latina Upsaliensia 3 (Uppsala, 1965), 18, n. 2.

award, I was able to check the major manuscript in the British Museum and to consult manuscripts in the Vatican City and Munich and to obtain microfilm copies of these. My thanks are also due to the University of Ottawa for a grant in aid of publication which I received in January 1972.

I am deeply indebted to the librarians of the British Museum in London and the Bibliothèque Nationale in Paris for the assistance given me, and especially for the help and courtesies extended to me in Munich and at the Vatican library.

I should also like to express my appreciation of the kindnesses shown me by Professor J. Willis (Western Australia), visiting professor at the University of Toronto 1965-66, during the early stages of my research and especially to Professor P. G. Walsh (Edinburgh), visiting professor at the University of Toronto 1966-67, who, as external examiner of the thesis, discovered a number of errors and made suggestions and criticisms for improving the text. Among many others, I am obliged to thank Professor Ludwig Bieler (Dublin) who furnished me with invaluable information about the history of B. M. Arundel 43.

Most important of all, I must thank the Reverend J. R. O'Donnell, C. S. B., Professor of Latin and Palaeography at the Pontifical Institute of Mediaeval Studies in Toronto, who directed my work in the thesis stage and who has since encouraged this project to its present state.

EDITORIAL PRINCIPLES

I have edited fol. 12ʳ34-67ʳ34 of B. M. Arundel 43 (A), with the exception of the short treatise on the construction of the monochord found on fol. 66v28-67R25. The fol. numbers are indicated in the left-hand margin. The work is divided into the traditional nine chapters (De Octo Partibus Orationis, De Nomine, De Pronomine, etc.) which correspond with the divisions in Keil's edition of Donatus.

The form of the commentary is a study by lemma. Therefore I have allotted a paragraph according to the ms. division of lemmata. Where, however, two or more separate topics are treated under one or the same lemma, it was usually found more convenient to place each topic in an individual paragraph. In most cases the scribe has carefully underlined the lemma from Donatus, and where this corresponds to Keil's text of Donatus, regardless of minor changes in case or word order, the lemma appears in capital letters. The numerical reference in each instance is to the page and line number of Keil's edition.

Each paragraph and sentence is numbered consecutively. Quotations within sentences are also usually numbered. The advantages of this system in an edition of a commentary (cf. Tolkiehn's edition of Clemens' *Ars Grammatica*) are immediate, given the demonstrably complex source structure of the work. For example, the quotation from Vergil at 627,8 is clearly quoted through Priscian. At 680 the quotations from the Bible also appear in Hagen's edition of Remigius which has the same text.

The *apparatus criticus* contains the reading of (A), either alone or together with a corroborating or contrasting reading from another source. Sometimes a parallel reference from an allied text was judged important enough to appear alone in the *apparatus*. In some cases the commentaries of Remigius of Auxerre or the texts of one of the G.L. provide sufficient reason for correcting A. I have used Vat. Pal. 1754 (V) and Clm 14488 (M) only where the text of either or both of these mss. was decidedly better than (A) and corrected an obvious mistake or filled a lacuna.

The problem of whether to print Greek words in Greek letters was more difficult to resolve, since it is generally concluded that Sedulius had some knowledge of Greek (Kenney, p. 557 iii: Laistner, p. 244). Furthermore the scribe has attempted to write Greek letters in many instances. Therefore I have used Greek letters in those places where the scribe does so, as well as in those places where critical texts of the traceable source use Greek. In all cases the *apparatus* gives the version of the scribe, and all examples are listed in the Index Graecitatis.

The Fontes and Testimonia contain references to sources, illustrating the *locus classicus* as well as the *locus proximus*. References to contemporary authors are kept to a minimum. The commentaries of Remigius are the exception to this rule, since they contain a large number of parallel passages. This avoids the danger of overburdening the testimonia with references which are merely similar treatments of the same subject, especially when a more precise and closely related text is at hand. I have also added a short section of Notes after the text, the aim of which is to place the commentary of Sedulius more precisely in the tradition of the G.L.

In the transcription of (A) all abbreviations have been expanded. Numerals are represented in words rather than symbols (iiii^{or}) = quattuor). Punctuation and capitalization have been introduced to make the text read easily with the standard editions of the principal published sources.

INDEX OF WORKS CONSULTED

I TEXTS AND EDITIONS[1]

Ado = *Sancti Adonis Martyrologium,* in J. P. Migne, P.L. 123, 139-436.

Aelfric = *Aelfrics Grammatik und Glossar,* ed. Julius Zupitza, Berlin 1880 (2. unveränderte Auflage mit einem Vorwort von Helmut Gneuss, Berlin 1966).

Alcuin = *Alcuini Grammatica,* in J. P. Migne, P.L. 101, 847 ff.

Alc. orthogr. = *Alcuini Orthographia,* ed. A. Marsili, Pisa 1952.

Arator = Arator, *De Actibus Apostolorum,* ed. A. P. McKinley, C.S.E.L. 72, Vienna 1951.

Ars Anon. Bern. = *Ars Anonyma Bernensis,* ed. Hagen, G.L. suppl. VIII 62 ff.

Asper = *Aspri Grammatici Ars,* ed. H. Keil, G.L. V 547 ff.

Asper, suppl. = *Ars Asperi Grammatici,* ed. Hagen, G.L. suppl. VIII 39 ff.

Audax = *Audacis ... Excerpta,* ed. H. Keil, G.L. VII 320 ff.

Aug. A. = Ps-Augustinus, *Ars sancti Augustini pro fratrum mediocritate breviata,* ed. Keil, G.L. V 494 ff. (See *Clavis Patrum Latinorum,* ed. Dekkers, 1557 and the edition of C. Fridericus Weber, Index lect. Marburg 1861)

Aug. conf. = *S. Aur. Augustini Confessionum Libri XIII,* ed. P. Knöll, Vienna-Leipzig, 1896.

Aug. de doct. christ. = Augustinus, *De Doctrina Christiana,* ed. J. Martin C.C. 32 Turnhout, 1962.

Aug. de imm. animae = Augustinus, *De Immortalitate Animae,* in J. P. Migne, P. L. 32 1021 ff.

Aug. dialect. = Ps-Augustinus, *Principia Dialecticae,* in J. P. Migne, P. L. 32, 1409 ff. (See *Clavis Patrum Latinorum,* ed. Dekkers, 361).

Aug. R. = Ps-Augustinus, *Regulae Aurelii Augustini,* ed. H. Keil G.L. V 496 ff. (See *Clavis Patrum Latinorum,* ed. Dekkers, 1558).

Beda = *Bedae Presbyteri Liber de Orthographia,* ed. H. Keil, G.L. VII 261 ff.

Boeth. c. Eut. = Boethius, *Liber contra Eutychen et Nestorium,* in *The Theological Tractates,* ed. H. F. Stewart and E. K. Rand, Cambridge 1918, 72 ff.

Bonif. = *Ars Domni Bonifacii,* ed. A. Mai, Classicorum Auctorum ... tom. 7 Roma 1835, 475 ff.

Cal. Tim. = Calcidius, *Timaeus a Calcido translatus,* ed. J. H. Waszink (Corpus Platonicum Medii Aevi, 4), London 1962.

Caper = *Orthographia Capri,* ed. H. Keil, G.L. VII 92 ff.

Cass. = Cassiodorus Senator, *Institutiones,* ed. R. A. B. Mynors, Oxford 1963.

Cass. de orat. = (Ps?)- Cassiodorus, *De oratione et octo partibus orationis,* in J. P. Migne, P.L. 70, 1219 ff. (See *Clavis Patrum Latinorum,* ed. Dekkers, 908).

Cass. orthog. = *Cassiodorii De Orthographia ...,* ed. H. Keil, G.L. VII 143 ff.

C.C. = *Corpus Christianorum,* Series Latina.

C.G.L. = *Corpus Glossariorum Latinorum,* ed. G. Loewe and G. Goetz, Leipzig and Berlin 1883-1923.

Char. = *Flavii Sosipatri Charisii Artis Grammaticae Libri V,* ed. C. Barwick, Leipzig 1925 (2nd ed. Leipzig 1964).

---

1 Abbreviations of texts not cited in this index are easily recognizable and generally conform with those used in the Thesaurus Linguae Latinae.

Cic. Catil. or. = Cicero, *In Catilinam Oratio*, in *Orationes*, ed. A. C. Clark, Oxford 1909-52.

Cled. = *Cledonii Ars Grammatica*, ed. H. Keil, G.L. V 8 ff.

Clem. = *Clementis Ars Grammatica*, ed. J. Tolkiehn, Leipzig 1928.

Cons. = *Ars Consentii*, ed. H. Keil, G.L. V 338 ff.

C.S.E.L. = *Corpus Scriptorum Ecclesiasticorum Latinorum*.

D = *Donati Ars Grammatica*, ed. H. Keil, G.L. IV 353 ff.

D. And., Eun., Adelph., Hec., Phorm. = Donatus, *Commentum Terenti* (Andria, Eunuchus, Adelphae, Hecyra, Phormio), ed. P. Wessner, Leipzig 1902-8 (2nd ed. Leipzig 1962-63).

de dub. nom. = *De Dubiis Nominibus Cuius Generis Sint*, ed. Fr. Glorie, C.C. 133A 743 ff.

de prop. serm. = *De Proprietate Sermonum vel Rerum*, ed. M. L. Uhlfelder, Rome 1954 (Papers and Monographs of the American Academy in Rome 15).

Diff. Suet. = *Incipiunt differentiae sermonum Remmi Palaemonis ex libro Suetonii ... qui inscribitur Pratum*, in *C. Suetoni Tranquilli Praeter Caesarum Libros Reliquiae*, ed. A. Reifferscheid, Leipzig 1860, 274-296.

Diom. = *Diomedis Artis Grammaticae Libri III*, ed. H. Keil, G.L. I 297 ff.

Dosith. = *Dosithei Ars Grammatica*, ed. H. Keil, G.L. VII 363 ff. (See also the edition of J. Tolkiehn, Leipzig 1913).

Enn. = *Ennianae Poesis Reliquiae*, ed. I. Vahlen, Leipzig 1928.

Erch. = *Erchanberti Frisingensis Tractatus Super Donatum*, ed. W. V. Clausen, Diss. Chicago, 1948.

Eut. = *Eutychis Ars de Verbo*, ed. H. Keil, G.L. V 447 ff.

Exc. Bob. = *Ex (Ps-) Charisii Arte Grammatica Excerpta* [ex. cod. Bobiensi], ed. H. Keil, G.L. I 533 ff.

Fest. = *Sexti Pompei Festi De Verborum Significatu Quae Supersunt Cum Pauli Epitome*, ed. W. M. Lindsay, Leipzig 1913 (2nd ed. Leipzig 1965).

Fronto = (Cornelii Frontonis) *Qui Dicitur De Differentiis Liber*, ed. H. Keil, G.L. VII 515 ff.

Fulg. M., S.A. = *Fabii Planciadis Fulgentii Opera* (Mitologiarum Libri Tres, Expositio Sermonum Antiquorum), ed. R. Helm, Leipzig 1898.

Funaioli = *Grammaticae Romanae Fragmenta*, ed. H. Funaioli, Leipzig 1907 (reprint Rome 1964)

G.G. = *Grammatici Graeci*, ed. Gustav Uhlig et al., 4 vol. Leipzig 1867-1910 (reprint Hildesheim 1965)

G.L. = *Grammatici Latini* ex recensione H. Keilii, Leipzig 1857-1880, vols I-VIII (The reprint Hildesheim 1961 includes the Supplementum Continens Anecdota Helvetica ex recensione Hermanni Hageni, Leipzig 1870 as vol. VIII)

Gloss. Lat. = *Glossaria Latina*, ed. W. M. Lindsay etc., Paris 1926-31.

Hier. de vir. ill. = Hieronymus, *De viris illustribus Liber*, in J. P. Migne, P.L. 23, 603 (631) ff. (See *Clavis Patrum Latinorum*, ed. Dekkers, 616).

Hier. Comm. in Ev. Matt. = Hieronymus, *Commentarii in Evangelium Matthaei*, in J. P Migne, P.L. 26, 15-218. (See *Clavis Patrum Latinorum*, ed. Dekkers, 590).

Hier. Ep. = *S. Eus. Hieronymi Epistulae*, C.S.E.L. 54-56, Leipzig-Vienna 1910-1918.

Hor. C., Epis., Epod., Serm. (Sat.), = Horatius, *Opera (Carmina, Epistulae, Epodi, Saturae)*, ed. E. C. Wickham, Oxford 1963.

Hrab. Maur. = Hrabanus Maurus, *Excerptio de arte grammatica Prisciani*, in J. P. Migne P.L. 111, 613 ff.

Hyginus = *Hygini Fabulae*, ed. H. I. Rose 3rd ed. Leyden 1967.

Isid. = *Isidori ... Etymologiarum Sive Originum Libri XX*, ed. W. M. Lindsay, Oxford, 1911 (cr. 1962).

Iul. Tol. = Iulianus Toletanus, *Ars Grammatica in Vat. Pal. 1746 f. 72ʳ-98ᵛ and 126ᵛ-152ʳ* (See Julian of Toledo, *Ars grammatica poetica et rhetorica*, ed. Fr. de Lorenzana, Rome 1797).

Iuv. = *Iuvenalis Saturae XIII*, ed. W. V. Clausen, Oxford 1959.

Liv. = *T. Livi Fragmenta*, ed. Weissenborn-Müller, vol. X 129-191, Berlin 1881.

Lucan Phars. = Lucan, *La guerre civile,* ed. A. Bourgery, Paris, 1962.

Lucr. = *Lucreti De Rerum Natura Libri Sex,* ed. C. Bailey, ed. altera, Oxford 1922 (1959).

Macr. de Diff. = *Ex Libro Macrobii De Differentiis et Societatibus Graeci Latinique Verbi,* ed. H. Keil, G.L. V 599 ff.

Macr. S. = *Ambrosii Theodosii Macrobii Saturnalia,* ed. I. Willis, Leipzig 1963.

Macr. S.S. = *Ambrosii Theodosii Macrobii Commentarii in Somnium Scipionis,* ed. I. Willis, Leipzig 1963.

Mart. = *Martialis Epigrammata,* ed. W. M. Lindsay, Oxford 1929.

Mals. = *Der Hibernolateinische Grammatiker Malsachanus,* ed. B. Löfstedt, Uppsala 1965.

Mar. Vict. = *Marii Victorini Ars Grammatica,* ed. Italo Mariotti, Firenze 1967 (see also Marii Victorini Ars Grammatica ed. H. Keil G.L. VI, 1 ff.)

Max Vict. de fin = [Maximi Victorini] *De Finalibus Metrorum,* ed. H. Keil, G.L. VI 229 ff.

Mazzarino = *Grammaticae Romanae Fragmenta Aetatis Caesareae,* ed. A. Mazzarino, Torino 1955.

M.C. = Martianus Capella, ed. A. Dick, Leipzig 1925 (2nd ed. addenda adiecit J. Préaux, Stuttgart 1969.)

Mur. = Muridac, *Ars grammatica in Vat. Regin. 1586.*

Myth. Lat. Vat. = *Scriptores Rerum Mythicarum Latini Tres Romae Nuper Reperti I/II,* ed. G. H. Bode, Cellis 1834 and Hildesheim 1968. (See also K. O. Elliott and J. P. Elder, "A Critical Edition of the Vatican Mythographers," *T.A.P.A.* 78 (1947), 189-208).

N.M. = *Nonii Marcelli De Compendiosa Doctrina Libros* XX, ed. W. M. Lindsay, 3 vols., Leipzig 1903 (reprint Hildesheim 1964).

Ovid. Met. = *Ovidii Metamorphoseon Libri XV,* ed. H. Magnus, Berlin 1914.

P = *Prisciani ... Institutionum Grammaticarum Libri XVIII,* ed. M. Hertz and *Prisciani Opera Minora* ed. H. Keil ex. rec. H. Keil, G.L. II and III.

Paul. Diac. = *Ars Donati quam Paulus Diaconus exposuit,* ed. A. Amelli, Montiscasini 1899.

Pers. = Persius, *Saturarum Liber,* ed. W. Clausen, Oxford 1959.

Phocas = *Ars Phocae De Nomine et Verbo,* ed. H. Keil, G.L. V 410 ff.

P.L. = *Patrologiae Cursus Completus,* Series latina, ed. J. P. Migne.

Pomp. = *Pompeii Commentum Artis Donati,* ed. H. Keil, G.L. V 95 ff.

Porphy. = Pomponius Porphyrio, *Scholia Antiqua in Q. Horatium Flaccum,* ed. A. Holder, Innsbruck 1894.

Prob. = *Probi 'opera grammatica',* ed. H. Keil, G.L. IV 1 ff.

Quint. = *Quintiliani Institutionis Oratoriae Libri XII,*

R.E. = [Remig. mai. suppl.] = J. P. Elder, "The Missing Portions of the Commentum Einsidlense on Donatus' Ars Grammatica," *H.S.C.P.* 56 (1947), 129-160.

R.F. = [Remig. min.] *Remigii Autissiodorensis In Artem Donati Minorem Commentum,* ed. W. Fox, Leipzig 1902.

R.H. = [Remig. mai.] *Commentum Einsidlense in Donati Artem Maiorem,* ed. H. Hagen, ex. rec. H. Keil, G.L. VIII 219 ff.

R.L. = [Remig. in M.C.] *Remigii Autissiodorensis Commentum in Martianum Capellum Libri I-IX,* 2 vols., ed. C. E. Lutz, Leiden 1962-65.

Sac. = *Marii Plotii Sacerdotis Artium Grammaticarum Libri Tres,* ed. H. Keil, G.L. VI 427 ff.

Sall. Catil., Iugur. = Sallust, *Catilina, Jugurtha, Fragments des histoires,* ed. A. Ernout, Paris 1946.

Sedul. de graeca = Sedulius de Graeca, *Die Althochdeutschen Glossen II,* ed. Steinmeyer et Sievers, Berlin 1882, 623.

Sedul. in Eutych. = *Commentum Sedulii ... in Eutychis Artem,* ed. H. Hagen, G.L. VIII, 1 ff.

Sédul. in Prisc. = *Sedulii Scotti in Priscianum,* in Leid. Voss. F. 67, f9ʳ-16ᵛ.

Sedul. min. = *Tractatus Sedulii Scotti in arte Donati de octo partibus orationis,* in Turon. 843-D.

Sedulius C.P. = *Caelii Sedulii Omnia Opera (Carmen Pascale),* ed. I. Huemer, C.S.E.L. 10, Vienna 1885.

Serg. = *Sergii De Littera* etc., ed. H. Keil, G.L. IV 475 ff. and *Sergii Explanationum in Artem Donati Liber I*, ed. H. Keil, G.L. IV 486 ff. and *Liber II*, G.L. IV 534 ff.

Serg., gramm. suppl. = *Primae Expositiones Sergii De Prioribus Donati Grammatici Urbis Romae*, ed. H. Hagen, G.L. VIII 143 ff.

Serv. = *Marii Servii Honorati Commentarius in Artem Donati*, ed. H. Keil, G.L. IV, 403 ff.

Serv. Aen., G., E. = *Servii Grammatici Qui Feruntur in Vergilii Carmina Commentarii*, ed. Thilo-Hagen, Leipzig 1878-81, (reprint Hildesheim, 1961).

Tatw. = *Ars Tatuini*, ed. M. de Marco, C. C. 133, Turnholt 1968, 3 ff.

Ter. Adelph., And., Eun., Heaut., Hec., Phorm. = Terentius, *Comoediae (Adelphoe, Andria, Eunuchus, Heauton Timorumenos, Hecyra, Phormio)*, ed. S. Prete, Heidelberg 1954.

Tib. D. = Tiberius Claudius Donatus, *Interpretationes Vergilianae*, ed. H. Georgius, Leipzig 1905.

Vel. = *Velii Longi De Orthographia*, ed. H. Keil, G.L. VII 46 ff.

Verg. Aen., E., G. = *P. Vergili Maronis Opera*, ed. R.A.B. Mynors, Oxford 1969.

Vet. Lat. = *Bibliorum Sacrorum Latinae Versiones Antiquae*, ed. P. Sabatier, Paris 1751.

Vict. = *Victorini explanationum in rhetoricam M. Tulii Ciceronis Libri Duo*, ed. C. Halm in Rhetores Latini Minores, Leipzig 1863, (reprint, Frankfurt am Main 1964) 155-304.

Virg. Gr. = *Virgilii Maronis Grammatici Opera*, ed. I. Huemer, Leipzig 1886.

Vulg. Gen. etc. = *Biblia Sacra iuxta Vulgatam Clementinam : Liber Genesis*, etc.

II OTHER PRINCIPAL WORKS CITED

Arntzenius, Henricus Johannes, *Coelii Sedulii Carminis paschalis libri V*, Leovardiae 1761.

Bähr, Johann Christian Felix, *Geschichte der Römischen Literatur-Supplement-Band 3 Abt.*, Carlesruhe 1836.

Bannister, H. M., "Bishop Roger of Worcester and the Church of Keynsham," *The English Historical Review* XXXII (1917) 387-393.

Bayle, Pierre, *Dictionnaire historique et critique*, 5e éd., Amsterdam 1740.

Bieler, Ludwig, *Ireland Harbinger of the Middle Ages*, London 1963 (1966).

Bondam, Pieter, *Variarum lectionum libri duo*, Zutphaniae 1759.

Boutroix, G. M., "The Liber Tam de Prisciano quam de Donato a Fratre Paulo Camaldulense Monacho Compositus," thesis U. of Ottawa 1971.

Brearley, Denis, "Note de Lecture 226," *Latomus* XXIX (1970) 3, 799.

Brearley, Denis, "Two Mediaeval Postscripts," *Classica et Mediaevalia* XXVIII (1969), 405-7.

Burke's Peerage, ed. P. Townend 103 ed., London 1963.

Catalogue général des manuscrits des bibliothèques publiques de France, XXXVII, Paris 1900.

Catalogue of Manuscripts in the British Museum, Part I, *The Arundel Manuscripts*, London 1834.

Clavis Patrum Latinorum = *Clavis Patrum Latinorum*, ed. alt. ed. E. Dekkers, (Sacris Erudiri 3), Brugge 1961.

Craig. J. D., *Ancient Editions of Terence*, Oxford 1929.

Düchting Reinhard, *Sedulius Scottus, Seine Dichtungen*, München 1968.

Dümmler, Ernst. ed., "Scottus quidam ... de psalterio in linguam Latinam transferendo atque emendando disserit," *M.G.H. Ep.* VI i (Berlin, 1926) 201-205.

E.M. = A. Ernout — A. Meillet, *Dictionnaire étymologique de la langue latine*, 4e éd. cor. Paris 1967.

Esposito, Mario, "A Bibliography of the Latin Writers of Mediaeval Ireland," *Studies* 1913, 495-521.

Esposito, Mario, "The Latin Writers of Mediaeval Ireland," *Hermathena* XIV (1907), 519-529.

Esposito, Mario, "The Latin Writers of Mediaeval Ireland — Supplement," *Hermathena* XV (1909), 353-364.

Esposito, Mario, "A Ninth-Century Commentary on Donatus," *Classical Quarterly* XI (1917) 94-97.

Esposito, Mario, "Notes on Mediaeval Hiberno-Latin and Hiberno-French Literature," *Hermathena* XVI (1910) 58-72.

Fabricius, Johann Albert, *Bibliotheca Latina mediae et infimae aetatis*, 6 vol. Hamburg 1734-43 ; Florence 1858-59 (reprint Graz 1962).

Guido Aretinus, *Micrologus* ed. M. Gerbert, *Scriptores Ecclesiastici De Musica*, vol. I, Typis San-Blasianis 1784 (reprint Hildesheim 1963).

Hayes, Richard J., *Manuscript Sources for the History of Irish Civilization*, 11 vol. Dublin 1965.

Hunt, R. W., "The Introduction to the 'Artes' in the Twelfth Century," *Studia Mediaevalia in Hon. R. J. Martin*, Bruges (1948), 85-112.

Jöcher, Christian Gottlieb, *Allgemeines Gelehrten-Lexikon*, 11 vols. Leipzig 1751 (reprint Hildesheim 1961).

Kenney = J. F. Kenney, *The Sources for the Early History of Ireland*, Vol I : Ecclesiastical, New York 1929 (2nd ed. with addenda by L. Bieler, New York 1966 and Shannon 1968).

Labbeus, Petrus, *De Scriptoribus Ecclesiasticis*, Paris 1660.

Laistner, M. L. W., *Thought and Letters in Western Europe A.D. 500 to 900*, 2nd ed. Ithaca 1957 (1966).

L.H.S. = Leumann — Hofmann — Szantyr, *Lateinische Grammatik*, München 1926-28 (Handbuch der Altertumswissenschaft 2.2.1-2) reprint 1963-65 with a new edition of vol. 2, 1965.

Loewe, Gustav, *Prodromus Corporis Glossariorum*, Leipzig 1876.

L. Sc. = *A Greek-English Lexicon* compiled by H. G. Liddell and R. Scott, 9th ed. by H. S. Jones, Oxford 1940 [See also Greek-English Lexicon, A Supplement, ed. E. A. Barber, Oxford 1968]

Man. = Max Manitius, *Geschichte der lateinische Literatur des Mittelalters*, 1-3, München 1911-31 (Handbuch der Altertumswissenschaft 9.2.) reprint München 1964-65.

McNally, R. ed., *Old Ireland*, Dublin 1965.

Müller, Lucian, "Versus Scoti cuiusdam de alphabeto," *R.M.* XX (1865), 357-374.

Nédoncelle, Maurice, "Prosopon et Persona dans l'Antiquité classique," *R. Sc. Rel.* 22 (1948) 277-299.

O'Brien, M. O., *Titles of Address in Christian Latin Epistolography*, Washington 1930.

Oudin, Casimir, *De scriptoribus ecclesiasticis antiquis*, Leipzig 1722.

P.W. = Pauly-Wissowa, *Realencyclopädie der classischen Altertumswissenschaft*.

S.H. = Schanz-Hosius, *Geschichte der Römischen Literatur*, 1-4, München 1914-35 (Handbuch der Altertumswissenschaft 8).

Smits van Waesberghe, Jos., *Guidonis Aretini Micrologus*, Rome 1955 (Corpus Scriptorum de Musica 4).

Steinmeyer-Sievers = *Die althochdeutschen Glossen*, ed. E. Steinmeyer and E. Sievers, vol. II, Berlin 1882.

Tanner, Thomas, *Bibliotheca Britannico-Hibernica*, London 1748 (reprint Tucson 1963).

T.L.L. = *Thesaurus Linguae Latinae*, München 1900-

Thurot = Ch. Thurot, *Extraits de divers Manuscrits latins pour servir à l'histoire des doctrines grammaticales au Moyen-Age*, Paris 1869 (Notices et extraits des manuscrits de la bibliothèque impériale 22:2), reprint Frankfurt am Main, 1964.

Thurot, Charles, "Un Opuscule Grammatical de Sedulius", *Rev. Celt.* I (1870-72), 264-265 (reprint of the same article in *Comptes-rendus de l'Académie des Inscriptions et Belles-Lettres*, 2e série, VI, 1870, 242-243).

Usserius, Jacobus, *Britannicarum Ecclesiarum Antiquitates*, Dublin 1639 (London 1687).

W. H. = A. Walde, *Lateinisches Etymologisches Wörterburch*, 3. neubearb. Aufl. von J. B. Hofmann, 1938-54, 4. Aufl. Heidelberg 1965.

INTRODUCTION

The study of mediaeval Latin language and literature and the influence of the classical tradition have long been associated with the study of the transmission and preservation of manuscripts in their mediaeval libraries. The important studies of Traube, Manitius, de Ghellinck, and Lehmann have examined this association and added much factual information regarding the subject. Yet there remains the complicated and demanding task of measuring more precisely the educational systems in the contemporary schools. It is now time that scholarship should scrutinize more closely the textbooks used to teach Latin grammar, the basic tool of the literate person in the Middle Ages. But before full scale interpretative works about the schools, their courses, textbooks, methods and aims can be written, critical editions of the texts must be published.

Most recently, Professor B. Löfstedt has pointed out the scope of the task and the present lack of critical editions (*Der Hibernolateinische Grammatiker Malsachanus*, ch. 1) and written an introduction to the study of the grammatical texts of the Hiberno-Latin writers (Mals. ch. 2). Both these surveys are well documented and contain references to published and unpublished material.

For the state of our present knowledge on Sedulius Scottus (fl. 848-859 at Liège), the reader should refer to the excellent general orientation by Professor L. Bieler (*Ireland, Harbinger of the Middle Ages*, London 1963 [1966], esp. 120-126) and the more recent essay by James Carney ("Sedulius Scottus" in *Old Ireland*, Dublin 1965, 228-250).

Most of the important bibliography has been collected by J. F. Kenney (*The Sources for the Early History of Ireland : Ecclesiastical*, New York 1929, reprinted with corrections by L. Bieler, New York 1966, 553-569). Kenney also attempted to correlate much of the existing information on Sedulius and his Circle. Manuscript sources of Sedulius and his Circle referred to in published sources, are now catalogued in Richard J. Hayes, *Manuscript Sources for the History of Irish Civilisation*, Dublin 1965, vol. IV 396-7. (See also the listings for Donatus and Priscian.) The *Literaturbericht* by R. Düchting, *Sedulius Scottus, Seine Dichtungen*, München, 1968, 11-13, includes items missed by Kenney. In addition Düchting mentions works which have appeared since the first edition of Kenney in 1929.

MANUSCRIPT SOURCES

The text of the Commentary of Sedulius Scottus on the *Ars Maior* of Donatus has been preserved in a single manuscript, British Museum Arundel 43 (A). While efforts to locate other manuscripts have not yet proven successful, an analysis of the previous attempts of scholars produces some interesting results and helps to clarify part of the textual history of the manuscript.

Manitius prints a small notice concerning the unpublished grammatical commentaries of Sedulius :

> Der Kommentar zu Priscian ist ungedruckt, wie der Kommentar zu Donat (Ars minor), der in der Hs. Tours 416 s. XI-XIV überliefert wird, s. Thurot. Rev. celt. 1, 264; vielleicht auch zur Ars maior, s. Müller, Rhein. Mus. 20,359.[2]

Manitius incorrectly refers to the Tours' manuscript by its old Saint-Gatien number 416 ; it is now at the Bibliothèque Municipale de Tours 843-D (f. 75-101)[3] Thurot's note on the contents, which Manitius cites from the *Revue Celtique* 1870-72) is a reprint of the same note which appeared in the *Comptes rendus de l'Académie des Inscriptions et Belles Lettres* in 1870.[4]

Manitius' reference to Müller yields the following information[5]:

> Gleichfalls aus Irland stammt der Grammatiker Sedulius, gewöhnlich auch Scotus beigenannt, weshalb ihn denn der brave Jöcher[6] für einen 'Schottländer' ausgibt. — Ueber diesen welcher den kirchlichen Autor Sedulius sehr mit Unrecht in der Verdacht schottischer Abkunft gebracht hat, handelt Arntzen[7] in der Vorrede zu dem römischen Dichter S. 2. 4-6. Dort werden auch erwähnt seine grammatischen Werke 'in maius volumen Prisciani' und 'in secundam editionem Donati'. Von dem ersten findet sich auch eine Handschrift aus der Leidener Bibliothek [M. L. V. F. 67][8]; übrigens muss ich für den ganzen Tractatus das Urtheil Bon-

2 I 319

3 *Catalogue général des manuscrits des bibliothèques publiques de France,* XXXVII (Paris, 1900), 616.

4 VI (Paris, 1870), 242-243.

5 Lucian Müller, "Versus Scoti cuiusdam de alphabeto," *R.M.* XX (1865), 357-374.

6 Christian Gottlieb Jöcher, *Allgemeines Gelehrten — Lexikon* IV (Leipzig, 1751), 470. This set was reprinted by Georg Olms in 1961.

7 Henricus Johannes Arntzenius, *Coelii Sedulii Carminis paschalis libri V* ... (1761).

8 In a letter from the Bibliothek der Rijksuniversiteit te Leiden to Prof. J. R. O'Donnell, Toronto, dated the 19th of August 1965, the following description of the manuscripts is given :

'... B.P.L. 67 and Voss. Lat. F 67 are different manuscripts. The first contains f. 1-7ᵛ Prisciani Periegesis Dionysii, f 8 Glossae graecolatinae, f 8ᵛ fragment of an anonymous commentary on Prisciani Instit. Gramm. Libri I-XVIII cum prologo.

The Vossianus contains f 9-16ᵛ Sedulii Scoti commentarium in Prisciani Instit. Grammat., f 9-11 line 10 on the prologue, then on lib. I-III.

The glosses which accompany the text in B.P.L. 67 should be compared with the text of Sedulius

dams[9] [var. lect. II, 13 p. 309] unterschreiben 'haud sane magni momenti'. — Statt jener beiden Schriften erwähnt Jöcher eine 'expositio in primam artem Donati' und 'commentarii in artem Eutychii', welche 1619 zu Leipzig in Octav gedruckt seien.

Here we have the first of two major problems concerning the textual history of the Sedulian commentaries on Donatus, both of which Hagen discussed incidentally in his introduction to Sedulius' Commentary on Eutyches.[10] It is clear that Jöcher, who cited as his sources Oudin,[11] Bayle,[12] and Fabricius,[13] considered that there existed an *expositio in primam editionem Donati*. This he believed was an established fact, using Oudin[14] as his source.

Hagen, who next recalls Baehr's[15] account of Sedulius' commentaries on Donatus, realizes that Baehr's source is Fabricius. The *Editio prima Italica ... J. D. Mansi* of Fabricius' *Bibliotheca Latina mediae et infimae aetatis*, published in six volumes at Padua in 1754, is the edition which Hagen uses,[16] but the same text also appears in the edition of 1858-59, published at Florence[17]:

> SEDULIUS Junior, natione Scotus ... Eius habemus: ... 3. *Commentarii in artem Eutychii*, teste Usserio[18] in Bibl. Thuanea fuerunt. Sic quoque Sedulio *Commentarii in primam* (alii *secundam*) *artem Donati, et in majus Volumen Prisciani* tribuuntur.
>
> 4. *Opus de regimine Principum* habuit Goldastus[19] teste Labbeo.[20] Sedulius *de rectoribus Christianis et convenientibus regulis, quibus est respublica rite gubernanda* Lips. 1619. 8. editus memoratur a Fabricio nostro ...

in the Voss. for any affinity between them.

Of the Vossianus ... the rest contains fragments from other MSS., without any relation to the text of Sedulius or Priscianus.'

The letter is signed 'for the Librarian, P. W. Tiele, Dept. of Western Manuscripts'. v. Kenney, I 556 for Eib. Pub. Lat. 67. Cf. Mals. p. 18 n. 2

9 Pieter Bondam, *Variarum lectionum libri duo* (Zutphaniae, 1759).

10 Hermann Hagen, "Anecdota Helvetica," G.L., VIII p. LXXV-LXXVII.

11 Casimir Oudin, *De scriptoribus ecclesiasticis antiquis* (Lipsiae 1722).

12 Pierre Bayle, *Dictionnaire historique et critique*, 5th ed. (Amsterdam, 1740).

13 Johann Albert Fabricius, *Bibliotheca Latina mediae et infimae aetatis*, 6 vols., (Hamburg, 1734-43).

14 See n. 11.

15 Johann Christian Felix Baehr, *Geschichte der römischen Literatur*, (Carlsruhe, 1832). The *Supplementband* in three parts was published at Carlsruhe 1836-1840. Hagen's reference is "Bahrius hist. litt. Rom. suppl. III p. 365. 366" (p. LXXVI).

16 On p. LXXVII the reference is (VI p. 158 ed. Ital.).

17 p. 455

18 Jacobus Usserius, *Britannicarum Ecclesiarum Antiquitates*, (Dublin, 1639). The second edition appeared at London in 1687.

19 Melchior Goldastus 1578-1635.

20 Petrus Labbeus, *De Scriptoribus Ecclesiasticis*, (Paris, 1660).

Hagen continues, explaining how a mistake in reading the notice of Fabricius caused Jöcher and Baehr to think that first an *expositio in primam editionem Donati* and secondly *commentarii in primam (alii secundam) artem Donati* had been published in Leipzig in 1619. Hagen therefore established that there was no edition of the commentaries published and that the references in Fabricius said only that Commentaries were attributed to Sedulius. There were no further clues to the location of manuscripts.

The second problem centres on the discovery of Mario Esposito, who published a description and a few excerpts of the British Museum manuscript Arundel 43.[21] This discovery was acknowledged soon after by Manitius in 1923.[22] However an error occurs in the description of the contents of the manuscript:

> As Manitius adds nothing to our knowledge of this work, it may be well to place on record here that the British Museum possesses a complete manuscript of the Commentary, comprising not only the *Ars Minor*, but also the *Ars Maior* with the *De Barbarismo*, etc.

This manuscript, however, contains only commentary on the *Ars Grammatica (Ars Maior)* of Donatus.[23] This discovery of the manuscript followed two earlier notes which Esposito had published. The first reads:

21 "A Ninth-Century Commentary on Donatus," *Classical Quarterly*, XI (1917), 94-97.

22 II 802 (S. 319).

23 See the G.L. IV 367-402.

The *Ars Minor* deals exclusively with the eight parts of speech (*G.L.* IV 355-366). The *Ars Maior* or *Ars Grammatica* (IV 367-402) has sections entitled DE VOCE, DE LITTERA, DE SYLLABA, DE PEDIBUS, DE TONIS, DE POSITURIS, then the treatment of the eight parts of speech followed by DE BARBARISMO, DE SOLOECISMO, DE CETERIS VITIIS, DE METAPLASMO, DE SCHEMATIBUS and DE TROPIS.

A certain amount of confusion has arisen because the parts of speech are treated once in the *Ars Minor* and again in the *Ars Maior* (cf. Pomp. V 98, 6-8).

Keil (IV p. XXXV) notes that in the manuscripts the *Ars Minor* is variously called 'editio prima de octo partibus orationis', or 'partes minores', or 'primae partes grammatici'; the parts of speech described in the *Ars Maior* are also found as 'secunda editio de partibus orationis', or 'maiores partes'. Keil continues:

> Ab aliis secunda editio de partibus orationis priori subiecta et ante eam partem, quae est de voce et reliquis artis elementis, conlocata, interdum etiam in finem universi operis reiecta est. Ita factum est ut, cum praeter minorem editionem reliqua ars tribus partibus disposita esset, artem tripertitam non nulli communi nomine maiorem artem vel maiores partes appellarent. Contra ab aliis ea pars, quae est de voce, de littera, de syllaba, de pedibus, de accentibus, de posituris, propterea quod ante maiorem editionem de octo partibus posita erat, prima vel minor pars dicta est.

The Sed. min. in Tours manuscript 843-D begins: 'Incipit Tractatus Sedulii Scotti in Arte Donati De Octo Partibus Orationis', and in its present form it is a commentary on part of the Ars Minor. British Museum Arundel 43 begins: 'Incipit expositio Sedulii Scotti super primam editionem Donati', and receives the name 'prima' because, as Keil says, it comes before the 'maior editio' of the parts of speech.

A MS. of the Commentary of Sedulius Scottus on Donatus was formerly preserved in the library of Gresham College, London, but this library was totally destroyed by fire in 1838 (cf. Hesiod, ed. Paley, 1861, p. xxx).[24]

Esposito later discovered that the "MS. of Sedulius' *Commentary on Donatus* formerly in the Norfolk collection was not destroyed in 1838, but is now in the British Museum, MS. Arundel 43."[24a]

This is also the same manuscript alluded to by Hagen in the final paragraph of the second chapter of his introduction to Sedulius' commentary on Eutyches:

> Quod autem ad commentarios in artem vel primam vel secundam Donati attinet, ab Oudino aliquot codices in Anglia servati II p. 26 commemorantur: 'Item expositio Sedulii episcopi in primam editionem Donati inter Mss. codices ecclesiarum Angliae cathedralium et aliarum celebrium bibliothecarum codice 2942, in Mss. codicibus Norfolcianae apud Londinum bibliothecae codice 43.'[25]

Hagen quotes Casimir Oudin *De scriptoribus ecclesiasticis antiquis,* Lipsiae 1722, II.26, who in turn depends on E. Barnardus, *Catalogi librorum manuscriptorum Angliae et Hiberniae,* Oxford 1697, II.75. He was mistaken only at one point, namely that Oudin and Bernardus refer to more than one MS Bernardus has the following in his *Librorum Manuscriptorum Bibliothecae Norfolcianae in Collegio Greshamensi* : '2942. 43. Sedulii Episc. Expositio super primam Editionem Donati.' The number 2942 is the current number in the second volume of Bernardus, and 43 is the number of the Sedulius codex in the Norfolciana-Gresham College.[26]

Bernardus' catalogue entry '... Expositio super primam Editionem Donati' and the incipit of British Museum Arundel 43 'Incipit expositio Sedulii Scotti super primam editionem Donati' are virtually identical. Furthermore the British Museum manuscript bears the stamp at the bottom of fol. 1 verso, *Soc. Reg. Lond. ex dono Henr. Howard Norfolciensis.*[27] And finally, about the middle of the 18th century, Tanner catalogues the ms. in the following way:

> *Expositionem super primam editionem Donati.* Pr. "Imprimis sciendum est, quod." Ms. Gresham 43.[28]

Manitius[29] notes another piece of evidence which points to the existence

---

24 "Notes on Mediaeval Hiberno-Latin and Hiberno-French Literature," *Hermathena,* XVI (1910), 64.

24a "A Bibliography of the Latin Writers of Mediaeval Ireland," *Studies* (1913), 520.

25 *G.L.* VIII p. LXXVII.

26 Prof. L. Bieler, University College Dublin pointed this out to me in a letter dated 25 November 1965.

27 Henry, sixth Duke of Norfolk (1628-1669) created Baron Howard of Castle Rising and Earl of Norwich : v. *Burke's Peerage,* ed. P. Townend, 103 ed., (London, 1963), p. 1808.

28 Thomas Tanner, *Bibliotheca Britannico — Hibernica* (London, 1748), p. 659-660.

29 III 1062 (S. 319).

of a grammatical commentary of Sedulius (Ars Sedulii) in a manuscript catalogue of the xvith century in Keynsham,[30] also spelled Cheinesham or Cainsham, in Somerset about 5 miles south-east of Bristol. Other more recent studies of the manuscripts of the circle of Sedulius add nothing to our knowledge of the subject.[31]

There is now reason to believe, that a number of commentaries on Donatus, as yet poorly catalogued will be found to contain material closely related to the text of Sedulius. Prof. Löfstedt[31a] states that the Donatus commentaries contained in Vat. Pal. 1754 (V) and Clm 14488 (M) bear a close resemblance to Sedulius' commentary and can be considered, to a large degree, as shorter versions of this work. It is also possible to consider the commentaries of Remigius (R.H., R.E., R.F.) as epitomes of the longer text of Sedulius, although the precise relationship has yet to be determined[31b]. In the recent edition of part of the grammatical works of Paulus Camaldulensis[31c] (cf. Manitius III 182-4) found in Paris B.N. Lat. 7517 saec. XII, fol. 1-26, there are marked similarities with the texts of Vat. Pal. 1754 and Clm. 14488.

MANUSCRIPT DESCRIPTIONS

A London England, British Museum Arundel 43, saec. XIII 80 fol.[32] There are 80 numbered folios on vellum, measuring 26 by 16 cms. Each page has a single column of generally 21 by 12.5 cms, with varying num-

---

30 H. M. Bannister, "Bishop Roger of Worcester and the Church of Keynsham," *The English Historical Review*, XXXII (1917), 389.

31 v. Kenney I 563-564 and *Manuscript Sources for the History of Irish Civilisation* ed. Richard J. Hayes, IV (Dublin, 1965), 396-397.

31a *Mals.*, p. 18 n. 2.

31b See Louis Holtz, "Sur trois commentaires irlandais de *l'art majeur* de Donat au ixe siècle," *Revue d'Histoire des Textes*, 2 (1972), 45-72.

31c "The Liber Tam de Prisciano quam de Donato a Fratre Paulo Camaldulense Monacho Compositus" ed. G. M. Boutroix, Univ. Ottawa thesis 1971.

32 *Catalogue of Manuscripts in the British Museum, Part I, The Arundel Manuscripts*, I (London, 1834), 10. The entry reads: 43. Codex membranaceus, in folio minori, ff. 80, sec. XIII.; quondam domus Carthusiensium prope Mogunciam.
  1. Sedulii Scotti Expositio super primam editionem Donati grammatici, id est, in librum de voce, de litera, de syllaba, de pedibus, de tonis et de posituris. fol. 1.
  2. Ejusdem "commentarii in majorem Donatum grammaticum," id est, in editionem secundam sive de partibus orationis. fol. 12.
  3. Ejusdem Expositio in Donatum "de barbarismo et ceteris viciis." fol. 67.
  In the opinion of Professor Julian Brown of the University of London, the ms. shows characteristics of other late 12th century (German) mss., but could well have been written during the early 13th century. Miss Janet Backhouse and Mr Derek Turner of the British Museum, who have examined the portrait of Donatus on Folio 80^v, suggest that it could have been drawn in the Rhineland (possibly at Mainz) during the first quarter of the 13th century.

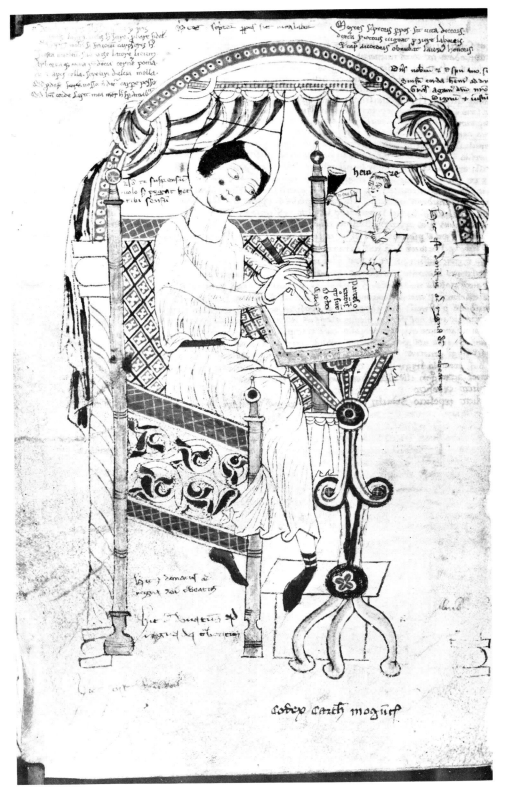

B.M. Arundel 43, folio 80v

See page 24, n. 33 and page 26.

bers of lines (usually40-50).[33] Ruling is by lead plummet. Continental prickings appear regularly before fol. 24^v, after which they disappear because of some trimming of the sides. Quire-marks appear at fol. 8^v (I'), 16^v (ii'), 24^v (iii') and regularly to 78^v (X'). The ms. was rebound and repaired September 28, 1962.[34] The incipits and titles are in different shades of red and large capitals appear in red and blue, red and green, or occasionally in green[35] only, or red only. The ms. is written by several hands. There are many marginal notes serving as an index to the work. Only rarely do the marginal notes form an integral part of the commentary and where this happens the usual signs (a,b,h) are present.[36] Two colophons are found, the first at the bottom of fol. 1^r:

Iste liber est fratrum Carthusiensium prope Mogunciam;

the second is found at fol. 80^v in the same hand :

Codex Carthusiensium Moguncie.[37]

The stamp of the Royal Society of London has also been added at the bottom of fol. 1^v: Soc. Reg. Lond. ex dono HENR. HOWARD Norfolciensis. [Henry Howard, sixth Duke of Norfolk.]

The contents are as follows:

fol 1^r: Incipit exposicio sedulii scotti super primam edicionem donati. Inprimis sciendum est quod hec institutio de voce, et de littera et de sillaba. et de pedibus. de tonis. deque posituris .... [Donati, Ars Grammatica, ed. H. Keil, G.L. IV 367-372, 23.][38]

---

33 Arundel 43 was first described in detail by M. Esposito *C.Q.* XI (1917), 94-97. In Esposito's opinion the ms. was written by a "single hand of the earlier part of saec. XIII, with many marginal notes in a hand of saec. XIV or XV." However, I think it more probable that several scribes were involved and each had his own way of spelling Latin (see n. 44).

34 There is also a note on a page added after fol. 80^v verifying the foliation along with the date May 1884.

35 The following is Esposito's note (*loc. cit.* p. 94) :

According to M. Paul Meyer (*Romania,* 12, 1883, p. 150, and *Notices et Extraits* 35, ii., 1897, p. 646), after the early years of the thirteenth century green capitals are no longer found in MSS. Professor Wilhelm Meyer of Gottingen, whose experience of mediaeval MSS. is probably unrivalled, tells me that, whereas this statement is substantially true of MSS. written in France, England, and Germany, it does not apply in the case of MSS. written in Italy.

36 The one exception is in the form of two speculative grammatical questions at the bottom of fol. 36^v and 37^r which are published in Appendix I and II respectively.

37 The following is Esposito's note (*loc. cit.* p. 94) :

On MSS. formerly belonging to the Carthusians at Mainz, see F. W. Roth (*Romanische Forschungen* 6, 1891, p. 430).

38 Esposito loc. cit. p. 95 was incorrect when he referred to this section as "The *Ars Minor*, pp. 355-66, ed. Keil". B. Löfstedt *Mals.* p. 18 n. 2 also points out this error : Esposito ... behauptet zu Unrecht, diese Hs. enthalte den Komm. zu sowohl Ars minor als Ars maior.

Note also that throughout the commentary citations of the text of Donatus (in the form of lemmata) are usually carefully underlined, with the result that it is possible to reconstruct an almost complete text of Donatus but one unlike any of the individual manuscripts Keil used for his edition.

fol 12ʳ34-66ᵛ27: Incipit commentum sedulii scotti in maiorem donatum grammaticum. [Donatus, ed. Keil, G.L. IV 372,4-392,3.]

fol 66ᵛ28-67ʳ25: Si monocordum mensurare desideras ...[39]

fol 67ʳ26-34 is the introduction to the following section.

fol 67ʳ34: incipit de barbarismo et ceter[i]is viciis. [Donatus, ed. Keil, 392, 4-402,34[40]]

fol 80ʳ32: Explicit exposicio sedulii scotti super edicionem Donati grammatici.

Fol 80ᵛ contains a full page portrait of Donatus writing his grammar. In several places the title appears : Hic est donatus ad regna dei trabeatus. Someone has drawn a stylized noose around Donatus' head and neck and beside this is written the explanation : Non te suspensum volo sed tegat hec tibi sensum. There is also a sketch of a tonsured scribe or pupil holding 3 different items in his hands. His head serves to break the word hein-ze into two parts. In addition to the inclusion of a few versicles and responses at the Sursum Corda of the Roman mass, there are two poems, the first of 8 lines in the upper left hand corner "Utilitas operis qualis sit quantaque queris" and the second of 3 lines in the upper right hand corner, «Merces scriptoris perpes sit vita decoris". I have published these poems along with a commentary elsewhere.[41]

M Munich, Codex Latinus Monacensis 14488 cod. memb. in 4°, 74 folia almost all numbered, written in the tenth century.

In the *Catalogus codicum latinorum Bibliothecae Regiae Monacensis*, ed C. Halm, (Munich, 1876), II 2, is found a brief note on the contents: "Commentarius in editionem secundam Donati".

The contents begin and conclude as follows:

f. 1ʳ: *Title*: Expositio Bedae Editionis maioris donati Et est Remigii
f. 1ᵛ: *Title*: Incipit expositio in donatum.
      Notandum est quia in capite unius cuiusque libri tria sunt requirenda. Id est locus. tempus. persona.
f. 74ʳ: Cum enim omnes partes singulariter vim propriam habeant ut supradictum est Hec sibi pre ceteris hec vindicaverunt officium ad augendam exiguitatem sui ut inpro-vise- (cf. Vat. Palat. Lat. 1754 f. 34ʳ)

---

39 At this point one of the scribes included a treatise on the tuning of the monochord. Along with two fragments of unknown authorship, it contains the second and third chapters, almost intact, of the *Micrologus* of Guido of Arezzo (see Manitius, II 738 ff. and Guido Aretinus, *Micrologus* in *Scriptores Ecclesiastici de Musica*, ed. Martinus Gerbertus II (Typis San-Blasianis, 1784), 4-5 and the edition of *Guidonis Aretini Micrologus*, ed. Jos. Smits van Waesberghe (Corpus Scriptorum de Musica 4, 1955, 93). This work was written about 1025 and became immediately popular. Manitius (II 753) records that the earliest mention of the work in a manuscript catalogue is at Egmond in 1105 ; the work, however, may have been widely copied by that time. In collaboration with Mr. Thomas Wray, I have prepared an edition and commentary of this section, "The British Museum MS. Arundel 43 Monochord Fragments," *Mediaeval Studies* XXXVI (1974), 160-173.

40 The other titles ... incipit de soloecismo, etc., follow in the normal order.

41 "Two Mediaeval Postscripts," *Classica et Mediaevalia*, XXVIII (1969), 405-7.

V   Vatican City, Vat. Palat. Lat. 1754, cod. memb. in 8°, 62 numbered folia written in several hands of the tenth century.

The following colophon appears on fol. 1ʳ: Iste liber est monasterii beati Nazarii in Laurissa. A further colophon appears on fol 62ʳ: Iste liber est ecclesiae beati Nazarii in Laurissa. The mark of the Bibl. Apos. Vat. appears on fol. 1ʳ and 61ᵛ.

This ms. was mentioned by Franz Falk, *Beiträge zur Rekonstruktion der alten Bibliotheca fuldensis und Bibliotheca laureshamensis,* XXVI *Beiheft zum Centralblatt für Bibliothekswesen,* (Leipzig, 1902), p. 72, and once belonged to the collection of mss. at Lorsch. A further notice is to appear in B. Bischoff, "Lorsch in Spiegel seiner Handschriften" in *Die Reichsabtei Lorsch. Festschrift zum Gedenken an ihre Stiftung 764,* Darmstadt.

The contents begin and conclude as follows :

f. 1ʳ The title *Donatus* in a late hand along with the names of other writers.

f. 1ᵛ: Notandum est quia in capite uniuscuiusque libri tria sunt requirenda. id est locus. tempus. persona

f. 59ᵛ11: ... a latino lavina coniunx. Explicit Iste libellus didascalicus est id est doctrinalis et ea proponit hic magister que a discipulo se videt interrogari. Arma virumque cano (which begins excerpts and a paraphrase from Priscian, *Partitiones* G.L. III 459,3 ff. in the context of a treatise on metrics).

f. 62ʳ contains a Latin and Greek alphabet compared, along with the names of the Greek letters in Latin.

f. 62ᵛ contains 4 lines of an exercise which begins "Que est equa ...", then 12 lines of a colophon describing one of the manuscript's possessors and finally 7 lines of a further exercise.

ORTHOGRAPHY OF THIS EDITION

The editor must never forget his reader. To reproduce slavishly the spellings of the ms.[42] would make unnecessary demands on the philosopher or historian interested in this document of mediaeval education. To make no mention of the spellings would rightly frustrate the linguist and student of mediaeval grammar. Therefore I have used the system now to be described, which is designed for easy reading, but without losing the flavour of classroom Latin, or giving an un-necessarily distorted impression of a mediaeval schoolbook.

I have adopted the normal classical orthography as found in the standard editions and have not noted in the apparatus such usual mediaevalisms as

---

42 This is already impossible in the expansion of abbreviations, where the manuscripts itself employs e.g. *con* and *com* and where *gnīvo* could be genitivo or genetivo etc.

e — ae
e — oe
ę — ae
e — i
i — e
ti — ci
ci — ti
y — i
i — y
f — ph
ph — f
q — c
q — qu

and matters of assimilation and dissimilation.

The remaining changes are noted in the *apparatus criticus* or in the text in the case of omitted and superfluous h or of doubling and singling of letters (except in the common words deffinitio, diffinitio, and deffendo).

I do this both for the sake of clarity and because I know of no way to distinguish between the spellings of author[43] and scribes.[44] The *Index Orthographicus* contains an extensive list of the significant spellings (except e-ae-oe-ę and ci-ti) and should be of greater utility to the linguist than an overburdened apparatus.

There remains a small list of words for which there is a constant fluctuation of spelling in the ms. These words have all been normalized :

diminutivus	—	deminutivus
diminuo	—	deminuo
dirivativus	—	derivativus
dirivo	—	derivo
deffendo	—	defendo
genitivus	—	genetivus
hii, hiis, hęe, hęę	—	hi, his, hae (v. Thurot, p. 139)
intelligo	—	intellego
nichil	—	nihil
sillaba	—	syllaba

---

43 It would be difficult to restore Sedulius' own spelling of Latin before a study of this nature has been made of all the MSS in the Circle of Sedulius. It is clear, however, that he was familiar with the Late Latin treatises on orthography and several statements in his commentary show a concern for orthographical correctness (171, 250-564) along classical lines.

44 Each of the scribes of BM Arundel 43 had different attitudes to the spelling of Latin. E.g. the scribe of the bottom half of f. 25ʳ always uses taydi and etiopissam, whereas the scribe at the top of 25ᵛ always uses thaidi and ethiopissa. Both scribes however continue to use traso throughout (179-182).

The following words are all spelled the same way in the ms.

equs	=	equus
michi	=	mihi
patronomica	=	patronymica
percuntor (v. E.-M.)	=	percuntor (percontor, percunctor)
quatuor	=	quattuor
Virgilius	=	Vergilius referring to the poet and Virgilius referring to the grammarian (v. T.L.L.)

In the text itself, there are clear statements that the author used the spellings epikoenon (171), and inchoo (471), which I have retained

INDEX SIGLORUM

A = Codex Londiniensis Mus. Brit. Arundelianus 43, saec. xiii.
A² = lectiones codici A aliis manibus insertae.
M = Codex lat. Monac. 14488, saec. x.
V = Codex Vat. Palat. Lat. 1754, saec. x.

NOTAE CRITICAE

Significant [   ] delenda; < > quae coniectura adduntur; †
corruptelam; ... lacunam; *ss.* superscriptum.
Numeri, qui lemmata typis maiusculis descripta Donatiana sequuntur,
ad editionis H. Keil paginam lineamque referuntur. *A* semper testatur,
ubicumque nullus codex citabitur.
Abbreviationes communes ad illas, quae in diversis linguis vere communes sunt, restringuntur. Cf. *Auxilium Scriptorum,* ed. P. Bonaventura
A. Mehr, Romae 1953 pp. 28-30 et *Normae Scriptis Edendis in Disciplinis Ecclesiasticis,* ed. C. J. Fuerst, Romae 1961, pp. 83-84.

COMMENTUM SEDULII SCOTTI

1. INCIPIT COMMENTUM SEDULII SCOTTI IN MAIOREM DONATUM GRAM-
MATICUM. [2] Pulchre definivit Donatus ordinem suae descriptionis.
[3] Primum enim de voce, deinde de littera, de syllaba, de pedibus, de
partibus, ad ultimum de vitiis scripsit.

2. INCIPIT EDITIO SECUNDA DE PARTIBUS ORATIONIS DONATI GRAMMATICI
URBIS ROMAE. [2] Iste titulus in quibusdam codicibus varie invenitur. [3] IN-
CIPIT compositum est, ut quidam volunt, ex 'in' et 'capio', quasi 'incapit'.
[4] Sed alii: ex 'in' et 'coepi' defectivo verbo, quod verius est.

3. ARS ab artando dicitur, id est constringendo. [2] Et revera quid ar-
f. 12ᵛ tius quidve strictius inveniri // potest quam ut tota latinitas octo partibus comprehendatur? [3] Item ars vocatur, quod artis praeceptis multa
concludat atque teneat, vel etiam ars dicitur ἀπὸ τῆς ἀρετῆς, id est a virtute. [4] ARS etiam Graece, 'virtus' Latine. [5] DONATI GRAMMATICI iam
superius expositum est in minoribus partibus.

4. Septem periochae, id est circumstantiae, requirendae sunt in
capite uniuscuiusque libri. [2] Quis? [3] Ubi? [4] Quando? [5] Quare? [6] Locus,
[7] Persona, [8] Tempus. [9] Quis composuit hunc librum? [10] Donatus. [11] Ubi?
[12] Romae. [13] Quando? [14] Tempore Constantii et Constantini. [15] Quare?
[16] Ad iterandam regulam grammaticae artis et ad instruendos per-
fectiores. [17] Donatus hunc librum metaphorice, id est translative, composuit ab animali ad inanimale, id est ab homine ad librum.

5. PARTES (372,25) dicuntur a parilitate, id est ab aequalitate, eo
quod pares habeantur in numero. [2] Antiqui enim non dicebant PARTES

3,3 ἀπὸ τῆς ἀρετῆς: apotoys aretes   4,1 periochae: pererioche   4,17 metaphorice:
methaforice

1-3,1-2 ed. M. Esposito, C. Quart. XI (1917), 95.   1,2-3 cf. R.E. 142,24-26; cf. R.F. 1-6   2,1
cf. D. 355,1; 366,1; v. Erch. 63-64   2,2 cf. R.E. 142,31-143,1   2,4 cf. Virg. Gr. 168,17-
22   2,3-4 cf. R.F. 2,3-12   3 cf. R.E. 143,1-7   3,2 v. Audax VII 322,21-323,3   3,3
Isid. I 1,2; Cass. 91,13-16; Pomp. V 95,6; v. Audax VII 320   3,5 cf. R.E. 4,1-3   4,2-16 cf.
R.F. 6,1-10; 4,1-15   5 cf. R.H. 143,9-26; R.F. 7,5-16

---

2   3-4 E.M. adopts the first suggestion (capio). There may be confusion with 'incepto', which has
a definite relation with '-coepto'. R.F. 2,3-12, makes the correct choice. v. W. P. Mustard, "The
Etymologies in the Servian Commentary to Virgil," *Colorado College Studies* II (1892), 1-37.
4   Cf. Servius *Accessus ad auctorem* before *Aen.* I 1. For the history and development of the
'periochae' system v. R. W. Hunt, "The Introduction to the 'Artes' in the Twelfth Century," *Studia
Mediaevalia in Hon. R. J. Martin* (1948), 85-112 and H. R. Upson, "Mediaeval Lives of Virgil," *C. Phil.*
XXXVIII (1943), 108-109.
5   5-13 All the Greek names for the parts of speech are found together at Char. 470,6-21 except παρεμβολή. Interiectio is glossed by the more usual σχετλιασμός (cf. παρένθεσις). παρεμβολή is at Char.
36,23 with the meaning 'castra'. R.F. 90,11 has παραβολή. Cf. Ars. Anon. Bern. VIII 63, 11-15.

nisi in rebus corporalibus et paribus numeris. [3] Sed nos non solum in rebus corporalibus et numeris paribus, verum etiam in incorporalibus et in imparibus numeris dicimus PARTES. [4] Item PARTES dicuntur a partiendo, id est dividendo, eo quod partitum in se habent officium Latinitatis. [5] Officium nominis est substantiam omnium creaturarum demonstrare visibilium et invisibilium, quod Graece ὄνομα dicitur. [6] Officium pronominis est vice nominis fungi nec ab illo separare, quod Graece ἀντωνυμία dicitur. [7] Officium verbi est actum vel passionem exprimere, quod Graece ῥῆμα dicitur. [8] Officium adverbii est ipsum actum vel passionem explanare et eius dubietatem auferre, quod Graece ἐπίρρημα dicitur. [9] Officium parti<ci>pii est habere casus nominis et significationem verbi. [10] Unde et a quibusdam casuale verbum, quod Graece μετοχή dicitur. [11] Officium coniunctionis est ceteras partes coniungere tam sensu quam litteratura — sine hac laxa et dissoluta est oratio, quae Graece ἀσύνδετος — vel σύνδεσμος dicitur. [12] Officium praepositionis est semper praeponi et numquam supponi nisi causa euphoniae, id est bonae sonoritatis, quae Graece dicitur πρόθεσις. [13] Officium interiectionis est improvise et absque ulla meditatione proferri, quod Graece παρεμβολή dicitur.

6. Hinc iam quid sit proprietas singularum partium prosequamur. [2] Proprium est nominis substantiam et qualitatem vel quantitatem significare. [3] Quae ideo prima ponitur quia omnis creatura ex nomine suo cognoscitur. [4] Proprium est pronominis pro aliquo proprio nomine poni et certas significare personas. [5] Unde 'quis?' et 'qualis?' et 'tantus' et 'quantus?' et similia separanda sunt ab eo, quia nec pro nomine ponuntur proprio nec certas significant personas. [6] Proprium est verbi actionem sive passionem sive utrumque cum modis et temporibus significare sine casu. [7] Et sicut nomen significat personam, ita verbum factum dictumque personae. [8] Proprium est adverbii cum verbo poni nec sine eo perfectam significationem posse habere, ut 'bene facio' 'docte lego'. [9] Proprium est participii tempus habere et casus. [10] Proprium est coniunctionis cum omnibus partibus, modo praeposita, modo postposita iungi et coniungere partes. [11] Haec enim per se nihil valet, sed in copulatione sermonum quasi quoddam exhibet glutinum.

5,5 ὄνομα: onoma   5,6 ἀντωνυμία: antonoma   5,7 ῥῆμα: rema   5,8 ἐπίρρημα: epirema   5,10 μετοχή: methice   5,11 ἀσύνδετος: asindetos   5,11 σύνδεσμος: sindesmos   5,12 πρόθεσις: prothesis   5,13 παρεμβολή: parembole; cf. R.F. 90,11   6,11 per se nihil: nihil per se   6,11 copulatione: copulacone

5,4 'latinitas' cf. Virg. Gr. 5,4; 10-12; cf. Diom. I 300, 19-21; Char. 193,4-5; Serg. IV 487,23; Pomp. V 96,19 ff.   5,5-13 cf. Clem. 24,15-20; cf. P. II 55,6-56,27; cf. Ars Anon. Bern. VIII 63, 11-15; cf. Char. 470.6-21.   5,11 ἀσύνδετος Serv. ad Aen. X 659   5,13 v. M.C. 356,18; 357,8   6 cf. P. II 55,6-56,27

¹²Proprium est praepositionis separatim per appositionem casualibus praeponi; coniunctim vero per compositionem tam cum habentibus casus quam cum non habentibus. ¹³Interest autem inter coniunctionem et praepositionem, quod praepositio componi potest cum verbis, coniunctio vero numquam, et quod praepositio casualibus separata praeponitur semper. ¹⁴Coniunctio vero cum omnibus potest dictionibus, modo praeposita, modo postposita coniungi. ¹⁵Proprium est interiectionis interponi.

7. ORATIONIS (372,25) id est rectae locutionis. ²Dicitur autem oratio quasi 'oris ratio'. ³Nec est compositum, ut quidam volunt, ex 'ore' et 'ratione', sed venit de verbo quod est 'oro, oras', quod venit a nomine quod est 'os, oris'. ⁴'Orare' enim dicimus 'deprecari' et 'orare' dicimus 'docte et pulchre loqui'. ⁵Inde orator dicitur, id est rhetor, facundus vel eloquens qui bene potest loqui. ⁶Est autem oratio integritas uniuscuiusque linguae et dicitur oratio una pars utpote unum verbum, vel etiam una littera plenum sensum retinens. ⁷'Oratio' dici potest sicut est 'i', id est 'vade'. ⁸Constat autem oratio tribus modis videlicet litteratura, sensu, et accentu. ⁹Si unum horum defuerit, 'oratio' dici non potest. ¹⁰Litteratura debet esse in oratione ut congruam constructionem retineat in superfici[a]e. ¹¹Sensus, ut habeat plenum intellectum. ¹²Accentus, ut proprium tenorem sibi vindicet.

8. Quod dicit OCTO (372,25)? ²Definitio numeri est, et est nomen numeri indeclinabile omnibus pluralis numeri casibus atque generibus coniungendum. // ³Dicitur autem definitio, determinatio vel conclusio alicuius rei, quando aliquam prolixam rem sub brevitate determinamus, sicut Donatus fecit in hoc loco, qui totam Latinitatem quae a latitudine dicitur nec ab aliquo perscrutari potest, paucis verbis constrin[c]xit, cum dixit octo esse partes orationis (372,25). ⁴Sciendum est autem quindecim genera definitionum esse apud rhetores, id est apud oratores, ex quibus grammatici tres tantum sibi vindicant, videlicet definitionem substantiae et definitionem soni et definitionem numeri. ⁵Definitio substantiae duo ostendit: communionem et proprietatem. ⁶Definitio soni quattuor modis constat: derivatione, compositione, cognatione, et interpretatione. ⁷Sed non omnis definitio soni has quattuor species habet, sed unaquaeque aliquam habet ex istis.

7,5 rhetor: rethor   7,11 habeat: baheat   8,4 rhetores: rethores

---

7,1 R.F. 7,16-17   7,2 Isid. I 5,3; Pomp. V 95,6; cf. Serg. gramm. suppl. VIII 143,1; Cass. de orat. 1219B   7,4 cf. N.M. 572; cf. Fest. 196,24-26   7,5 cf. Isid. II 3,1   7,6 cf. R.F. 7,20-21   7,8 cf. Isid. I 5,3   8,2 R.E. 143,17-18; 19-21   8,3 'latinitatem a latitudine' cf. Virg. Gr. 4,23-5,16   8,4 cf. Isid. II 29,1 sqq.; v. Hrab. Maur. 670D-671A

⁸Derivatione fit definitio soni, sicut a verbo quod est 'duco' venit 'dux' nomen. ⁹Compositione fit ut, verbi gratia, 'participium' dicitur quasi 'partes capiens'. ¹⁰'Municeps' dicitur quasi 'munia capiens'. ¹¹Cognatione fit sicut 'terra' dicitur a 'terendo', 'homo' dicitur ab 'humo', 'humus' ab 'humore'. ¹²Interpretatione fit sicut Aries dicitur ἀπὸ τῆς ἀρετῆς id est a 'virtute'. ¹³Χριστός dicitur Graece, Latine dicitur 'unctus'. ¹⁴Hic autem in eo quod dicitur PARTES ORATIONIS SUNT OCTO, definitio est numeri. ¹⁵Definitio autem uniuscuiusque rei pandit proprietatem, nihil citra, nihil ultra ostendens, nisi certitudinem. ¹⁶Et habet tria in se: veritatem rei pandit; inscios instruit; superfluos quosque aestimatores repellit, quod Donatus fecit in hoc loco, cum dicit esse octo partes orationis.

9.   Fuerunt enim quidam qui plures partes esse voluerunt; fuerunt qui pauciores. ²Illi qui pauciores esse voluerunt, dicebant duas tantum esse partes, nomen et verbum sicut Aristoteles philosophus et imitatores illius, scilicet Aristotelici, id est Aristotelis secutores, quia hae solae duae plenam orationem faciunt, id est nomen et verbum. ³Nomen enim demonstrat quomodo vel quid vocetur, vel quid sit; verbum vero quid faciat vel quid patiatur, ut 'Cicero disputat' 'homo currit'. ⁴Alias vero partes appendices et ramusculos istarum esse dicebant et ex istis procedere, ut verbi gratia, 'rami ex arbore procedunt' vel 'rivi a fonte derivantur', et quasi 'stipes in navi' ut sunt 'stuppae et clavi', id est quasi quoddam solacium et adminiculum. ⁵Sed Donatus ideo illos non est secutus quia unaquaeque pars proprium habet officium; propter hoc pars nuncupari potest.

10.   Item fuerunt qui quinque partes esse voluerunt sicut Stoici philosophi qui ponebant nomen et pronomen et verbum in una parte, participium cum nomine et verbo et dicebant 'nomen verbale' et 'verbum casuale', interiectionem cum adverbiis, et ita quinque partes faciebant. ²στοά Graece, Latine dicitur 'porta'. ³Inde Stoici id est philosophi qui in porticibus philosophantur.

11.   Nonnulli vero dicebant novem vel duodecim partes, ut illi qui nomen in tres partes dividebant id est in 'propria', in 'appellativa', et in 'vocabula'; pronomen vero in 'finita', et in 'infinita'; verbum similiter in

---

8,12 Aries: ariec   8,12 ἀπὸ τῆς ἀρετῆς: apotoys arethes   8,13 Χριστός: x̄
9,2 Aristoteles: aristotiles   9,2 Aristotelis: aristotilis   10,2 στοά: stoa

8,8 P. II 6,5   8,9 cf. Isid. I 11   8,10 cf. Isid. IX 3,22   8,11 'homo' Isid. XI 1,4; v. Virg. Gr. 100,11-12   8,12 v. R.E. 143,5-6; v. Isid. XII 1,11   8,13 Isid. VII 2,1   8,15 v. Audax VII 324,2-4   8,16 cf. R.H. 143,18-19   9,1-4 cf. R.E. 144,7-10; cf. P. II 54,5-7; v. Cass. de orat. 1219B   9,2 cf. Isid.VIII 6,8   10,1-4 cf. R.E. 144,10-16; cf. P. II 54,8-22; v. Cass. de orat. 1219B   11,1 cf. R.E. 144,16-22; cf. P. II 54,23-55,3

'perfecta', et in 'infinitiva', et in 'gerundia', et tali modo duodecim partes componebant.

12. Donatus autem, sicut et Graeci, viam egregiam tenens atque
superfluos quosque expellens illos non est secutus quia, sicut proprium
nomen substantiam demonstrat, similiter et appellativum et vocabulum.
[2]Item pronominis divisores non est secutus, quia finita pronomina
funguntur vice nominis; ita et infinita. [3]Verbi nihilominus divisores
ideo non est secutus, quia, sicut finita et perfecta actum vel passionem
demonstrant, similiter infinita et impersonalia et gerundia, quamvis
auxilio aliarum partium egeant.

13. Quaeritur etiam quomodo possit cognosci differentia in
supradictis definitionibus, videlicet quando sit definitio substantiae, vel
definitio soni, vel definitio numeri. [2]Ad quod dicendum, quotiens 'sum'
verbum substantivum ponitur, definitio substantiae; quotiens vero
ponitur 'dictus, dicta, dictum' participium praeteriti temporis, vel
'dicitur' verbum impersonale, definitio est soni; quotiens autem 'quot'
nomen numeri ponitur, definitio est numeri. [3]Nam sicut una manus in
quinque digitos, ita et grammatica cum una ars sit in octo partes
dividitur, nomen, pronomen et cetera.

14. Quaeritur etiam cur Donatus octonarium numerum voluerit
servare in definitione partium. [2]Ad quod dicendum, quod non plura
sunt officia hominis quam octo; aut enim creaturam ostendimus per
nomen aut vice ipsius fungimur pronomen. [3]Ostendimus actum vel
passionem per verbum, aut ipsum actum vel passionem explanamus per
adverbium, aut ostendimus actum vel passionem cum casu nominis per
participium, aut coniungimus partes per coniunctionem, aut
f. 13[v] praeponimus unam alteri per praepositionem, // aut ostendimus affectum mentis per interiectionem. [4]Ex his octo partibus orationis
quinque sunt neutri generis, nomen, pronomen, verbum, adverbium,
participium, et tres feminini, coniunctio, praepositio, interiectio. [5]Unde
quidam dicere solent omnem Latinitatem in quinque neutris et tribus
femininis constare. [6]Quia vero octo esse partes diximus, necesse est ut
in eis requiramus etiam etymologias nominum. [7]Et primo quaeritur
quare nomen dicitur.

15. NOMEN (372,25) dicitur a notamine, sive a notione, eo quod
vocabulo suo res incognitas nobis notas efficiat. [2]Sicut enim in minori

---

14,6 etymologias: ethimologias

12,1 cf. R.E. 144,21-23   13,3 cf. R.E. 144,25-26   14,4-5 cf. R.E. 144,28-32   15 cf. R.E.
144,32-145,14; cf. R.F. 8,18-9,24   15,1 cf. Isid. I 7,1; cf. Cass. de orat. 1220B   15,2 'aphaeresis'
Isid. I 35,3; cf. P. II 57,1-2

editione diximus: nomen dicitur a Graeco quod est ὄνομα; sublata 'o' de principio per aphaeresin, remanet nomen. ³Vel nomen dicitur ab alio Graeco quod est νέμειν, id est tribuere, eo quod omnibus rebus voca[ca]bula tribuit. ⁴Ideo dicitur PRONOMEN (372,25) quia prope nomen stat in ordine, et in vice nominis ponitur, ne fastidium faciat nomen ipsum dum iteratur. ⁵Inventa est enim haec pars ut fastidium nominis tollat et ornatum locutionis inducat. ⁶VERBUM (372,25) dicitur a verberando id est percutiendo eo quod verberato aere plectroque linguae formetur et efficitur sonus. ⁷Unde et omnes partes verba appellari possunt. ⁸Nulla enim pars nisi verberato aere proferri potest. ⁹Sed ideo haec pars hoc nomen sibi specialiter usurpavit, quia frequentius iteratur in nostra locutione quam ceterae partes. ¹⁰Unde et pro omnibus partibus solet poni. ¹¹ADVERBIUM (372,25) vero dicitur eo quod sit iuxta verbum, non tantum in ordine partium, quantum in nostra communi locutione, ut 'bene legit', 'sapienter disputat'. ¹²Nam 'ad' pro 'iuxta' ponitur. ¹³Dicitur quoque adverbium eo quod verbis accidat et quod semper verbo adiunctum adimpleatur. ¹⁴PARTICIPIUM (372,25) dicitur eo quod partem capiat nominis et partem verbi. ¹⁵Nihil enim a se habet proprium. ¹⁶CONIUNCTIO (372,26) a 'coniungendo', eo quod ceteras partes coniungat et quod sensus sententiasque coniungat. ¹⁷PRAEPOSITIO (372,26) dicitur a 'praeponendo', eo quod praeponatur ceteris partibus. ¹⁸Semper enim praeponitur et numquam supponitur, nisi causa euphoniae, id est bonae sonoritatis. ¹⁹INTERIECTIO (372,26) dicitur quasi 'inte[r]rius iacens ratio', vel interiectio dicitur eo quod interiaciat se ceteris partibus. ²⁰Cum enim de aliis partibus loquimur, subito haec se intermittit et quia sermonibus interiecta affectum commoti animi exprimit. ²¹'Iacio, iacis' verbum simplex, ex quo componitur 'interiacio, interiacis', cuius passivum 'interiacior' facit participium 'interiectus, interiecti'; addita 'o', 'interiectio' formatur.

16.   Quia etymologias et officia partium diximus, restat ut ordinem exponamus. ²Et primum quaeritur quare nomen primo loco ponatur. ³Ad quod sciendum, quia ob tres causas nomen primo loco ponitur. ⁴Una causa est quia nullus dubitat nomen maius esse ceteris partibus. ⁵Alia est quia infantibus, antequam loqui sciant, nomina imponuntur. ⁶Tertia est quia ceteris partibus vocabula tribuit. ⁷Sine ea enim ceterae

---

15,2 ὄνομα: onoma   15,2 aphaeresin: auferesin   15,3 νέμειν: nemein

15,3 cf. P. II 57,2-4   15,4-5 cf. Isid. I 8,1   15,6 cf. Isid. I 9,1   15,11-13 cf. Isid. I 10,1   15,14 cf. Isid. I 11,1   15,16 cf. Isid. I 12,1   15,17 cf. Isid. I 13,1   15,19 cf. Isid. I 14,1   16 cf. P. III 115,20-117,7   16,5 v. Varro, ling. VII 52

partes mutae erunt. [8]Neque enim substantia ex actione, sed actio ex substantia procedit. [9]Item quaestio est cum verbum perfecta sit pars, sicut et nomen et in nullo videatur inferior esse, cur non ponatur primo loco sicut et nomen. [10]Quod tamen ita solvitur quia nomen significat substantiam, verbum autem actum vel passionem substantiae. [11]Et si auferas substantiam quae significatur per nomen, actus vel passio non potest esse. [12]Et si auferas actum vel passionem quod verbum significat, tamen substantia esse potest quae significatur per nomen.

17. Ex HIS scilicet octo partibus DUAE PRINCIPALES SUNT (372,26), id est quae principatum retinent. [2]Non dixit quod solae essent partes sed principales eas vocavit. [3]Nam hae duae sine aliis plenam orationem faciunt ut 'eq<u>us currit', 'homo loquitur'. [4]Nomen enim demonstrat quid est et quid vocatur. [5]Verbum autem quid agit et quid patitur. [6]Ceterae absque his nihil valent. [7]Verbi gratia 'Augustinus, magnus orat[h]or, filius Monicae, stans hodie in templo, infulatus, disputando fatigatur'. [8]'Augustinus' substantia; 'magnus' quantitas; orator' qualitas; 'filius Monicae' ad aliquid id est ad matrem; 'stans' situs; 'hodie' tempus; 'in templo' locus; 'infulatus' habitus; 'disputando' agere; 'fatigatur' pati. [9]Ecce sine 'Augustinus' quod est nomen, et sine 'fatigatur' quod est verbum, nihil valet contextus aliarum partium. [10]Ideo hae duae partes id est nomen et verbum principales dicuntur, quia simul coniunctae sine ceteris partibus perfectam queunt facere orationem, ut est 'volo ire videre amicum'.

18. LATINI ARTICULUM NON ADNUMERANT, GRAECI INTERIECTIONEM (372,27). [2]Latini, id est nos qui Latinam linguam habemus, articulum non adnumeramus. [3]Idcirco Latini articulum in numero partium // non deputant, quia articulum pronominibus adiungentes, interiectionem octavam partem habent. [4]Graeci ideo interiectionem inter partes non adnumerant, quia interiectionem adverbiis applicantes articulum octavam partem dicunt. [5]Siquidem copulant eam cum adverbiis dicentes, quod ita sequitur interiectio adverbium, sicut adverbium sequitur verbum. [6]Sed ideo Latini hoc non faciunt, quia non semper sequitur adverbium interiectio. [7]Graeci igitur habent quandam partem prolixam de articulis, quos articulos per se computant pro una parte orationis et quia interiectionem non habent, sed pro interiectionibus adverbiis utuntur, ipsam partem articulorum in ultimo loco ponunt. [8]Nos vero illam partem non habentes, interiectionem in ultimo ponimus et pro articulis Graecorum utimur tribus

. 14[r]

17 cf. P. III 116,5-10   17,1-3 cf. R.E. 145,14-17   17,7 cf. Isid. II 26,11   18,1-4 cf. R.E. 145,18-22   18,4 cf. P. III 119,28-120,1   18,7-8 cf. P. III 124,14-18; 119,28-120,6

pronominibus, videlicet 'hic et haec et hoc'. [9]Articulus autem deminutivum est, ab eo quod est 'artus', id est maius membrum, et haec pars quae apud Graecos 'articulus' vocatur. [10]Ideo articulus dicitur quia membrum est orationis sicut minora membra vocantur. [11]Non adnumerant, id est non computant, Latini articulum inter partes orationis, quia non habent; nec Graeci interiectionem adnumerant, quia non habent.

19. MULTI PLURES, MULTI PAUCIORES PARTES ORATIONIS ESSE DIXERUNT (372,28). [2]Multi plures dixerunt quia fuerunt quidam qui novem putaverunt esse partes orationis, appellationem addentes separatam a nominibus. [3]Fuerunt alii qui decem etiam infinitiva verba seorsum partem ponentes. [4]Fuerunt alii qui undecim, qui pronomina quae <non> possunt iungi articulis, per se enumerabant. [5]His alii addebant duodecimam partem, id est vocabulum. [6]Sed haec tria id est nomen, appellatio et vocabulum pro una modo accipiuntur parte. [7]Multi pauciores partes esse dixerunt sicut fuere Dialectici vel Stoici. [8]Dialectici enim duas tantum partes orationis dixerunt id est nomen et verbum, quia hae simul iunctae sive etiam solae plenam faciunt orationem. [9]Nam coniunctae explent sensum ut est 'volo ire videre amicum'. [10]Verbum autem per se potest explere sensum, ut est 'prandeo, poto, cano, ludo, lavo, ceno, quiesco.' [11] Nomen quoque similiter potest ut:

[12]Marsa manus, Peligna cohors, Vestina virum vis.

[13]Ceteras autem partes Dialectici 'syncategoremata', hoc est consignificantia, appellabant. [14]Stoici enim quinque tantum dixerunt esse partes orationis, id est nomen, appellationem, verbum, pronomen, coniunctionem. [15]Nam participium connumerantes verbis 'participale' sive 'casuale' verbum vocabant. [16]Necnon etiam adverbia nominibus vel verbis applicantes quasi adiectiva verborum ea nominabant. [17]Praepositionem iungebant coniunctioni et praepositivam coniunctionem appellabant. [18]Has igitur aestimationes omnes Donatus reprobans cum summa auctoritate multorum grammaticorum et maxime Graecorum auctoritatem secutus, certum numerum definivit

19,2 addentes: addendes   19,4 <non>: 'quae non possunt' P. II 54,25   19,9 ire: 'ire et' Pomp. V 97, 12   19,12 Vestina: festina; cf. Char. 370,23   19,13 'syncategoremata': sincategoremata   19,17 appellabant: vel vocabant A²: v. P. II 54,22

18,9 cf. Isid. I 8,4   19 cf. R.E. 144,5-23   19,2-5 P. II 54,23-55,1   19,6 cf. P. II 55,7   19,7 cf. P. II 54,5-8   19,8 P. II 54,5-6   19,9 cf. Pomp. V 12; v. Serg., gramm. suppl. VIII 143,4-6   19,12 Enn. 276; Char. 370,23; D. 398,19   19,13 cf. P. II 54,7   19,14-16 P. II 54,8-12   19,17 P. II 54,20-22

dicens PARTES ORATIONIS SUNT OCTO (372,25), licet ex his partibus diversi diversa senserint, plures vel pauciores aestimando. [19]Non sunt tamen nisi octo partes. [20]Octo enim partes habent Graeci; octo et Latini. [21]Sed in hoc, sicut superius diximus, differunt, quod illi octavam partem habent articulum et Latini interiectionem.

20. VERUM, pro 'sed', EX his OMNIBUS octo partibus TRES SUNT QUAE SEX CASIBUS DECLINANTUR, NOMEN PRONOMEN ET PARTICIPIUM (372,29). [2]Evacuat eos qui putaverunt in verbo et in adverbio esse casum. [3]Quaeritur autem cum non omnia nomina per sex casus currant, cur dixerit Donatus INFLECTUNTUR SEX CASIBUS (372,29). [4]Ad quod dicendum, quia per tropum qui appellatur synecdoche est locutus, videlicet a parte totum significans. [5]Non enim omnia nomina per sex casus inflectuntur, sed licet multa sint quae non habent sex casus, tamen sunt quae habent. [6]Similiter in pronomine.

<DE NOMINE>

21. NOMEN EST PARS ORATIONIS (373,2). [2]Superius enim commemoravit octo partes et nomen primum posuit. [3] Quaerendum est cur nomen omnibus orationis partibus praeponatur, vel maxime verbo — quae sicut et ipsa, principalis pars esse constat —. [4]Ideo scilicet, quia omnis creatura ex nomine suo cognoscitur. [5]Nisi enim scieris nomen, cognitio rerum perit. [6]Cum enim nascitur homo, antequam rem aliquam agat, vel discat, vel sciat, nomen illi indicitur. [7]Et ideo verbum quae principalis pars est praecedit, quia maior est substantia quam sit actio. [8]Neque enim substantia ex actione, sed actio ex
f. 14v // substantia procedit. [9]Sed quoniam definitio substantiam sequitur, dicendum prius quid sit definitio vel quot sunt genera definitionis. [10]Definitio igitur est oratio quae id, de quo quaeritur, aperte describit atque determinat. [11]Definitionis autem genera secundum grammaticos sunt sex. [12]Prima substantialis, ut 'nomen est pars orationis cum casu'. [13]Secunda soni, ut 'nomen dictum est quasi notamen'. [14]Tertia specialis, ut 'corpus aut rem propri[a]e communiterve significans'. [15]Quarta accidentalis, ut 'nomini accidunt sex'. [16]Quinta numeralis, ut 'partes orationis sunt octo'. [17]Sexta etymologiae, ut 'homo dictus est ab humo, et humus ab humore'.

20,4 synecdoche: sinodoche   21, <DE NOMINE>: *titulus deest*   21,17 etymologiae: ethimologie

20,1-5 cf. R.E. 145,27-146,1   21 cf. R.E. 146,3 ff.   21,5 Isid. I 7,1   21,6 Virg. Gr. 26,7-9; cf. Clem. 25,12-15   21,7 cf. Boeth. *c. Eut.* I   21,9-17 Clem. 25,15-26   21,11-17 cf. Hrab Maur. 679D-680A

22. His ita generaliter praelibatis ad nominis narrationem specialiter redeamus. ²Quod definit Priscianus? ³'Nomen est pars orationis quae unicuique subiectorum corporum seu rerum communem vel propriam qualitatem distribuit'. ⁴Potest et ita definire [Sedulius]. ⁵Nomen est quod quamlibet rem significat et per casus flecti potest. ⁶Subiecta dicuntur sive corporum, sive rerum, quae primam substantiam significant: de subiecto, quae de ipsa substantia dicuntur: in subiecto, quae in ipsa ita esse intelleguntur, ut sine ipsa esse non possunt. ⁷Verbi gratia, Cicero est subiectum id est prima substantia, non nomen, sed quod eo nomine significatur. ⁸'Homo' est 'animal rationale, mortale' quod est Cicero; de subiecto, id est secunda substantia, quae de ipsa prima dicitur. ⁹'Rhetorica' est in subiecto vel 'bene dicendi scientia', quarum neutrum est Cicero. ¹⁰In eo tamen fuisse intellegitur, licet id ipse vocari non potuisset. ¹¹Secundum Donatum vero nomen substantialiter ita definitur: NOMEN EST PARS ORATIONIS CUM CASU CO[A]RPUS AUT REM PROPRIE COMMUNITERVE SIGNIFICANS (373,1).

23. Nomen dicitur a 'notamine', eo quod per illud substantia uniuscuiusque rei pandatur et notetur; sive a Graeco quod est νέμειν, eo quod omnibus substantiis tribuatur nomen. ²Quod illi dicunt νέμειν, nos dicimus 'tribuere'. ³Nomen est pars orationis, id est latioris sermonis, videlicet Latinae eloquentiae. ⁴Latia dicitur Italia, inde Latialiter.

24. Sed notandum est quod, qui definitionem alicuius rei definit, ita debet definire ut dicat ipsam partem quae communis est ei cum altera, et dicat specialem quam propriam et quam solam habet. ²Hoc ergo observavit Donatus in praedicta definitione. ³Quae definitio est substantiae? ⁴In qua, sicut saepe dictum est, duo requiruntur: communio et proprietas. ⁵Nam commune est in hoc quod dicit NOMEN EST PARS ORATIONIS. ⁶Est enim illi commune cum omnibus partibus. ⁷Rursus, cum dicit CUM CASU et hoc commune est illi cum quibusdam non modo cum omnibus. ⁸Est enim illi commune cum pronomine et participio. ⁹Quod dicit CORPUS AUT REM PROPRIE COMMUNITERVE SIGNIFICANS? ¹⁰Est enim proprietas illius. ¹¹Bene autem dicit CUM CASU singulariter et non 'cum casibus' pluraliter, quia sunt multa nomina quae non habent nisi unum casum. ¹²Ullum autem nomen reperitur quod non habeat vel unum casum. ¹³Sunt enim quaedam nomina quae habent sex casus et vocantur <h >exaptota, ut 'unus, unius, uni, unum, o une, ab uno'. ¹⁴Sunt

---

22,4 [Sedulius]: A²   23,1 νέμειν: nemein   23,2 νέμειν: memein

22,3 P. II 56,29-57,1   22,6-8 cf. Isid. II 26,6; II 26,11-13   22,9 Isid. II 1,1   23,1 cf. Isid. I 7,1; cf. P. II 57,1-4   23,2 v. C.G.L. II 201,32   23,3 cf. Virg. Gr. 5,4 ff.   23,4 v. Funaioli (Varro) 350 (394); Isid. XIV 4,18   24,1-11 cf. Clem. 25,26-26,5   24,12-19 cf. P. II 187,15-188,23 ff.

alia quae habent quinque et vocantur pentaptota, ut 'doctus, docti, docto, doctum, o docte'. [15] Alia habent quattuor et vocantur tetraptota, ut 'magister, magistri, magistro, magistrum'. [16] Alii habent tres et vocantur triptota, ut 'musa, musae, musam'. [17] Alia habent duos et vocantur diptota, ut 'veru, verubus'. [18] Alia habent unum et vocantur monoptota, ut 'nequam' et 'frugi'. [19] Est autem genitivus. [20] μόνος Graece, Latine dicitur 'unus': πτῶσις, 'casus'. [21] Inde componitur monoptota unicasualis forma. [22] Casus nihil aliud est nisi inflexio declinationis in varias terminationes.

25. SIGNIFICANS CORPUS AUT REM PROPRIE COMMUNITERVE (373,2). [2] CORPUS dicitur, et quidam volunt, a corruptibilitate, eo quod corruptum perit. [3] Unde et derivari putant a verbo 'corrumpo'. [4] Sed, quod melius est, CORPUS dicitur quasi 'cordis pus', id est custodia, quod proprie pertinet ad nostra corpora. [5] Et sciendum est, quia quidquid ad quinque sensus corporis pertinet, ad visum videlicet, et auditum, gustum, odoratum, et tactum, corpus vocatur.

26. AUT REM (373,2). [2] Res a recte habendo dicitur, et est primitivum nomen. [3] Unde et 'recula' et 'resella' derivatur. [4] Res incorporalis est, sed abusive etiam corporalia 'rem' vocamus. [5] Solemus enim dicere 'da mihi rem meam, id est 'meum librum', vel 'vestimentum', sicut Vergilius:

[6] Postquam res Asiae;

[7] 'res' posuit pro regno corporali.

27. Corpus PROPRIE significans id est demonstrans UT ROMA TIBERIS
f. 15ʳ (373,3) [2] ROMA proprium nomen est illius magnae civitatis, // et est a Romulo fundatore sic vocata et est corpus quia corporalem rem demonstrat. [3] TIBERIS similiter corpus est, quia et corporalem rem demonstrat. [4] Fluvius videlicet magnus currens per mediam civitatem a Tiberi rege sic vocatus, qui iuxta illum dimicans cecidit in eum, et mortuus est, et ei nomen suum dedit. [5] Nam antea 'albula' vocabatur ab alba aqua quam habebat.

28. Corpus COMMUNITER significans UT URBS FLUMEN (373,3). [2] URBS dicitur ab orbe, id est a rotunditate. [3] Urbes enim rotundae sunt sicut et orbis, et est nomen appellativae qualitatis. [4] FLUMEN dicitur a fluendo, id est a currendo, et est nomen appellativae qualitatis. [5] Quaeritur autem

---

24,20 μόνος: monos   24,20 πτῶσις: ptoyis   28,1 URBS: ubrs

24,19 cf. P. II 121,10-13   24,20 C.G.L. II 186,4 et passim (cf. Isid. VII 13,1); Char. 54,26   25,2 Virg. Gr. 85,20; cf. Isid. XI 1,14   25,4-5 cf. Virg. Gr. 85,21-28; v. Hrab. Maur. 111, 673 AB   26 R.E. 147,2-7   26,3 'Recula' P. II 107,8; II 475,18   'resella' v. E.M. (res. rescella)   26,6 Verg. Aen. III 1; cf. P. III 474,17   27,2 cf. Fest. 326-327; cf. Funaioli (Varro) 352 (402)   27,4 cf. Fest. 503,304   27,5 cf. Fest. 4,16-18   28,2-3 cf. Isid. XV 2,3   28,4 cf. Isid. I 29,1

cur definitionem verbi cum duobus accidentibus posuerit, et
definitionem nominis cum uno tantum accidente, id est casu. ⁶Ad quod
dicendum, quia definitionem verbi non potuit cum uno accidente con-
stituere, quia, si diceret 'cum tempore', ostenderet communionem illius
tantum cum participio. ⁷Rursus, si diceret 'cum persona', ostenderet
communionem illius cum pronomine.

29.   Item quaeritur cur non principale accidens, quod est qualitas,
sed ultimum, quod est casus, posuerit in definitione nominis. ²Sed et
hoc fecit legem definitionis substantiae sequens. ³Est enim lex
definitionis substantiae, ut primum dicatur hoc quod commune est illi
cum ceteris, deinde quod proprium. ⁴CORPUS proprie significat nomen
sicut ROMA et TIBERIS. ⁵ Nam ROMA proprium nomen est unius civitatis ;
TIBERIS nomen est unius fluminis. ⁶ CORPUS communiter significat
nomen, sicut URBS et FLUMEN. ⁷ Nam URBS commune nomen est omnium
civitatum; FLUMEN commune nomen est omnium fluminum.

30.   Quaeritur autem cur non dederit exemplum de re sicut et de
corpore. ²Sed hoc fecit brevitati studens. ³Nos tamen possumus inde
exemplum dare: rem proprie significat nomen, sicut 'Grammatica
Donati', quia hoc nomen unius tantum est artis. ⁴Item rem proprie ut
'iustitia, pietas, Michael, arithmetica. ⁵Haec enim incorporalia sunt et
invisibilia. ⁶Rem communiter significat nomen sicut ars, quia hoc
nomen ad omnes artes pertinet. ⁷Item rem communiter ut 'virtus,
angelus, disciplina'.

31.   NOMINI ACCIDUNT SEX (373,4), id est sex accidentia habent.
²Senarius numerus perfectus est quia ex suis partibus constat. ³ 'Unus'
sexta pars illius ; 'duo' pars tertia; 'tres' medietas. ⁴ 'Unus' et 'duo' et
'tres' igitur senarium numerum complent. ⁵Senarius itaque perfectus
est.

32.   QUALITAS COMPARATIO GENUS NUMERUS FIGURA CASUS (373,4).
²Definitio numeri est quia, ut saepe dictum est, definitio
uniuscuiusque rei proprietatem pandit, nihil citra, nihil ultra osten-

---

30,4 Michael: michahel   30,4 arithmetica: aritmethica

---

29 v. Pomp. V 137,15 ff   30,2-7 v. Clem. 25,27-32; P. II 57,4-7   30,4 'arithmetica' v. Med.
Stud., XX p. 243, n. 16   31,2 cf. Isid. III 4,1-2; v. Macr. S.S. I 6   32 cf. Serg. IV 490,36;
Cons. V 338,16-17, Virg. Gr. 26,3-35,12; v. P. II 57,8 ff.; II 83 ff.; Char. 194,4 ff.   32,2 v. 8,15-16
supra

---

32   The 'accidentia' of the Noun. Donatus (IV 355,6), Sergius (IV 490,36), and Consentius (V
338,16-17) have this arrangement and number. The same 'accidentia' are even implied by Virgilius
Grammaticus (26,3-35,12). Priscian substitutes 'species' for 'qualitas' (II 57,8), and does not list 'comparatio' at this place, although he discusses it at length later in Book III (II,83). Charisius does not
include 'comparatio' (194,4).

dens, et habet tria in se: 'veritatem rei pandit', 'inscios instruit', 'superfluos quosque repellit aestimatores'; quod Donatus fecit in hoc loco.
[3] Nam quidam plura, quidam pauciora accidentia esse voluerunt. [4] Illi
qui pauciora esse voluerunt, sicut Pompeius, subtrahebant comparationem quia comparatio non omnibus nominibus accidit. [5] Non
enim, ipso teste, nisi qualitatis et quantitatis nominibus comparatio accidat. [6] Sed Donatus eam inter accidentia computat, quia hoc vult intellegi, ut illis nominibus accidant sex accidentia quae comparantur, vel
etiam quia, quamvis non omnibus nominibus accidat in litteratura,
tamen si addita fuerunt illis nomina qualitatis aut quantitatis, scilicet
adiectiva, possunt comparari in sensu, ut dicatur 'lapis candidus, can-
didior, candidissimus': similiter, 'lignum magnum, maius, maximum'.

33.   Illi qui plura accidentia esse voluerunt, sicut Probus, addebant
litteram et syllabam et accentum. [2] Sed Donatus ea inter accidentia non
reputat quia, si posuisset ea in nomine, necesse esset repetere in o-
mnibus partibus. [3] Littera et syllaba et accentus non plus accidunt nomini quam ceteris partibus, sed generaliter ad omnes pertinent. [4] Sciendum vero est quod uniuscuiusque partis accidentia non extrinsecus
accidunt, quemadmodum febris hominum vel frigus quae extrinsecus
accidunt et saepe recedunt. [5] Vel quemadmodum 'ars' accidens homini
per studium, recedit per incuriam. [6] Sed plenitudo et perfectio uniuscuiusque partis per sua accidentia intellegitur, cum nequaquam
haec accidentia recedere possint. [7] Quapropter post definitionem substantiae transit Donatus ad accidentia, quia substantia partium maxime
ex his accidentibus constat. [8] Sicut enim corpus sine membris non valet
subsistere, ita partes sine accidentibus plenum sensum non queunt
habere. [9] Quaeritur etiam utrum sit simplex an compositum hoc nomen
quod est 'accidens'. [10] Sed sine dubio compositum est. [11] Quidam volunt
esse compositum a verbo quod est 'caedo' id est 'percutio', quod facit
praeteritum 'cecídi'. [12] Alii volunt esse compositum a verbo quod est
'cado', quod facit praeteritum 'cécidi'. [13] Nonnulli volunt esse compositum a verbo quod est 'ca< e >do' id est 'dolo'.

34.   QUALITAS dicitur in nomine, eo quod quale sit illud nomen
f. 15ᵛ demonstrat proprium videlicet an appellativum // [2] COMPARATIO dicitur
assimilatio, quando quadam assimilatione unum alteri praefertur.
[3] GENUS dicitur a generando, eo quod generet et generetur, et est genus
in nomine, exploratio sexus per vocem carentem genere. [4] Per vocem

32,4 cf. Pomp. V 138,12 ff.; 139,4; v. Char. 194,4   32,5 cf. Pomp. V 139,11-12   32,6 v.
Serg. IV 491,7 ff   33 cf. Clem. 26,6-18   33,1 Prob. IV 51,21-22; cf. Pomp. V 138,18-
19   33,4 'extrinsecus' v. Vict. 170,23 ff.   33,5 v. Isid. I 1   33,13 v. D. *Eun.* III 3,9
(dolare ..., id est ascia caedere)   34 R.E. 147,22-30   34,1 cf. Pomp. V 139,25-26   34,2
v. Ars Anon. Bern. VIII 76,16; cf. Isid. I 7,27   34,3-5 v. Isid. I 7,28; v. Ars Anon. Bern. VIII 82,1
ff.

sexus exploratur, quia cum dico 'hic' intellego masculum, cum dico
'haec' intellego feminam. [5] Sed ipsa vox, per quam investigatur, caret
genere quia non generat nec generatur quia illa vox non est genus, sed
quod per eam significatur ut 'iustus' 'clarus'. [6] NUMERIS dicitur a
numerando vel a Numeria dea, quam antiqui dicebant deam esse
numeri, vel a Numa Pompilio, ante quem nesciebant Romani numerare; vel a nummis numerus dicitur quasi 'nummorum rivus'. [7] Antiqui enim adhuc nescientes numerare ex lapillis sua tempora
suosque dies computabant, in prosperitate candidis, in adversitate nigris. [8] Unde et Persius:

> [9] Hunc, Macrine, diem numera meliore lapillo,

id est candido.

35. FIGURA dicitur a fingendo, id est componendo. [2] Fingere enim
dicimus componere. [3] Inde compositores luti 'figulos' vocamus. [4] Et est
figura res artificialis quae aut ex una parte constat, et dicitur 'simplex',
ut 'iustus', aut ex pluribus et 'composita' vocatur ut 'iniustus'. [5] CASUS
dicitur a cadendo et venit a verbo 'cado, cadis', quod facit praeteritum
'cécidi'. [6] 'Caedo' vero, id est 'percutio', 'cecidi' facit et quando
significat 'recedo', facit praeteritum 'cessi'. [7] Est quidem casus 'ruina'
uniuscuiusque rei, sed in isto loco, id est in hac arte, est inflexio
declinationis nominis et dicitur a cadendo, eo quod unus articulus
cadat in alterum.

36. NOMEN UNIUS HOMINIS, APPELLATIO MULTORUM. VOCABULUM RERUM
EST (373,5). [2] NOMEN UNIUS HOMINIS est, ut 'Vergilius, Donatus'; APPELLATIO,
id est vocatio, MULTORUM scilicet hominum vel rerum insensibilium, ut
'grammaticus, poeta'. [3] VOCABULA proprie RERUM sunt incorporalium
nomina, ut 'ars, virtus, dialectica'. [4] Hic tangit Donatus, quod superius
dictum est, quia quidam dividebant nomen in tres partes, in propria, in
appellativa, in vocabula, et ostendit differentiam quam plurimi
habuerunt inter 'nomen', 'appellationem', et 'vocabulum', dicentes:
[5] NOMEN UNIUS HOMINIS, appellationem MULTORUM, VOCABULUM RERUM.
[6] Sed quia, sicut superius diximus, cum proprium sit nominis substantiam et qualitatem significare, et hoc habeat etiam proprium appellatio et vocabulum, quia, sicut proprium nomen facit, similiter ap-

　　　　　　　　　　　a
　　34,6 Pompilio: pompilio

　　34,6 'Numeria' cf. R.F. 12,23 ff.; v. Funaioli (Varro) 227 (107); v. N.M. 559　　　　35 R.E. 147,30-
148,8　　　　35,2 v. Serv. *ad Aen*. VIII 634; cf. C.G.L. IV 343,4　　　　35,3 cf. Isid. XX 4,2; v. C.G.L. IV
238,40　　　　35,4 cf. Ars Anon. Bern. VIII 85,25 ff. [v. Pomp. V 169,2]　　　　35,5 Isid. I
7,31　　　　35,7 cf. C.G.L. IV 216,13 (ruinam)　　　　36 cf. R.E. 148,8-15; cf. Sedul. in Prisc. 14ᵛ 29
ff.　　　　36,5 D. 373,5-6　　　　36,6 'superius' 6,2 supra; P. II 55,6-7

pellatio vel vocabulum creaturam scilicet demonstrat, ideo, sicut ipse
testatur, Modo nomina generaliter dicimus (373,5), retinentes in una
parte haec omnia nomina, et quae non dividuntur in sensu, non necesse
est ut dividantur in verbo.

37. Qualitas nominum Bipertita est (373,7). [2] Bipertita, id est 'bis
partita', scilicet in duas partes divisa, quia in proprium et in appellativum dividitur. [3] 'Partior, partiris' verbum simplex componitur ex
'bis' adverbio, et facit 'bipertior'; transit in participium 'bipertitus,
bipertita, bipertitum'. [4] Et quaeritur, cum nomina dividi non possint,
cur qualitas nominum bipertita esse dicatur. [5] Ad quod dicendum, quia,
quamvis nomina dividi non possint, tamen accidunt illis rebus quae
dividi possunt.

38. Aut enim propria sunt nomina aut appellativa (373,7).
[2] Proprium vero est, Prisciano teste, quod communione carens
uniuscuiusque privatam substantiam et qualitatem naturaliter
significat, ut 'Plato, Socrates', quae sunt nomina propriae qualitatis, et
est in rebus individuis, quas Philosophi atomos vocant. [3] Appellatio
autem communis est similium rerum, ut 'homo, vir, femina', quae sunt
nomina appellativae qualitatis. [4] Vocabulum vero est quod res in-
corporeas significat, ut 'pietas, disciplina, ars'. [5] Proprium quasi 'porro
privum'. [6] Privum dicebant antiqui proprium. [7] Hinc 'privatas res' vel
'vestes' dicimus, quae ab aliorum communione separamus. [8] Appellativa
dicuntur ab appellando, eo quod multos appellent, id est vocent.
[9] Faciunt haec et propria, sed ideo ista hoc nomen sibi usurpant, quia
saepius appellant quam propria, sicut verbum dicitur a verberando,
non quod illa sola aerem verberent, sed quia per illud crebrius verberamus quam per ceteras partes. [10] Hoc autem interest inter proprium
et appellationem, quod appellativa naturaliter communia sunt
multorum, propria vero naturaliter uniuscuiusque privatam substantiam et qualitatem demonstrant. [11] Et in propriis quidem intelleguntur appellativa, ut si dicam 'Vergilius', intellego hominem et
poetam. [12] In appellativis autem non intelleguntur propria nisi per excellentiam loci vel personae, ut 'poeta' pro 'Vergilius', et 'urbs' pro
'Roma'.

39. Propriorum scilicet Nominum secundum latinos (373,8). [2] Bene
apud Latinos, quia apud Graecos non sunt praenomina.

38,2 atomos: athomos

37,2 v. C.G.L. IV 601,20   37,4-5 v. Pomp. V 139,25-31   38,2 P. II 58,25-59,1   38,3
cf. P. II 59,1-8   38,4 cf. Char. 399,25; P. II 55,7; v. Mazzarino 76 (3)   38,6-7 v. N.M. 65 (IN-
VESTES)   38,9 cf. Isid. I 9,1   38,10 P. II 58,14-15; 58,25-26   38,11 cf. P. II
59,4   38,12 P. II 59,5-9   39 cf. Pomp. V 139 ff.

40. QUATTOUR SUNT SPECIES (373,8), id est quattuor sunt divisiones propriorum nominum. ²Definitio numeri est. ³Nam quidam plures, quidam pauciores esse voluerunt. ⁴Illi qui pauciores esse voluerunt, dicebant tantum cognomen more Graecorum. ⁵Graeci enim non f. 16ʳ habent nisi // unam speciem, id est cognomen. ⁶Unde bene dixit SECUN-DUM LATINOS. ⁷Est autem quaestio, cur Graecos non est secutus in hoc loco, sicut et in omnibus. ⁸Quod ita solvitur, quia unaquaeque lingua suam habet proprietatem. ⁹Nam proprietas Hebraeorum est, ut omnia nomina illorum interpretationes recipiant. ¹⁰Proprietas Graecorum, ut omnes litterae eorum numeros contineant. ¹¹Unde, ut Latina lingua suam haberet proprietatem, placuit Romanis ut unus homo plura haberet nomina. ¹²Qui autem plures esse dicunt, quot victorias aliquis peregisset, tot agnomina habere volebant, ut verbi gratia 'Africanus, Numanti<n>us, Aemilianus'. ¹³Sed Donatus rectius fecit, quia omnes istae species ab una re[m] veniunt, id est ab actu.

41. PRAENOMEN (373,9) dicitur eo quod nomini praeponitur. ²'Prae' enim pro 'ante' ponitur, sicut 'praefatus' pro 'antefatus', 'praepositus' pro 'antepositus', 'praefectus' qui est 'ante factus' aliis, 'praetor' quasi 'praeitor' et indicat nobilitatem quam nullus servus habere potest. ³Praeponitur enim nomini dignitatis causa, ut 'Publius', eo quod publice dignus erat, vel differre, ut 'Luci[li]us Cornelius' et 'Publius Cornelius'.

42. Quaerendum est quare inventum sit praenomen. ²Ideo scilicet, quod praeponitur nomini, vel differentiae causa; vel tempore quo Sabinos Romani asciverunt civitati ad confirmandam coniunctionem, nomina illorum suis praeponebant nominibus et invicem Sabini Romanorum. ³Et ex illo tempore consuetudo tenuit, et nemo Romanus sit absque praenomine. ⁴'Publii' dicebantur apud antiquos quasi 'pupi',

---

40,12 Numanti <n> us: 'Numantinus' P. II 76,13

---

40 v. Pomp. V 139,25-31 ff.; Char. 196 ff.   40,4 cf. Pomp. V 139   40,6-11 v. Clem. 22,13-21; v. Virg. Gr. 4,7 ff.   40,12-13 v. Clem. 28,10-14; v. P. II 58,5-10; 69,12-14   41,2 'praetor' v. Funaioli (Lucilius) 45 (37); (Varro) 255 (208); Isid. IX 3,27   41,3 'Publius' v. Funaioli (Varro) 335 (338)   42,2 P. II 57,13-16   42,4 cf. Funaioli (Varro) 335 (338)

---

40 The Grammatici Latini divide nouns into 'propria' and 'appellativa', or as we say, 'proper' and 'common'. The definitions are usually clear and true to the tradition. Confusion, however, arises in the application of the definitions and the extent to which they apply. (v. Pomp. V 139,25-31 who begins with a very clear idea of the definition). Donatus discussed the proper noun under the headings 'praenomen', 'nomen', 'cognomen', and 'agnomen' (IV 373,9-10). Yet Donatus discusses further subdivisions such as primitives, derivatives, and patronymics under the appellative (373,11). Other grammarians continue this discussion under the topic of the noun in general (v. Char. 196).

id est 'orbati', vel parvi illi videlicet qui post mortem parentum parvi remanebant.

43. NOMEN (373,9) est proprie uniuscuiusque suum proprium, ut 'Paulus' vel 'Cornelius', quod, quare dicatur, iam supra dictum est. ²Nomen dicitur quasi notamen, eo quod unusquisque suo nomine notatur, id est cognoscitur. ³'Cornelius' dictus est a 'Cornelia' matre, a qua omnis familia eius 'Cornelia' dicta est.

44. COGNOMEN (373,9) est cognationis, id est generationis vel familiae, commune nomen, quando videlicet ex unius nomine multi vocantur, sicut ab uno Scipione multi 'Scipiones' dicti sunt. ²Ab illo enim qui primum Scipio dictus est, omnis eius sequens familia 'Scipiones' appellabantur, sive patronymice 'Scipiadae'. ³Et vocatur cognomen quod nomini cognitionis causa adiciatur, sive quod cum nomine est. ⁴σκίπων autem Graece, Latine dicitur 'baculus', a quo ipse 'Scipio' dictus est, quia baculo patrem suum tutus est in bello.

45. AGNOMEN (373,9) est quod ab aliquo eventu virtutis aut vitii imponitur, quod venit extrinsecus, id est ab actu. ²Omnia enim agnomina ab actibus veniunt et dictum est quasi accidens nomen, ut 'Africanus' dictus est eo quod Africam devicerit. ³Cepit enim Carthaginem quae est metropolis Africae. ⁴Isauricus, qui Isauriam subegit. ⁵Fiunt etiam praenomina ab aliis rebus, a qualitate aliquando, ut 'Ovidius Naso' a magnitudine nasus ; 'Aemilius Suranus' a magnis suris: surae autem ventriculi tibiarum; 'Sallustius Crispus' a qualitate capilli crispi; 'Plato' a latitudine humeri. ⁶πλάτων enim Graece, 'latum' Latine; unde 'platea'. ⁷S<c>iendum est autem, quia invenimus multa in his quattuor speciebus propriorum nominum invicem pro se posita et quae in aliis personis sunt praenomina; haec in aliis loco nominum accipiuntur, ut 'Tullius Servilius'. ⁸Hic 'Tullius' praenomen est; 'Marcus vero Tullius', hic nomen. ⁹Similiter et in aliis, loco agnominum cognomina, ut 'Cicero' quod primus ab habitu faciei nominatus est. ¹⁰Agnomen hoc habuit. ¹¹Familiae vero eius cognomen fuit.

44,2 patronymice: patronomice   44,4 σκίπων: Scipio   45,4 Isauriam: ysauriam
45,6 πλάτων: Platon   45,7 haec: hęę: 'haec' P. II 58,8

43,1 v. P. II 58,4-5   43,2 cf. Isid. I 7,1   43,3 v. P. II 62,19 ff.   44,1 cf. P. II 58,5-6
44,2 v. P. II 62,23 ff.   44,3 cf. P. II 58,5-6   44,4 R.E. 149,2-3; cf. C.G.L. II 592,23; v. Isid.
XVIII 2,5   45,1 P. II 58,5-6   45,4 v. P. II 58,6   45,5 'Ovidius Naso' v. Clem. 28,4-5; v.
Ars Anon. Bern. VIII 65,31   'Aemilius Suranus' v. Pomp. V 141,8   'surae' cf. C.G.L. IV
289,32; 395,18   'capilli crispi' cf. C.G.L. III 12,1; 85,21   'Plato' v. C.G.L. II p.
XIII   45,6 v. C.G.L. II 409,5; 'platea' v. C.G.L. II p. XII; cf. D. And. IV 5,1   45,7-11 P. II
58,7-13

46.   Est autem quaestio, cur praenomen primo loco ponitur. [2]Sed
ideo primo loco ponitur, quia a dignitate venit, ut 'Publii' dicebantur
qui publicis honoribus digni erant. [3]Rursus quaestio est cum cognomen
similiter a dignitate veniat, cur non ponatur primo loco. [4]Nullus enim
Romanorum praenomen habere poterat, nisi ex nobili familia descen-
disset, ut 'Scipiones' dicebantur qui ex familia Scipionis descenderant.
[5]Sed bene praenomen primo loco ponitur, quia maius est hoc quod
unusquisque ex se habet quam quod extrinsecus accipit. [6]Quaeritur
quoque cum agnomen maius ceteris esse videatur, cur ultimo loco
ponatur. [7]Ad quod dicendum quia cetera potest aliquis habere in infantia, cum adhuc nec boni nec mali aliquid agere potest. [8]Hoc autem
non nisi in virili et perfecta aetate consequi potest et cum victrici manu.

47.   Est autem quaestio cur appellativa nomina, id est nomen et
cognomen, posuerit inter propria. [2]Duobus enim modis appellativa esse
noscuntur; uno modo quia genera dividunt ut 'Africanus, Africana';
alio modo quia multos appellant. [3]Sed sciendum quia tunc sunt propria
quando cum subauditione profertur; verbi gratia // 'Africanus' vel
'Cornelius' ingreditur civitatem et subaudiamus 'Scipio'. [4]Quando
autem dubie pronuntiamus, ut dicamus 'Africanus ingreditur', tunc
sunt appellativa et nomina gentium.

48.   OMNIA PRAENOMINA AUT SINGULIS LITTERIS NOTANTUR (373,10), id est
figurantur singulis litteris. [2]Verbi gratia, ut per 'G' et 'L': per 'G'
notatur 'Gaius Caesar': per 'L', 'Lucius Catilina'. [3]AUT BINIS (373,10), id
est duabus litteris, notantur praenomina, sicut per 'G' et 'n' notatur
'Gnaeius Pompeius'. [4]AUT TERNIS (373,11), id est tribus litteris, notantur
praenomina, sicut per 'S' et 'e' et 'x' notatur 'Sextus Roscius'. [5]AUT
QUATERNIS (373,37), ut 'Simp' ut 'Simphronius Roscius'. [6]Fiebat hoc antiquitus Romae institutis nobilium. [7]Antiqui 'Caios' dicebant viros et
'Caicas' feminas et quando viros significabant, scribebant 'C' rectum,
quando vero feminas, 'Ɔ' scribebant inversum. [8]Ideo 'Caius Caesar' per
'C' scribitur, sed per 'G' pronuntiatur. [9]Sicut econtra 'gurgulio' per 'g'
scribitur, sed per 'c' pronuntiatur. [10]Gurgulio vermis est, segetibus
inimicus et dicitur 'gurgulio' quasi 'totum guttur'.

49.   Caesar dicitur a caesarie, id est capillis, cum quibus natus est,
vel a caeso matris utero, sive etiam elephante, quem pater suus in-

f. 16ᵛ

48,5 'Simp': *'Semp'* R.E. *150,11*   48,5 'Simphronius Roscius': *'Sempronius Graccus'* R.E.
150,12   48,7 'Caios: *'Gaios'* R.E. *149,22*   48,7 'Caias': *'Gaias'* R.E. *149,22*

46 cf. Pomp. V 141,10 ff.   47 v. P. II 58,14-16; 59,9 ff.   48 cf. R.E. 149,20-26; v. P. II
57,17 ff.; v. Pomp. V 140,20 ff.   48,7 cf. Quint. I 7,28   48,8 v. Mar. Vict.
88,100   48,10 cf. Isid. XII 8,17   49,1 cf. Isid. IX 3,12; cf. Funaioli (Varro) 338 (351); v.
Funaioli (Varro) 333 (327); v. Fest. 50,7-8; v. Mar. Vict. 88,104

terfecit die nativitatis eius. [2] Nam 'elephas' Afrorum lingua 'c<a>esa' vocatur. [3] Gaius Caesar, ipse Iulius imperator a quo et omnes postea Romanorum imperatores 'Caesares' dicti sunt. [4] 'L', Lucius Catilina; Lucius praenomen est. [5] Catilina vero proprium est et fuit consul Romanorum. [6] AUT BINIS, UT G N, ut Gnaeius Pompeius. [7] Gnaeius praenomen est; Pompeius proprium, ille maximus Romanorum consul. [8] Dictus est 'Gnaeius' a 'naevo', id est macula quam habuit in facie. [9] Et sciendum quia, quando praenomina a duabus consonantibus incipiunt, ambae scribuntur, ut 'G n' Gnaeius. [10] Quando vero ab una consonante, illa sola scribitur ut 'L', Lucius, 'M', Marcus. [11] AUT TERNIS, id est tribus, UT SEX, Sextus Roscius. [12] Sextus est praenomen; Roscius vero proprium nomen. [13] Et sciendum, quia Sextus in hoc loco non est nomen numeri, sed praenomen.

50.   Donatus et multi alii dicunt quia, si consonans est prima littera in capite praenominis et tertia — vocalis vero in medio sit, ut in hoc nomine quod est Sextus — simul scribuntur. [2] Sed Priscianus hoc frivolum esse dicit. [3] Nam et 'Marcus' a consonante incipit et in consonantem terminatur, et tamen nil scribitur ibi nisi sola 'M'. [4] Taliter et in multis. [5] Tam diu enim secundum ipsum Priscianum debent scribi litterae quo usque auferatur ambiguitas. [6] Nam si sola 'S', in hoc nomine quod est Sextus, scriberetur, vel etiam 'e' cum 'e r', dubium esset utrum 'Servium' an 'Sergium' intellegere deberemus. [7] Sextus autem dictus est a sexto kalendario, quo vel natus est, vel aliquid fortiter egerit. [8] Nam a kalendario antiqui nomina inponebant, ut 'Quinti, Sexti, Septimi' quo vel eos contingebat nasci, vel aliquid agere magni.

51.   Quaerendum vero est quando praenomina singulis litteris vel quando binis vel quando ternis notantur. [2] Tunc singulis, quando a vocali incipit praenomen ut 'A', 'Aulus', vel ab una consonante ut 'P' 'Publius', 'T' 'Titus'. [3] Tum duabus, quando a duabus consonantibus 'G n', 'Gnaeus', 'S p', 'Spurius'. [4] Tunc tribus, quando a consonante incipit, prima syllaba et in consonantem desinit. [5] Si tunc alia quaeque praenomina ab eisdam incipiant consonantibus, ut 'S e x', Sextus, 'T u l', Tullius, idque fit differentiae causa, ne si primam solum consonantem scribamus 'T', Titum et 'S', Sestium, senatum significare

---

49,2 'c<a>esa': 'caesa' R.E. 149,29   50,6 'er': ea   50,6 'Servium': sereium
50,7 kalendario: calendario

49,2 v. R.E. 149,29   'Afrorum Lingua' = 'Etrusca', Remig, in Phocam (Manitius, Neues Archiv 36, 1910, p. 48   49,8 cf R.E. 149,31-150,1; v. C.G.L. IV 541,10   49,9 cf. P. II 57,20-21   50,1 D. IV 373,9-10; Serg. IV 536,7-9; Pomp. V 140,20-23   50,3-6 cf. P. II 57,21-58,4   50,8 cf. Isid. V 33,10   51 cf. P. II 57,12 ff.   51,5 v. Notae Lugdunenses G.L. IV 280 and IV 271, n. 16

putemus. ⁶Unde in 'Marco', 'M' solum scribimus, quamvis a consonante incipiat syllaba et in consonantem desinat, quia nullus error fit.

52. Sciendum autem, quia hac de causa inventa sunt praenomina. ²Romani, cum adhuc tempore Romuli pauperes essent et non haberent uxores, simulaverunt se velle celebrare sollem[p]nitatem Consi, qui est deus consiliorum vel termini, cuius festivitatem 'Terminalia' vocabant antiqui, eo quod in terminis agebantur. ³Cum huc Sabini qui erant illis vicini ad hanc festivitatem invitati venissent, Romani trecentas feminas omnes virgines excepta una rapuerunt, quam Romulus accepit in coniugio. ⁴Inde bellum ortum est inter Romanos et Sabinos. ⁵Itaque Titus Tatius rex Sabinorum congregata multitudine exercitus processit ad bellum contra Romanos et cum iam in eo essent, ut mutua caede dimicarent inter se, triginta Sabinae quae iam enixae fuerant, id est pepererant, prosiluerunt, id est saltum dederunt [vel fecerunt] et se in medium opposuerunt sicque pacem inter generos et soceros, hoc est inter maritos et parentes, fecerunt. ⁶Tunc Titus Tatius in urbe Roma

f. 17ʳ susceptus est et ad stabiliendam // confirmandamque pacem, decreverunt ut nomina Sabinorum fierent praenomina Romanorum et nomina Romanorum, praenomina Sabinorum. ⁷Ad confirmandam maiorem amicitiam, statutum est ut filii Romanorum acciperent filias Sabinorum et filii Sabinorum acciperent filias Romanorum.

53. APPELLATIVORUM NOMINUM SPECIES MULTAE SUNT (373,11). ²MULTAE SUNT SPECIES, id est multae sunt divisiones, APPELLATIVORUM NOMINUM. ³Quare non determinavit Donatus species appellativorum nominum sicut propriorum? ⁴Propter quosdam scilicet varie autumantes. ⁵Nam quidam plures, quidam pauciores species esse aestimaverunt appellativorum nominum, sicut Priscianus. ⁶Ne ergo reprehenderetur ab aliis, certum ponere distulit numerum. ⁷Sed quaerendum est quid distet inter proprium et appellativum. ⁸Hoc distat, quod in proprio quidem etiam appellativa intellegi possunt, ut si dicam, 'Vergilius', intellego et hominem et poetam. ⁹In appellativis autem propria non intelleguntur, ut 'homo, vir', nisi per excellentiam loco proprii in quibusdam personis accipiantur, ut 'poeta' pro 'Vergilio', et 'urbs' pro 'Roma'. ¹⁰Postquam definivit species propriorum nominum, de appellativorum speciebus in-

---

52,2 Consi: cossi: *v. Serv. ad Aen. VIII 636*   52,5 [vel fecerunt]: *ss. A²*   52,5 in: im
52,6 Romanorum: Sabinorum: *v. R.E. 149,18*

52 R.E. 149,6-20; cf. Serv. *ad Aen.* VIII 636   52,7 cf. P. II 57,14-17   53,4 cf. Pomp. V
143,10-11   53,5 cf. P. II 59,9 ff.   53,8 P. II 58,14   53,9 P. II 59,4-8   53,10 v.
Pomp. V 143,11; Serv. IV 491,4; v. P. II 59,9 ff.

cipit tractare, quae secundum Donatum septem et viginti sunt; secundum vero Priscianum, multo plures.

54. ALIA ENIM SUNT CORPORALIA (373,12). [2]Corporalia dicuntur, id est corpus significantia, quia vel videntur vel tanguntur, ut 'caelum, TERRA' et quia corporaliter rem demonstrant et corporalibus adhaerent creaturis. [3]HOMO (373,12) dicitur a humo; humus interior est terra ab humore dicta. [4]TERRA (373,12) a terendo eo quod teratur pedibus animalium. [5]MARE (373,12) vocatur ab amaritudine. [6]Omnis congregatio aquarum MARE nuncupatur. [7]Vel MARE dicitur ab Hebraeo quod est 'mirat', id est amarum, eo quod aquae illius amarae sint. [8]Notandum est quia, sicut inveniuntur corporalia in appellativis ut HOMO, sic etiam in propriis ut 'Terentius'.

55. ALIA sunt appellativa INCORPORALIA (373,12) nomina, id est incorporalem rem significantia, id est quae incorporalem rem demonstrant, quia carent corpore. [2]Unde nec videri nec tangi possunt et in corporalibus adhaerent creaturis. [3]Nam nomen semper incorporale manet. [4]PIETAS (373,12) dicitur religio et cultus Dei; ab eo quod est pius venit pietas. [5]Unde impius dicitur irreligiosus qui Deum nescit. [6]Omnis homo igitur peccator, sed non omnis homo impius. [7]DIGNITAS (373,13), id est honor, vel pietas dicitur misericordia. [8]IUSTITIA (373,13) dicitur sanctitas. [9]DIGNITAS (373,13) dicitur altitudo. [10]Similiter quoque inveniuntur incorporalia in appellativis, ut 'virtus' communis in propriis, ut 'virtus dea' [Aeneae], et 'pudicitia' Penelopae.

56. ALIA scilicet appellativa nomina PRIMAE SUNT POSITIONIS (373,13), id est primitiva quae et principalia, quia primam positionem habent nec aliunde nascuntur, et a nullo sumunt originem. [2]Si autem prima positio dicitur, quaeritur quid sit secunda positio vel quid sit ipsa positio. [3]Nam prima non diceretur nisi ad differentiam secundae. [4]Positio dicitur a 'ponendo', eo quod sicut a natura positum est. [5]Nomen ita profertur quia ibi est naturalis positio illorum, et ab illis derivantur alia, ut 'mons' non derivatur ab alio, sed, sicut primo est prolatum, manet. [6]MONS (373,13) dicitur tumulus terrae, vel agger, vel altitudo. [7]SC<H>OLA (373,13) Graece, Latine dicitur vacatio, id est studium, quia

---

55,10 dea' [Aeneae]: dẹẹ: 'ut virtus dea et pudicicia penelope' *V* 4ʳ *18-19;* *M* 7ᵛ *14* (gloss: enee)

54,3 cf. Isid. XI 1,4; XIV 1,1   54,4 cf. Isid. XI 1,1   54,5-6 cf. Isid. XII 14,1   54,7 cf. Virg. Gr. 83,14-15; v. Hier *Hebr. Quaest. in Gen.* P.L. 23,988 (Notandum quod omnis congregatio aquarum sive salsae sunt, sive dulces, juxta idioma linguae Hebraicae, maria nuncupantur.)   54,8 cf. P. II 59,10-12   55,1-7 cf. R.E. 150,17-21   55,4 cf. C.G.L. IV 458,27   55,10 v. P. II 59,12-13   56 cf. Pomp. V 143,15 ff.   56,6-9 cf. R.E. 150,22-26   56,6 cf. Isid. XIV 8,1   55,7 v. C.G.L. III 198,25 et passim

ibi student pueri, id est vacant. [8] Nam 'vaco, vacas' est studeo; inde
Sc<h>ola 'vacatio' dicitur. [9] 'Vagor, vagaris in malum', id est 'discurro
in malum'; unde vagatio venit. [10] 'Vaco, vacas in bono'; unde et in
psalmo 'vacate, et videte', quod Graece σχολάσατε dicitur. [11] Primae
positionis dicuntur, a quibus alia derivantur. [12] Secundae positionis
dicuntur nomina, quae ab aliis derivantur.

57.   ALIA scilicet appellativa nomina DERIVATIVA (373,13), id est
deductiva, eo quod ab alio nomine deducuntur quae derivantur, id est
deducuntur, a primitivis in modum rivi, quaeque a fonte primitivorum
nascuntur. [2] UT a monte MONTANUS: a sc<h>ola Sc<h>OLASTICUS
(373,14). [3] Nam 'derivare' est 'proprie deducere'. [4] Unde flumina
derivari dicuntur quando per diversos rivulos deducta excitantur, ut
MONTANUS, id est homo qui in monte habitat. [5] Sc<h>OLASTICUS dicitur
qui semper in sc<h>ola conversatur. [6] Quaeritur utrum mons a montano, an montanus a monte derivetur. [7] Sed sciendum, quia tribus
modis montanus a monte derivari ostenditur. [8] Uno modo, quia nullus
dubitat montem anteriorem esse montano. [9] Alio modo, quia si auferas
montanum a monte, ideo mons non deerit. [10] Tertio modo, quia plures
syllabas debet habere derivativum quam primitivum illius.

58.   ALIA scilicet nomina DEMINUTIVA (373,14), id est quae
deminu<u>ntur in sensu et deminutionem primitivi sui absolute
significant, ut 'regulus', id est 'parvus rex'. [2] Sc<h>OLASTICULUS (373,14)
id est 'parvus sc<h>olasticus'; MONTICULUS (373,14), id est 'parvus
mons'. // [3] S<c>iendum autem est, quod omnia deminutiva quae a
comparativis non derivantur ex sese habent deminutionem et nulli comparantur, ut 'regulus'. [4] Solent autem, Prisciano teste, deminutiva vel
necessariae significationis causa proferri, ut Sa<l>lustius in Iugurthino: [5] 'Postquam reguli in unum convenere'; 'reguli', id est 'par[v]vi
reges'. [6] Vel urbanitatis, ut Iuvenalis in Saturarum tertio:

f. 17ᵛ

[7] Unde fit, ut malim fraterculus esse gigantum.

[8] Vel adulationis et maxime puerorum, ut 'Catulaster', 'Antoniaster',
'Patriciolus', 'Sergiolus'.

59.   Et quaeritur cum MONTANUS vel MONTICULUS a monte derivantur,
cur non sub una specie comprehenduntur. [2] Ad quod dicendum, quia
tribus modis differunt inter se, id est discordant. [3] Uno modo, differunt

56,10 σχολάσατε: scolazate: 'scolas sate' R.E. 150,26   58,4 Iugurthino: gugurtino
58,6 Saturarum: satyriarum   58,7 gigantum: gygantum

56,10 'in psalmo' Vulg. et Vet. Lat. (Ps. Rom.) Ps. 45,11 (Septuagint Ps. 46,10); v. C.G.L. II
203,40   56,12 v. P. II 59,10   57 cf. R.E. 150,26-30; v. Pomp. V 143,17 ff.   57,3 cf.
C.G.L. IV 504,29   58,3-8 P. II 101,14-102,1   58,5 Sall. Iugur. II 2   58,7 Iuv.
4,98   59 v. Pomp. V 143,19 ff.

quia deminutiva retinent sensum primitivi; derivativa autem
nequaquam. ⁴Mons enim et monticulus terra sunt. ⁵Montanus est
homo, vel animal quod in monte habitat. ⁶Alio modo, quia omnia
nomina deminutiva possunt esse derivativa; derivativa autem non semper. ⁷Tertio modo, quia illa habent duos gradus, haec tres.

60. DEMINUTIVORUM TRES SUNT GRADUS (373,15), quorum forma, quo
magis minuitur, crescit saepe numerus syllabarum. ²Tres sunt gradus
deminutivorum, quia vel per tres gradus ascenditur a deminutivis ad
primitiva, vel per eosdem tres gradus sit descensus a primitivis ad
deminutiva, ut 'mons montanus monticulus'. ³Tres sunt gradus, id est
tres sunt divisiones deminutivorum nominum. ⁴Definitio numeri est.
⁵Nam quidam plures, quidam pauciores esse voluerunt. ⁶Illi, qui
pauciores esse volebant, auferebant primitivum gradum, quia non
minuitur. ⁷Sed Donatus ideo illum inter gradus computat quia, quamvis ille non minuitur, tamen alios minui facit. ⁸Sicut et nominativus
casus dicitur, non quod ille cadat, sed quia alios cadere facit. ⁹Illi qui
plures esse volebant, addebant omnes deminutiones quae possunt fieri,
post tertium gradum, quod Donatus non fecit; ideo quia quod
deminutiones sint post tertium gradum, tamen in tertio gradu reputantur.

61. QUORUM (373,15) deminutivorum scilicet nominum FORMA, id est
litteratura, quo magis id est QUANTO MAGIS DEMINUITUR, id est minoratur
scilicet in sensu, CRESCIT SAEPE NUMERUS SYLLABARUM (373,16). ²Ideo dicit
SAEPE, quia in quibusdam deminutivis non crescunt syllabae, ut 'populus
popellus', 'asinus asellus', 'bonus bellus', 'oculus ocellus', 'vinum
villum'. ³Hic non crescunt syllabae in deminutione. ⁴'Villum' malum
vinum quod nos 'vappam' vocamus, et cetera, ut 'monticulus mon-
ticellus', 'homunculus homuncio homunciolus homuncicellus'. ⁵Hic
quidem littera crescit, sensus decrescit. ⁶Deminutiva itaque quo amplius crescunt numero syllabarum, eo amplius decrescunt in sensu, ut
'homo homuncio homullulus homunculus'.

62. SUNT ETIAM nomina QUASI DEMINUTIVA (373,16), quia non sunt vere
deminutiva, sed litteraturam deminutivorum nominum habent, quia in
'ulus' et in 'ula' desinunt. ²Sic enim sonant sicut deminutiva, sed intellectu sunt principalia. ³QUORUM scilicet nominum ORIGO, id est
initium, NON CERNITUR (373,17), id est non videtur. ⁴Non agnoscitur a
quibus nominibus originem ducant, quia non a primitivis sicut

---

61,4 'vappam': wappam

60 v. Pomp. V 143,30   60,7-8 cf. 123, 221 infra; cf. P. II 172,7-9   60,9 cf. P. II 102,5
ff.   61 v. Pomp. 144,1 ff.   61,2 cf. P. II 109,12-21   61,4 v. D. *Adelph*. V 2,11; v. C.G.L.
II 204,36. 'homunculus etc.' cf. P. II 109,1-3; v. L.H.S. I 216 (3)   62 v. P. II 115,3 ff.

deminutiva, sed a se ipsis habent originem. ⁵UT FABULA (373,17) litteraturam habet deminutivum, sed quia non venit ab alio nomine,
primitivum est. ⁶FABULA non venit a 'fabu', nec TABULA (373,17) a 'tabu'
quod nihil est. ⁷Est autem FABULA oratio ficta, non facta, et dicitur a
fando, id est loquendo. ⁸Distat autem inter fabulam et argumentum et
historiam. ⁹FABULA est quae nec vera est, nec verisimilitudinem habet,
sicut dicuntur arbores vel muta animalia loqui. ¹⁰Argumentum est
quod, quamvis verum non sit, tamen verisimilitudinem habet. ¹¹Hi-
storia est quae et vera est et verisimilitudinem habet. ¹²MACULA (373,17)
est vitium corporis. ¹³VINCULUM (373,17) est ligamentum et dicitur a vin-
ciendo id est ligando. ¹⁴Venit enim a verbo quod est 'vincio vincis', id
est 'ligo', et facit praeteritum 'vin[c]xi. ¹⁵'Vinco' vero 'vincis' de victoria,
'vici' praeteritum facit.

63. SUNT NOMINA TOTA GRAECAE DECLINATIONIS (373,17), id est quia
sicut apud Graecos, ita apud nos declinantur, UT THEMISTO (373,18)
proprium nomen nymphae vel insulae. ²CALYPSO (373,18) similiter
nomen insulae vel nymphae. ³Sicut enim Graecus, sic et Latinus dicit.
⁴THEMISTO dicitur vel insula ubi [h]abundat vinum, quia 'temetum'
dicitur vinum, vel 'mulier vendens vinum'. ⁵CALYPSO vel nomen est
nymphae, vel insula ubi [h]abundat ferrum. ⁶Nam 'c<h>alybs'
dicitur 'ferrum'. ⁷C<h>alybes enim sunt populi apud quos
f. 18ʳ [h]abundat optimum ferrum, sicut quodam loco legitur: //

⁸quicquid c<h>alybis gestabant, forinsecus posuerunt.

⁹Et nympha dicitur 'dea aquarum'.

64. PAN (373,18) deus Arcadiae. ²Ipse est et deus pastorum et
rusticorum et interpretatur 'omne', quia cum omni natura depingitur.
³Caput cornuosum habet propter lunam, rubicundam faciem propter
solis ardorem, fistulam septem calamorum pendentem in collo propter
<h>armoniam caeli, et propter omnem sonoritatem t<h>oracem
constellatam in pectore propter stellas, vel propter cetera sidera.
⁴ θῶραξ Graece, Latine dicitur 'pectus'; inde t<h>orax, id est lorica,

---

62,14 vincis: vinciso   64,1 Arcadiae: archadiae   64,4 θῶραξ: Torath
64,4 lorica: locica

62,7-11 cf. P. III 430,3 ff.   62,7 cf. Isid. I 40   62,11 cf. Isid. I 41   62,12 v. C.G.L. IV
363,2   62,13 v. C.G.L. IV 469,34   63 v. Pomp. V 145,11 ff.   63,2 v. Serv. Aen. III
678   63,4 'temetum' v. D. And. I 4,2   63,6 cf. C.G.L. IV 442,15   63,7 cf. Serv. Aen.
VIII 421   63,9 C.G.L. IV 125,1   64,1-2 cf. R.E. 151,21-22   64,2-7 cf. Serv. E. II 31; v.
C.G.L. V 128,40   64,4 v. C.G.L. III 311,25 et passim; 'thorax' cf. C.G.L. IV 185,11 et passim;
Serv. ad Aen. XI 487

quam solent habere bellatores ad protegendum cor. [5] Inferior pars eius erat hispida propter arbores et virgulta, et arbusta propter feras et cetera animalia; [6] pedes habens caprinos propter soliditatem terrae, curvum pedum habens in manibus propter annum quia annus in se recurrit, sicut pedum in se respicit. [7] 'Pedum' est baculus pastoralis curvo capite. [8] 'Panis' dicitur omnis cibus, quia omni victui necessarius est.

65. SUNT scilicet nomina Graeca TOTA CONVERSA, id est mutata, IN LATINAM REGULAM (373,18), id est declinationem. [2] Ideo tota conversa in Latinam regulam dicuntur, quia ex toto secundum Latinam regulam declinantur. [3] UT POLYDEUCES (373,19) proprium nomen est Graecum et Graece declinatur 'Polydeuces Polydeuceos', quod conversum <in> Latinam regulam dicitur 'POLLUX (373,19) Pollucis'. [4] ODYSSEUS (373,19) [Ulixes, Ulixeos] proprium nomen est apud Graecos. [5] Nos autem convertimus ex toto ad Latinam declinationem et dicimus 'ULIXES (373,19) Ulixis'. [6] Fuerunt autem duces Graecorum. [7] Secundum fabulam autem duo fratres fuerunt Pollux et Castor, filii Iovis et Ledae, qui cum Troiam pergerent ad vindicandam sororem suam raptam a Paride naufragio perierunt. [8] Sed postea inter sidera positi sunt.

66. SUNT scilicet nomina INTER GRAECAM LATINAMQUE FORMAM (373,19), id est quia ex toto non servant Graecam regulam neque ex toto convertuntur in Latinam, QUAE (373,20) et 'media' dicuntur, quia ex parte sunt Graeca et ex parte Latina. [2] Haec etiam NOTHA VOCANTUR, id est adulterina, semilibera, quia corrumpunt ultimas syllabas manentibus prioribus, ut 'Alexandreos Alexander'. [3] Dicta NOTHA quemadmodum nothus dicitur, quisquis de dispari genere nascitur. [4] Sed proprie 'nothus' dicitur qui ex nobili patre et ignobili matre nascitur, sicut econtra 'spurius' vocatur qui ex nobili matre et ignobili patre nascitur.

67. Ἀχιλλεύς Ἀχιλλέως dicitur Graece, Latine vero 'ACHILLES (373,20) Achillis' ex parte illius mutata. [2] Et ex ea parte qua Graecae linguae servant proprietatem, quasi libera sunt et a servitute absoluta; ex ea vero parte qua ad Latinitatem inflectuntur quasi ignobilia sunt et servituti obnoxia[e]. [3] Achilles et Agamemnon nomina sunt regum. [4] Et

---

65,3 POLYDEUCES: pollideuces   65,4 [Ulixes, Ulixeos]: *ss.* A[2]   67,1 Ἀχιλλεύς
Ἀχιλλέως: Achilles achilleos   67,3 Agamemnon: agamennon

64,5 cf. R.F. 81,4   64,7 cf. Fest. 231,19-20   64,8 v. Isid. XX 2,1   65 v. Pomp. V 145,19 ff.; v. P. II 455,2   65,4 v. P. II 276,4; v. Quint. I 4,16; v. Exc. Bob. I 539,22   65,7-8 v. Fulg. *M.* 54-55; v. Isid. III 71,25   66 v. Pomp. V 145,22 ff.   66,3-4 cf. Isid. IX 5,23   66,4 v. Erch. 68,6-8   67 cf. R.E. 152,20-23; v. Cass. de orat. 1222 A-B   67,1 v. P. II 276; cf. Exc. Bob. I 539,21   67,3 cf. Cass. orthog. VII 155,13-16

interpretatur sine labiis, quia ἀ-, 'sine', χεῖλος 'labium': inde ACHILLES, 'sine labiis'. ⁵AGAMEMNON (373,21) proprium nomen quod Graece dicitur 'Agamemno', una littera subtracta id est `n'. ⁶'Agamemno' Graece 'Agamemn<on>os', 'Agamemnon Agamemnonis' Latine. ⁷'Ἀχιλλεύς Graece 'Ἀχιλλέως; nos 'Achilles Achillis'.

68.   Sciendum autem, quia ideo Donatus has tres species, id est TOTA GRAECAE DECLINATIONIS et TOTA CONVERSA IN LATINAM REGULAM et NOTHA, cum sint propria nomina, inter appellativa posuerit. ²Vel quia Graecos imitatus est qui qualitatem non in appellativa et propria nomina dividunt, sed in primitiva et derivativa, vel quod repetit quod supra omiserat. ³Non enim ante monstraverat in propriorum nominum speciebus, quod essent quaedam nomina apud nos 'tota Graeca' et TOTA CONVERSA et NOTHA. ⁴Vel quia apud Graecos et propria et appellativa sunt vel propter interpretationem, ut Themisto, id est 'venditrix vini', et Calypso, 'venditrix ferri'. ⁵πᾶν, omne.

69.   † Si nomina aut nota omnibus ex<s>titissent, aut unam significantiam sui semper tenerent, et non ambiguo vel obscuro dicto audientes fallerent et loquentes sub diversa interpretatione deciperent, omnino expositio necessaria minime crederetur. ²At cum nomina rebus imposita vocesque singulae per aestimationem eius, qui ita res appellandas esse censuit, ita sint institutae et ita arte compositae ut nota quadam in rerum significationem non aperta declaratione ducerent audientes.†

70.   Quaeritur cur propria nomina posuerit inter appellativa, cum de appellativis coeperit disputare. ²Nulli enim dubium est haec nomina propria esse, sed ob tres causas inter appellativa nomina computantur. ³Una ratio est, quia communiter utuntur illis, tam Graeci quam Latini. ⁴Alia ratio est 'possunt esse mediae significationis apud Graecos, sicut quaedam apud Latinos'. ⁵Verbi gratia, PAN dicitur 'omne', vel deus Ar-
f. 18ᵛ cadiae, vel deus rusticorum. ⁶Tertia est, // quod Graeci non habent qualitatem nominis divisam in propria et in appellativa sicut Latini, sed in primitiva et in derivativa. ⁷Et si sint propria nomina vel appellativa, si fuerint primitiva, sub una speci[a]e computantur; ⁸rursus si fuerint

---

67,4 ἀ-: ἀ   67,4 χεῖλος: chilon   67,7 'Ἀχιλλεύς: achilles   67,7 'Ἀχιλλέως: achilleos
69,5 πᾶν: Pan   69,1 †:† ante hanc sententiam   69,2 declaratione: declararione   69,2 †:†
post hanc sententiam   70,1 coeperit: ceperit   70,7 computantur: computᵉantur

67,5-6 cf. Cons. V 364,32; v. Serv. IV 429,30-35; v. Pomp. V 145,24-25; 30-32   67,7 cf. Exc. Bob. I 539,21-22   68 cf. 40 n. supra   68,4 v. 63 supra   68,5 Serv. G. IV 226   70 cf. 68 n., 40n. supra   70,6 cf. 64,1 supra

propria vel appellativa et si fuerint derivativa, sub altera specie computantur.

71. SUNT ALIA HOMONYMA (373,21). [2]Homonyma Graecum nomen est, quod Latine 'uninomia', vel 'univoca' potest dici. [3]Homonyma autem ideo dicuntur, quia SUB UNO NOMINE MULTA SIGNIFICANT (373,21), ut sit in uno nomine significatio plurima ut 'tumulus' nunc mons brevis, nunc tumens tellus, nunc sepuld[h]rum. [4]UT NEPOS ACIES ARIES (373,22), NEPOS multa significat: [5]NEPOS dicitur filius fratris, vel filius sororis, vel filius filii, vel filius filiae, estque tantum generis masculini, et facit femininum 'haec neptis'. [6]Quando autem prodigum vel luxuriosum significat, generis est communis, et facit 'hic et haec nepos', estque sermo tractus a 'nepa' serpente qui dicitur habere ducentos filios et omnes devorare, mox ut nati fuerint, praeter unum qui se abscondit in saetis vel in squamis dorsi eius, insiliens super eum ad reparandam posteritatem; et dicitur NEPOS, quasi 'natus post'. [7]ACIES multa significat: [8]ACIES dicitur acumen ferri, et visus oculorum, et acumen mentis; et ACIES exercitus ordinatus ad bellum; et ACIES dicitur signum in caelo. [9]Ecce in uno nomine quod est ACIES, quot sunt significationes.

72. 'Aries' similiter homonymum est, id est in uno nomine multa significat. [2]Est enim 'aries' animal quod ideo sic vocatur, eo quod apud antiquos 'aris' offerebatur, vel quod a fronte ruat. [3]Est quoque signum in caelo. [4]'Aries' dicitur et machinamentum, unde muri destruuntur. [5]'Trabs' videlicet ferro munita quae a militibus cum magno impetu usque ad murum rotis ducitur. [6]Dicitur autem 'aries', quasi 'a fronte ruens'.

73. SUNT ET ALIO SYNONYMA (373,22), id est cognomina, VEL POLYONOMA ex multis nominibus unam rem significan[ci]tia, id est demonstrantia, quae quasi 'plurinomia' vocantur, eo quod sit in pluribus nominibus significatio una, UT TERRA HUMUS TELLUS (373,22). [2]Idem enim sunt omnia. [3]TELLUS a tollendo dicta, eo quod tollimus fructum eius; 'solum', a soliditate; 'arvum', terra iam <aratro> procis[s]a. [4]Ecce una

---

71,1 HOMONYMA: omonima   71,2 Homonyma: omonima   71,3 Homonyma: omonima   72,1 homonymum: omonimum   72,2 animal: alial   73,1 SYNONYMA: synonima   73,1 cognomina: cognomima   73,1 POLYONOMA: polionima
73,3 <aratro> procis[s]a: v. 'incisa' *R.E. 153,7; cf. 'aratro terram fodiebant' V I*v 25

71 v. Pomp. V 146,9 ff.   71,2 cf. Isid. I 7,15   71,3 cf. Isid. XIV 8,21 (mons brevis, tumens tellus)   71,3 cf. Serv. *Aen.* II 713 (tumens, sepulchrum)   71,5 cf. Isid. IX 5,26; 6,23   71,6 cf. Isid. X 193; v. C.G.L. V 657,33; V 35,2 'nepa' cf. C.G.L. II 133,31 et passim.   71,8 'acumen' cf. Isid. XVIII 6,2   71,8 'oculorum' C.G.L. IV 6,4 et passim; cf. C.G.L. IV 478,39   71,8 'exercitus' cf. Isid. IX 3,56-58   71,8 'signum in caelo' v. Serv. *Aen.* X 408   72,2 cf. Isid. XII 1,11   72,3 cf. Isid. III 71,23-24   72,4 cf. Isid. XVIII 11   72,5 v. Fest. 504,4   73 v. Pomp. V 146,9 ff.   73,3 'tellus' Isid. XIV 1,1   73,3 'solum' cf. Isid. XI 1,115   73,3 'arvum' v. Isid. XV 13,6

res quod <pluribus> nominibus appellatur. [5]Sic GLADIUS ENSIS MUCRO (373,23) ideo sunt. [6]GLADIUS dicitur quasi 'cladius', a clade quam infert. [7]MUCRO summitas gladii et pro toto gladio ponitur. [8]Haec nomina contraria sunt superioribus, quia in illis multae res uno nomine habentur; in istis vero una res multa nomina, ut 'TERRA, HUMUS, TELLUS, arvum, solum', una res est. [9]Similiter, ENSIS, MUCRO, GLADIUS, una res est. [10]Et notandum quod non solum in appellativis, sed etiam in propriis homonyma vel polyonoma inveniuntur. [11]Ut sicut alius Pyrrhus filius Achillis, et alius Pyrrhus rex Epirotarum intellegitur, sic Publius Cornelius Scipio Africanus unus homo invenitur.

74.   Sunt ALIA PATRONYMICA (373,23). [2]Patronymica dicuntur quasi 'patrilega' vel 'patrum legalia'. [3]νόμος enim Graece, lex dicitur. [4]'Patrilega' autem ideo dicuntur, quia ex patribus fiunt, et ex patris scripturis aliquid retinent. [5]Patronymicum est quod a propriis tantummodo derivatur patrum nominibus secundum formam Graecam. [6]Resolvuntur etiam per genetivum primitivi, et significant filium vel nepotem UT ATRIDES (373,23). [7]Quid est? [8]Atrides filius Atrei, id est Agamemnon, Atrei filius. [9]PELIDES (373,23), id est Pelei filius, vel nepos. [10]'Aeacides', Aeaci filius, vel nepos: [11]quae quasi patrum leges in nominibus servant.

75.   HAEC ET AB AVIS ET A MATRIBUS et a maioribus SAEPE FIUNT (373,23), et non solum ab avis et a parentibus et a patribus et a matribus, sed, ut dicit Priscianus, a regibus et a conditoribus fiunt patronymica nomina. [2]Sed illa dicuntur proprie patronymica nomina quae a nominibus patrum veniunt. [3]Abusive autem fiunt ab avis maternis, a matribus, a fratribus, a regibus, a conditoribus urbium.

76.   AB AVIS maternis fit patronymicum, ut 'Atlantiades' dictus est Mercurius, id est Atlantis natae filius, vel 'Atlantides' ab Atlante avo suo. [2]Ovidius in primo Metamorphoseon:

[3]Sedit Atlantiades et euntem multa loquendo
Detinuit sermone diem.

73,5 ideo sunt: ideo sunt ssA^z 73,10 homonyma: omonima   73,10 polyonoma: polionima   73,11 Pyrrhus: pirrus   73,11 Pyrrhus: pirrus   74,3 νόμος: Nomos   76,1 'Atlantiades': athlantiades   76,1 Atlantis: athlantis   76,1 'Atlantides': athlantides   76,1 Atlante: athlante   76,3 Atlantiades: athlantiades

73,6 v. Isid. XVIII 6,1   73,7 cf. Isid. XVIII 6,2   73,11 v. Isid. IX 2,79   74 cf. R.E. 153,11-17; v. Pomp. V 146,19 ff.   74,3 C.G.L. II 122,31; v. Serv. Aen. VI 808   74,6 cf. P. II 62,16-17   74,11 cf. P. II 62,17; 59,17-19   75,1 cf. P. II 64,10   75,3 cf. P. II 63,11-12   76 P. II 64,3-8   76,3 Ovid Met. I 682-683

77. A MATRIBUS, sicut Mercurius dicitur 'Maiades', a Maia matre sua.
[2]Item A MATRIBUS, ut 'Iliades' dictus est Romulus, id est Iliae filius.
[3]Ovidius in quarto decimo Metamorphoseon:

> [4] ut corpora victa sopore
> Invadant portasque premant, quas obice fultas
> Clauserat Iliades.

78. A fratribus ut 'Phaethontiades' dicuntur sorores Phaethontis,
filii Solis, ut Vergilius in Bucolicis:

> [2]Tum Phaethontiadas musco circumdat amarae
> Corticis.

79. A regibus ut 'Romulides' dicti sunt 'Romani', a Romulo rege.
[2]Idem Romani dicuntur 'Aeneades, ab Aenea, a quo originem sumunt,
ut Vergilius in octavo:

> [3]Aeneadae in ferrum pro libertate ruebant.

80. A conditoribus urbium, sicut Athenienses dicuntur 'Cecropides',
a Cecrope qui Athenas condidit. [2]Vergilius in sexto:

> [3] tum pendere poenas
> Cecropidae iussi,

f. 19[r] qui et 'Thesidae' dicuntur. [4]Unde idem Vergilius // in secundo
Georgicon:

> [5]Praemiaque ingentes pagos et compita circum
> Thesidae posuere.

81. IN HIS scilicet patronymicis QUAE GRAECA SUNT, SIVE MASCULINA
FUERINT SIVE FEMININA, MAGIS OBSERVABIMUS GRAECAM REGULAM (373,24), id est
Graecam declinationem scilicet quam Latinam. [2]Ideo dicit magis, quia
sunt nomina quae non veniunt ad Latinam regulam.

82. HORUM scilicet patronymicorum AUT IN 'DES' EXEUNT (373,25), id
est finiuntur UT ATRIDES AB ATREO patre, AUT IN 'IUS', UT PELEIUS (373,26).
[2]Idem et Pelides A PELEO (373,26) patre. [3]AUT IN 'ON', UT NEREON
(373,27). [4]Nereon nepos, vel filius Nerei, qui est deus maris ; ipse est et
Glaucus.

77,2 'Iliades': ÿliades   77,2 Iliae: ÿlię   77,4 Iliades: ÿliades   78,1 'Phaethontiades:
fetontiades   78,1 Phaethontis: fetontis   78,2 Phaethontiadas: phetontiadas
79,2 'Aeneades': eneides   80,1 'Cecropides': cecropedes

---

77 cf. P. II 63,13-17; 64,3   77,4 Ovid. *Met.* XIV 779-781   78 cf. P. II 65,7-10   78,2
Verg. *E.* VI 62-63   79 cf. P. II 64,10-13; 65,1   79,3 Verg. *Aen.* VIII 648   80 cf. P. II
64,10-17   80,3 Verg. *Aen.* VI 20-21   80,5 Verg. *G.* II 382-383   82-83 v. P. II 65,12 ff.

83. FEMININA scilicet patronymica AUT IN 'IS' EXEUNT (373,27), id est finiuntur UT ATREIS (373,27), id est filia vel neptis Atrei, AUT IN [H]AS', UT PELEIAS (373,28), filia vel neptis Pelei, AUT I<N> 'NE', UT NERINE (373,28), filia vel neptis Nerei. ²Si sciremus Graecam declinationem, melius Graeca verba Graece quam Latin[a]e declinassemus. ³Quia vero incognita nobis est, ideo Graeca verba inflectimus ad Latinam declinationem.

84. Notandum est, quia ex istis tribus formis patronymicorum, scilicet quae in 'des' et in 'ius' et in 'on' terminantur, una tantum Latini poetae utuntur, ea videlicet quae in 'des' desinit, quae etiam apud Graecos 'communis' vocatur, ideo quod in omni sermone possunt hac uti. ²Nam aliis duabus non utuntur, id est in 'on' terminata, quae est propria Iadis linguae, ut 'Peleion' pro 'Peleides' et in 'adius' quae est Aeolico, ut 'Hyrradius', Hyrrae filius, Pittacus.

85. Dicendum igitur est de hac terminatione qua utuntur nostri: si nominativus Graecus in 'as' vel in 'es' vel in 'ios' desinat, genetivus vero in 'ou' diphthongum, 'a' paenultima brevis ante 'des' invenitur in patronymico, ut 'Pelias Peliades', 'Aeneas Aeneades', 'Menoetias Menoetiades'. ²Nam 'Aenides' magis contra regulam auctoritate poetica posuit Vergilius, 'e' et 'a' correptas in 'i' productam convertens, et quasi ab 'Aeneus' 'Aenides', sicut a 'Peleus' 'Pelides', proferens in nono:

³Sit satis, Aenide, telis inpune Numanum
Oppetiisse tuis.

86. In 'es' vero desinentia nomina, quorum genetivus Graecus in 'ou' desinit, tam in 'ades' quam in 'ides' inveniuntur facere patronymicum, ut 'Hippotes Hippotades', 'Butes Butades' 'Corynetes Corynetides', sed rationabilius in 'ades'. ²'Anchises' ergo 'Anchisades' vel 'Anchisides' debuit facere. ³Fecit autem 'Anchisiades', quasi ab 'Anchisius' nominativo, quo modo 'Laertius Laertiades'. ⁴Numquam enim patronymicum superat primitivi sui genetivum nisi una syllaba.

83,1 PELEIAS: pelonas   83,1 I<N>: 'in ne' D. 373,28   84,2 Iadis: hiadis
84,2 'adius': v. P. II 65,16   ' 84,2 'Hyrradius', Hyrrae: hirradius hirrae: cf. P. II 65,16
84,2 Pittacus: pitac'ʰ   85,1 'ou': oí; v. P. II 65,19   85,1 diphtongum: dẏptongon
85,1 'Menoetias Menoetiades': menetias menetiades   85,3 Oppetiisse: ᵛᵉˡ ᵃ oppotiisse
86,1 'ou': ou: v. P. II 66,6   86,1 'Hippotes Hippotades': ẏpotes ẏpotades
86,1 'Corynetes Corynetides: corinetes corinetides   86,3 nominativo: nomenco.: 'nominativo'
P. II 66,10   86,3 'Laertius': cf. 'Laertios' P. II 66,10

84 cf. P. II 65,12-17   85 cf. P. II 65,18-66,5   85,3 Verg. Aen. IX 653-654   86 P. II 66,6-11

87. Alia vero omnia in ου apud Graecos desinentia, vel in ος vel in ους dip<h>t<h>ongum vel in ως mutantur eas in 'ides' et faciunt patronymicum, ut 'Priamos Priamou' 'Priamides', 'Nestor Nestoris' 'Nestorides', 'Plisthenes Plisthenous' 'Plisthenides', 'Peleus Peleos' 'Peleïdes', et per synaeresin 'e' et 'i' in 'ei' dip<h>t<h>ongum Graeci proferunt paenultimam; nos autem pro ea 'i' longum ponimus, ut Vergilius in quinto:

> ² Pelidae tunc ego forti
> Congressum Aeneam nec diis nec viribus aequis
> Nube cave rapui.

88. Feminina autem aut in 'is' exeunt, ut 'Atreis', aut in 'as', ut 'Peleias', aut in 'ne', ut 'Nerine'. ²Sciendum est, quod feminina patronymica in 'is' vel in 'as' desinentia fiunt a masculinis, subtracta 'de', ut 'Priamides Priamis', 'Dardanides Dardanis', 'Peliades Pelias'. ³Igitur 'Aeneades' quoque secundum analogiam 'Aeneas' debet facere non 'Aeneis'. ⁴Ergo quo modo auctoritas est, quod dixit 'Aenides' pro 'Aeneades', sic auctoritate usus est Vergilius in tituli inscriptione quem 'Aeneis' inscripsit. ⁵Notandum tamen, quod, si masculina patronymica 'i' longam habuerint ante 'des' per synaeresin, apud nos tamen in 'eis' divisas faciunt feminina, ut 'Pelides' pro 'Peleides' 'Peleïs', 'Thesides' pro 'Theseides' 'Theseïs': sic ergo 'Aenides' pro 'Aeneades' 'Aeneis'.

89. In 'ne' autem desinentia, quae sunt Iadis linguae, patronymica eiusdem generis feminini 'i' longam habent paenultimam, si principalem non habuerint eandem 'i' vocalem, ut 'Adrestos Adrestine', 'Nereius Nerine'. ²Sin autem principalem habuerint 'i', 'o' producta ante 'ne' invenitur, ut 'Acrisios Acrisione', ex quo possessivum posuit Vergilius:

> ³Acrisioneis Danae fundasse colonis,

ab 'Acrisionea', id est 'Danaa';

87,1 ου: οΰ: v. P. II 66,12   87,1 ος vel in ους: os vel in ois: v. P. II 66,13   87,1 ως: ωs: v. P. II 66,13   87,1 'Priamos Priamou: priamos priamoΰ: v. P. II 66,14   87,1 'Nestor Nestoris': v. P. II 66,14   87,1 'Plisthenes Plisthenous' 'Plisthenides': plestenes plestenoΰs plestenides: v. P. II 66,15   87,1 'Peleus Peleos' 'Peleïdes': peleis peleos peleΰdes: v. P. II 66,15   87,1 synaeresin: seneresΰn   87,1 'ei': eΰ: 'ei' P. II 66,16   87,1 longum: 'longam' P. II 66,17   87,2 diis: dis: Verg. Aen. V 809   88,4 'Aeneades': eniades: 'Aeneades' P. II 67,19   88,5 synaeresin: sineresin   89,1 Iadis: hΰadis   89,1 principalem: 'principale' P. II 68,6   89,1 Nereius: 'Nereus' P. II 68,7   89,2 principalem: 'principale' P. II 68,6   89,3 'Danaa': 'Acrisione, id est Danae' P. II 68,11

87 P. II 66,12-19   87,2 Verg. Aen. V 808-810   88 cf. P. II 67,14-68,4   89 P. II 68,5-11
89,3 Verg. Aen. VII 410

62COMMENTUM SEDULII SCOTTI

90. Sunt alia scilicet nomina thetica (373,28). ² τίθημι Graece, 'pono' Latine; θέσις positio; σύνθεσις est compositio. ³ Item etiam thetica dicuntur id est possessiva, quae (373,28:374,1) possessionem ostendunt, et resolvuntur per genetivum casum primitivi, et in 'ius' exeunt, ut "evandrius ensis" (374,1). ⁴ Duo nominativi sunt, sed unus per genetivum primitivi resolvitur, id est Evandri. ⁵ Evander Evandri, inde 'Evandrius ensis', id est 'Evandri ensis'. ⁶ Possessivum est quod cum

f. 19ᵛ genetivo principali significat aliquid // ex his quae possidentur, ut 'regius honos' pro 'regis honos'. ⁷ Aut in 'ae', ut "Agamemnoniae <que> Mycenae" (374,1) duo nominativi sunt plurales. ⁸ Mycenae civitas est Graeciae, quae pluraliter declinatur, sed singulariter intelligitur. ⁹ 'Mycenae Agamemnoniae' autem vocatur, quia Agamemnon illas aedificavit, rex Graecorum.

91. Cum autem in 'ius' exeunt, sicut supra dicta nomina patronymica, quaeritur quid differunt, vel si in aliqua re concordant. ² Ad quod respondendum est, quia concordant multis modis: a propriis nominibus utraque veniunt; genera dividunt; multos appellant; unum pro altero ponitur. ³ Discrepant autem, quia patronymica nomina non significant nisi tantum filios vel nepotes; possessiva autem omnia quae in possessione habere videntur. ⁴ Thetica etiam dividunt tria genera; illa autem non nisi duo. ⁵ Hoc igitur interest inter possessiva et patronymica: quod patronymica filios vel nepotes significant; possessiva autem non solum filios, sed et omnia quae possunt esse in possessione. ⁶ Et quod patronymica a propriis tantummodo derivantur; possessiva autem etiam ab appellativis. ⁷ Et quod patronymica a masculino descendunt plerumque genere, rarissime autem a feminino, nec proprie quando a matribus. ⁸ Et quod patronymica ad homines pertinent tantum vel ad deos; possessiva autem ad omnes res pertinent. ⁹ Fiunt autem possessiva vel a nominibus, ut 'Caesar, Caesareus', vel a verbis, ut 'opto, optativus', vel ab adverbiis, ut 'extra, extraneus', et vel mobilia sunt, ut 'Martius, Martia', vel fixa, ut 'sacrarium, donarium, armarium'.

92. Alia sunt mediae significationis (374,2). ² Ideo Mediae significationis dicuntur, quia in bonam et in malam partem possunt accipi, id est in laudem et vituperationem. ³ Nam sicut laudando dicimus

---

90,2 τίθημι: theto: *v. R.E. 154,1*   90,2 θέσις: thesis: *v. R.E. 154,1*   90,2 σύνθεσις: sinthesis: *'sintesis' R.E. 154,2*   90,6 principali: *'principalis' P. II 68,15*   91,7 matribus: *'matribus fiunt' P. II 68,22*

90,2 cf. R.E. 154,1-2; v. C.G.L. II 455,28; II 328,39; II 111,35; cf. Isid. II 15; 5,1   90,5 'Evandrius ensis' Verg. *Aen.* X 394   90,6 P. II 68,15-17   90,7 'AGAMEMNONIAE ... MYCENAE' Verg. *Aen.* VI 838   91 cf. P. II 68,17-69,4   91,5 cf. Erch. 69,10-13   92 cf. R.E. 154,9-15; v. Pomp. V 147,12 ff.

'MAGNUS rex et FORTIS (374,3) imperator', ita et vituperando dicimus 'magnus sive fortis latro'. [4] MEDIAE SIGNIFICATIONIS, τῶν μέσων dicitur Graece. [5] μέσος enim 'medium' vocatur. [6] 'Medium', id est quod in bono vel in malo ponitur, in laudem vel in vituperationem.

93. HAEC ETIAM EPITHETA DICUNTUR (374,3) id est superposita. [2] ἐπί super; τίθημι pono: inde EPITHETA 'superposita', quia fixis nominibus superponuntur, quae per se non habent plenum sensum, ut 'magnus', si per se dicas, non habet plenum sensum. [3] 'Magnus dominus' ecce in bono; 'fortis tyrannus' ec<c>e in vituperatione.

94. Quaeritur cur haec nomina MEDIAE SIGNIFICATIONIS dicuntur, cum perfectam habeant litteraturam et perfectum sensum. [2] Sed tamen MEDIAE SIGNIFICATIONIS sunt, donec adiciantur illis fixa nomina quae auferunt ambiguitatem. [3] Vel etiam MEDIAE SIGNIFICATIONIS dicuntur, id est mediae qualitatis, quia significatio solet poni pro qualitate et haec nomina possunt esse propria et appellativa. [4] Idcirco etiam dicuntur, quod sine adiectione nominis habent sensum, sed non plenum. [5] Verbi gratia, si dicas 'magnus' per se, intellegimus quod sit magnus, sed non habet plenum sensum nisi adiungas personam, ut si dicas "MAGNUS VIR" vel "MAGNUS EXERCITUS" (374,3).

95. Alio modo MEDIAE SIGNIFICATIONIS dicuntur nomina, eo quod media sint inter laudem et vituperationem, ut 'magnus'. [2] Dicimus enim 'magnus imperator' laudantes et 'magnus latro' vel 'fur' vituperantes. [3] Adiectiva vel superposita vocantur, eo quod ad implendam sui significationem nominibus adiciantur ut 'magnus'. [4] Adicis ea personis ut 'magnus philosophus' et plenus est sensus; et significant laudem, ut 'iustus', vel vituperationem, ut 'iniustus', vel medium, ut 'magnus', vel accidens id est 'suum uniuscuiusque', ut 'niger corvus' et 'altum mare'. [5] 'Latro' apud antiquos nomen erat dignitatis. [6] Dicti 'latrones' quasi 'laterones', eo quod lateribus regum assisterent. [7] Nunc autem in malo ponitur et dicitur a 'latendo', quia die latet; nocte autem patet. [8] Sicut

92,4 τῶν μέσων: ton meson: v. R.E. 154,14   92,5 μέσος: mesos   92,5 'medium': 'medius' R.E. 154,14   93,1 EPITHETA: epÿteta   93,2 ἐπί: Epi: v. R.E. 154,15   93,2 τίθημι: teto: v. R.E. 154,16; fortasse θήτω (?)   93,2 EPITHETA: epÿteta   95,2 vel 'fur': vel fur ss. A²: v. P. II 60,9; 'latro vel fur' V 5ᵛ 13; M 10ᵛ 21

92,4 v. Serv. Aen. I 189 et passim   92,5 cf. C.G.L. II 368,21; v. M.C. 359,17   93 cf. R.E. 154,15-20   93,2 v. 90,2 supra; cf. C.G.L. II 307,4; v. Serv. Aen. X 623; Isid. I 7,22   93,3 cf. Erch. 69,19-20   94 v. Pomp. V 147,12 ff.   95,1-2 cf. P. II 60,6-10   95,4 cf. P. II 60,10-11   95,5-7 cf. Fest. 105,27-29; cf. Isid. X 159; v. Funaioli (L. Aelius Stilo) 60 (11).   95,8 cf. Isid. IX 3,19

et tyrannus apud Graecos in bono accipitur, id est rex — [9]unde Vergilius: [10]atque iuvat

    [11]dextram tetigisse tyranni —

[12]apud Latinos vero, ut malo ponitur, id est invasor aliarum substantiarum.

96. QUALITATIS (374,3) nomina ex eo dicta quia per ea, qualis quisque sit, ostenditur, ut 'sapiens, doctus, stultus, formosus, niger vel albus, dives vel fortunatus'. [2]Haec nomina qualitatem demonstrant ut 'qualis est?' 'bonus vel malus'. [3]Sciendum qualitatem a duabus fieri rebus, ab animo, a corpore extrinsecus. [4]Qualitas potest esse in corpore, ut 'albus, niger', in animo, UT BONUS MALUS (374,4), quia illa bonitas ad animam pertinet. [5]BONUS dicitur a Graeco quod est βοῶ, id est 'voco', et proprie ad deum pertinet qui proprie atque naturaliter bonus est, quia ex sua bonitate omnes ad se naturaliter vocat. [6]MALUS dicitur a Graeco, quod est μέλαν, id est 'nigrum fellis'; inde 'melancholia' dicitur 'nigra c<h>olera'. [7]Unde // etiam evenire solet, ut quibus abundat nigra c<h>olera malitiosi sunt.

f. 20[r]

97. QUANTITAS (374,5) ad solum corpus refertur quia non potest esse mensura nisi in rebus corporalibus. [2]Quod si ad animam referatur, translative fit, ut 'magnus animus', et quantitatis nomina quantitatem demonstrant UT PARVUS vir, MAGNUS (374,5) vir. [3]Et notandum, quod nomina quantitatis, Pompeio testante, a mensura proprie deducuntur. [4]Fiunt autem et ipsa duobus modis, ab animo, a corpore: ab animo, ut 'magnanimus Anchisiades'; a corpore, ut MAGNUS vel PARVUS. [5]Sed quando ab animo, abusive fiunt; sicut enim Pompeius testatur: [6]'Magnus non potest esse nisi a mensura'. [7]Animae autem mensuram nemo potest scire. [8]Ergo quod dicitur 'magnanimus Anchisiades', non proprie, sed abusive profertur.

98. ALIA GENTIS (374,5) quae et gentilia, quia totam gentem significant, comprehendunt, demonstrant, ubi tota gens agnoscitur. [2]GRAECUS (374,5) homo de Graecia. [3]Graecia autem hoc nomen accepit a Graeco rege, qui in ea imperavit. [4]HISPANUS (374,5), homo ab

---

95,8 tyrannus: tirranus   96,1 vel: ut: *'ut fortunatus vel dives'* V 5[r] 21; M 11[r] 3   96,5 βοῶ: bo o; v. R.E. 154,21   96,6 μέλαν: Melan: 'mellan' R.E. 154,23   96,6 'melancholia': melancolya   97,3 Pompeio: pompeyo   97,6 a: 'in' Pomp. V 147,28

95,11 Verg. Aen. VII 266   96 v. Pomp; V 147,21 ff.; v. P. II83   96,3-4 cf. Pomp. V 147,22-23   96,5 cf. Clem. 14,5; P. II 6,4   96,6 cf. R.F. 15,21-22; cf. Isid. IV 5,5   97,3 Pomp. V 147,26   97,6 Pomp. V 147,28   97,8 cf. Pomp. V 147,26   98 v. Pomp. V 147,33 ff.   98,2-4 R.E. 154,28-31   98,3 cf. Isid. IX 2,69   98,4 cf. Serv. Aen. I 530

Hispania quae et ab Hespero rege nomen accepit. [5]Haec etiam nomina
Graecus et Hispanus a primis patribus veniunt. [6]Et quaeritur cur non
iunguntur cum nominibus familiae, quae inter propria computantur,
vel cur haec potius appellativa dicuntur quam illa, cum multis modis
videantur esse similia. [7]A propriis nominibus utraque veniunt, genera
dividunt, multos appellant. [8]Discrepant autem duobus modis, uno
modo quia illa funguntur vice nominis apposita fixis nominibus; ista
autem non. [9]Haec dividunt tria genera; illa duo.

99. Alia patriae (374,6). [2]'Patria' dicitur quasi 'patris atria' vel
'pacis'. [3]Est autem proprie patria, civitas ubi patres commorantur.
[4]Thebanus (374,5), homo de Thebis, civitate Graeciae quae centum portas fertur habere. [5]Est autem et alia civitas in Aegypto quae Thebae
vocatur, centum similiter portas habens, cuius habitatores 'Thebaei'
vocantur. [6]Unde Iuvenalis:

[7]Atque vetus Thebe centum iacet obruta portis.

[8]De hac civitate fuit Amphion auloedus, quem cum audisset A[l]lexan-
der suaviter tibiis canentem interrogavit eum de qua civitate esset. [9]At
ille 'Utinam', inquit, 'haberem civitatem; olim fui T<h>ebis, modo
autem non.' [10]Antea enim eam destruxerat A[l]lexander et iuraverat
quod in aeternum non reaedificaretur. [11]Postea vero misericordia
motus propter illius auloedi cantilenam eam iussit iterum restaura[u]ri.
[12]Romanus (374,6) dicitur homo de Roma civitate, quae etiam ut fertur
a 'valendo', 'Valentida' primo vocata est.

100. Hoc autem distat inter nomina gentis et patriae, quia nomina
gentis totum regnum demonstrant, ut graecus totam gentem significat.
[2]Nomina vero patriae partem demonstrant, ut T<h>ebanus quod
solummodo propriam civitatem, id est Thebas, demonstrat, nihil aliud.
[3]Patrium est quod a patria sumitur. [4]Potest autem quaestio esse, si
concordant inter se nomina gentis et nomina patriae. [5]Sed sciendum
est, quia concordant et differunt. [6]In hoc concordant, quia a propriis
nominibus utraque veniunt, genera dividunt, multos appellant.
[7]Aliquotiens unum pro altero ponitur. [8]Discordant autem tribus
modis. [9]Nam nomina gentis retinent sensum et litteraturam primi
patris. [10]Verbi gratia, Graecus dictus est primus pater Graecorum, et
dicitur quilibet de illa gente; nomina patriae hoc non faciunt. [11]Nam
Roma di[s]syllabum nomen est; Romanus tri[s]syllabum. [12]Et Roma est
aedificium ex lapidibus et terra; Romanus est homo. [13]Alio modo dif-

98,5-8 v. 40 n. supra   99,3 cf. Isid. XIV 5,19   99,4 V. Isid. XIV 4,11   99,5 v. Isid.
XV 1,35   99,7 Iuv. 15,6; R.E. 155,5   99,8-11 cf. R.E. 155,6-11; v. Serv. E. II 24   99,12
v. Serv. Aen. I 273; Fest. 328,13   100 v. Pomp. V 147,33; v. P. II 69,5 ff.   100,3 P. II 61,4

ferunt, quia nomina gentis plus sunt generalia quam nomina patriae.
[14] Nam nomina patriae non comprehendunt, nisi quantum pertinet ad
unam civitatem, ut THEBANUS dicitur qui est de Thebis civitate, excepto
uno nomine, quod est ROMANUS; nomina autem gentis generaliter totum
regnum comprehendunt. [15] Tertio modo differunt, quia nomina gentis,
si transierint de loco ad locum, non mutantur; nomina autem patriae
mutando locum mutantur. [16] Nomina quoque gentis a nominibus
patrum veniunt; nomina patriae a loco.

101. ALIA NUMERI UT UNUS DUO (374,6). [2] Numerale est quod
numerum significat et indicat. [3] Sed quaerendum est, quare UNUS
dicitur numerus cum numerus non possit esse, nisi ex duobus aut ex
pluribus. [4] UNUS enim proprie non est numerus, sed omnes numeri ab
unitate incipiunt. [5] Ad quod dicendum est, quia UNUS duobus modis
dicitur numerus, sive translative, sive quia fundamentum et origo est
omnium numerorum. [6] Nam aliter numerus non potest dici, nisi ex
pluribus et multis unitatibus conficiatur, quia numerus pluralitatem
significat. [7] DUO pluralis numeri est et masculini generis et neutri invenitur; facit femin<in >um 'hae duae'.

102. ALIA ORDINIS (374,6) id est quae et ordinalia, quod ordinem
ostendunt, et indicant, demonstrant, significant. [2] Verbi gratia, 'Iste
f. 20ᵛ sedet PRIMUS, (374,7) ille SECUNDUS'. // [3] 'Prior' autem et 'primus' veniunt
ab adverbio 'pridem'.

103. SED 'PRIMUS' DE MULTIS DICITUR (374,7), quia superlativus est
gradus. [2] 'PRIOR' DE DUOBUS (374,7), quia comparativus. [3] Quaeritur
quare magis PRIMUS DE MULTIS quam de duobus, vel PRIOR DE DUOBUS
quam de multis dicatur. [4] Ad quod dicendum, quia lex est superlativi
gradus, ut multos excellet in genere suo. [5] Primus est superlativus
gradus et dicitur de multis. [6] Prior est comparativus et dicitur de
duobus et est lex comparativi gradus, ut socium tantum praecellat.
[7] Ergo PRIOR DE DUOBUS DICITUR, quia sicut omnes comparativi, vel ad sui,
vel ad alieni generis aliquem comparantur, ita et iste ut 'prior Turnus
quam Aeneas movit bellum.' [8] Proprium est autem comparativi, ut
socium suum praecellat tantum. [9] PRIMUS autem merito DE MULTIS
DICITUR quia superlativus est et proprium est superlativi, ut pluribus in
suo genere praeferatur, ut:

[10] Primus se Danaum magna comitante caterva
     Androgeus <of >fert nobis.

103,6 praecellat: precellat: 'ut socium suum precellat tantum' V 6ʳ 1-2   103,10 <of >fert: v.
Verg. Aen. II 371; P. II 91,12; 'offert' V 6ʳ 4

101,2 cf. P. II 62,4   101,3-6 v. Isid. III 3   102,1 cf. P. II 62,3   102,3 cf. P. II 91,14-
15   103,1-10 cf. P. II 90,17-91,18   103,10 Verg. Aen. II 370, 371

[11] Segregant, ut quanti sunt; sunt ne decimus illorum veniat ad me. [12] Hoc distat inter nomina numeri et ordinis, quod nomina numerorum totam summam comprehendunt. [13] Verbi gratia, 'sunt viginti; veniant ad me'. [14] Nomina vero ordinis unum ex omnibus. [15] Quaeritur utrum sint primitiva haec nomina, an derivativa: PRIMUS et SECUNDUS. [16] Sed sine dubio derivativa sunt. [17] Nam PRIMUS derivatur ab 'uno'; SECUNDUS a 'duobus'. [18] Sicut enim in minori Donato dictum est: tribus modis partes a partibus veniunt: litteratura et sensu, sensu et non litteratura, tantum litteratura et non sensu. [19] Et haec nomina quamvis discordant in litteratura, tamen in sensu concordant.

104. DE MULTIS scilicet nominibus DICIMUS 'PRIMUS'; DE DUOBUS DICITUR 'PRIOR' (374,7). [2] Est autem quaestio, unde evenerit talis consuetudo, ut PRIMUS dicatur DE MULTIS, et PRIOR DE DUOBUS. [3] Quae ita solvitur, quia, quando qualitatem significant et comparantur, tunc ita est intellegendum, ut PRIMUS ponatur pro eo quod est 'optimus', PRIOR, pro eo quod est 'melior'.

105. SICUT DE DUOBUS ALTERUM DICIMUS, ita DE MULTIS ALIUM (374,8). [2] Ideo DE DUOBUS ALTERUM DICIMUS; DE MULTIS vero ALIUM, quia antiqui numerandi adhuc peritiam non habentes, ita numerabant 'unus, alter, alius', et sic usque ad centum; deinde a capite repetebant. [3] Unde coepit usus, ut semper de duobus alterum dicamus; de multis autem alium. [4] Estque sciendum, primitus duos inventos fuisse numeros et PRIMUS vocabatur 'unarius', et SECUNDUS 'binarius'. [5] Binarius erat alter a binario. [6] Unde orta est haec consuetudo, ut de duobus alterum dicamus; reliquos appellabant alios. [7] Vel etiam a quodam ludo qui 'alea' vocatur. [8] 'Aleae' dicuntur ubi sunt duae tabulae et multae tesserae.

106. SUNT ALIA AD ALIQUID DICTA (374,8), quia cum pronuntiantur praeter se aliud aliquid ostendunt, et sine alterius societate, vel sine illius intellectu, ad quod dictum est proferri non potest, UT PATER FRATER (374,9). [2] Cum dicis patrem, ostendis filium. [3] Non enim dicitur pater nisi habeat filium; sic nec filius nisi habeat patrem. [4] Cum dicitur frater intellegitur habere alium fratrem. [5] Habent autem unum exordium vel finem. [6] Quando enim dixeris patrem, ostendis esse filium; similiter cum

---

105,2 numerandi adhuc: antiqⁱ adhuc^b numerandi^a: 'antiqui numerandi adhuc' R.E. 155,27   105,8 'Aleae': alęe

103,18 v. Sedul. min. 76^v 9-11 (Pars est sectio quedam aut integra aut corrupta equali aut inequali pondere subsistens)   104,3 cf. P. II 90,20-91,1   105 cf. R.E. 155,23-29   105,1 cf. Isid. XVIII 60   106 v. Pomp. V 148,12   106,1 cf. P. II 60,19-22

dixeris filium, ostendis esse patrem. [7] Apud quem nomen patris interit, interit similiter et filii. [8] Unum vero sine altero intellegere non potes. [9] Sic fratrem dicere non potes, nisi habeat cuius sit frater.

107. Relativum est quod hoc ipsum quod dicitur 'alicuius est', vel 'ad aliquid' quolibet modo referri potest. [2] Dicitur autem modis tribus: aut 'alicuius', ut filius, aut 'alicui', ut vicinus, au<t> 'ad aliquid', ut duplum. [3] 'Duplum' enim ad aliquid 'simplum' est [4] Vocatur autem relativum quid illi ad quod refertur vice mutua respondet. [5] Nam quemadmodum filius patris filius est, sic pater filii alicuius pater est. [6] Et sicut servus domini servus est, ita dominus servi dominus est. [7] Haec ita sibi respondent, ut eosdem casus in conversione custodiant. [8] Sed non omnia relativa hoc custodire valent. [9] Nam cum relativa scientia sit — [10] alicuius enim rei scibilis scientia est — in conversione ad id ad quod refertur casum mutat. [11] Non enim sicut dicimus 'scibilis rei scientia est', ita possumus dicere 'scibilis res scientiae est'. [12] Sed 'scibilis res scientia, scibilis est'. [13] In his enim quae inter se nihil differunt, relativum relativo ita opponitur, ut hoc ipsum quod opponitur eius, sit cui opponitur. [14] Nam 'dimidium' opponitur 'duplo' et eiusdem dupli dimidium est. [15] Ita ergo opponitur, ut eius sit. [16] Et 'parvum' opponitur 'magno', ut eius sit ita ut ipsum parvum ad hoc magnum 'cui opponitur parvum sit. [17] In contrariis vero non ita vice mutua sibi respondent ut eosdem casus custodiant.

f. 21[r]   108. 'Pater', a 'patrando' dicitur, ut qui//dam volunt, quia patrare est proprie rem veneriam perficere, sicut Persius:

> [2] Patrandi factus ocello.

[3] Sed melius sentimus dictum esse, ut Iohannes dicit, a Graeco quod est παντηρός, id est 'omnia servans', quia reservat omnem posteritatem generis sui. [4] Frater dicitur quasi 'fere alter'. [5] Soror a solacio, quia solamen praebet fratribus.

109. Quaeri solet, quid sit inter adiectivum et relativum. [2] Nam utrumque addendum aliquid significat. [3] Ad quod dicendum, quod adiectivo desit sensus intellegendi; relativo autem persona tantummodo. [4] Nam si dicas 'clarus' et non adicias 'vir' aut aliquid eiusmodi sensus, deficit plenitudo. [5] Nec filius dici potest, nisi patrem habeat, sicut nec

---

107,14 'duplo': duplu   108,3 παντηρός: pantachir: 'pantachiam' R.E. 156,3; παντηρός R.F. 81,3; fortasse παντοχράτωρ (?) B.V. Apoc. 1,8

107 v. Isid. II 26,7 ff.; I 7,16   107,13-17 cf. Isid. II 31,3-5   108 cf. R.E. 155,34-156,4; cf. R.F. 81,1-8   108,1 cf. Isid. IX 5,3   108,2 Pers. I 18   108 cf. R.E. 156,2 n. (Johannes Scottus)   108,5 v. Isid. IX 6,12   109 cf. Pomp. V 148,15-30

pater nisi habeat filium. ⁶Aliud est esse aliquid, sed superesse ut compleatur; aliud penitus non esse nec dici posse nisi aliam acceperit personam.

110. Sunt ALIA scilicet nomina HABENTIA SE QUODAMMODO ALITER AD ALIQUID (374,9), id est aliquid aliter significant quam illa superiora. ²AD ALIQUID dicuntur, sicut superiora quia et aliud praeter se ostendunt quemadmodum et illa. ³Cum dico dextram, intellego sinistram. ⁴Cum sinistram dico, intellego dextram. ⁵Sed aliter se habent, quia in illis scilicet superioribus, ut diximus, unum sine altero esse nequit. ⁶Hic autem potest unum sine altero esse, sinistra sine dextera; dextra quoque sine sinistra. ⁷Potest etiam mutuatione loci, UT (374,9), 'tu qui es DEXTER (374,10) sedendo in dextera parte, mutuando locum in sinistram partem fias sinister'; similiter, 'SINISTER (374,10) in dextram'.

111. AD ALIQUID aliter se habens dictum est, quod, quamvis habeat aliquid contrarium et quasi semper adhaerens, tamen non ipso nomine significat etiam illud. ²Neque enim ex illo nominationem accepit, ut 'dies, nox, dextra, sinistra'. ³Nam quamvis intereat, non interimit secum etiam illud quod ei adhaerere intellegitur. ⁴Est autem quaestio cum utraque AD ALIQUID dicantur, cur non simul comprehendantur. ⁵Sed sciendum quia tribus modis discordant. ⁶Nam in supradictis est naturalis successio, quia natura dat filio, ut habeat patrem. ⁷In istis est contrarietas, quia nihil magis contrarium est, quam dexter et sinister. ⁸Illa supradicta in se transeunt, quia ille qui hodie est filius, cras potest esse pater. ⁹Ista autem hoc non faciunt, quia dexter non potest esse sinister, neque sinister dexter. ¹⁰Tertio modo discordant, quia si de illis auferas unum, alter non erit. ¹¹In istis autem si auferas unum, alter non deerit.

112. HAEC scilicet nomina 'dexter' ET 'sinister' ADMITTUNT, id est recipiunt, COMPARATIVUM GRADUM (374,10). ²Quaerendum est hic, cum Donatus dicat in sequentibus non posse nomina comparari, nisi QUAE QUALITATEM SIGNIFICANT AUT QUANTITATEM (374,18), cur hic dicat haec nomina comparari, cum non significant qualitatem. ³Et 'dexter' non potest esse 'minus dexter', nec 'plus dexter'; similiter, et 'sinister'. ⁴Ad quod dicendum, quia quando 'dexter' ponitur pro 'prospero', et 'sinister' pro 'contrario', tunc possunt comparari, UT dexter DEXTERIOR, sinister SINISTERIOR (374,10). ⁵Verbi gratia, 'dexterior est iste dies', id est prosperior hesterno; et 'sinisterior est iste casus', id est peior alio casu. ⁶Dicimus enim 'dexter ventus', id est prosper, 'sinister flatus', id est contrarius. ⁷Et non solum comparativum gradum, sed etiam

111,1-3 cf. P. II 60,23-27   112,4 v. Serv. *Aen.* II 388 (dexter)   112,5 v. Serv. *G.* I 444 (sinister)   112,7 v. P. II 98,8

superlativum possunt admittere, ut 'dexter dexterior dextimus et sinistimus' pro 'dexterrimus et sinisterrimus'.

113. GENERALIA (374,11), quia multarum rerum sunt et in diversas species possunt dividi multa in generalitate comprehendentia, UT CORPUS ANIMAL (374,11). ²CORPUS generale nomen est super omnia corpora quae videntur supra omnia ad quinque sensus corporis pertinentia. ³ANIMAL quoque generale nomen est supra omnia animam habentia. ⁴Animal enim est quicquid spirat, et ab anima ANIMAL vocatur. ⁵Nam et homo, et equus, et avis animalia sunt.

114. SPECIALIA (374,11) quia partem demonstrant, UT HOMO. ² Species enim animalium HOMO. ³Speciale est quod a genere dividitur, UT LAPIS HOMO LIGNUM (374,11). ⁴LAPIS species est corporis, et LIGNUM similiter. ⁵Speciale est nomen sub corpore quod est genus. ⁶HOMO vero sub 'animali'. ⁷LIGNUM est arbor incisa; LIGNUM dictum, eo quod combustum vertitur in ignem.

115. Sunt scilicet ALIA nomina FACTA, id est formata a verbo, quia DE VERBO (374,12) nascuntur, quae verbalia dicuntur nomina et veniunt de gerundivis. ²Fit autem ita: gerundivi modi ultimam syllabam in 'tor' vertis et facis nomen, UT est 'docendi docendo docendum doctum doctu', 'tu' in 'tor' conversa fit DOCTOR (374,12). ³Similiter, 'legendi legendo legendum lectum lectu', 'tu' in 'tor' conversa fit LECTOR (374,12). ⁴DOCTOR nomen verbale, quia venit a verbo 'doceo'; LECTOR similiter.

116. ALIA scilicet nomina sunt PARTICIPIIS SIMILIA, quia litteraturam participiorum habent. ²Desinunt enim in 'n s' sicut participia praesentis temporis et differunt in sensu. ³Quando sunt participia, tempus significant, ut 'SAPIENS sum', 'DEMENS sum'; quando vero nomina sunt, f. 21ᵛ personam significant, UT 'DEMENS (374,13) homo', siquidem // DEMENS et nomen est et participium. ⁴Videtur autem participium esse a verbo 'demo demis'. ⁵SAPIENS (374,13) a sapio, et POTENS (374,13) ab eo verbo quod est 'possum'. ⁶Quando nomen est, significat 'stultum' et DEMENS dicitur, quasi 'demptus mente', id est 'deminutus parte mentis'. ⁷Quando participium est, venit a verbo quod est 'demo demis', et significat 'deleo', et dicitur DEMENS quasi 'delens'; ⁸unde 'dentes' dicuntur quasi 'delentes', eo quod deleant cibum.

117. Sciendum, quod quattuor modis discrepant nomina a participiis, videlicet comparatione, declinatione, tempore, et significatione.

---

113 v. Pomp. V 148,31 ff.   113,2 v. Isid. XI 1,17-18   113,3 cf. Isid. XII 1,3   114 v. Pomp. V 148,33 ff.   114,7 v. Isid. XVII 7,25; 6,25; 7,65   115 cf. Pomp. V 149,19 ff.   115,2 cf. D. IV 361,9   116 cf. Pomp. V 149,19 ff.   116,5 v. P. II 180,10-12   116,6 cf. Fest. 151,1-3; Isid. X 79   116,7 cf. C.G.L. IV 227,6 (delevit)   116,8 v. C.G.L. V 357,7 (dens a demendo)   117 v. P. II 550,20-551,3

² Aliter, participii simile nomen est quod sic sonat quasi participium, sed tamen non est, ut POTENS. ³ Ecce hoc nomen quod est POTENS, sic sonat quemadmodum participium 'legens'. ⁴ Unde ergo potest discerni? ⁵ Ex eo videlicet quod idem Donatus in sequentibus dicit, in comparatione scilicet. ⁶ Nam quando recipit comparationem, nomen est ut 'potens, potentior, potentissimus'. ⁷ Quando autem non recipit comparationem, participium est. ⁸ Nemo enim dicit 'legens, legentior, legentissimus'. ⁹ Sunt et quaedam similia participiis; sed non veniunt de verbo, ut 'innocens' verbale nomen esse videtur; sed non facit verbum unde derivetur.

118. ALIA vero VERBIS SIMILIA (374,13), id est quae eandem litteraturam habent UT COMEDO (374,13). ² Sed aliud significat quando verbum est, aliud quando nomen. ³ Cum nomen tertiae est declinationis et significat 'glutonem' quod Graece dicitur 'ardalio'. ⁴ Quando verbum tertiae coniugationis, et significat 'manduco'. ⁵ Sed quando nomen est, paenultimam producit; quando autem verbum corripit. ⁶ Similiter PALPO (374,13) id est 'caecus', quod palpando incedit et nomen tertiae declinationis. ⁷ 'Palpo, palpas' verbum primae coniugationis. ⁸ CONTEMPLATOR (374,13) verbum est imperativi modi temporis futuri et est nomen 'contemplator — ris' tertiae declinationis. ⁹ SPECULATOR idem est et CONTEMPLATOR, id est 'provisor'.

119. SED ILLA, id est participiis similia, COMPARATIONE, id est quia comparatione <m> recipiunt, quando nomina sunt, DINOSCUNTUR (374,14), id est segregantur. ² HAEC, id est verbis similia, CASIBUS (374,14) scilicet dinoscuntur, id est quia, quando nomina sunt, per casus inflectuntur. ³ Item VERBIS SIMILIA haec nomina ideo dicuntur, quia sub eadem litteratura et verba possunt esse et nomina. ⁴ Verbi gratia, si dicam 'CONTEMPLATOR, contemplatoris', nomen est, et 'contemplator' nihilominus imperativus futuri temporis.

120. Quid ergo intererit quando nomen est, vel quando verbum? ² Quando nomen est, casum habet, ut si dicam 'CONTEMPLATOR quidam sedebat in turri'. ³ Ecce hic CONTEMPLATOR nominativus est. ⁴ Quando autem verbum est, tempus habet. ⁵ Verbi gratia, si dicam 'contemplator illum qui venit', hoc est 'a[s]spice', ecce hic 'contemplator' tempus significat. ⁶ Erit ergo verbum.

118,1 COMEDO: cōmĕdo   118,3 'ardalio': *'ardaliae'* R.E. *157,1*

117,3 v. P. II 568,8-10   117,5 D. 374,15ff.   117,9 v. P. II 568,21   118 v. Pomp. V 150,13ff.   118,3 v. Fest. 50,30; v. Erch. 71,7-8   118,3 'ardalio' C.G.L. IV 207,48   118,5 cf. R.E. 156,31-32   118,6-9 v. Erch. 71,8-13   118,6 v. N.M. 240 (quasi a palpando)   118,6 v. C.G.L. V 607,62: 'palpones qui ducunt caecos'   118,8 cf. Pomp. V 150,14-16; v. L.H.S. II 340-341; 756-757; I 322 (233)

121.   Localia, quia locum demonstrant, ut 'propinquus longinquus'.
²Interrogativa, quod cum interrogatione proferuntur ut 'quis? qualis?
quantus?'. ³Collectiva sunt, quae in singulari numero multitudinem
significant, ut 'populus, plebs'. ⁴Dividua dicuntur, quae a duobus vel
amplioribus, ad singulos habent relationem, ut 'uterque', 'alteruter',
'quisque', 'singuli', 'bini', 'terni', 'centeni'. ⁵Absolutiva dicuntur, quae
per se intelleguntur sine alterius coniunctione, ut 'deus ratio'.
⁶Temporalia, quae tempus ostendunt, ut 'mensis annus'. ⁷Facticia
vocantur, quod a proprietate sonorum per imitationem facta sunt, ut
'tintinnabulum'.

122.   'Comparatio' dicitur 'aequiparatio', vel 'coaequatio', eo quod
assimilando unum, alteri praeferatur, et ab eo quod est 'comparo', id
est 'coaequo', derivatur, et semper agitur inter duos, quia amplius esse
non potest. ²Gradus, id est ascensus.

123.   COMPARATIONIS GRADUS SUNT TRES (374,15). ²Definitio numeri est
hic. ³Fuerunt qui pauciores gradus voluerunt comparationis; fuerunt
qui plures. ⁴Illi, qui pauciores, auferebant positivum, dicentes eum non
debere computari inter gradus quia non componitur. ⁵Quare ergo
Donatus adnumeravit eum inter ceteros gradus comp<ar>ationis?
⁶Ideo scilicet quia duobus modis dicitur gradus, sive abusive sicut
nominativus casus dicitur, sive quia, quamvis ipse non ascendat, alios
tamen ascendere facit. ⁷Qui vero plures voluerunt gradus, addebant
'praelativum', taliter eos ordinantes: POSITIVUS, UT DOCTUS, 'praelativus',
ut 'Tam doctus', COMPARATIVUS, UT DOCTIOR, SUPERLATIVUS, UT DOCTISSIMUS.
⁸Sed Donatus ideo noluit computare eum, ne tautologiam faceret in
repetitione eiusdem nominis dicendo 'tam doctus' et 'doctior'. ⁹Hoc
namque significat 'tam doctus', quod 'doctior' significat.

124.   POSITIVUS COMPARATIVUS SUPERLATIVUS (374,15). ²Dicendum quid
sit comparatum, vel quare dicta sit comparatio. ³Comparatio igitur
nomen est intentionis comparantis, per excellentiam, creaturas. ⁴Nec
enim nomina, sed creaturas per nomina comparamus. ⁵Dicta est autem

---

123,8 tautologiam: tautologȳam   124,3 intentionis: 'mentis' Ars Anon. Bern. VIII 76,18
124,3 excellentiam: 'praecellentiam' Ars Anon. Bern. VIII 76,18   124,3 creaturas: 'in creaturis' Ars Anon. Bern. VIII 76,18

121,1 P. II 62,8-9   121,2 P. II 61,5-6   121,3 P. II 61,21-22   121,4 P. II 61,23-
25   121,5 P. II 62,5-6   121,6 P. II 62,7   121,7 P. II 61,26-27   122,1 v. C.G.L. IV
11,25   123 v. Pomp. V 151,18 ff.   123,3-8 cf. 60 supra et 221 infra   123,7 cf. Pomp. V
151,20-22   124,3-4 cf. Ars. Anon. Bern. VIII 76,17-19   124,5 cf. Isid. I 7,27; Ars Anon. Bern.
VIII 76,15-16

---

121   Those classifications of nouns which Priscian gives in addition to Donatus' list are summed
up at this point.

comparatio, quia ex alterius comparatione alterum praefert, ut 'doctior
f. 22ʳ Vergilius Luca//no'.

125. Positivus ut doctus (374,16). ²Positivus dicitur, quia primus
ponitur in comparationis gradibus et idcirco primum locum tenet, quia
a se ipso habet or[r]iginem, et ceteri gradus ab eo formantur, et non
eget aliquo casu velut ad sensum explendum, vel quod sit prima positio
nominis. ³Positivus a 'ponendo' dicitur, quia ibi fit positio graduum,
sicut in nominativo casuum, sive etiam nominum. ⁴Sive positivus
dicitur, quasi 'depositivus', eo quod reciprocam personam deponit.
⁵Non enim et absolutus est, non egens causatione alterius personae,
sicut comparativus et superlativus.

126. Sciendum autem quod illa nomina quae substantiam
significant non comparantur, quia incrementa, id est augmenta, vel
deminutiones accipere non possunt. ²Verbi gratia, 'homo' vel 'lapis'
substantiam significat, cuius signifi<ca>tio nec augeri nec minui
potest. ³Si enim 'homo' vel 'lapis' recipiat comparationem, id est magis
vel minus, iam non est 'homo' vel 'lapis'. ⁴Si vero aliquid accidens
homini dicam, vel lapidi, tunc habet locum comparatio, ut 'doctus
homo' vel 'doctior', 'lapis durus' vel 'durior'. ⁵Ergo non in ipsa substantia sed in eis, quae illis accidunt, comparantur.

127. Comparativus dicitur 'assimilativus' et semper, ut praemissum
est, inter duos agitur, quando videlicet unum comparando alteri
meliorem ostendimus. ²Vel comparativus dicitur quod comparatus
positivo superferatur illi, ut 'doctior' plus enim est quam doctus'.

128. Comparativus (374,16) vero est, Prisciano teste, quod cum
positivi intellectu vel cum aliquo sensu participe positivi 'magis' adverbium significat, ut doctior (374,16), id est magis doctus; sapientior,
id est magis sa<pi>ens.

129. Superlativus ut doctissimus (374,16). ²Superlativus dicitur
quod comparativo superfertur, ut 'doctissimus plus enim est quam
doctior'. ³Superlativus quoque est quod vel ad plures sui generis comparatum superponitur omnibus, vel per se prolatum intellectum habet,
cum 'valde' adverbio positivi, ut 'fortissimus Graecorum Achilles', id est
'fortis super omnes Graecos'. ⁴Sin autem dicam 'fortissimus Hercules
fuit' non adiciens quorum, intellego 'valde fortis'. ⁵Superlativus, id est
'superexcellens', 'supereminens', quia alios gradus superexcellit et
agitur inter plures.

124,5 alterum: 'alterutrum' Ars Anon. Bern. VIII 76,16   127,1 'assimilativus': 'assimilatio' R.H.
231,19

125 v. Ars Anon. Bern. VIII 76,22 ff.   125,3-6 cf. R.H. 231,21-24   126 cf. P. II 83,17-
84,4   127,1 v. C.G.L. IV 221,10 (comparat = adsimilat); v. Ars Anon. Bern. 76,15 ff.   128 P. II
83,2-3   129,1-4 cf. P. II 94,15-20

130.   SED COMPARATIVUS GRADUS SEMPER EST COMMUNIS GENERIS (374,17). [2]Tacet de positivo quia perfectus et absolutus est, ut supra diximus. [3]De comparativo et superlativo ex <s >equitur. [4]Omnia nomina comparativi gradus sunt communis generis semper et faciunt masculinum et femininum in 'or', et neutrum in 'ius', ut 'hic et haec doctior' et 'hoc doctius', excepto uno, quod est 'senior', quod tantum masculini generis est, et facit femininum 'haec anus'.

131.   Quaerendum est quare dixerit Donatus: COMPARATIVUS GRADUS GENERIS SEMPER EST COMMUNIS (374,17). [2]Ideo videlicet, ne putaretur quod tria divideret genera sicut positivus et superlativus. [3]Illi enim aliquando tria dividunt genera: positivus, ut 'doctus docta doctum', superlativus ut 'doctissimus doctissima doctissimum; comparativus vero ita se non habet. [4]Nam sub una terminatione, quod est 'or', comprehendit duo genera, masculinum et femininum, ut 'doctior vir' et 'doctior femina', excepto uno nomine, quod est 'senior'. [5]De femina enim non dicimus 'senior', sed 'anus' dicimus. [6]Neutrum vero ideo comparativus instar adverbii in 'ius' facit, ut 'doctius mancipium'.

132.   COMPARANTUR AUTEM NOMINA QUAE AUT QUALITATEM AUT QUANTITATEM SIGNIFICANT (374,17). [2]Quaeritur utrum omnia nomina comparentur. [3]Sed sciendum est, quod ea tantum nomina comparantur, quae ab adiectivis veniunt nominibus, et sumuntur ex accidentibus substantiae nominum. [4]Accidentia autem sunt, quae ex qualitate, vel quantitate animi vel corporis, vel extrinsecus forte venientium trahuntur, quae possunt incrementa vel deminutiones accipere, per quae comparatio nascitur, sine quibus substantia intellegi potest: ea vero, nisi prior substantia illa intellegatur, esse non possunt. [5]Si enim dicam 'homo' vel 'lapis' substantiam demonstravi, cuius significatio nec augeri potest nec minui.

133.   Sin autem aliquod accidens homini vel lapidi proferam, tum habet locum comparatio, ut 'homo prudens prudentior', 'lapis niger nigrior'. [2]Quamvis enim non sit prudens, potest 'homo' intellegi et lapis, quamvis non sit niger, intellegitur 'lapis'. [3]Itaque adiectiva sunt iure appellata, quae illis nominibus, quae substantiam demonstrant, adiciuntur.

134.   Sed non omnia, quae qualitatem aut quantitatem significant, comparantur. [2]Nam 'caecus', 'mancus', et 'perfectus', cum nomina sint

132,4 venientium: 'evenientium' P. II 83,19   132,4 substantia: cf. P. II 83,22
133,1 aliquod: 'aliquid' P. II 84,1   133,1 tum: 'tunc' P. II 84,1

130,4 cf. P. II 89,21-90,2; Pomp. V 152,33-34   130,4 'anus' v. Fest. 5,25-27   131,4-6 v.
130,4   132,3-5 P. II 83,17-23   133 P. II 84,1-5   134,1-2 cf. R.H. 232,4-5

qualitatis <vel> accidentia, minime comparantur. ³Notandum etiam
praeterea est quia, sicut Pompeius testatur, omnia nomina, quae
naturaliter per se plena sunt, non debent recipere comparationem. ⁴Si
enim coeperint comparari, plena non sunt. ⁵Verbi gratia, 'perfectus'
quis dicitur, nisi ille cui nihil deest? // ⁶Si ergo coeperimus comparare
'perfectus perfectior perfectissimus', male facimus. ⁷Qua ratione?
⁸Quia, quando dicimus, 'ille perfectus est, iste perfectior', dum istum
perfectiorem dico, illum imperfectum ostendo.

f. 22ᵛ

135. SED NON OMNIA PER OMNES GRADUS EXEUNT (374,18). ²Duobus
modis nomina in comparatione deficiunt, id est aut litteratura ut
'pi<i>or', aut sensu ut 'mediocris', quod qualitatem significat. ³Ideo
autem per omnes gradus non exeunt, quia ipse dicit in sequentibus:
"quaedam sunt quae habent tantum positivum ut 'mediocris'; alia
positivum et comparativum ut 'senior', quibus deest superlativus; alia
positivum et superlativum ut 'pius piissimus', quibus deest comparativus".

136. ALIQUANDO, id est nonnumquam, POSITIVUS GRADUS TANTUM IN-
VENITUR (374,19), id est sine comparativo et superlativo UT MEDIOCRIS
(374,20). ²Quaeritur utrum deficiat hic sensus an litteratura, in hoc
nomine quod est mediocris. ³Sensus contradicit ne habeat comparativum vel superlativum. ⁴Litteratura enim 'mediocris, mediocrior,
mediocrissimus' poterat facere. ⁵Sed ideo non facit, quia MEDIOCRIS
dicitur a 'medio' quia nec minus est nec plus. ⁶MEDIOCRIS dicitur, quia
nec multum ex superba subsistit progeni[a]e, neque ex ima sicut
quidam sapiens dicit:

⁷Ibant puellae nobiles et ignobiles et mediocres.

⁸Vel MEDIOCRIS dicitur iustus, temperatus, sive quod medium locum
teneat, sive quod modicum vel moderatum illi aliquid sufficiat. ⁹Si
enim reciperet comparationem MEDIOCRIS esse desisteret. ¹⁰Ergo
'mediocrior' non dicitur ut desinat esse 'mediocris'.

137. Et sciendum quia propria nomina non comparantur quia substantiam demonstrant. ²Verbi gratia, 'homo substantia est'. ³Substantia
autem nec augmentum nec detrimentum potest admittere. ⁴Homo enim
si comparationem recepit aut maius aut minus, iam non erit homo.

134,2 <vel>: 'qualitatis vel accidentia' R.H. 232,5   134,3 nomina: 'verba' Pomp. V. 151,8
134,5 quis: 'qui' Pomp. V. 151,10   134,8 ille: 'iste' Pomp. V. 151,12   135,2 'pi<i>or':por: 'piior'
R.H. 232,8   136,8 aliquid: 'aliquid illi' R.H. 232,18   136,10 ut: 'ut non' R.H. 232,19

134,3 Pomp. V 151,8-9   134,4-8 cf. Pomp. V 151,9-17   135 v. Pomp. V 154,4
ff.   135,3 R.H. 232,9-13   136 cf. R.H. 232,13-19; v. Pomp. V 154,8 ff.   136,8 cf.
C.G.L. IV 115,37   137 cf. 126 supra

⁵Accidentia autem illius comparationem recipiunt, quia extrinsecus veniunt.

138. ALIQUANDO POSITIVUS ET COMPARATIVUS invenitur sine superlativo UT SENEX SENIOR (374,20). ²Senex dicitur a deminutione sensus, et plus positivus significat istius nominis quam comparativus, quia SENIOR dicitur qui intra senectutem est; SENEX vero qui ad ultimam iam pervenit aetatem. ³Deficit hic sensus an litte<ra >tura? ⁴Sensus dificit non litteratura, quia poterat facere 'senissimus'. ⁵Sex namque sunt aetates hominum: infantia videlicet et pueritia, adolescentia et iuventus, senectus et senium. ⁶Quae omnes retrogradae sunt et hae sex partibus accipiuntur. ⁷Superlativo autem ideo carent, quia si dicam 'iuvenissimus' et 'adolescentissimus' desinit iam esse iuvenis et adolescens, et incipit transire in antecedentem aetatem: similiter SENEX SENIOR. ⁸Plus enim significat SENEX quam SENIOR, id est spatium longioris temporis.

139. ALIQUANDO POSITIVUS ET SUPERLATIVUS invenitur, UT PIUS PIISSIMUS (171,21). ²PIUS dicitur 'religiosus', qui divinum cultum religiose administrat; econtra 'impius', 'irreligiosus'. ³Deficit hic sensus an litteratura? ⁴Neutrum deficit, quia poterat facere secundum regulam 'piior', sed propter collisionem vocalium, maluit locum comparativi supplere adverbio et dicere 'magis pius', ut in sequentibus testatur, quam formationem comparativi servare. ⁵Scimus enim, quia omnis comparativus a positivi genitivo singulari formatur, addita 'or', ut 'pius piior', sed propter supra dictam rationem, noluit comparativo istius uti. ⁶ Non ergo habet hoc nomen comparativum causa hiatus, id est propter nimiam oris apertionem. ⁷ Nam si 'piior' diceremus, absone[m] esset et nimius hiatus. ⁸ Et alia nomina, quae in 'ius' desinunt, non habent comparativum gradum, ut 'eximius' non facit 'eximior' propter causam supradictam.

140. NAM PRO SECUNDO GRADU (374,21), id est pro comparativo, "MAGIS" ADVERBIUM PONIMUS (374,22), scilicet cum positivo, UT MAGIS PIUS; quantum valeret si diceretur 'piior', tantum valet cum dicitur 'magis pius'. ² ALIQUANDO COMPARATIVUS ET SUPERLATIVUS (374,22) scilicet invenitur sine positivo, UT ULTERIOR ULTIMUS (374,23). ³ Haec duo non habent positivum gradum. ⁴ Deficit hic sensus an litteratura? ⁵ Neutrum. ⁶ Quare ergo dicitur non habere positivum cum legamus, ab eo quod est 'ultra', venire 'ulteriorem', ut Priscianus dicit? ⁷ Ideo, quia

---

139,7 absone[m]: absone: *fortasse 'absonum'* (?)

138,2 cf. Isid. XI 2,27   138,5 cf. Isid. XI 2; cf. Fest. 26,24-25   139,4-8 cf. P. II 87,3-16   139,5 cf. P. II 89,21-23   140,1-2 cf. P. II 87,13-16   140,6 cf. P. II 90,7-9

'ultra' adverbium loci sive praeposito est, non autem nomen; et hoc quod proprium est nominis voluit addere non hoc quod alterius partis.

141. ALIQUANDO SUPERLATIVUS TANTUM (374,23), scilicet invenitur sine positivo et comparativo, UT NOVISSIMUS (374,23). ²Novissimus ordinem significat, id est 'ultimus'. ³Quantum ergo ad sensum pertinet, deficit in positivo et comparativo, quia 'novus novior' aliud significat, id est novitatem; NOVISSIMUS autem ab extremitate alicuius rei. ⁴Verbi gratia, si esset hic aliqua sedes hominum posita, omnes mediae dicerentur f. 23ʳ praeter primum et novissimum. ⁵Nomina autem // ordinis non habent nisi superlativum gradum aliquando.

142. EXTRA HANC FORMAM (374,24), id est extra illam quae defectum patitur. ²Hucusque de defectivis dicit. ³Nunc de anomalis id est inaequalibus ex <s>equitur. ⁴EXTRA HANC FORMAM, id est extra formam defectivorum quae in comparatione deficiunt, sicut BONUS ET MALUS (374,24), quia per omnes gradus exeunt, sed extra formam eorum quae rectae comparantur, quia habent anomalam comparationem, ut 'bonus melior optimus'; inaequales gradus habent, quia non faciunt 'bonus bonior bonissimus'. ⁵Extra quam formam dicit? ⁶Extra formam defectionis. ⁷Ut quid? ⁸Quia non regulariter comparantur, nec deficiunt per gradus. ⁹Regulariter non comparantur, quia non faciunt 'bonus bonior bonissimus', neque 'malus malior malissimus'.

143. Per gradus non deficiunt, quoniam DICIMUS "BONUS MELIOR OPTIMUS", "MALUS PEIOR PESSIMUS" (374,24). ²Quaeritur autem unde venit haec varietas, quatenus taliter comparentur haec nomina, [quod est] 'bonus' et 'malus'. ³Ad quod dicendum quod hi gradus per se fuerunt apud antiquos sicuti 'ego' nominativus pronominis et 'mei' genetivus et ceteri obliqui. ⁴Videntes autem moderni hanc varietatem litteraturae et unitatem sensus, copulaverunt una et fecerunt ex illis regulam comparationis.

144. COMPARATIO NOMINUM PROPRIE IN COMPARATIVO ET SUPERLATIVO GRADU EST CONSTITUTA (374,25). ²Ideo autem dicit, quia isti duo proprie dicuntur gradus et semper ad alteram personam refertur. ³NAM POSITIVUS non est gradus, quia PERFECTUS ET ABSOLUTUS EST (374,26). ⁴PERFECTUS est, quia plenus in se manet, vel PERFECTUS dicitur, quia in proprio statu, ut eum natura protulit, manet; ABSOLUTUS, quia non eget persona alia, aut a reciprocatione, id est subauditione, alterius personae. ⁵Vel etiam ABSOLUTUS dicitur a casibus, eo quod non ita iunctus sit casibus, ut comparativus et superlativus. ⁶Comparativus vero et superlativus reciprocam personam inquirunt.

141,3 v. P. II 99,14-15   142-143 v. Pomp. V 154,21 ff.   144 cf. 123 supra   144,5-6 v. Pomp. V 157,20-25

145. SAEPE AUTEM COMPARATIVUS PRAEPONITUR SUPERLATIVO (374,27), cum superlativus plus debet significare, UT STULTIOR STULTISSIMO (374,28). [2] Verbi gratia, 'stultissimus grammaticorum sapientior est sapientissimo rusticorum'. [3] Modo comparativus, qui est 'sapientior' magis [vel plus] significat quam 'sapientissimus' qui est superlativus. [4] 'Minimus gigantum MAIOR est MAXIMO (374,28) pumilionum', id est nanorum. [5] Et hic comparativus plus significat superlativo. [6] 'Pumilio' est 'nanus', sive 'homullus'. [7] 'Pomilio', vermis 'pomum' comedens.

146. SAEPE IDEM scilicet comparativus MINUS <A> POSITIVO SIGNIFICAT (374,28), id est minus significat quam ipse positivus, QUAMVIS RECIPIAT COMPARATIONEM UT "MARE PONTICUM DULCIUS est QUAM CETERA" (374,29). [2] DULCIUS comparativus est. [3] 'Dulce' vero positivus, sed tamen plus significat positivus, quod est dulce, quam comparativus, quod est DULCIUS. [4] Si ergo dixisset 'mare Ponticum dulce est', nihil ostenderet in illo esse amaritudinis. [5] Mare Ponticum dicitur a Ponto insula. [6] Mare autem aquam amaram solet habere, sed hoc mare dulcius esse dicitur, id est 'parum dulce', quam cetera in quod multa fluunt flumina, maxime Danubius, a quibus aliquid dulcedinis accipit.

147. SAEPE IDEM comparativus PRO POSITIVO POSITUS MINUS SIGNIFICAT (374,30) quam ipse positivus ET NULLI COMPARATUR, quia absolutus manet sine ulla persona, UT Vergilius de Charone:

[2] IAM SENIOR, SED CRUDA DEO VIRIDISQUE SENECTUS (374,32),

id est 'nova'. [3] Hoc loco senior minus significat quam senex. [4] Ponitur enim SENIOR pro eo quod est senex, et minus significat quam senex, quia 'senex' dicitur iam 'ex toto senex'; SENIOR vero qui iam incipit senescere, quando aetas robusta est et fortis; quando vero senex factus fuerit, iam deficit et ex toto diminuitur virtus. [5] SENIOR ab anno quinquagesimo aliquis esse incipit; a septuagesimo vero iam SENEX fit.

148. 'De Charone' dicit 'portitore inferni', id est 'navigatore animarum per Stygem inferni'. [2] Erat illi deo CRUDA SENECTUS, id est fortis et robustus et viridis, qualis apparet in iuvenibus, quia proprium est iuvenibus habere crudum colorem et viridem. [3] 'Crudus' aliquando pro 'forte' ponitur; Vergilius de Aenea 'crudam dextram' dicit, id est 'for-

145,3 [vel plus]: A[2]   145,4 pomilionum: pomilyonum: 'pumilionum' R.H. 233,17; 'pomilionum' V 7[v] 18   145,6 'Pumilio': pomilio   146,6 in quod: 'quia' R.H. 233,21   147,1 Charone: acharante: 'Charone' R.H. 233,27; v. Verg. Aen. VI   148,1 Charone: acharante

145 cf. R.H. 233,12-17   145,6 cf. Fest. 185,9-10   146 v. Pomp. V 155,26 ff.   146,1 "Mare Ponticum ..." cf. Serv. IV 431,11-12   146,5 cf. Isid. XIII 16,4   146,6-7 cf. Isid. XIII 14,3; XIV 4,17   147 cf. Pomp. V 155,14 ff.   147,2 Verg. Aen. VI 304   147,5 cf. Isid. XI 2,6-7   148,1 v. C.G.L. IV 434,4   148,3 v. Serv. Aen. XII 507 (crudum = durum).

tem'. ⁴'Crudus' etiam aliquando pro 'crudeli' accipitur, sicut 'crudum ensem' dicimus pro 'crudeli'. ⁵NULLI autem COMPARATUR (374,30) dicit, quia non erat alter Charon ad quem faceret comparationem.

149. SUNT alia SIGNIFICATIONE DEMINUTIVA, sed INTELLECTU COMPARATIVA (374,33), quia similiter reciprocam personam recipiunt, licet in litteratura sit deminutio ut:

²Thais maiuscula est quam ego.

³Ecce, ad alteram personam comparationem facit sicut comparativa. ⁴Significationem pro qualitate, intellectum vero pro sensu posuit.

150.   Haec autem nomina, quamvis videantur venire a positivo quod
f. 23ᵛ   est 'grandis', tamen non modo descendunt, // sed a comparativo, quod est neutri generis, addita 'culus' formantur, UT grandius GRANDIUSCULUS, maius MAIUSCULUS, minus MINUSCULUS (374,33) et hic quidem comparativi per se sunt. ²Plus enim significat GRANDIUSCULUS quam 'grandis' et minus quam 'grandior', et MAIUSCULUS plus quam 'magnus' et minus quam 'maior', sicut quidam dicit:

³Thais [uxor mea] maiuscula est quam ego,

⁴id est 'parvo maior me'; MAIUSCULUS parum maior; GRANDIUSCULUS parum grandis.

151.   Positivo 'tam' tantum additⱺitⱺur; COMPARATIVO ET SUPERLATIVO NON OPORTET ADICI, id est non convenit, nec TAM nec MINUS nec MINIME (374,34:375,1). ²ADICIUNTUR POSITIVO scilicet gradui, TANTUM (375,1-2) ad comparativi vel superlativi significationem exprimendam.

152.   DICIMUS ENIM TAM BONUS TAM MALUS (375,2). ²TAM semper in aequalitate ponitur, ut 'tam bonus est iste quam ille'. ³MINUS BONUS (375,2), id est malus; MINUS MALUS (375,3), id est bonus; MINIME BONUS (375,3) id est pessimus. ⁴MINIME superlativus est et per alterum superlativum resolvitur. ⁵MINIME MALUS (375,3), id est optimus; MAXIME MALUS (375,4), id est pessimus; MAXIME BONUS (375,4), id est optimus; MAGIS MALUS (375,3), id est peior; MAGIS BONUS (375,3), id est melior.

153.   Quare dicit quod TAM et MINUS et MINIME et MAGIS et MAXIME comparativo et superlativo gradui non debent adiungi? ²Ideo scilicet, quia omnia comparativi et superlativi sensum habent. ³TAM enim, et MINUS, et MAGIS comparativi habent sensum; MINIME autem et MAXIME

150,3 [uxor mea]: *delevi: v. Ter. Eun. III 3,21*

148,4 cf. Isid. X 48; 'crudum ensem' Verg. *Aen.* X 682; v. Serv. *ad loc.*   149 cf. R.H. 233,29-33
149,2 Ter. *Eun.* III 3,21; P. II 101,13   150 cf. P. II 101,8-16; v. P. II 93,10-14   150,3-4 v. Erch.
72,15-18   150,3 Ter. *Eun.* III 3,21; v. 149,3 supra; v. Erch. 72   151 cf. P. II 93,15-18   152-
153 v. Pomp. V 156,1 ff.

superlativi. ⁴Si ergo dicam 'magis doctior', tale est quasi dicam 'doctior doctior', et si dicam 'maxime doctissimus', tale est quasi dicam 'doctissimus doctissimus'. ⁵Ne igitur tautologiam videamur facere, positivo haec non comparativo vel superlativo gradui debemus adiungere. ⁶Dicimus TAM BONUS pro eo quod est 'melior', TAM MALUS pro eo quod est 'peior', MINUS BONUS pro eo quod est 'peior', MINIME BONUS pro eo quod est 'pessimus', MINIME MALUS pro eo quod est 'optimus', MAGIS BONUS pro eo quod est 'melior', MAGIS MALUS pro eo quod est 'peior', MAXIME BONUS pro eo quod 'optimus', MAXIME MALUS pro eo quod est 'pessimus'.

154. COMPARATIVUS GRADUS et cetera (375,4). ²Modo dicit quibus casibus iungitur comparativus gradus. ³De positivo non dicit, quia non dubium quod semper nominativo iungitur. ⁴De comp<ar>ativo et superlativo dicit qui variis iunguntur casibus. ⁵COMPARATIVUS ABLATIVO UTRIUSQUE NUMERI IUNGITUR (375,4), ut 'doctior illo' et 'doctior illis'. ⁶SED UTIMUR (375,5), scilicet comparativo grado, CUM ALIQUEM SUO (375,5-6), id est proprio, VEL ALIENO GENERI COMPARAMUS (375,5). ⁷Ut homo hominibus comparatur, UT "HECTOR FORTIOR fuit DIOMEDE" (375,6), modo ali<en>o generi, quia Hector Troianus fuit; Diomedes Graecus. ⁸"AUDACIOR TROIANIS" (375,6-7), modo suo generi; comparatur alieno, ut 'est fortior leonibus, velocior aquilis'. ⁹Graeci dicunt non posse comparationem fieri ad plures suae gentis, nisi ad paucos, vel ad duos, vel ad tres, vel ad quattuor, numquam vero ad plures, neque ad totam gentem; et hoc dicunt causa honoris suae gentis, non ratione veritatis. ¹⁰Sed nos ad plures et ad pauciores comparationem fieri dicimus, et in suo genere, et in alieno. ¹¹Sciendum autem, quia comparativus non solum ablativo iungitur, sed etiam nominativo cum 'quam' particula. ¹²Sine illa enim non potest, ut 'velocior est hic quam ille'.

155. SUPERLATIVUS GENETIVO TANTUM PLURALI IUNGITUR (375,7). ²Quaerendum est quomodo dicat Donatus GENETIVO TANTUM PLURALI superlativum gradum adiungi, non autem singulari, cum legamus etiam eundem superlativum gradum plerumque genetivo singulari iunctum, ut 'est doctissimus plebis' et 'doctissimus popul[l]i'. ³Sed sciendum est, quia in illis nominibus sit haec constructio, quae, quamvis singulariter efferantur, sensu tamen pluralia sunt, ut 'plebs, populus, contio'. ⁴'Contio' dicitur 'congregatio hominum': hinc 'contionator' 'allocutor multitudinis'. ⁵Salomon contionator fuit.

153,5 tautologiam: tautalogiam

154 v. Pomp. V 157,20 ff.   154,9-10 cf. P. II 85,16-86,2   154,11 cf. P. II 94,10-14
155 v. Pomp. V 158,4 ff.   155,2 cf. P. II 94,12-13   155,4 'contio' cf. Fest. 34; 58   155,4 'contionator' v. C.G.L. V 185,10   155,5 cf. Isid. VII 6,65

156. Sed tunc utimur hoc de superlativo cum aliquem suo generi comparamus (375,8-9). [2] Semper superlativus in suo invenitur genere, numquam in alieno. [3] Ut "Hector fortissimus Troianorum" (375,9) modo comparatur suo generi. [4] Fuit enim Troianus.

157. Plerumque (375,9), id est saepe; pleros, id est multos; inde plerum, id est multum. [2] Frequenter superlativus pro positivo ponitur (375,10). [3] Superlativus hic gradus pro positivo ponitur, et nulli comparatur (375,10), quia non est alter Iu<p>piter ad quem fiat comparatio, neque habet alteram personam cui copuletur. [4] Et resolvitur per ipsum positivum et adverbium 'valde', quo saepe utimur in salutationibus nostrarum epistolarum, ut 'sanctissimo'. [5] Hic nulli comparatur, sed absolute ponitur ut 'beatissimo', id est 'valde beato'. [6] Ut Iu<p>piter optimus maximus (375,10-11). [7] Optimus enim pro eo quod est 'bonus', et maximus pro eo quod est 'magnus' ponitur.

158. Interdum comparativus nominativo iungitur, ut "doctior hic quam ille est" (375,11). [2] Comparativus nominativo adiungitur, interposita particula 'quam', quia non possumus dicere 'doctior ille est'. f. 24[r] [3] Iuncto comparativo cum nominativo // [ń] interponamus 'hic' et 'quam', ut possimus dicere doctior hic quam ille est.

159. Genera nominum sunt quattuor (375,12). [2] Genus dicitur a generando, eo quod generet et generetur, sive a Graeco quod est γῆ, id est 'terra', eo quod ex terra cun<c>ta sint. [3] Sicut quattuor sunt elementa, ita quattuor sunt genera ex quibus constant omnia, etiam homo. [4] Homo ex quattuor elementis constat: ex terra habet membra, ex aqua humorem, ex igne calorem, ex aere flatum.

160. Sunt autem duo genera naturalia et principalia, id est masculinum et femininum, quae sola novit ratio naturae, quia haec duo tantum generare possunt et generari. [2] Alia artificialia, id est per artem facta ex istis duobus, neutrum et commune et epikoenon, quia ab arte descendunt.

161. 'Mas, maris' est primitivum, inde deminutivum 'masculus, la, lum'. [2] Unde et 'masculum' legimus; hinc etiam 'masculinum' derivatur. [3] 'Femen, feminis' et 'femur, femoris' idem; sunt partes videlicet corporis inter coxalia, quibus equis insidemus, inde derivatur 'femininum' genus. [4] Neutrum genus dicitur per abnegationem duorum, maris

159,2 γῆ: Ge; *cf. R.F. 12,22; cf. R.L. II 50,16*   160,2 epikoenon: epychenon

157,1 'plerum' v. P. II 182,17   157,4-5 'sanctissimo' cf. Aug. *Ep.* 42,84,4. 'beatissimo' Aug. *Ep.* 148,340,8; v. M.O. O'Brien, *Titles of Address in Christian Latin Epistolography* (Washington, 1930), pp. 116-117; 91,92.   158 cf. P. II 94,11-12   159,2 cf. Isid. XI 1,2; IX 4,4   159,3-4 v. Isid. XIII 3   160 cf. P. II 141,4-8; v. Pomp. V 159,23-27   161 cf. R.H. 234,15-21   161,1 cf. Isid. IX 7,2   161,3 v. Isid. XI 1,106-107   161,3 'coxalia' v. C.G.L. IV 362,17 (lumbatorium = coxale)

videlicet et feminae. [5] Commune genus dicitur per comprehensionem maris et feminae, quia sub una litteratura duo genera comprehendit. [6] Quae duo genera, videlicet commune et neutrum, vocis magis qualitate quam natura dinoscuntur. [7] Epikoenon est cuius sexus non agnoscitur communi visu. [8] Inter [cuius] epikoenon et commune genus hoc interest, quod in communi genere duos invenimus articulos pro sexus qualitate, in epikoeno unum tantummodo, quo utrumque sexum complectimur.

162.   Et nota, quod genera non 'masculus' aut 'femina' vocantur, sed 'masculinum' et 'femininum', quia non nomina generant, sed corpora quorum ista sunt nomina. [2] Generi tamen subiacent, quia nomina sunt corporum. [3] Quaerendum est autem, cur nomina dicantur generare cum incorporalia sint. [4] Ideo scilicet, quia adhaerent corporibus quae generant et generantur.

163.   GENERA NOMINUM SUNT QUATTUOR, MASCULINUM FEMININUM NEUTRUM et COMMUNE (375,13). [2] Definitio numeri est hic. [3] Sciendum est autem, quia voluerunt quidam plura esse genera, quidam pauciora. [4] Illi qui pauciora duo tantum genera dicebant, id est masculinum et femininum, quia ista, secundum superiorem definitionem, proprie dicuntur genera. [5] Quare Donatus quattuor esse dixit? [6] Ideo scilicet, quia cetera genera artificialia sunt. [7] Ars enim exigit, ut reliqua duo, id est neutrum et commune, translativ[a]e dicantur genera, et non proprie sicut idem Donatus in sequentibus dicit. [8] Tertio modo genera dicuntur consuetudine, ut 'miles' eo quod hoc nomen non solum ad viros, sed etiam ad mulieres pertinet. [9] Sed nunc solummodo masculini generis esse dicimus, quia nostris temporibus potius viri quam feminae bellandi habent consuetudinem.

164.   MASCULINUM EST CUI NUMERO SINGULARI CASU NOMINATIVO PRONOMEN VEL ARTICULUS PRAEPONITUR HIC, UT HIC MAGISTER. [2] FEMININUM EST CUI NUMERO SINGULARI CASU NOMINATIVO PRONOMEN VEL ARTICULUS PRAEPONITUR HAEC, UT HAEC MUSA. [3] NEUTRUM EST CUI NUMERO SINGULARI CASU NOMINATIVO PRONOMEN VEL ARTICULUS PRAEPONITUR HOC, UT HOC SCAMNUM. [4] COMMUNE EST QUOD SIMUL MASCULINUM FEMININUMQUE SIGNIFICAT, UT HIC ET HAEC SACERDOS (375,14-19). [5] Quaeritur, cum Donatus hanc artem ad perfectos ediderit viros, cur interposuit hoc, quod paene omnibus litteras scientibus patet, videlicet ubicumque invenitur 'hic' articulus, cognoscatur esse masculinum genus; ubi 'haec', femininum; ubi 'hoc',

                    'epic̄'
161,8 epikoenon: cui ss. A²; cf. 161,7

   161,6 P. II 141,7   161,7 v. P. II 141,14 ff.   161,8 cf. Isid. I 7,28-29   163,1 cf. R.L.
67,16-19   163,3 cf. Probus IV 52,5-6; cf. Serv. IV 408,7   163,4 cf. Pomp. (Varro) V 159,23-
26   163,4 'superiorem definitionem' v. 159,1 supra   163,8 v. Fest. 109,22-24

neutrum. [6] Ad quod respondendum est, perite fecisse Donatum, quia non solum neutrum et commune genus artificialia sunt, sed etiam masculinum et femininum. [7] Tunc sunt naturalia, cum generant et generantur, ut 'masculus' et 'femina'; tunc sunt artificialia, cum adhaerent illis rebus, quae nec generare nec generari possunt ut 'lapis petra lignum'. [8] Sed tantum clausulam habent masculini generis et feminini, et idcirco tam manifestam rationem hanc introduxit Donatus, ut sciatur quia ubicumque invenitur articulus 'hic' masculini generis est; ubi invenitur 'haec' feminini generis est sive naturaliter sive artificialiter.

165. MASCULINUM EST (375,14) et cetera. [2] 'Hic' aliquando pronomen est; aliquando articulus est. [3] Pronomen est in demonstratione, cum dicimus 'demonstrando hic fecit'; articulus autem in declinatione cum dicimus 'hic magister, huius magistri'. [4] Magister dicitur eo quod maior sit in statione et honore. [5] στηριον Graece, Latine statio.

166. FEMININUM scilicet genus EST et cetera, UT HAEC MUSA (375,15). [2] Musa dicitur quasi 'moisa'. [3] 'Moys' enim Graece, Latine dicitur 'aqua'; inde Moyses de aqua sublatus dicitur. [4] Aqua namque multum iuvat organum, quod in hydraulia potest videri. [5] Hydraulia enim est organum. [6] ὕδωρ 'aqua'. [7] αὐλοί dicuntur cannulae vel fistulae; inde auloedus qui tibia canit.

167. Feruntur tres fabri fuisse in Milesia civitate, quibus impositum est singulis ternas imagines componere, quas tanta parilitate fecerunt ut unam faciem omnes pariter habere // putares. [2] Quod quamvis sit fabulosum, non est tamen ex toto ratione alienum. [3] Nam omnis vox tripliciter fit; aut enim est mera, id est pura, sicut in hominibus, aut fit pulsu, sicut in citharis, aut flatu, sicut in tibiis.

168. Feruntur autem fuisse novem Musae, filiae Iovis et Iunonis, quia Iovis ipse est aer superior et tenuissimus; Iuno ipsa est aer corpulentus et vicinior terrae. [2] Ex illo enim superiori, et ex illo inferiori et

. 24ᵛ

165,5 στηριον: steron: v. Isid. XV 4,5; R.F. 17,3-4   166,2 'moisa': moisa: 'moysa' R.H. 234,28; R.F. 17,10 sqq.   166,3 'Moys': moys: v. R.H. 234,28: 'mois' R.F. 17,11 166,3 Moyses: moises: v. R.F. 17,11: 'Moyses' R.H. 234,28   166,4 hydraulia: ẏdraulia: v. R.H. 234,30; 'hydraulis' R.F. 17,13   166,5 Hydraulia: ydraulia   166,6 ὕδωρ: ydor: v. R.H. 234,30; R.F. 14,10-13   166,7 αὐλοί: aule: v. R.H. 234,31   166,7 auloedus: auled': v. R.H. 234,31

164,7 v. P. II 141,6-14   165,4 Isid. X 170   165,5 Isid. XV 4,5; X 170   166-168 cf. R.L. VI 286,17   166 cf. R.H. 234,27-31   166,3-4 cf. R.F. 17,10-13 v. Serv. E. VII 21 (nam aquae motus musicen efficit, ut in hydraulia videmus).   166,3 'Moyses' cf. Isid. VII 6,46   166,5 cf. C.G.L. II 462,10   166,6 cf. C.G.L. II 462,25   166,7 'fistula' cf. C.G.L. II 553,3; 'auloedus' v. C.G.L. II 198,20; IV 184,20   167-168 cf. Aug. de doct. christ. II 17,27; cf. Serv. E. VII 21   167,3 v. Isid. III 20,14   168 cf. R.H. 234,32-39; R.L. VI 286,17   168,1 v. R.L. I 3,6   168,2 v. Isid. VIII 11,69

corpulento perficitur vox. [3]Novem autem ideo dicuntur fuisse, quia novem sunt officia quibus vox humana perficitur, videlicet a pulsu quattuor dentium, repercussione duorum labrorum quae in modum cymbalorum percutiuntur, plectro linguae, arteriis vel cavo gutturis, et adiutorio pulmonis. [4]Arteriae sunt viae spiritus dictae ab a:tando, quae a pectore ascendunt usque ad guttur, per quas vox constringitur, sive ad grandem, sive ad gracilem sonum.

169. SCAM<N>UM dicitur a 'scandendo', eo quod altioribus lectis apponebatur et de scamno ascendebant in lectum. [2]Principalia dicuntur masculinum et femininum, eo quod principatum inter cetera obtineant genera. [3]Sola dicuntur, id est naturalia, quia vim gignendi illa sola 'masculus' et 'femina' tantum retinent. [4]Haec enim sola novit ratio naturae. [5]Nam neutrum et commune de utroque nascuntur; de utroque, id est de masculino et feminino. [6]Quomodo de utroque nascuntur? [7]Scilicet, quia neutrum de absentia masculini et feminini generis; commune vero ex masculino femininoque conficitur. [8]Nam si fuerit nomen quod nec masculini sit generis nec feminini, erit neutri, ut SCAMNUM et si fuerit nomen quod communicari possit masculino et feminino generi, erit commune, ut SACERDOS a 'sacris dandis' dictus. [9]Commune genus est quod simul, id est sub una litteratura, masculum et feminam comprehendit.

170. EST ETIAM TRIUM GENERUM COMMUNE, QUOD OMNE DICITUR, UT HIC ET HAEC ET HOC FELIX (375,21). [2]OMNE genus dicitur, quia sub una litteratura in nominativo casu singulari tria comprehendit genera, masculinum videlicet, femininum et neutrum, UT FELIX. [3]Quare adiecimus in nominativo casu singulari? [4]Propter pluralem videlicet; nam in nominativo casu plurali discretionem facit, ut 'hi et hae felices', et 'haec felicia'. [5]FELIX dicitur dives, et beatus, et propitius.

   [6]Sis bonus o felixque tuis;

id est et propitius, quod Graece εὐτυχής dicitur. [7]Apud nos est simplex; [8]apud Graecos vero compositum εὖ 'bonum', τύχη 'fortuna'; inde εὐτυχής 'bene fortunatus', id est FELIX.

171. 'Epikoenon', id est PROMISCUUM; ἐπί super, κοινόν commune. [2]Per 'k' et per 'oe' debemus eum scribere. [3]Quod autem dixit Donatus

---

168,3 a pulsu: 'a pulsu' R.F. 17,16: 'appulsu' R.H. 234,37   170,6 εὐτυχής: eutices: v. R.H. 235,9   170,8 εὖ: éu   170,8 τύχη: tikes   170,8 εὐτυχής: eutices   171,1 ἐπί: epý: 'epi' R.H. 235,14   171,1 κοινόν: koenon: v. R.H. 235,14

168,3-4 cf. Fulg. M. 25,6-14; R.L. I 19,11   169,1 cf. Isid. XX 11,8   169,2-9 cf. P. II 141,4-13 169,8 'sacris dandis' cf. Isid. VII 12,17   170,5-7 cf. R.H. 235,7-12   170,5 cf. Isid. X 97   170,6 Verg. E. V 65   170,7 cf. C.G.L. III 136,56 et passim   170,8 cf. C.G.L. II 320,8 (fortunatua)   171 cf. R.H. 235,12-14   171,1 cf. P. II 489,11   171,3 cf. Hier. Ep. LVII,5; v. Hor. A.P. 133 ff.

'epikoenon', id est promiscuum, non verbum e verbo, sed sensum e sensu expressit. ⁴'Erisenon' debuisset dicere; nam 'erisenon' apud Graecos dicitur dubium; 'epikoenon' vero 'supercommune'.

172. EPIKOENON ergo, id est PROMISCUUM genus, est QUOD semper SUB UNO ARTICULO (375,22-23) profertur et utriusque naturae animalia una voce significat, UT hic PASSER et haec AQUILA (375,24). ²Quaeritur enim, quid distat inter EPIKOENON et COMMUNE genus, cum utrumque duo genera comprehendant, masculinum et femininum. ³Sed sciendum quia distant duobus modis. ⁴Commune duobus articulis masculinum et femininum comprehendit sub una litteratura, ut HIC ET HAEC SACERDOS. ⁵Cum dico 'hic sacerdos', masculum intellego; cum dico 'haec sacerdos' intellego feminam.

173. EPIKOENON vero sub uno articulo et SUB UNA LITTERATURA utrumque genus simul MAREM AC FEMINAM COMPREHENDIT UT 'hic milvus', 'haec AQUILA' (375,22-24). ²Cum enim dicis 'milvus' intellegis masculum et feminam; similiter cum 'haec aquila'. ³Alio modo differunt, quia commune genus in maioribus fit animalibus ut in hominibus et in quadrupedibus. ⁴Epikoenon vero in minoribus, maxime in volatilibus et reptilibus, et commune genus visu oculorum discerni potest. ⁵Videns hominem scire potes, utrum sit masculus an femina; similiter equum discernere potes[t] marem et feminam. ⁶Epikoenon vero non potest discerni visu. ⁷Si enim videris aquilam volantem aut mustelam currentem, ignoras cuius sit generis.

174. Item quaeritur, cur 'milvus' et PASSER masculino genere proferantur, AQUILA vero et mustela feminino. ²Ad hoc respondendum, quia quattuor modis genera dinoscuntur, articulis, auctoritate, clausulis, natura. ³Natura, sicut masculus et femina, quia si videris hominem vel equum, intellegis cuius sit generis. ⁴In quibus generibus, quia a natura sunt, nec Vergilius nec Cicero nec aliqui auctores opus sunt nobis, sed naturalem sequimur rationem. ⁵Scimus enim quoniam 'hic vir' et 'haec mulier', debemus dicere. ⁶Articulis, sicut est 'hic' et 'haec'. ⁷Cum enim audis vel legis 'hic' vel 'haec', intellegis genus. ⁸Auctoritate, sicut in his nominibus // quae incerti sunt generis ut 'silex', 'cortex', quae apud quosdam masculino, apud quosdam feminino genere proferuntur.

f. 25ʳ

175. In istis, quia ab auctori<tat>e sunt, non naturalem rationem, sed auctoritatem sequi debemus. ²Verbi gratia, si quis me interroget

---

171,4 'Erisenon': v. R.F. 18,23   173,5 similiter: semiliter

171,4 v. R.F. 18,23 (erisenon [?])   172,2-5 cf. 161,8 supra; v. Pomp. V 161,4 ff.   173 v. P. II 141,14-142,16   174 cf. R.F. 20,1-8; v. Serv. IV 408,1-16; v. Pomp. 160,1 ff.

'silex cuius generis sit?', quamvis secundum naturam neutri sit generis, non dicam neutri esse generis. ³Sed si occurrerit mihi in exemplum quod dicit Vergilius, cuius auctoritatem sequimur:

⁴ Quos super atra silex iam iam lapsura cadentique
Imminet;

⁵ et illud eiusdem:

⁶ Spem gregis, ah, silice in nuda conixa reliquit.

⁷Feminino genere protulit; dicam feminini esse generis. ⁸Et si occurrerit:

⁹ quanto percussum pondere signent
Et laedant silicem;

¹⁰dicam masculini esse generis. ¹¹Corticem similiter:

¹²Tunc Phaethontiades musco circumdat amarae
Corticis,

¹³quod et nos sequimur, licet quidam masculino genere protulerint. ¹⁴Quae ergo sunt ab auctoritate, auctoritate discernimus.

176.   Clausulis cognoscuntur genera quia decreverunt.auctores, ut ea nomina quae in 'us' vel in 'er' exeunt, masculino genere pronuntiarentur, quae in 'a' magis, feminino. ²Unde Passer et 'milvus' masculino, Aquila et 'mustela' feminino genere pronuntiatur. ³Ex his quattuor, duo sunt masculini generis, duo autem feminini, sicut ex quattuor elementis, duo sunt feminini generis et duo masculini: 'aer' et 'aether' qui incumbunt; 'terra' et 'aqua' quae subiacent. ⁴Passer dicitur a 'parvitate'; Aquila ab 'acumine oculorum'.

177.   Sunt praeterea, id est praeter ista, alia scilicet nomina sono masculina, intellectu feminina, ut Eunuchus comoedia, Orestes tragoedia, C[a]entaurus navis (375,24). ²Sonum hic pro litteratura, intellectu <m> vero pro sensu posuit. ³Haec enim nomina sono quidem masculina sunt, quia in 'es' vel in 'us' clausulis terminantur, quae terminationes apud Latinos proprie masculini generis sunt, sed tamen

175,6 ah: ab: cf. R.F. 20,11; v. Verg. E. I 15   175,6 reliquit: reliqd̄   175,12 Tunc: R.F. 20,16; v. Verg. E. VI 62 175,12 Phaethontiades: fetontiades: 'Phaetontiades' R.F. 20,16 176,1 pronuntiarentur: 'pronuntientur' R.H. 235,37

175,4 Verg. Aen. VI 602-603; cf. Diom. I 453,35   175,4-5 v. de dub. nom. 810,408-409   175,6 Verg. E. I 15; R.F. 20,11; P. III 90,21   175,9 Iuv. 3 271-272; Pomp. V 160,22,23   175,12 Verg. E. VI 62-63; R.F. 20,16-17; P. II 65,7   176 cf. R.H. 235,35-236,1   176,3 cf. Isid. XIII 3,1-3   176,4 'passer' cf. Isid. XII 7,68; 'aquila' Isid. XII 7,10   177 cf. R.H. 236,1-8

sensu feminina sunt, quia, cum dico 'quid legis?', et respondes mihi
'Eunuchum', intellego fabulam quam Terentius composuit de quodam
eunucho, quam 'Eunuchum' appellavit et quae 'comoedia' vocatur.
⁴Unde et supponitur hoc nomen id est comoedia, non explanationis
causa, sed causa exempli.

178. COMOEDIA autem dicitur, quod est a Graeco 'comos' et ᾠδή.
²'Comos' enim Graece dicitur villa, ᾠδή cantus; inde COMOEDIA carmen
villanum de inanibus et vilibus rebus factum de amoribus iuvenum et
meretricum. ³COMOEDIA quoque dicitur a com[m]essatione, quia, qui
illud carmen componebant, victum tantum consequebantur; inde vel
COMOEDIA est carmen aptum com[m]es[s]tioni. ⁴Adeo autem EUNUCHUS
hac arte usus est, ut proprium nomen illius illo tempore intellegeretur
sua ars. ⁵Vel COMOEDIA dicitur ab eo quod est κομῶ, id est orno, eo
quod vilem materiam pulchritudine verborum ornarent. ⁶Unde
'cosmetae' dicuntur ornatrices dominarum, et 'comici' ipsi poetae
dicuntur.

179. Argumentum fabulae breviter dicendum est, quoniam in ipso
contextu apertius videbitur. ²In hac fabula introducit quendam
iuvenem nomine Phaedriam, filium senis, qui vocabatur Laches. ³Hic
ergo Phaedria, cum amaret quandam meretricem pul[c]cherrimam
nomine T<h>aidem, quae amabatur a quodam milite nomine
T<h>raso<ne>, ipsa rogante, emit ei eunuchum iam vetulum, nec
non et puellam Aethiopissam. ⁴Factumque est, ut eo ipso die, quo haec
munera misit Phaedria iuvenis T<h>aidi meretrici per servum suum
nomine Parmenonem, mitteret ei miles T<h>raso puellam satis
pulchram quae vocabatur Pamphila per quendam parasitum suum qui
vocabatur Gnatho.

180. Dum ergo Gnat<h>o parasitus puellam, quae a milite mit-
tebatur, duceret T<h>aidi, vidit illam frater minor Phraedriae, qui
vocabatur Chaerea, dum ageret ex collatione prandium cum a[l]liis

---

177,3 'comoedia' comedia   178,1 'comos': cf. R.H. 236,9; fortasse κώμη (?)   178,1 ᾠδή:
ode: 'ode' R.H. 236,9   178,2 ᾠδή: ode   178,3 com[m]essatione: cf. comessatio = comestio
superflua' C.G.L. V 495,15   178,5 COMOEDIA: cōmedia   178,5 κομῶ: como; fortasse
κο<σ>μῶ (?)   179,1 apertius: plenius delevit A   179,3 Aethiopissam: etiopissiam
180,1 Piraeus: pareus

---

178 cf. R.H. 236,8-11; cf. Hrab. Maur. 668 A-B v. Evanth. de com. (ed. Wessner) I 13 ff.
178,1 cf. Funaioli (Varro) 320 (305); v. Diom. I 488,3 sqq.   178,1-2 cf. Diom. I 488,10
178,3 v. Erch. 74,2-4; v. C.G.L. V 495,15; v. Fest. 36,1-3 (commissatio, comessatio, commesatio)
178,5 cf. Isid. XIII 1,2; v. C.G.L. IV 36,11; V 495,12   178,6 'ornatrix' cf. C.G.L. II 139,53
179-182 P. Terentii Afri Comoediae Sex, ed. P.J. Bruns (Halae, 1811) I 155-156; C.G. Geppert "Zur
Geschichte der Terentianischen Textkritik," Archiv für Philologie und Pädagogik, Supplementband 18
to Neue Jahrbücher für Philologie und Pädagogik (Leipzig, 1852), 36-37.

adolescentibus in proximo loco qui vocabatur Piraeus, tantoque ardore amoris in illam exarsit, ut statim reliquens socios insequeretur eam. ²Sed antequam pervenisset ad domum meretricis quo ducebatur puella, antea introduxit eam parasitus. ³Perveniens ad ianuam, ipse adolescens reperit ibi Parmenonem servum fratris sui Phaedriae missum ad hoc, ut eunuchum et Aethiopissam T<h>aidi traderet.

181.   Quem dum percuntaretur tristis, 'Quo', inquit, 'abiit puella?', ait ei Parmeno, 'T<h>aidi data est'. ²Tunc communi consilio tractantes illi duo Parmeno videlicet servus et Chaerea frater domini sui; exuit se adolescens vestibus suis et induit se vestibus eunuchi, quia

f. 25ᵛ tunc // temporis eunuchi habitu etiam discernebantur. ³Sicque loco eunuchi cum Aethiopissa Thaidi traditus est a servo ob hoc videlicet, ut voluntatem suam ex puella a T<h>rasone missa expleret, quod ita contigit. ⁴Nam sine mora Thais meretrix, sperans illum eunuchum esse ob duas causas, videlicet propter vestimenta et quia imberbis ephebus, quae erat inter ceteras commendavit ei etiam Pamphilam illam videlicet quam ipse concupierat. ⁵Mos enim erat puellas eunuchis committere.

182.   Sed quid actum est? ²Dum ergo Thais, milite T<h>rasone rogante, ad domum illius profecta esset, adolescens solus, qui pro eunucho tenebatur, in cella cum Pamphila degens optatum explevit ingenium. ³Quo peracto ut libuit, statim egressus est regrediens ad propria. ⁴Quod dum agnitum fuisset per Pythiam ancillam, quam Thais reliquerat ad custodiendam domum suam, ille vetulus eunuchus adhuc indutus vestibus adolescentis, in domo Phaedriae domini sui comprehensus est, statimque flagellis afflictus est, ordinem rei pandens quae adhuc latebat Phaedriam.

183.   ORESTES TRAGOEDIA (375,25). ²ORESTES sono masculinum est, quia in 'es' desinit sicut 'Anchises', sed intellectu femininum, quia cum dico 'Orestem lego', intellegis fabulam quae de eo scripta est apud ......tium quae TRAGOEDIA vocatur. ³TRAGOEDIA dicitur a Graeco verbo, quod est τράγος, id est hircus, quia, quid illud carmen componebant, hircum in mercede accipiebant. ⁴Unde poeta:

⁵Carmine nam tra<g>ico vilem certavit ob hircum.

181,1 inquit: inquid   182,4 Pythiam: phityam   183,2 .....tium: *sex litterae deletae sunt:* '*Terentium' R.H. 236,13; v. R.H. 236,17*   183,3 τράγος: tragos: *v. R.H. 236,14* 183,5 tra<g>ico: traico: *cf. Isid. VIII 7,5*

183 cf. R.H. 236,11-15   183,2 '.....tium' cf. R.H. 236,13 (Terentium)   183,2 cf. R.H. 236,17 (Horatius)   183,3 cf. Funaioli (Varro) 320 (304); cf. Diom. I 487,11 sqq.; cf. Erch. 74,4-7   183,3-6 cf. Hrab. Maur. 667 C-D   183,3-5 cf. Isid. VIII 7,5   183,5 Hor. *A.P.* 220

⁶ Vel tragoedia dicitur a Graeco quod est 'traconodon', id est durum et lamentabile carmen; est enim de proeliis et interfectione hominum compositum.

184. TRAGOEDIA quoque dicitur carmen de hircis editum duabus pro causis, sive quia antiqui Graecorum de bello remeantes quotquot homines necarent tot hircos mactabant, sive quia illi, qui carmen de proelio edeba[n]t, hircus pro mercede tribuebatur.

185. Vel TRAGOEDIA dicitur a Graeco quod est τρυγία, id est 'faeces', quia qui illud carmen componebant faeces recipiebant. ² Unde Horatius:

³ peruncti faecibus ora.

⁴ Inde 'geatragemata' dicuntur vilia munuscula quae 'lambellares' vocantur.

186. Fuit Orestes Agamemnonis et Clytemestrae filius; qui Orestes matrem suam Clytemestram interfecit, quam et ipsa patrem illius interfecerat. ² Postea furu< i >t, de cuius miseriis < H >oratius tragoediam fecit, id est 'luctuosum carmen'. ³ Clytemestra uxor fuit Agamemnonis, qui cum reversus fuisset ex bello Troiano interfectus est per Aegist< h >um adulterum. ⁴ Nam cum ingressus fuisset domum suam, obtulit ei illa Clytemestra vestem sine capitio; quam cum vellet induere et capitium invenire non posset, ab Aegist< h >o adultero occisus est. ⁵ Unde post ab Oreste filio suo interfecta est. ⁶ Unde TRAGOEDIA composita est quae Orestes dicitur.

187. CENTAURUS NAVIS (375,25). ² CENTAURUS sono est masculinum, intellectu femininum. ³ Si dixeris 'video centaurum per mare volantem', navim intellego. ⁴ CENTAURUS monstrum est marinum, semihomo et semiequus, quod CENTAURUS dicitur, et quod depingebatur in puppi, id est in posteriore parte, navis et pro tota navi pon[a]ebatur. ⁵ 'Puppis' est posterior pars navis, sic 'prora' anterior.

188. ALIA SONO FEMININA, INTELLECTU MASCULINA, UT FENESTELLA SCRIPTOR, AQUILA ORATOR (375,26). ²Et haec quidem SONO FEMININA sunt quia in

---

183,6 'traconodon': cf. τράγος et ᾠδός   185,1 τρυγία: trie   185,4 'geatragemata: 'tragemata' R.H. 236,16; cf. P. III 497,1   185,4 'lambellares': 'bellaria' R.H. 236,16; cf. P. III 497,1   186,1 Clytemestrae: clitemestre: v. Serv. ad Aen. VIII 631   186,2 furu < i >t: v. R.H. 236,17   186,2 <H >oratius: v. R.H. 236,17   186,2 carmen: carmem   186,3 Clytemestra: Clemetestra: 'Cletemestra' R.H. 236,17   186,4 Clytemestra: Clemetestra

---

183,6 v. C.G.L. V 426,50 (tragoediae, carmen luctuosum); v. Diom. I 487,12-13   184 v. Evanth. de com. (ed. Wessner) I 13 ff.   185,1 cf. Diom. I 487,23-31   185,3 Hor. A.P. 277; cf. Diom. I 487,28   184,4 cf. P. III 497,1 (cod. Leid. Voss.)   186 cf. R.H. 236,16-25   186,1 v. Serv. Aen. VII 631 (Clytemnesta)   187 cf. R.H. 236,18-21   187,4 cf. Isid. XI 3,37   187,5 Isid. XIX 2,1   188 cf. R.H. 236,21-26; v. P. II 143,4 ff.

'a' desinunt; quae clausula apud Latinos maxime feminini est generis,
sed sensu MASCULINA sunt, quia cum dico FENESTELLA, intellego proprium
nomen scriptoris, et cum dico AQUILA proprium nomen oratoris. ³In
tantum autem iste FENESTELLA viguit in scribendo, ut pro arte illius
proprium nomen eius poneretur, quatenus dum aliquis bonum
voluisset ostendere scriptorem, diceret 'iste bonus Fenestella est', pro eo
quod est 'bonus scriptor'; eadem quoque de AQUILA oratore sentienda
sunt. ⁴ORATOR, id est 'eloquens'; per Aquilam ergo intellego oratorem,
id est eloquentem, facetum, disertum. ⁵ORATOR autem loquitur
orationem, id est pulchram locutionem, a quo omnes optimi oratores
'Aquilae' dici possunt.

189. ALIA SONO NEUTRA, INTELLECTU FEMININA, UT PHRONESIUM,
GLYCERIUM, SOPHRONIUM (375,27-28). ²Haec nomina sunt Graecarum
feminarum. ³Quoniam igitur in 'um' desinunt more neutrorum, sono,
id est litteratura, neutra videntur, sed tamen quia feminini sunt generis
intellectu, hoc est sensu, feminina sunt. ⁴PHRONESIUM et SOPHRONIUM; ista
nomina comica sunt iocularia et deminutiva. ⁵PHRONESIUM: φρόνησις

f. 26ʳ   Graece, // 'prudentia'. ⁶Inde PHRONESIUM dicitur 'prudenticula'.
⁷GLYCERIUM: γλυκύν Graece, 'dulce' Latine. ⁸Inde GLYCERIUM 'dulcicula'.
⁹SOPHRONIUM: σωφρόσυνος Graece, 'parcus' vel 'temperans'.

190. ALIA SONO FEMININA, INTELLECTU NEUTRA, UT POEMA SC<H>EMA
(375,28). ²Quia desinunt in 'a' videntur sono, id est litteratura, esse
feminina propter clausulam feminini generis, sed tamen neutra sunt
quia Graece UT POEMA SC<H>EMA. ³POEMA, id est carmen, vel opus
poetae; SC<H>EMA, id est figura, vel habitus. ⁴'Emblema' dicitur
varietas pavimenti; Graece 'lithostrotos' dicitur. ⁵Vel 'emblema' est
super[h]abundantia; inde 'embolismus', super[h]abundans annus qui
tredecim lunationes habet.

191. ALIA SONO MASCULINA, INTELLECTU NEUTRA, UT PELAGUS VULGUS
(375,28). ²Clausulam habent masculini generis in 'us'; ob hoc in superfici[a]e quasi masculina videntur, sed tamen, quia Graeca sunt, neutra
dicuntur. ³PELAGUS dicitur 'profundum maris'. ⁴VULGUS dicitur

---

188,5 locutionem: loqutionem   189,1 SOPHRONIUM: suffronium   189,5 φρόνησις:
fronesis: 'phronesis' R.H. 236,29   189,7 γλυκύν: glicen: 'glycon' R.H. 236,30
189,9 σωφρόσυνος: suffrosin   190,4 'lithostrotos': litostratos: 'lithostrotus' R.H. 236,33

188,3 'quatenus' v. Fest. 313 (quatenus: qua fine: quatinis: quoniam)   188,4 v. C.G.L. IV
134,3   189 v. P. II 148,13-18; v. Pomp. V 162,14-20   189,5 cf. M.C. 47,21   189,7 cf.
Isid. XVII 7,29   189,9 v. C.G.L. III 424,11; II 56,37   190,2 cf. P. II 145,2-5; v. de dub. nom.
773,145   190,3 'poema' v. Isid. I 39,21; 'schema' v. Isid. I 35,7; 36,1   190,4 v. C.G.L. V
584,10; 'lithostrotos' cf. Vulg. Ioan. 19,13   190,5 v. Isid. VI 17,21-23   191 cf. P. II 163,19-
22   191,2 v. de dub. nom. 797,331   191,3 cf. C.G.L. IV 139,28 (mare)   191,4 cf. Isid.
IX 4,6

'promiscua multitudo hominum'. ⁵'Hoc vulgus' neutri generis, sed
Vergilius masculino genere protulit dicens:

> Et a[s]spergere voces
> ⁶in vulgum ignobilem.

⁷Nam si neutrum esset, accusativus similis fuisset suo nominativo
VULGUS, in quo nomine Vergilium sequimur.

192. SUNT PRAETEREA NOMINA IN SINGULARI NUMERO ALTERIUS GENERIS ET
ALTERIUS IN PLURALI, UT BALNEUM TARTARUS CAEPE IOCUS FORUM (375,29).
²Oritur hic quaestio, unde venit talis varietas, quod haec nomina
alterius sunt generis in singulari numero et alterius in plurali. ³Ad hoc
respondendum est, quia apud priscos haec nomina duorum generum, et
duarum quaedam ex ipsis fuere declinationum, ut est BALNEUM. ⁴An-
tiqui enim 'hoc balneum, huius balnei', et 'haec balnea, huius balneae'
dicebant. ⁵Quorum quoque generum fuerunt et cetera, quia dicebant
'hic Tartarus et hi Tartari', 'hoc Tartarum et haec Tartara', 'hic caelus
et hi caeli', 'hoc CAELUM (375,31) et haec caeli', 'hic porrus et hi porri',
'hoc PORRUM (375,31) et haec porra', 'hoc caepe', indeclinabile, et 'haec
caepa, huius caepae', 'hic iocus et hi ioci', 'hoc iocum et haec ioca', 'hic
forus et hi fori', 'hoc forum et haec fora'.

193. Videntes autem moderni quia unus sonus idemque sensus erat
duorum generum, quod congruum sonoriusque eis visum est de
unoquoque nomine illorum, tenuerunt, et quod absurdum et super-
fluum, abiecerunt. ²Idcirco alterius generis habentur in singularitate et
alterius in pluralitate. ³Dicimus autem 'hoc balneum et hae balneae',
'hic Tartarus et haec Tartara', 'hoc caelum et hi caeli', 'hoc porrum et
hi porri', 'hoc caepe et hae caepae', 'hic iocus et haec ioca', 'hoc forum
et hi fori'.

194. Sed illud quaeritur, quae non sub una terminatione protulit
Donatus haec nomina, ut, sicut dixit 'hoc balneum', dixisset 'hoc Tartarum', et cetera. ²Ad quod dicendum est, quia in illis terminationibus,
eas ostendit quas plus in usu reperit apud au<c>tores. ³BALNEUM
dicitur ἀπὸ τοῦ βαλανείου, id est a recreatione mentis. ⁴Fertur enim si
tristis balneum intrat, mente recreari. ⁵Nam dolentibus, si balneum
praeparatum fuerit, recreat mentem. ⁶TARTARUS est profunda pars in-

---

194,3 ἀπὸ τοῦ βαλανείου: apotoy balneon: v. R.H. 237,5; cf. Isid. XV 2,40

191,5 v. de dub. nom. 818,461   191,6 v. Verg. *Aen.* II 98-99; cf. 202,5 infra   192,4 v. de
dub. nom. 758,27-28   192-193 v. Pomp. V 162,27 ff.; v. de dub. nom. 758,27-28;
782,212   194,1-2 cf. 193,1 supra   194,3 cf. R.H. 237,4-5; v. C.G.L. III 20,27   194,3-5
cf. Isid. XV 2,40   194,6 cf. R.H. 237,6-7; cf. Serv. *ad Aen.* VI 577

ferni, et dicitur TARTARUS ἀπὸ τοῦ ταρταρίζειν, id est a stridore vel a tremore. ⁷Omne enim profundum frigus habet; ex frigore autem nascitur tremor.

195. 'Hoc caelum et hi caeli', et dicitur a 'caelando', id est a 'pingendo'. ²'Caelare' enim dicimus pingere; inde caelum dicimus per 'ae' dip<h>t<h>ongon, eo quod stellis sit depictum, et CAELUM vocatur ferrum illud, ex quo artifices sculpunt. ³Nonnulli CAELUM dictum putant, eo quod celet nobis superiora; quod si esset, 'ce' illud non admitteret dip<h>t<h>ongon.

196. Hoc PORRUM dicitur virgultum, id est herba, vel PORRUM genus est holeris. ²Et dicitur PORRUM, eo quod fit longum; inde venit adverbium 'porro', id est longe. ³CAEPE similiter genus est holeris. ⁴Hoc CAEPE in singulari est aptotum; in plurali 'hae caepae, harum caeparum', quia κεφαλή Graece, Latine dicitur 'caput', eo quod tantum caput illius valet; reliquum vero corpus inutile est et flaccens. ⁵Aptotum est in singulari numero. ⁶'Hic LOCUS', 'hi loci et haec loca'. ⁷'Hic IOCUS' in singulari, 'hi ioci et haec ioca', in plurali; IOCUS dicitur ludus. ⁸FORUM est locus publicus; 'fori' vero sedilia sunt navium. ⁹'Hoc FORUM' in singulari, et 'hi fori' in plurali.

197. SUNT NOMINA INCERTI GENERIS INTER MASCULINUM ET FEMININUM, UT CORTEX SILEX RADIX FINIS STIRPS PINUS PAMPINUS DIES (375,31). ²INCERTI, id est dubii, GENERIS ideo dicuntur haec nomina, quia apud antiquos et sub masculino et sub feminino inveniuntur prolata genere, sicut etiam superius de 'silice' ostendimus. ³Possumus enim dicere 'hic cortex et haec cortex', 'hic finis et haec finis', et cetera.

198. Sed auctoritas Vergilii praeponderat, qui corticem feminino genere protulit dicens:

f. 26ᵛ   ²Tunc Phaethontiades musco cir//cumdat amarae
            Corticis.

³CORTEX dicitur 'corium arboris', dicta eo quod cor tegat arboris. ⁴SILEX, 'lapis durissimus' ex quo ignis excutitur. ⁵Inde poeta:

194,6 ἀπὸ τοῦ ταρταρίζειν: apo toy tartarizin: v. R.H. 237,7   195,3 putant: patant
196,4 κεφαλή: cepha: v. R.H. 237,13   197,3: finis: fenis   198,2 Phaethontiades: phetontyades: v. R.H. 237,21

194,7 cf. C.G.L. IV 181,32   195 cf. R.H. 237,7-10; v. de dub. nom. 760,46   195,1-2 cf. Isid.
III 31; v. Funaioli (L. Aelius Stilo) 59 (7); (Varro) 223 (91)   196 cf. R.H. 237,10-16
196,1-2 v. de dub. nom. 799,337-338   196,1 cf. Isid. XVII 10,15.   196,3 cf. Isid. XVII
10,12   196,4 cf. Isid. IV 7,2   196,6 de dub. nom. 784,224-225   196,7 v. de dub. nom.
782,212   196,8 cf. Fest. 74,15-27   197,2 cf. 175 supra   198 cf. R.H. 237,18-27   198,1-
2 v. de dub. nom. 770,116-117   198,2 Verg. E. VI 62-63; cf. P. II 65,9-10   198,3 cf. Isid. XVII
6,15   198,4-6 v. de dub. nom. 810,408-409 n.   198,4 cf. Isid. XVI 3,1

⁶Spem gregis ah, silice in nuda <conixa> reliquit.

⁷FINIS in psalmo profertur genere masculino, ut:

⁸Notum fac mihi, Domine, finem meum.

⁹Poeta feminino:

¹⁰Haec finis Priami fa[c]torum.

199. STIRPS et masculino et feminino profertur, sed quando generationem significat tunc est femininum, ut: ²Clara de stirpe David; ³quando vero aut virgultum aut arborem incisam significat, masculinum, ut Vergilius;

⁴Stirpem sancitum discrimine posse tueri.

⁵ 'Sancitum' dixit, id est Fauno consecratum patri videlicet Turni.

200. Similiter, 'hic PINUS et haec PINUS': 'hic pi<nus> de fructu, et 'haec pinus' de arbore. ² 'Pin' dicunt Graeci acutum; inde pinus ab acumine foliorum. ³ Sed et 'haec PINUS' dicimus de arbore, de fructu 'hunc pinum'. ⁴ 'Hic et haec PAMPINUS, folium vitis et dicitur PAMPINUS, eo quod pendeat de vite. ⁵Haec, secundum Donatum, pro arbitrio uniuscuiusque proferuntur, quia incerti sunt generis, ut 'hic et haec silex', 'hic et haec cortex'. ⁶Et quamvis sint duum generum, sicut communia, differunt tamen a communibus, quia communia sub duobus articulis proferuntur; haec vero modo sub uno, modo sub altero. ⁷Quaeritur cum haec nomina arborum incerti generis sint, cur in sequentibus dicat soloecismum esse, id est vitium, si quis dicat "VALIDI SILICES" ET "AMARAE CORTICES" (393,31). ⁸Sed hic cons[e]uetudinem antiquorum ostendit, ibi usum provinciarum.

201. SUNT nomina INCERTI GENERIS INTER MASCULINUM ET NEUTRUM, ET FRENUM CLIPEUS VULGUS SPECUS (375,33). ²Quomodo? ³Dicimus enim, 'hic frenus et hoc frenum', 'hic clipeus et hoc clipeum', 'hic vulgus et hoc vulgus', 'hic specus et hoc specus'. ⁴Quare non 'frenus' sicut vulgus et specus, sed FRENUM dixit? ⁵Ideo, quia plus est in usu FRENUM vel frena dicere quam 'frenus', ut est illud Vergilii:

198,6 ah: ab: 'ah' R.H. 237,24; v. 175,6 supra 198,6 <conixa>: v. Verg. E. I 15
198,10 fa[c]torum: 'fatorum' R.H. 237,27   199,5 consecratum: consecartum

200,2 'Pin': v. R.H. 238,5   200,3 hunc: h̃

198,6 Verg. E. I 15; cf. P. II 90,22   198,8 Vulg. et Vet. Lat. (Ps. Rom.) Ps 38,5   198,10 Verg. Aen. II 554; cf. Serg. IV 539,5   199,1-4 cf. R.H. 238,1-4   199,2 cf. Vulg. Ier. 13,13 (et reges qui sedent de stirpe David)   199,4 cf. Verg. Aen. XII 770   199,5 cf. Serv. Aen. 772-779   200,1 cf. Isid. XVII 7,31   200,2 cf. R.H. 238,5; v. C.G.L. VII 89   200,4 cf. Isid. XVII 5,10   200,7 v. D. 393,30 ff.: "AMARAE CORTICES" cf. Verg. E. VI 62-63   201 cf. R.H. 238,6-11

⁶Stat sonipes ac frena ferox spumantia mandit.

⁷Itaque FRENUM et masculini generis est et neutri; masculini sicut Vergilius:

⁸frenosque momordit;

⁹neutri sicut idem Vergilii:

¹⁰Frena Pelet<h>ronii Lapit<h>ae gyrosque dedere.

¹¹FRENUM in singulari, neutri est, in plurali 'haec frena, hi freni' facit, a retinendo dictum. ¹²Dicitur etiam a 'fero', id est ab 'equo'. ¹³Antiqui enim 'ferum' dicebant 'equum', eo quod quattuor pedibus feratur.

202. CLIPEUS dicitur 'maius scutum' et masculino semper pronuntiatur genere. ²'Clepere' dicunt Graeci furari; inde CLIPEUS dicitur a 'furando', eo quod miles sub ipso vitam furatur. ³Distat inter scutum et clipeum: clipeus est peditum; scutum equitum. ⁴VULGUS dicitur 'promiscua multitudo hominum', quod quidam neutro genere protulerunt, sed Vergilius masculino protulit:

⁵spargere voces
In vulgum.

⁶'Hic SPECUS et haec SPECUS', 'caverna subterranea'; inde deminuitur 'spelunca'.

203. SUNT INCERTI GENERIS INTER FEMININUM ET NEUTRUM, UT BUXUS PIRUS PRUNUS MALUS: SED NEUTRO genere FRUCTUM, FEMININO IPSAS ARBORES SAEPE DICIMUS (375,34-376,1). ²Quare dicit SAEPE? ³Quia non fit hoc semper. ⁴Inveniuntur enim fructus arborum aliquando feminino generi deputari, secundum illud Martialis exemplum:

⁵Dicemus ficus, quas scimus in arbore nasci.

⁶Dicimus tamen proprie de arboribus 'haec PIRUS et haec PRUNUS'; de fructu enim ipsarum 'hoc pirum et hoc prunum', et similia. ⁷Non incongrue enim arbores feminino generi deputantur, quia velut matres sunt propriorum fetuum; fructus vero neutro, quia non gignunt quamdiu fructus sunt. ⁸Unde Vergilius, cum de hoc loqueretur, ostendit:

203,7 velut: velud

201,6 Verg. *Aen.* IV 135; cf. P. II 241,22   201,8 Lucan *Phars.* VI 398; Phocas V 426,28-29   201,10 Verg. *G.* III 115; cf. Prob. IV 211,25-26   201,12-13 cf. N.M. 478; cf. Serv. *Aen.* II 51   202 cf. R.H. 238,11-18   202,1 cf. Isid. XVIII 12,1; v. de dub. nom. 765,85-86   202,2 cf. C.G.L. IV 216,33 (clepit; rapit); cf. N.M. 29   202,3 Isid. XVIII 12,1   202,4-5 cf. 191,4-6 supra   202,5 Verg. *Aen.* II 98-99   202,6 cf. Isid. XIV 9,1   203,2 cf. P. II 261,15-16   203,5 Mart. I 65; P. II 261,13   203,7-8 cf. P. II 154,11-13

⁹Parva sub ingenti <matris> se subicit umbra.

¹⁰'Haec BUXUS et hoc buxum': BUXUS est arbor plantata et virens. ¹¹Buxum vero incisum lignum et ad aliquid opus formatum. ¹²Unde et Vergilius:

volubile buxum,

dixit. ¹³πῦρ Graece, ignis; inde PIRUS dicitur, quod fructum habet ad similitudinem ignis. ¹⁴'Haec PIRUS' de arbore, 'hoc pirum' de fructu dicimus. ¹⁵'Haec PRUNUS' de arbore quae est mater foetantium, 'hoc malum' de fructu, id est 'pomum'. ¹⁶Inde BUXUS, quia non habet fructum, et de virente 'haec BUXUS' dictus, de incisa 'hoc buxum'.

204.   SUNT ETIAM GENERA NOMINUM FIXA, ET MOBILIA (376,1). ²FIXA SUNT scilicet nomina QUAE NON INFLECTI <POSSUNT> id est declinari, IN ALTERUM GENUS, UT PATER (376,2-3). ³PATER non potest inflecti in [ç] femininum genus, nec MATER in masculinum. ⁴Similiter FRATER et SOROR (376,3). ⁵Non potest flecti in aliud genus, quia pater semper est pater, mater semper est mater. ⁶PATER a patrando dicitur, sicut iam supradictum est. ⁷MATER eo quod 'materiam' praebeat nascentibus. ⁸PATER et Graecum est et Latinum, et Hebraice 'abba'. ⁹FRATER dicitur quasi 'fere', id est 'prope alter'. ¹⁰SOROR dicitur a 'solando', id est 'adiuvando'.

205.   Merito quaeritur, cum haec nomina mobilia a quibusdam
f. 27ʳ dicantur, PATER scilicet cuius femininum est MATER, FRATER // cuius femininum est SOROR, quomodo iste fixa ea affirmet. ²Ad quod respondendum est quia tribus modis dicuntur nomina mobilia: uno modo sensu et litteratura, ut 'doctus, docta, doctum'; alio modo litteratura sine sensu, ut 'Marcius, Marcia', 'Helenus, Helena' (quamquam enim haec nomina fem[im]inina a masculinis videantur derivari, tamen in sensu nihil pertinent ad masculinum); tertio modo sensu sine litteratura dicuntur nomina mobilia ut PATER, MATER, FRATER, SOROR. ³Donatus igitur attendit superficiem et non sensum et idcirco fixa ea esse dixit.

206.   MOBILIA ENIM AUT PROPRIA SUNT ET DUO GENERA EX SE FACIUNT, UT GAIUS GAIA, MARCIUS MARCIA, AUT APPELLATIVA SUNT ET TRIA genera FACIUNT, UT BONUS BONA BONUM, MALUS MALA MALUM (376,3). ²Ostendit regulam per

---

203,9 <matris>: v. Verg. G. II 19   203,13 πῦρ: Pir: R.H. 238,21   205,1 scilicet: sicilicet

203,9 Verg. G. II 19; P. II 154,13   203,10 cf. Isid. XVII 7,53   203,11 cf. Isid. XVII 7,74; cf. P. II 142,14   203,12 Verg. Aen. VII 382; P. II 142,16   203,13-16 cf. R.H. 238,21-24   203,13 cf. Isid. XX 10,9; XVII 7,15   203,14-16 cf. P. II 142,10-14   204 v. Pomp. 163,34 ff.; v. 108 supra   204,6 cf. Isid. IX 5,3   204,7 cf. Fest. 154,9-11; 155,20-24   204,8 cf. Isid. VII 13,5   204,9-10 cf. R.H. 238,28; v. Isid. VII 6,12   205 cf. P. II 141,21-142,9   206 v. P. II 141,21-142,9

quam sciamus quod nomina MOBILIA, si PROPRIA SUNT, DUO tantum GENERA
FACIUNT, UT GAIUS GAIA, MARCIUS MARCIA; si APPELLATIVA, per TRIA genera
currunt, UT BONUS BONA BONUM, MALUS MALA MALUM. ³Igitur nec per duo
tantum, quando appellativa sunt, nec per tria genera, quando propria
sunt, currere debent. ⁴GAIUS proprium nomen est. ⁵GAIUS homo facit
femininum GAIA, ut Gaia mulier. ⁶MARCUS similiter nomen viri et MAR-
CIA nomen feminae. ⁷Aut sunt APPELLATIVA ad multos pertinentia, id est
multorum appellatione posita, et FACIUNT TRIA genera, id est per omnia
genera moventur, UT BONUS BONA BONUM; MALUS similiter.

207. SUNT ITEM ALIA NEC IN TOTUM FIXA NEC IN TOTUM MOBILIA, UT REX
REGINA, LEO LEAENA, DRACO DRACAENA, GALLUS GALLINA (376,5). ²Haec IN
TOTUM FIXA dicuntur, quia moventur per duo genera. ³DRACO enim facit
DRACAENA, et LEO, LEAENA, NEC IN TOTUM MOBILIA, quia non regulariter
moventur. ⁴DRACO enim secundum regulam et secundum analogiam
'draca' debuisset facere, et LEO 'lea' debuisset facere de feminino, non
LEAENA. ⁵GALLUS 'galla' debuisset facere et facit GALLINA propter distantiam: nam GALLUS homo de Gallia, 'Galla' mulier de Gallia regione.
⁶GALLUS vero et GALLINA avem significant. ⁷REX vero 'rega' debuisset
facere, non REGINA. ⁸Ideo non in toto sunt fixa, quia moventur, nec in
toto mobilia, quia nec recte moventur. ⁹ DRACO dicitur ἀπὸ τοῦ δέρχεσθαι,
id est a 'videri'. ¹⁰Fertur enim omnibus animalibus acutius videre.

208. SUNT ALIA DEMINUTIVA QUAE NON SERVANT GENERA QUAE EX
NOMINIBUS PRIMAE POSITIONIS ACCEPERUNT, UT SCUTUM SCUTULA SCUTELLA, CANIS
CANICULA, PISTRINUM PISTRILLA, RANA RANUNCULUS, STATUA STATUNCULUS
(376,7). ²Dicit Plinius Secundus, quando dubitamus de principali
genere, redeamus ad deminutionem, et ex deminutivo possumus
cognoscere principale; ³ ut puta 'arbor', si nescias cuius generis sit, facit
deminutivum 'arbuscula', et ex hoc poteris cognoscere quale sit principale genus. ⁴ Similiter 'columna', si ignoras cuius generis sit facit
deminutivum 'columella', et ex hoc deminutivo poteris cognoscere,
quia illud principale feminini generis est.

209. At Donatus istam regulam infirmam esse ostendit. ²Qua
ratione? ³Quia inveniuntur quaedam nomina quae alterius generis sunt
in principalitate et alterius in deminutione. ⁴Nam ecce hoc nomen

---

207,9 ἀπὸ τοῦ δέρχεσθαι: apotoy derkeste: v. R.H. 239,3   207,9 'videri': 'videre' R.H. 239,3
208,3 puta: cf. Pomp. V 165,15

207 cf. R.H. 239,2-8; v. Pomp. V 164,5 ff.   207,3 cf. P. II 146,13-14; II 209,6-8   207,5
'propter distantiam' = differentiae causa   207,6 cf. Isid. XII 7,50   207,9 cf. R.H. 239,3; cf.
Macr. S. I 20,3   207,10 cf. Isid. XII 4,4   208,2-4 Pomp. V 164,13-18   209,1-6 cf.
Pomp. V 164,18-27

quod est PISTRINUM in principalitate neutri generis est, in deminutione feminini; PISTRINUM enim non 'pistrillum', sed PISTRILLA facit. [5] Similiter CANIS non 'caniculus', sed CANICULA; RANA non 'ranuncula', sed RANUN-CULUS facit et cetera. [6] Hoc SCUTUM — haec scuta pluraliter, maiora arma militum — a quo derivatur SCUTULA, quaedam formae rotunditas; et deminuitur SCUTELLA vas rotundum, id est quo manducamus. [7] Inde 'scutulata', id est orbiculata vestis rotundos circulos habens; quae non servant genus primitivi, id est SCUTUM, PISTRINUM: primitiva haec.

210.   Primitiva, id est primae pos< i >tionis, nomina vocat, a quibus derivantur alia, ut SCUTUM; ab eo derivatur SCUTULA feminini: inde deminuitur SCUTELLA. [2] Hoc PISTRINUM et haec PISTRILLA deminutivum; PISTRINUM est maior officina pistorum, PISTRILLA minor. [3] 'Pinso' id est ferio; inde dicuntur 'pistores', eo quod pinsant, id est feriunt. [4] Hic et haec CANIS, in primitivo; in deminutivo tantum feminini generis est, ut haec CANICULA, id est parva canis. [5] Sed proprie CANICULA dicitur stella quae in mense Iulio apparet more canis, magnum calorem faciens, quae et sidus dicitur. [6] CANIS enim dicitur quod canoram habeat vocem. [7] Haec RANA onomatopoeium nomen est; facit RANUNCULUS masculini generis. [8] STATUA feminini generis; STATUNCULUS masculini generis 'parva statua'. [9] STATUA est imago alicuius rei ex aere vel qualibet materia: inde 'statuarius', qui eas componit, et 'statuarium', // locus in quo fiunt.

211.   NOMEN IN "A" VOCALEM DESINENS NOMINATIVO CASU NUMERO SINGULARI AUT MASCULINUM EST, UT AGRIPPA, AUT FEMININUM, UT MARCIA, AUT NEUTRUM, UT TO[R]REUMA; SED TAMEN GRAECUM EST; AUT COMMUNE, UT ADVENA (376,10), aut epicoenon, ut aquila. [2] Notandum est, quod haec nominum terminatio in 'a' omnia recipit genera apud Latinos excepto neutro. [3] Neutrum namque genus, si in 'a' desinat in nominativo casu singulari, non erit Latinum, sed Graecum, UT TO[R]REUMA. [4] Hic AGRIPPA proprium nomen est; est et appellativum. [5] 'Agrippa < e >' dicuntur illi qui cum nimio nascuntur dolore, sicut Caesar. [6] Nam Agrippae proprium nomen est. [7] Potest esse et appellativum. [8] Secundum ordinem vocalium dif-

f. 27ᵛ (margin)

210,3 feriunt: 'feriant' R.H. 239,15   210,7 onomatopoeium: anomatopeium: v. R.H. 239,17   211,5 'Agrippa < e >': 'agrippae' R.H. 239,19   211,5 Caesar: 'caesares' R.H. 239,19   211,6 Agrippae: fortasse 'Agrippa' (?)

209,6 cf. R.H. 239,9-13; 'scuta' cf. Isid. XVIII 12,2; 'scutula' v. C.G.L. II 434,24; 'scutella' v. Isid. XX 4,9; v. C.G.L. II 434,9; v. D. Adelph. IV 2,45   209,7 'scutulata' cf. Isid. XII 1,51 (Scutulatus)   210 cf. R.H. 239,12-18; v. Pomp. V 164,13 sqq.; v. 209 supra   210,2 cf. Isid. XV 6,4 (pistrinum); v. P. II 115,12; v. D. Adelph. IV 2,45   210,3 cf. Isid. XV 6,4   210,5 cf. Isid. III 71,14   210,6 cf. Isid. XII 2,25   210,7 cf. Isid. XII 6,58   210,8 'statua' v. C.G.L. II 188,2; 'statunculus' v. C.G.L. II 170,47 (statuncula)   211 cf. P. II 143,4 ff.; v. Pomp. V 164,28 ff.   211,5-7 cf. R.H. 239,18-19; v. Isid. IX 3,12; v. C.G.L. VII 46

ferunt genera nominum: omnia genera desinunt in 'a': MASCULINUM, UT AGRIPPA, FEMININUM, UT MARCIA, NEUTRUM, UT TOREUMA.

212. τορεύω Graece, 'torno'; inde toreuma dicitur tornatura, sive id quod eicitur de tornatura, vel bullae quae in stillicidio apparent pluviali tempore, ad quorum similitudinem balteoli fiebant nobilium puerorum, per quos designabatur quia, quamdiu his utebantur, alterius indigebant consilio. ² Nam βουλή Graece, consilium Latine; inde βουλευτής consiliarius. ³Vel < h >ami loricae ita vocantur.

213. COMMUNE genus desinit in 'a', UT hic et haec ADVENA, quasi aliunde veniens. ² Graece προσήλυτος vocatur; πρός ad; ἐλθεῖν venire. ³ 'Epicoenon, ut Aquila' dicitur ab acumine oculorum. ⁴Fertur enim natura esse aquilae ut defixis oculis in radiis solis usque ad nubes evolet.

214. NOMEN IN "E" VOCALEM DESINENS NOMINATIVO CASU NUMERO SINGULARI AUT FEMININUM et GRAECUM EST, UT EUTERPE, agape, AUT LATINUM et NEUTRUM, UT SEDILE, monile (376,12). ²Et in hac quidem terminatione unum tantum apud Latinos invenitur genus, id est neutrum; ceterum si femininum inveniatur non erit Latinum, sed GRAECUM, UT EUTERPE, agape. ³Siquidem omnia nomina quae desinunt in 'e' apud nos, si Graeca fuerint, erunt feminina; si Latina, neutra, UT EUTERPE. ⁴EUTERPE et femininum et Graecum et 'bene delectans' interpretatur; εὖ bene, τέρπω delecto, et est una ex novem Musis. ⁵ SEDILE dicitur a sedendo; Latinum est et ideo neutrum. ⁶ 'Monile' similiter. ⁷ 'Munile' vel 'monile' dicitur ornamentum mulieris a collo usque ad pectus dependens et dicitur 'monile', eo quod moneat mentem mulieris subditam esse viro debere; vel 'munile' dicitur, eo quod muniat pectus mulieris.

215. NOMEN IN "I" VOCALEM DESINENS NOMINATIVO CASU NUMERO SINGULARI AUT NEUTRUM et GRAECUM EST UT SINAPI GUMMI, AUT TRIUM GENERUM EST et APTOTUM, UT FRUGI NIHILI (376,14). ²In hac denique terminatione, sicut idem Donatus testatur, non inveniuntur nomina Latina nisi com-

---

212,1 τορεύω: torreo: cf. R.H. 239,22   212,1 balteoli: baltheoli: 'calceoli' R.H. 239,24
212,2 βουλή: bulo: v. R.H. 239,26   212,2 βουλευτής: boulotoes: v. R.H. 239,27
212,3 < h >ami: v. R.H. 239,27   213,2 προσήλυτος: proselitus: v. R.H. 239,28
213,2 πρός: pros: v. R.H. 239,28   213,2 ἐλθεῖν: eltin: v. R.H. 239,28   214,4 εὖ: eu
214,4 τέρπω: terpo   214,7 'Munile': cf. R.H. 239,30

---

212 cf. R.H. 239,22-26   212,1 cf. Hrab. Maur. 672 C; v. Erch. 76,14-17   212,1 C.G.L. II 457,30; 'toreuma' C.G.L. IV 293,21   212,1 'balteoli' v. Isid. XIX 33,2; cf. R.H. 239,24 (calceoli); cf. Isid. XIX 34,2   212,2 cf. R.H. 239,26-27; cf. C.G.L. III 443,50; cf. C.G.L. II 259,16 (curialis) et passim; v. Serv. ad Aen. III 445.   212,3 cf. R.H. 239,27; cf. Isid. X 5 (amicus ab hamo ... unde et hami quod teneant)   213,2 cf. Vulg. Matt. 23,15 (proselytum); cf. C.G.L. II 420,15; v. II 314,62 et passim   213,3-4 cf. Isid. XII 7,10-11   214 cf. P. II 145,11-12   214,4 Fulg. M. 26,3-4; cf. C.G.L. II 453,33   214,5 cf. C.G.L. V 243,35   214,6 cf. Isid. XIX 31,13-15   215 cf. P. II 145,13-15

munia trium generum et aptota. [3]Aptota enim dicuntur indeclinabilia.
[4]Si enim inveniantur alterius generis nomina in hac terminatione
desinentia, in nominativo casu singulari, non erunt Latina, sed Graeca.
[5]AUT TRIUM GENERUM EST et APTOTUM (376,16). [6]Aptota dicuntur nomina
quae tantum nominativum habent, qui non recte casus vocatur. [7]ἀ-
sine, πτῶσις casus; inde APTOTUM, 'sine casu'.

216. At quae unum ex obliquis habent, monoptota, id est unum
casum habentia, id est unicasualia dicuntur. [2]Pro se enim invicem
ponuntur, id est aptota pro monoptotis et monoptota pro aptotis.
[3]Unde nunc FRUGI aptotum dicit et NIHILI, cum sint monoptota. [4]FRUGI
enim dativus est et dicitur FRUGI parcus, abstinens, qui parce frugibus
vescitur, et venit a nomine 'frux frugis' quod non est in usu, nisi tantum
FRUGI dativus et pro omni casu ponitur: FRUGI homo, FRUGI mulier, FRUGI
mancipium, FRUGI homines, FRUGI mulieres, FRUGI mancipia, et sic per
ceteros. [5]NIHILI venit ab eo quod est nihilum; NIHILI genetivus et pro
omni casu accipitur, sicut et FRUGI: NIHILI homo, NIHI<LI> mulier, NIHILI
mancipium, et sic per omnes obliquos. [6]Dicitur enim inutilis et
nequam, aut neutrum est et indeclinabile, ut SINAPI 'herba fortissima'.
[7]Hic dicit esse indeclinabile; in e[v]vangelio videtur declinari, ubi
legitur: [8]'Si haberetis fidem, sicut granum sinapis'. [9]GUMMI resina arboris.

217. NOMEN IN "O" VOCALEM DESINENS NOMINATIVO CASU NUMERO
SINGULARI AUT MASCULINUM EST, UT SCIPIO, AUT FEMININUM, UT IUNO, AUT COM-
MUNE, UT POMILIO, AUT epicoenon ut PAPILIO (376,16). [2]Et hic regula est
quae ostendit quod apud Latinos quattuor inveniantur genera in
nominativo casu singulari, in 'o' desinentia: masculinum scilicet, et
femininum, commune, // et epicoenon. [3]Neutrum autem non invenitur
in 'o' desinens. [4]'Hic et haec POMILIO'. [5]Dicitur nanus homo, nana
mulier; POMILIO dicitur 'vetulus, vetula'. [6]PAPILIO vero genus avis est,
quae maxime [h]abundat florentibus malvis et gignere solet de stercore
suo vermiculos. [7]SCIPIO proprium nomen et masculini generis est et
venit ab actu. [8]Nam σκίπων Graece, Latine baculus. [9]Inde Cornelius
Scipio dictus est, eo quod patrem suum Africanum iam senio con-
fectum, euntem ad senatum more baculi sustentabat. [10]IUNO proprium
nomen deae, quae fuit soror et uxor Iovis.

. 28[r] (margin)

215,7 ἀ-: a   215,7 πτῶσις: tois   216,8 haberetis: 'habueritis' B.V. Matt. 17,19; Luc. 17,6
217,8 σκίπων: scipios   217,10 deae: dęę

215,6 cf. P. II 172,15-16   215,7 cf. R.H. 240,2; cf. Char. 41,12; cf. C.G.L. II 425,57 et passim;
'a' = 'sine' Serv. E. VII 6   216 v. P. II 184,6-26   216,1 cf. P. II 187,16-17   216,4 cf. P.
II 121,10-13   216,5 cf. P. II 121,10-13   216,6 cf. P. II 205,1-2   216,8 Vet. Lat. ms.
Cantabrig. Luc. 17,6   216,9 cf. Isid. XVII 7,69-70   217 cf. P. II 121,15-123,8   217,5 cf.
145,6 supra   217,6 Isid. XII 8,8   217,7-8 cf. 44,3-4 supra   217,9 cf. Isid. XVIII
2,5   217,10 cf. Isid. VIII 11,69; v. Verg. Aen. I 47

218. Nomen in "u" desinens nominativo casu numero singulari tantum neutrum est, ut cornu genu gelu specu (376,19). [2]Hic etiam demonstratur quod in 'u' terminantia nomina in nominativo casu singulari, nisi sint neutra, et indeclinabilia in singularitate, ut 'hoc cornu, huius cornu'. [3]Cornu indeclinabile in singulari numero; in plurali vero declinatur ut 'cornua cornuum'. [4]Antiqui enim ita declinabant, ut 'hoc cornu, huius corni'; inde 'cornuorum' remansit. [5]Veru (376,20) est spicum et facit in plurali numero 'verua, veruum, veribus'. [6]Unde Vergilius:

[7]Pinguiaque in veribus torrebimus exta colurnis.

219. Sed et haec omnia et quae in consonantes desinunt, diversas regulas et multiplices habent (376,20). [2]Scripsit enim ad hunc locum Probus unum librum. [3]Iste institutor iam artem scripsit, non perfectis, sed ad eos qui volunt se esse perfectos. [4]Quomodo nomina diversas regulas et multiplices habent, scilicet quia alia sunt declinabilia, alia indeclinabilia? [5]Sunt enim quaedam quae sex casus habent; sunt quae duos tantummodo, vel unum. [6]Sunt quae in singulari deficiunt numero et cetera sunt quae in plurali.

220. Numeri nominum sunt duo, singularis et pluralis (376,22). [2]Definitio numeri hic est. [3]Sciendum est quia quidam dixerunt plures, quidam pauciores. [4]Illi qui pauciores, pluralem solummodo dixerunt, aientes singularem non esse numerum quia numerus a pluralitate nun[c]cupatur. [5]Sicut enim Priscianus testatur: numerus non dicitur in uno proprie, sed abusive, quomodo nominativus casus non est, sed abusive casus dicitur, quod facit alios casus.

221. Quare ergo Donatus computavit singularem? [2]Ideo scilicet quia, quamvis abusive, bene tamen numerus dicitur, eo quod ipse geminatus et multiplicatus facit omnes numeros-et quod omnes numeri ex ipso componuntur et in ipso dissolvuntur. [3]Numerus enim nisi ex multis unitatibus confici non potest.

218,3 plurali: plurali   218,5 veribus: veribus   219,2 enim: ·H·; 'autem' Pomp. V
165,16   219,2 Probus: probo: v. Pomp. V 165,17   219,3 perfectos: 'perfectos esse' Pomp. V
165,18   220,5 abusive: ab' usive   221,2 ipso: 'in ipsum' P. II 172,22

218 cf. P. II 123,8-11; v. Pomp. V 165,12-13   218,3-4 cf. P. II 262,2-4; 263,22-264,1   218,7
Verg. G. II 396; cf. Char. 351,5   219,2-3 Pomp. V. 165,16-18; v. Prob. II 3 ff.   220,4 cf. Isid.
II 3   220,5 P. II 172,5-6   221,2 cf. 60 7-8; cf. P. II 172,21-22   221,3 cf. Isid. III 3

220 3 The usual number is two (cf. Serv. IV 408,17; Serg. IV 494,31; Char. 15,19; Diom I
301,20). Probus (IV 74,22), Cledonius (V. 10,19), and Pompeius (V 165,21-22) add a third number,
the 'communis'.

222.   Illi, qui plures dicebant, addebant dualem numerum. [2] Sed idcirco Donatus non computavit, quia definierunt auctores omnem
numerum quod unitatem transcendit pluralem esse, vel qui tertiis personis verbi pluralibus potest coniungi.

223.   Numerus enim est, Diomede testante, 'incrementum quantitatis
ab uno ad plures procedens'. [2] Aliter, sicut Priscianus testatur,
'numerus est dictionis forma, quae discretionem quantitatis facere
potest'. [3] Numerus est coacervatio multitudinis in unum compacta.
[4] Singularis non proprie dicitur numerus, quia non constat ex pluribus.
[5] Sicut enim nominativus non proprie dicitur casus, sed quia ab illo alii
cadere incipiunt, ideo casus dicitur. [6] Et sicut unus numerus dicitur,
ideo quia fons sit et origo numerorum, et ita et singularis numerus appellatur, quia pluralis numeri est origo.

224.   Numerus dictus est a numerando, vel a frequentatione
numerorum, vel a Numeria dea paganorum, quae fertur numerum
reperisse, quam antiquitus coluerunt Romani. [2] Nam illius templum
quisquis ingressus fuisset, non ante audebat faciem convertere, donec
mille passus retrorsum incedens numeraret. [3] Sive a Numa Pompilio,
rege Romanorum, ante quem ipsi Romani expertes erant numerandi.
[4] Sed lapillis computabant omnia prospera quidem candidis, adversa
vero nigris. [5] Unde Persius:

   [6] Hunc, Macrine, diem numera meliore lapillo,

id est 'candido'. [7] Vel a nummis vocatur numerus, qui saepius numeran-
tur, et dicitur numerus quasi 'nummorum rivus'.

225.   'SINGULARIS, singulo, singuli'; inde venit SINGULARIS. [2] 'Plus' adverbium est quantitatis; inde dicitur 'hi et hae plures' et 'haec plura';
inde etiam PLURALIS numerus dicitur. [3] SINGULARIS UT HIC SAPIENS,
PLURALITER, UT HI SAPIENTES (376,22). [4] Notandum quia, sicut Priscianus
testatur, singularis numerus finitus est, pluralis vero infinitus. [5] Cum
enim dico 'homo', certum est de uno dicere; cum vero 'homines' incertum de quot, nisi ceterorum nomina numerorum addidero, ut 'duo
homines', 'decem', 'centum', vel 'mille', et cetera quae singulis numeris
sunt proprie // attributa ad tollendam dubitationem pluralis numeri.
[6] Nam a duobus usque ad innumerabiles extenditur significatio.

f. 28[v]

224,2 ante: *'antea'* R.H. *240,9*   225,4 singularis: *'singularis   quidem'* P.   II   *172,23*
225,5 incertum: *'incertum est'* P. II *172,25*

---

222 cf. P. II 172,2-3   223,1 Diom. I 301,19   223,2 P. II 172,2-3   223,3 'coacervatio'
v. Isid. XV 16,7   223,5 cf. 60,7-8 supra   224 cf. R.H. 240,7-11   224,1-5 cf. 34,6-9
supra   224,1-2 'Numeria' cf. Funaioli (Varro) 227 (107); cf. N.M. 559; v. Hrab. Maur. 672
D   224,6 Pers. II 1; R.H. 240,10   224,7 v. Isid. XVI 18,10   225,4 P. II
172,23   225,5 cf. P. II 172,23-25   225,6 P. II 172,25-26

226. Sed quia de numeris ratio est, quaerendum est quae dictiones habent numeros. [2]Illae videlicet, quae personas habent finitas vel infinitas, quae sunt nomina, pronomina, verba, vel participia. [3]Unde si deficiat in personis, deficit etiam in numeris, qualia sunt infinita vel impersonalia, gerundia vel supina. [4]Nihilominus quaerendum est, utrum adverbia habent numeros. [5]Habent etiam. [6]Sed inter accidentia adverbii numerus non ponitur. [7]Et indeclinabiles sunt numeri adverbiorum et ad singularem et ad pluralem dictionem aeque ponuntur, ut 'ter feci', 'ter fecimus'. [8]Quid ergo interest inter numerorum nomina indeclinabilia et inter adverbia? [9]Hoc scilicet, quod adverbia singularibus et pluralibus simul iunguntur, ut 'milies dixi', 'milies diximus'; nomina vero non nisi pluralibus, ut 'mille homines diximus'.

227. EST ET DUALIS NUMERUS, QUI SINGULARITER ENUNTIARI NON POTEST, UT HI AMBO et HI DUO (376,23). [2]Quare dicitur SINGULARITER enuntiari non posse? [3]Ideo, quia non possumus dicere 'hic ambo' et 'hic duo', sed HI AMBO et HI DUO, et non dicitur 'ambo venit' neque 'duo venit', sed 'ambo venerunt' et 'duo venerunt'. [4]Ob quam causam, ut supradictum est, inter pluralem numerum computatur? [5]DUALIS NUMERUS dicitur, eo quod duos tantum recipit numeros. [6]Sed hunc non recipimus, quia, qui singularitatem excedit, in pluralitate deprehenditur. ·

228. SUNT ETIAM NOMINA NUMERO COMMUNIA, UT RES NUBES DIES (376,24). [2]NUMERO ideo dicuntur esse COMMUNIA, quia sub una terminatione quae est 'es' tam nominativum singularem quam pluralem habent. [3]Dicimus enim 'haec RES' in singulari numero et 'hae RES' in plurali. [4]DIES dicuntur a 'diis', ex quibus nomina receperunt, ut 'dies Solis' quem dominicum vocamus, 'dies Lunae' a Luna, 'dies Martius' a Marte, 'dies Mercurii' a Mercurio, 'dies Iovis' a Iove — Iovis dicitur quasi 'Iavis', id est omnium vis et fortitudo —, 'dies Veneris' a Vener[a]e, 'dies Saturni' a Saturno, quem 'sabbatum' dicimus. [5]NUBES dicuntur a nubendo, id est cooperiendo, eo quod caelum cooperiant. [6]'Nubere' dicimus 'cooperire'; inde 'nuptiae' dicuntur, quia ibi capita nubentium flammineo velamine teguntur, sicut etiam adhuc puellae verecundantes capita operire solent.

228,5 cooperiendo: *'cooperiunt'* R.H. 240,20   228,6 puellae: puelleę

226 cf. P. II 173,5-25   227,4 v. 222 supra   228,1-3 v. Pomp. V 165,23-27; cf. P. II 174,8-10   228,4 cf. Isid. V 30,5-10   228,4 'Iavis'; cf. R.H. 240,18; R.L. I.7.11 (Iovem philosophi in figura mundi istius accipiunt, unde et Iovis dictus quasi Iavis, id est universalis vis.); R.L. VI 285.13.   228,5-6 cf. R.H. 240,19-22   228,5 v. Isid. XIII 7,2   228,6 cf. Isid. IX 7,10   228,6 'flammineo' cf. P. II 149,6; Caper 103,14

229. Sᴜɴᴛ sᴇᴍᴘᴇʀ sɪɴɢᴜʟᴀʀɪᴀ ɢᴇɴᴇʀɪs ᴍᴀsᴄᴜʟɪɴɪ, ᴜᴛ ᴘᴜʟᴠɪs sᴀɴɢᴜɪs cinis (376,25). [2] Pᴜʟᴠɪs singulariter declinatur semper, licet Horatius dixerit:

[3] Novendiales spargite pulveres.

[4] Novendialis nonus dies est qui celebratur nono die in exequiis mortuorum. [5] Octo enim dies servabatur corpus et abluebatur: nono vero die incendebatur et sic sepeliebatur. [6] Quaeritur quare haec nomina dicuntur esse sɪɴɢᴜʟᴀʀɪᴀ sᴇᴍᴘᴇʀ, cum legamus in psalmis:

[7] Libera me de sanguinibus,

[8] et in e[v]vangelio:

Qui non ex sanguinibus.

[9] ˉAd quod dicendum, quia illo in loco maluit interpres frangere regulam grammaticorum quam reticere proprietatem Graecae interpretationis. [10] Apud Latinos vero semper singulariter efferuntur propter unitatem sui. [11] Similiter ᴘᴜʟᴠɪs; res enim ista individua est nec potest habere sectionem, et, quia non potest habere sectionem, non potest habere pluralem numerum. [12] Numquid potest hoc in loco esse dimidium pulveris vel illo loco dimidium pulveris? [13] Naturaliter ergo ista res individua est, et idcirco semper numeri est singularis. [14] Igitur ᴘᴜʟᴠɪs et sᴀɴɢᴜɪs, quando pluraliter proferuntur, non proprie, sed usurpative hoc fit. [15] Sᴀɴɢᴜɪs dicitur, eo quod sanciat, id est confirmet, corpus. [16] Est enim proprie sᴀɴɢᴜɪs quamdiu in corpore est; postquam vero extra corpus profluxerit, 'cruor' vocatur.

230. Sunt sᴇᴍᴘᴇʀ ᴘʟᴜʀᴀʟɪᴀ, ᴜᴛ ᴍᴀɴᴇs Qᴜɪʀɪᴛᴇs ᴄᴀɴᴄᴇʟʟɪ (376,26). [2] Mᴀɴᴇs dicuntur animae mortuorum vel dii infernales: 'manum' dicebant antiqui bonum; inde 'mane' prima hora diei. [3] Hinc etiam [per] κατὰ ἀντίφρασιν, id est per contrarium, ᴍᴀɴᴇs dicuntur, eo quod non sint boni. [4] Qᴜɪʀɪᴛᴇs Romani dicuntur a Quirino id est a Romulo, qui et ipse Quirinus ab hasta dicitur quam semper portabat in manu. [5] 'Quiris'

229,3 spargite: v. R.H. 240,23; cf. Hor. Epod. XVII 48   229,4 celebratur: 'celebrabatur' R.H. 240,23   229,12 Numquid: nunqð   229,12 pulveris: pulveros   230,3 [per]: v. Serv. ad Aen. I 139: 'per antifrasin' V 11ʳ 19   230,3 κατὰ ἀντίφρασιν: cata antifrasin: 'catantifrasin' R.H. 241,2   230,4 portabat: portabit: 'portabat' R.H. 241,5   230,5 'Quiris': v. R.H. 241,5

229 v. P. II 174,23 ff.   229,2 v. P. II 175,20-176,1   229,3 Hor. Ep. XVII 48; R.H. 240,23   229,4-5 cf. Serv. Aen. V 64; cf. Porph. ad. Ep. XVII 48; v. Fest. 187,1; v. Varro ling. VI 26   229,7 Vulg. et Vet. Lat. (Ps. Rom. et Hebr.) Ps. 50,16   229,8 Vulg. et Vet. Lat. Ioan. 1,13   229,9 v. Kenney I 569 (376)   229,11-16 v. P. II 175,18-176,1   229,15 cf. Isid. XV 4,2; cf. Isid. XI 1, 122   230,2-3 cf. R.L. 187, 28-31; cf. Serv. Aen. III 63 (I 139); cf. Isid. VIII 11,100   230,4-5 cf. Isid. IX 2,84; v. Erch. 77,17-20   230,4-6 cf. Serv. Aen. I 292; v. Fest. 43, 1-4

enim lingua Sabinorum hasta vocatur; unde 'securis' dicitur quasi 'semicuris', id est 'semihastam' habens. [6]Vel QUIRITES a Quirino nuncupantur monte, in quo curia apud priscos Romanos fuit, quo residebant centum viginti iudices; et quia multi manes et multi Quirites erant, ideo semper pluraliter proferuntur. [7]CANCELLI quoque, quia ex diversis conficiuntur rebus, merito pluraliter semper proferuntur.

231. Sunt SEMPER SINGULARIA GENERIS FEMININI, UT PAX LUX (376,26).
f. 29[r] [2]Ideo SINGULARIA SEMPER // pronuntiantur, quia si una vel certa, non fuerit pax; vel si dividatur pax, discordia erit. [3]Lux similiter singulariter declinatur. [4]Nam si dividatur, tenebrae semper manebunt, et lux, quamvis ex plurimis conficiatur materiis, non tantum certa lux nisi diei. [5]Lux dicitur a luendo id est purgendo, eo quod diluat tenebras noctis.

232. Sunt SEMPER PLURALIA, UT KALENDAE NUNDINAE FERIAE QUADRIGAE NUPTIAE SCALAE SCOPAE (376,27). [2]'Kalendae' Graece, Latine dicuntur 'vocationes'; nam χαλῶ dicitur 'voco'. [3]Antiquitus enim, nova luna apparente, minor pontifex ascendebat in Capitolium et clamabat septies 'kalo, kalo'; et quia multis vicibus clamabat, idcirco semper pluraliter pronuntiantur: tot vicibus clamabat, 'kalo, kalo', quot dies restabant usque ad Idus, id est usque ad divisionem mensis —. [4]nam 'iduare' Graece dividere — et quot vicibus clamabat, tot diebus celebrabant.

233. NUNDINAE dicuntur 'mercationes', a verbo 'nundinor, nundinaris', id est 'mercor, mercaris', et quia pluribus diebus celebrantur, ideo semper pluraliter efferuntur. [2]A die enim Kalendarum pagani usque ad Nonas libabant sacrificia diis suis et nulla opera ruralia exercebant. [3]Expletis enim sacrificiis, agebat unusquisque mercationes pro libitu suo.

234. FERIAE dicuntur a fando, id est loquendo. [2]Antiqui enim certis diebus per singulos annos celebrabant festa parentum suorum et ibi immolabant boves, et arietes, et <h>ircos, et dicebant:

Accipe istud ad tuum opus,

et quia multi aderant, ideo semper pluraliter efferuntur. [3]Vel FERIAE dicuntur a fando, quia Deus dixit septies in creatione mundi 'fiat, fiat'.

231,2 si: *'si'* M 2*ʒ* 2; V *11*[r] 25   232,1 SCALAE SCOPAE: SCALAE SCOPAE A[2]
232,2 χαλῶ: kalo: *v. R.H. 241,9*

230,6 v. Serv. *Aen.* VI 783   230,7 cf. Serv. *G.* I 192; v. Fest. 40,8-10; cf. Hrab. Maur. 673
A   231 v. P. II 174,23 ff.   231,5 v. Isid. V 30-31 (nox a nocendo)   232 v. P. II 176,9-
12   232,2-3 cf. Hrab. Maur. 673 A; v. Erch. 77, 26-78,3   232,2 v. Fest. 251,25-26; v.
Funaioli (Varro) 251 (192); v. Serv. *Aen.* VIII 654; v. C.G.L. V 413,57   232,3 cf. Macr. *S.* I 15,9-
13; v. Varro, ling. VI 27   232,4 cf. Macr. *S.* I 15,7 (Etrusca lingua)   233 cf. Macr. *S.* I 16,6;
32-36; v. Isid. V 33,14; cf. Hrab. Maur 673 A; v. Erch. 78,3-5   234,1. Isid. V 30,12; cf. Hrab.
Maur. 673 A   234,2 cf. Macr. *S.* I 16,9   234,3 Isid. V. 30,12   234,3 'fiat' cf. Vulg. *Gen.*
1,3 ff.

⁴Ideo pluraliter dicuntur FERIAE, licet abusive dicatur, 'prima feria, secunda feria'.

235. QUADRIGAE dicuntur, quia ibi pluraliter quattuor equi semper iunguntur. ² 'Bigae' vero ubi duo, et QUADRIGAE sunt currus quattuor equorum, et idcirco pluraliter proferuntur. ³ Similiter, NUPTIAE pluraliter dicuntur, eo quod ibi duo copulantur, id est vir et femina. ⁴ Hoc enim genus matrimonii, quia non potest per unum fieri, sed per duos; ideo numeri est pluralis. ⁵ Similiter SCOPAE (376,27), pluraliter dicuntur, eo quod ex multis virgis constant; 'scopare' dicimus pavimenta verrere. ⁶ 'Scalineon' dicunt Graeci, gradatim; inde SCALAE dicuntur a gradibus, eo quod multis lignis constant.

236. Sunt SEMPER SINGULARIA GENERIS NEUTRI, UT PUS VIRUS AURUM ARGENTUM OLEUM FERRUM plumbum TRITICUM ET CETERA FERE QUAE AD MEN-SURAM VEL PONDUS REFERUNTUR (376,28), scilicet singulariter pronuntiantur. ² Quare dicit FERE? ³ Cur non dicit 'omnia'? ⁴ Ideo quia poetae ibi necessitate metrica usurpaverunt tres casus in plurali numero, id est nominativum, accusativum, et vocativum, sicut idem in sequentibus dicit.

237. QUAMQUAM MULTA CONSUETUDINE USURPATA SUNT, UT VINA MELLA <H >ORDEA (376,30). ² Usurpata sunt, id est contra usum, accepta consue <tu > dine poetarum, sicut Vergilius:

> ³ Mellaque decussit foliis, ignemque removit,
> Et passim rivis currentia vina repressit,

et:

> ⁴ Grandia saepe quibus mandavimus <h >ordea sulcis.

⁵ Omnia quae ad mensuram pertinent, ut OLEUM, vinum, TRITICUM, et quae ponderantur, sicut AURUM, ARGENTUM, et plumbum, singulariter dicuntur. ⁶ Sciendum quia mensurantur liquida et arida, ponderantur vero metalla. ⁷ PUS indeclinabile est, quando putredinem vel corru-ptionem corporis significat. ⁸ Quando vero declinatur 'pus, puris', custodiam significat. ⁹ Unde legimus de Ieremia; 'et extraxit eum

234,4 'prima feria, secunda feria': p̄ma feſia ſcd̄a frā; v. R.H. 241,16   235,6 'Scalineon': †
Scalineon' R.H. 241,20   235,6 gradatim: 'gradatum' R.H. 241,20   237,9 Ieremia: iheremia
237,9 Abimelech: v. Vulg. Ier 38,7 ff. (Abdemelech).

234,4 cf. R.H. 241,15-16   235 cf. R.E. 241,17-21   235,1-2 cf. Serv. Aen. II 272; v. Isid.
XVIII 34   235,3-4 cf. Isid. IX 7,10   235,6 'scalae' cf. Isid. XIX 18,4   236 v. P. II 176,1
ff.   237,2 v. P. II 176,6-9   237,3 Verg. G. I 131-132; v. P. II 175,17   237,4 Verg. E. V
36; v. P. II 175, 17   237,5-6 cf. P. II 176,1-6   237,7-8 v. Erch. 78,12-16   237,8 cf. Virg.
Gr. 85,23-25; v. Hrab. Maur. 673 A-B   237,9 v. Vulg. Ier. 38,13ff. (et extraxerunt Jeremiam
funibus; v. Ier. 37,4 ff.

Abimelech de pure', id est de custodia; [10]hinc dicitur et corpus quasi 'cordis pus', id est custodia. [11]VIRUS dicitur venenum a vi, et est indeclinabile pro differentia alterius nominis, quod est 'vir'. [12]Invenimus tamen declinari apud poetas, sicut Lucretius:

[13]taetri primordia viri.

[14]ARGENTUM Latine, Graece ἀργύριον dicitur; unde φιλαργυρία dicitur amor argenti. [15]AURUM dicitur ab aura, id est a splendore; unde et 'aurora' dicitur prima lux diei. [16]Olea et oliva arbores sunt; OLEUM et olivum liquor. [17]'Triticum' dicitur a terendo. [18]'<H>ordeum' est genus farris.

238.   SUNT SEMPER PLURALIA EIUSDEM GENERIS, UT ARMA MOENIA FLORALIA SATURNALIA (376,31) Vulcanalia Compitalia. [2]ARMA ideo dicuntur pluraliter, quia multa sunt multaque significant. [3]ARMA vocantur instrumenta fabrorum et pistorum. [4]Nos etiam libros ARMA vocamus; unde 'armarium' locus ubi spiritualia arma conduntur. [5]Et ARMA dicuntur generaliter instrumenta cuiuslibet artis. [6]MOENIA dicuntur munitiones civitatum dicunturque quasi 'munia' a muniendo, et ideo proferuntur pluraliter, quia ex multis lapidibus fiunt. [7]FLORALIA dicuntur festa Florae deae, ministrae Veneris, cuius festa vernali tempore celebrantur, id est mense Aprili, quando flores sunt, et quia multi ibi
f. 29ᵛ   conve//niebant, multisque vicibus fiebant; ideo pluraliter pronuntiantur. [8]SATURNALIA dicuntur festa Saturni, et pluraliter declinantur, quia in unoquoque anno fiebant. [9]'Vulcanalia', festa Vulcani; et dicitur Vulcanus deus ignis, quasi volans candor. [10]'Compitalia' festa Cere<r>is, quae filiam suam Proserpinam raptam a Plutone deo infernali per compita et per bivia inquirebat. [11]'Compita' dicuntur ubi multae viae iunguntur. [12]Similiter 'Dionysia' et omnia nomina festorum plurali numero efferuntur.

239.   SUNT QUAEDAM POSITIONE SINGULARIA, INTELLECTU PLURALIA, UT POPULUS CONTIO PLEBS (376,32-377,1). [2]'Positio' hic pro litteratura, 'intellectus' vero pro sensu ponitur. [3]Haec itaque litteratura singularia,

---

237,14 ἀργύριον: argiron: 'argyrion' R.H. 241,24   237,14 φιλαργυρία: filargia   238,1 Compitalia: competalia   238,10 'Compitalia': competalya: v. R.H. 242,1   238,10 compita: competa: v. R.H. 242,2   238,11 'Compita': competa   238,12 'Dionysia': dẏosinẏa

237,10 'corpus': v. Virg. Gr. 85,25   237,11. v. Isid. XI 1,103   237,12-13 cf. Serv. IV 432,27-28   237,13 Lucr. II 476; P. II 275,5   237,14 cf. R.H. 241,24; v. C.G.L. III 93,50; II 19,24; 'philargyria' v. C.G.L. II 3,18; v. Isid. XVI 19   237,15 cf. Isid. XVI 16   237,16 cf. Isid. XVII 7,62   237,17 cf. Isid. XVII 3,4   237,18 cf. Isid. XVII 3,10   238 cf. R.H. 241,30-242,3; v. P. II 176,9-12   238,3 cf. Isid. XVIII 5   238,4 v. C.G.L. IV 430; v. Cass. 32,10; 41,8   238,6 cf. Isid. XV 2,17-18   238,7-12 cf. Macr. S. I 4, 13 ff.   238,9 v. Serv. Aen. I 171; VIII 414   238,10 v. Serv. E. III 26; v. Serv. G. I 39   238,11 v. Isid. XV 16,12; v. Serv. G. II 382   239 v. P. II 176,12-14

intellectu pluralia sunt, quia POPULUS, CONTIO, vel PLEBS non ex uno tantum, sed ex multis constat hominibus. ⁴CONTIO dicitur congregatio; inde 'contionator' dicitur qui ad congregationem sermonem facit, sicut Salomon ecclesiastes. ⁵Ecclesiastes Graece, Latine contionator. ⁶Plebs, id est multitudo.

240. SUNT QUAEDAM POSITIONE PLURALIA, INTELLECTU SINGULARIA, UT ATHENAE CUMAE THEBAE (377,1). ²POSITIONE PLURALIA SUNT, quia per nominativum pluralem proferuntur; INTELLECTU vero SINGULARIA, quia non plures CUMAE vel THEBAE, sed una civitas fuit CUMAE, alia THEBAE, alia ATHENAE. ³ATHENAE civitas est Graeciae potentissima et dicitur mater sapientiae, quia, ut dicunt Graeci, in illa inventa est saecularis sapientia. ⁴Et dicta est a Minerva, quae Graece Ἀθήνη dicitur quae civitatem aedificavit. ⁵Interpretatur enim Athena, ἀθανάτη id est immortalis; ἀ-sine, θάνατος mortalis. ⁶Mycenae civitas est Agame<m>nonis; THEBAE civ<i>tas est Graeciae nobilissima, cum centum portis, cuius habitatores Thebani dicti sunt. ⁷Alia THEBAE est in Aegypto, similiter nobilissima, cum centum portis, a qua Thebei dicuntur. ⁸Unde et 'Thebei martyres' dicti sunt qui fuerunt cum beato Mauritio. ⁹CUMAE civ<i>tas est Campaniae.

241. FIGURAE NOMINUM SUNT DUAE, SIMPLEX ET COMPOSITA (377,3). ²Definitio numeri. ³Sciendum est enim, quia quidam voluerunt unam figuram solummodo id est compositam, dicentes figuram esse dictam a fingendo, id est componendo, et propterea figuram non posse dici simplicem in una parte, quia nullam continet duplicitatem. ⁴Si enim figura dicitur a fingendo, id est a componendo, simplex figura esse non potest, quia nullam habet compositionem. ⁵Addebant e[t]tiam hoc ad suos errores confirmandos. ⁶Quod si simplex pars potuisset dici figura, praepositio, quae simplex pars est, figuram haberet. ⁷Et idcirco dicebant figuram non posse habere praepositionem quia simplex non potest esse figura. ⁸Sed quaerendum est su<m>mopere, si simplex

---

239,4 Salomon ecclesiastes: salemon ecclesiasten: *v. R.H. 242,6*   240,4 Ἀθήνη: athis
240,5 ἀθανάτη: athanate: *v. R.H. 242,10*   240,5 ἀ-: a   240,5 θάνατος: thanatos

---

239,4-5 cf. 155,4-5 supra; cf. Isid. VII 6,65; VI 2,19   240 v. P. II 176,14-16   240,3-7 cf. R.H. 242,7-12   240,3. cf. Isid. XIV 4,10   240,4-5 cf. Isid. XV 1,44   240,5 v. C.G.L. II130,51 (mors, θάνατος) et passim; v. Serv. *Aen.* XII 546; VI 324   240,6-7 cf. 99 supra   240,8 v. Ado 123,361 (Sept. 22)   241 cf. D. IV 355,20; Prob. IV 53,19; Serv. IV 408,20; Cled. V. 11.10-12; Pomp. V 169,1-2. v. Ars Anon. Bern. VIII 14 ff.; v. Pomp. V 169,1 ff.; v. P. II 177,10 ff.

241 Most grammarians give two figures (cf. D. IV 355,20; Prob. IV 53,19; Serv. IV 408,20; Cled. V 11,10-12; Pomp. V 169,1-2). Priscian, however, adds a third, the 'decomposita' (II 177,11). v. Ars Anon. Bern. VIII 14.; v. Pomp. V. 169,1; v. P. II 177,10.

non est, cur computatur in nomine; vel etiam, si simplex pars dicenda est figura, cur non computatur in praepositione. [9] Ad quod respondendum nullam partem habere figuram nisi ubi aliqua contrarietas est; verbi causa, si statuas uno in loco duas imagines, simplicem videlicet et compositam, alteram habet illa quae simplex est figura, et alteram, quae composita fuerit.

242. Simplex enim ad comparationem compositae vocatur. [2] Simplex dicitur quasi 'semel plexa', id est una vice. [3] Composita dicitur quasi 'simul posita', id est 'simul plicata'. [4] Nam simplex figura est naturalis, composita artificialis. [5] Composita similiter ad comparationem simplicis sortitur nomen, et ita vicissim sibi vocabula largiuntur. [6] Ubi enim haec contrarietas non invenitur, figura nulla est dicenda, et ob hoc praepositio figuram non est consecuta, quia nulla contrarietas ibi invenitur. [7] Nomen vero ideo potitur figura, quia habet hanc contrarietatem.

243. Figura enim substantialiter ita definitur: figura est habitus vocum, per quas corpora aut res significantur, utrum sua natura an per artem enuntientur. [2] Dicta vero est figura a fingendo, id est a componendo, quia antiqui fingebant imagines in parietibus, vel etiam in lapidibus; unde modo compositores luti 'figulos' vocamus. [3] Vel figura dicitur res artificialis quae aut ex una parte constat et simplex dicitur, aut ex pluribus et composita vocatur.

244. Qui denique plures asserunt esse figuras, connumerant tres, secundum Priscianum, simplicem videlicet, compositam et decompositam, hoc est a compositis derivatam, ut 'felix, infelix, infelicitas'. [2] Sed decomposita dicitur quae a composita derivatur: 'animus' simplex figura est; 'magnanimus' composita est; 'magnanimitas' decomposita. [3] Quare ergo Donatus non est secutus h<u>ius rei assertores, ut decompositam adnumeraret figuram? [4] Quantum ad numerum pertinet, propter compendium, id est propter brevitatem; quantum vero ad sensum, intra eas eam comprehendit, quas ipse numeravit. //

f. 30[r]

245. Porro regula grammaticae artis est ut illa dicatur composita figura, quae dividi et redintegrari potest cum integritate sensus. [2] Quae vero redintegrari cum integritate sensus nequit, composita non valet dici figura ut 'magnanimitas'. [3] Si enim dicamus 'magnani', nihil sensus continet in se; similiter 'mitas', propter quod per se figura non dicitur,

---

242,1 Simplex: semplex   242,6 invenitur: 'fuerit' ss. A[2]   243,1 enuntientur: 'enuntiantur'
Ars Anon. Bern. VIII 85,16

242,1 v. Isid. III 5,7; cf. R.F. 21,16-18   242,4 cf. Pomp. V 169,2-3   243,1 Ars Anon. Bern.
VIII 85,15-16   243,2 v. Isid. XX 4,2   244,1-2 cf. P. II 177,10-14   245 v. P. II 177,22-
178,15

sed intra simplicem comprehenditur. [4]Definierunt quippe auctores gram<m>aticae artis, ut decomposita figura, quae in duas partes dividi potest ita, ut unaquaeque retineat sensum proprium, pertineat ad compositam figuram, sicut est infelicitas. [5]Infelicitas enim per se, si dividatur, potest habere perfectum sensum. [6]Illa vero decomposita figura, quae ad utilitatem sensus separari non potest ut 'magnanimitas', pro simplici teneatur.

246. SIMPLEX UT DOCTUS PRUDENS, COMPOSITA UT INDOCTUS IMPRUDENS (377,3). [2]Notandum quod, sicut Pompeius testatur: [3]figura aut naturalis est, aut ex arte descendit. [4]Illa quae naturalis est, simplex vocatur; quae ex arte descendit, composita. [5]Nam quando dicimus 'doctus', hic nihil ars valet, sed ipsa positio simplex constituta; cum vero dicimus, 'indoctus', ex arte descendit. [6]Sed et hoc attendendum, quia composita figura duplici ratione est reperta, scilicet vel propter contrarietatem, sicut superius dictum est, vel propter euphoniam: propter contrarietatem, ut 'pius, impius'. [7]Dissonantia quippe inest, quia aliud pius, aliud sonat impius. [8]Propter euphoniam vero, sicut 'inimicus', quod compositum est ex 'in' et 'amico'. [9]Melius enim sonat 'inimicus' quam 'inamicus'.

247. COMPONUNTUR ENIM NOMINA QUATTUOR MODIS: EX DUOBUS INTEGRIS, UT SUBURBANUS (377,4). [2]'Sub' integra pars est; 'urbanus' similiter. [3]Ex quattuor elementis componuntur omnia corpora: sic componuntur nomina ex quattuor modis. [4]'Urbanus' dicitur qui intra urbem habitat, vel in territorio civitatis. [5]Territorium quasi 'terra boum', vel quia a pedibus boum teritur. [6]QUATTUOR MODIS, id est quattuor varietatibus. [7]'Urbanus' aliquando pro 'eloquente' ponitur, quia eloquentiores sunt illi qui in urbibus habitant, quam illi qui in villis.

248. EX DUOBUS CORRUPTIS, UT EFFICAX MUNICEPS (377,5). [2]EFFICAX dicitur 'effectum capiens', et est compositum ab 'effectu' et 'capiens'. [3]Effectus corrumpitur et facit 'effi'; capax similiter corrumpitur et facit 'cax'; inde efficax dicitur quasi 'effectus capax', qui implere potest, quod vult. [4]MUNICEPS quoque compositum est a 'munere' et 'capiens'. [5]Nuncupatur enim MUNICEPS sive locus, vel aliquod receptaculum quod munera capiat, sive homo exactor pecuniae. [6]Necnon etiam, ut quidam volunt, ille MUNICEPS appellatur qui intra urbem patriam possidens hereditatem, munera a civibus a<c>cipit, vel qui ob locum vel

246,5 vero: 'quando autem' Pomp. V 199,4-5   247,4 habitat: ħ refert ad marg.: 'Suburbanus qui extra vel suburbanus qui et suburbio habitat'   248,4 est: est ss. A²

246,3-5 Pomp. V 169,1-5   246,6-8 v. Pomp. V 169,5 ff.   247 v. P. II 178,16-17; v. Pomp. V 169,6 ff.   247,5 cf. Isid. XIV 5,22   248 v. P. II 178,17-18   248,5 cf. Fest. 117,5-11; cf. Isid. IX 3,21   248,6 cf. Isid. IX 4,21-22

ter<r>itorium suae habitationis munera solvit, sicut dicit **Paulus apostolus**, quod fuerit [7]'a Tarso Ciliciae, non ignotae civitatis municeps'. [8]MUNICEPS genus quoddam erat apud Romanos, qui cum eis, in omnibus communicabant, nisi in suffragii latione — 'Suffragii' enim 'latio' est fidem illorum recipere —, id est fideiussores esse non poterant. [9]Munus corrumpitur et facit 'muni'; capiens corrumpitur et facit 'ceps'; inde componitur 'municeps'. [10]Municipes dicebantur apud Romanos, qui a subiectis gentibus munera accipiebant.

249.   EX INTEGRO ET CORRUPTO, UT INEPTUS INSULSUS (377,6). [2]'In' integra p[r]ars est; 'eptus' corrumpitur ex eo quod est aptus. [3]Aptus dicitur congruus; INEPTUS autem stultus, sive non aptus. [4]Similiter in eo nomine quod est INSULSUS, 'in' integra pars est; 'sulsus' corrupta. [5]Salsus enim dicitur cibus conditus sale, vel aliud quodlibet; sive homo sapientia repletus. [6]INSULSUS enim dicitur 'stultus', sive 'fatuus'. [7]INSULSUS quasi non salsus, id est non sapientia conditus, stultus scilicet. [8]Nam sal sapientiam significat. [9]Unde Te[r]rentius:

> [10]qui habet sal;
qui in te est,

id est sapientiam. [11]Et Dominus in <e>[v]vangelio:

> [12]Habete sal in vobis.

250.   EX CORRUPTO ET INTEGRO, UT PINNIPOTENS NUGIGERULUS (377,7). [2]'Pinni' corruptum, ut quidam dicunt, in prima syllaba verso 'e' in 'i', si ad pennam referendum est avium, quae a pendendo secundum quosdam dicitur. [3]Si autem a 'pinnaculo', ultima corrupta est. [4]'Pinna' dicitur summitas domus vel alicuius rei; PINNIPOTENS ergo quasi summus potens dicitur: 'pinnipotens' quasi 'pennis potens', ut aliquid volatile, vel angelus. [5]'Nugi' corruptum est ex eo quod est nugas, id est vanus; 'gerulus' enim, id est portitor, integrum est. [6]NUGIGERULUS enim dicitur vanus portitor. [7]Vel 'pin' Graece, acutum; inde 'pinna', id est gladius, ex utraque parte acutus, et 'pinnipotens', id est gladiator 'pinnam'

248,7 Tarso: Tharso: *v. R.H. 242,25*   248,8 latione: *'in suffragatione' R.H. 242,26 (suffragulatione)*   248,8 est: *'hoc est' R.H. 242,25*   249,10 sal: *V. Ter Eun. III 1,10*   250,7 'pin': *v. R.H. 242,28; Isid. XIX 19,11; Quint. I 4,12*

248,7-10 cf. R.H. 242,25   248,7 Vulg *Act.* 21,39   248,8 'suffragii latio' cf. Fest. 155, 7-19   248,9 v. Isid. IX 3,21   249 v. P. II 178,18   249,5 v. Isid. XX 2,23   249,10 Ter. *Eun.* III 1,10-11; Serg. IV 542,13; cf. P. II 147,3; cf. Cons. V 348,27; v. D. *Eun.* III 1,10-11   249,12 cf. Vulg. et Vet. Lat., *Marc.* 9,49 (Habete in vobis sal).   250 cf. R.H. 242,28-243,1; v. P. II 178,18-20   250,4 cf. Serv. *Aen.* IV 88 (MINAE emenentiae murorum, quas pinnas dicunt).   250,5 'gerulus' v. C.G.L. IV 82,27 et passim   250,7-8 cf. Isid. XI 1,46; XIX 19,11 (v. Quint. I 4,12)

habens, id est gladium. [8] NUGIGERULUS, id est piger et inutilis portitor.
[9] 'Nugax' <H >ebraeum verbum et interpretatur inutilis.

251. Componuntur ergo nomina modis quattuor: ex duobus integris, ut 'iusiurandum'; ex duobus corruptis, ut 'benivolus'; // ex integro et corrupto, ut 'extorris'; ex corrupto et integro, ut 'efferus'. [2] Et
componuntur vel cum aliis nominibus, ut 'paterfamilias', vel cum
pronominibus, ut 'huiusmodi', vel cum verbis, ut 'armiger', vel cum adverbiis, ut 'satisfactio', vel cum participiis, ut 'senatusdecretum', vel
cum coniunctionibus, ut 'uterque, plerusque'. [3] Sed magis in
huiuscemodi nominibus 'qu[a]e' syllabica epectasis dicenda est quam
coniunctio.

252. COMPONUNTUR ETIAM DE COMPLURIBUS, UT INEXPUGNABILIS IM-
PERTERRITUS (377,7). [2] DE COMPLURIBUS dicit de multis. [3] Pugnabilis dicitur
locus qui expugnari potest, vel homo non valens pugnare, id est infirmus qui vinci potest. [4] 'Expugnabilis', valde pugnabilis, id est valde
superabilis qui cito vinci potest, vel locus invalidus nullam facultatem
tribuens pugnandi. [5] INEXPUGNABILIS id est invincibilis qui a nullo valet
superari. [6] Territus dicitur timens ; perterritus, valde timens; IM-
PERTERRITUS, nihil timens.

253. Componuntur enim vel a duabus dictionibus, ut 'semivir',
'septentrio', vel tribus, ut 'imperterritus', vel amplioribus, ut
'cuiuscumquemodi'. [2] Quaeritur autem, cum Donatus in sequentibus
dicat cavendum esse, NE EA NOMINA COMPONAMUS, QUAE AUT COMPOSITA
SUNT AUT COMPONI NON POSSUNT (377,13-14), cur ipse contra suam regulam
fecit. [3] Nam 'expugnabilis' compositum nomen est quod ipse rursus
componit, cum dicit 'inexpugnabilis'. [4] Sed sciendum quia tamdiu componi possunt nomina, donec mutetur sensus. [5] Postquam enim mutatus
fuerit sensus, cessandum est a compositione.

254. IN DECLINATIONE COMPOSITORUM NOMINUM ANIMADVERTERE DEBEMUS
QUOD EA QUAE EX DUOBUS NOMINATIVIS COMPOSITA FUERINT EX UTRAQUE PARTE
PER OMNES CASUS DECLINARI possunt, UT 'EQUES ROMANUS", 'PRAETOR UR-
BANUS"; QUAE EX NOMINATIVO ET QUOLIBET ALIO CASU COMPOSITA FUERINT EA
PARTE DECLINARI TANTUM, QUA FUERIT NOMINATIVUS CASUS, UT 'PRAEFECTUS
EQUITUM", vel "SENATUS CONSULTU<M >" (377,8). [2] ANIMADVERTERE, id est
animo debemus considerare EQUES ROMANUS, PRAETOR URBANUS. [3] Haec
nomina ex duobus nominativis composita sunt et ex utraque parte

---

251,3 huiuscemodi: h' cemedi   251,3 'qu[a]e': cf. P. II 182,15   251,3 epectasis: epen-
tasis: v. P. II 182,15   254,1 DECLINATIONE: declinatinaone

251,8 v. Varro ling. V 142   251,1 cf. P. II 178,16-19   251,2 P. II 179,11-16   251,3 P.
II 182,15   252 cf. P. II 179,17-180,1   253,1 P. II 179,18-180,2   253,4 cf. 241,8-9
supra   254 v. P. II 180,12ff.

debent declinari: eques Romanus, equitis Romani, equiti Romani, sic et cetera. ⁴ Equites vocabantur pars Romani exercitus qui equis utebatur. ⁵ Romanus enim exercitus divisus erat in equites et in pedites. ⁶ Equites vocabantur 'alae'; pedites 'nodi'. ⁷ PRAETOR dicitur quasi 'praeitor'. ⁸ Praeto<r> urbanus, qui praeera<t> urbi; ipse est et aedilis. ⁹ 'Aedes' munitiones dicuntur; inde aedilis, qui praeest aedibus. ¹⁰ Haec, licet ex utraque parte declinentur, tantum uni declinationi attribuuntur PRAEFECTUS EQUITUM; PRAEFECTUS est nominativus; EQUITUM genetivus pluralis. ¹¹ Ideo ex nominativi parte declinatur PRAEFECTUS, EQUITUM immobili permanente: genetivus, 'praefecti equitum'; dativus, 'praefecto equitum'. ¹² PRAEFECTUS EQUITUM est qui equitibus praeest. ¹³ SENATUS CONSULTUM, 'senatus consulti', sic et reliqua. ¹⁴ SENATUS CONSULTUS dicebatur qui in senatu consulebatur, id est interrogabatur, quia ex ipso responsum reddebatur.

255. Quaeritur si EX DUOBUS NOMINATIVIS sint nomina COMPOSITA, et ex utrisque declinentur et flectantur lateribus, cui sint assignanda declinationi. ²Nec dubium quin secundae. ³Sicut enim regula praeceptorum pandit, prout in simplicibus nominibus, ultimae considerandae sunt clausulae, ut 'doctus, ti', ita et in compositis. ⁴Quotiens enim composita declinantur nomina ex duobus nominativis, ei declinationi ea dare debemus, cuius fuerit ultimum nomen, ut 'PRAETOR URBANUS, praetoris urbani'.

256. Illorum vero nominum declinatio QUAE EX NOMINATIVO ET QUOLIBET ALIO CASU COMPOSITA FUERINT, ex nominativo cognoscitur, UT "PRAEFECTUS EQUITUM", praefecti equitum (377,11-13). ²Excipitur 'alterutrum, alterutrius', quod, quia in feminino et neutro ex corrupto et integro est, ideo exterius habuit declinationem 'alterutrius', ut sit genetivus et dativus trium generum similis, quod proprium est omnium in 'ius' terminantium genetivorum. ³Sin vero ex utroque obliquo, manet indeclinabile, ut eiusmodi; sin ex nominativo et obliquo, vel ex obliquo et nominativo, nominativus tantum declinatur, ut 'PRAEFECTUS URBIS, praefecti urbis', 'SENATUS CONSULTUM, senatus consulti'.

257. PROVIDENDUM EST ENIM NE EA NOMINA COMPONAMUS, QUAE AUT COMPOSITA SUNT AUT COMPONI OMNINO NON POSSUNT (377,13). ²Quaerendum est, quare Donatus hoc in loco dixerit: PROVIDENDUM, NE EA NOMINA COM-

---

254,4 pars: pras   254,7 'praeitor': preitor; v. R.H. 243,3   254,13 CONSULTUM: consultus

254,4-6 cf. Isid. IX 3,60-61   254 7-8 cf. R.H. 243,3-4   254,14 v. Isid. IX 4,9   255 v. P. II 180,14-181,1   256,2 cf. P. II 181,1-16   256,3 cf. P. II 183,1-5   257 cf. 245 supra; 242,6-7 supra; cf. Pomp. V 170,11-25

PONAMUS, QUAE AUT COMPOSITA SUNT (377,13), cum superius praemiserit: COMPONUNTUR ETIAM EX COMPLURIBUS (377,7). [3] Quantum enim ad litteram pertinet, quasi contra se locutus est. [4] Sed sciendum est, quotienscumque componamus ea nomina quae composita fuerant, ipsa prior compositio pro simplici habetur. [5] Ex hoc enim intellegere possumus

. 31[r] vera esse // quae dicimus, quoniam compositio aut confirmat aliquid aut destruit. [6] Confirmat, ut 'territus, perterritus'. [7] Territus enim dicitur timens; perterritus, valde timens. [8] Cum ergo eundem habeat intellectum 'territus', quem habet et 'perterritus', videtur hoc nomen non esse compositum, sed potius pro compositione firmatum. [9] Destruit enim vel mutat, ut 'felix, infelix'. [10] Cum enim componitur hoc nomen quod est felix et dicitur 'infelix', ipsa compositio destruit vel mutat sensum simplicis nominis. [11] Unde apparet Donatum non contra se locutum esse. [12] Sed cum dixit: PROVIDENDUM EST, NE EA NOMINA COMPONAMUS, QUAE COMPOSITA SUNT (377,13), de illis dicit nominibus quae, cum composita fuerint, mutant sensum, ut 'felix, infelix'. [13] Haec etenim iterum nos componere non convenit.

258.   Cum vero componuntur etiam nomina ex pluribus ita [in] intellegendum est ut, scilicet illa nomina, ex compluribus possint partibus componi quae in prima compositione non mutant sensum, ut 'territus, perterritus'. [2] Haec enim nomina iterum retro poni possunt, ut 'imperterritus'. [3] Tamdiu componenda sunt nomina ('tam' et 'si' composita sunt), quamdiu crescit sensus. [4] Deficiente enim sensu, cessandum a compositione.

259.   Praeterea scire nos convenit cum quibus partibus nomina componuntur. [2] Cum omnibus dumtaxat, praeter interiectionem. [3] Nam nomen cum nomine componitur, ut 'paterfamilias', cum pronomine, ut 'huiusmodi', cum verbo, ut 'lucifer', cum adverbio, ut 'satisfactio', cum participio, ut 'plebisscitum', cum coniunctione, ut 'uterque', cum praepositione, ut 'perfidus'. [4] Nomina enim elementorum, vel propria non possunt componi. [5] Et singularia cum pluralibus componuntur, ut 'orbisterrae, orbisterrarum', 'paterfamilias paterfamiliarum', 'armipotens', et 'armorumpotens'. [6] Et notandum, quod composita sub uno accentu pronuntianda sunt. [7] Postremo sciendum, quod omnes partes orationis habent composita absque interiectione et plerisque participiis.

258,2 possunt: 'valent' ad ss. A[2]   259,3 'plebisscitum': v. P. II 179,13

258 v. Ars Anon. Bern. VIII 86,1-9   258,3 'tam', 'si': v. P. II 183,14-18   259,3 cf. P. II 179,11-16   259,4 P. II 145,4-5   259,5 P. II 183,9-11   259,6 cf. P. II 180,17-19

260. Casus nominum sunt sex (377,15), id est sex sunt inflexiones nominum. [2]Definitio est numeri. [3]Nam quidam plures, quidam pauciores esse voluerunt; illi qui pauciores esse voluerunt, auferebant nominativum et vocativum, quia isti non cadunt. [4]Sed duobus modis a Donato inter casus computantur, sive translative, quia quamvis non cadant tamen alios cadere faciunt, vel si recte considerentur non plus reliqui cadunt quam isti, quia sicut genetivus cadit in dativum, similiter nominativus in genetivum. [5]Duobus enim modis casus dicitur, eo quod sensu et litteratura.

261. Illi qui plures esse voluerunt, enumerabant septimum et octavum casum, qui nihil est aliud nisi ablativus sine praepositione. [2]Septimus est sicut Vergilius:

[3]non vobis rege Latino
Divites uber agri Troiaeve opulentia d<e>erit.

[4]Octavus, sicut idem Vergilius:

[5]It clamor [e] caelo;

[6]pugnatur comminus armis.

[7]Sed Donatus non dicit octo esse casus, quia hoc varietas facit. [8]Ablativus, ut aliquando cum praepositione, aliquando sine praepositione proferatur; tamen non perdit vim suam, sed semper est ablativus.

262. Similiter et accusativus, quamvis aliquando cum praepositione, aliquando sine praepositione proferatur, tamen non perdit vim suam.

261,3 d < e >erit: v. P. II 191,5   261,5 [e]: v. Ars Anon. Bern. VIII 87,6   261,6 comminus: v. Verg. Aen. VII 553   262,1 et: et ss A²

---

260 cf. Char. 195,10 ff.; P. II 183,20-185,12; Serv. IV 433,12; Cled. V 44,6; Pomp. V 171,8   260,1 cf. 35,7 supra   260,4 cf. 60,8 supra   261,1 cf. P. II 190,14-16   261,3 Verg. Aen. VII 261-262; P. II 191,4-5   261,4 cf. Serv. IV 433,23-26   261,5 Verg. Aen. V 451; Serv. IV 433,25   261,6 Verg. Aen. VII 553; Char. 332,1; Dosith. VII 407,16.   261,7-8 cf. Diom. I 302,5; cf. Cons. V 351,9; cf. Char. 195,17; cf. Diom. I 317,25; cf. Pomp. V 171,21, cf. P. II 190,3)

---

260 The usual number of cases is six. There is much discussion, however, when the term 'casus' was to be applied to the nominative and vocative (cf. Char. 195,10; P. II 183,20-185,12; Serv. IV 433,12 who reports from 4 to 8 cases; Cled. V 44,6; Pomp. V171,8).

261 7-8 Varro calls the ablative the 'sextus casus' (Diom. I 302,5; cf. Consentius V 351,9). Quintilian seems to divide the ablative into two, making the instrumental a 'septimus casus' (I 4,26). Charisius (195,17) and Donatus (IV 377,20) say that some grammarians have a seventh case. Diomedes (I 317,25), Pompeius (V 171,21), and Consentius (V 351,14) accept the seventh case; Priscian (II 190,3) rejects this theory, on the grounds that the ablative with or without the preposition is still the ablative.

[2] Si enim voluerimus dicere septimum vel octavum casum, ablativum sine praepositione, erit nonus, accusativus sine praepositione, quod tamen non caret ratione. [3] In hoc imitamur Graecos. [4] Graeci enim non habent ablativum, sed omnia quae pertinent ad genetivum et ablativum, per genetivum proferunt. [5] Similiter antiqui Latinorum, ante inventionem ablativi, omne quod pertinet ad dativum et ablativum, per dativum proferebant.

263.   Casus secundum substantiam ita definitur: casus est declinatio nominis vel aliarum casualium dictionum, quae fit maxime in fine. [2] Casus enim dicti sunt a cadendo, quia unumquodque nomen cadit ab hoc in aliud vel ab hac terminatione in aliam, ut 'doctus, docti'. [3] Sed cum omnes obliqui casus recte casus dicantur, quia cadunt, quaerendum est quare nominativus dicitur casus, cum ipse non cadat. [4] Ideo nempe, ut quibusdam placet, nominativus casus appellatur quod a generali nomine in speciale cadat — ut stilum quoque manu cadentem rectum cecidisse possumus dicere — vel etiam abusive casus dicitur quod ex ipso nascuntur omnes alii, vel quod cadens a sua terminatione in alias facit obliquos casus.

264.   CASUS nominum SUNT SEX (377,15). [2] Bene SEX CASUS dicuntur, quia sex negotia habent homines. [3] Nominant enim, generant, dant, accusant, vocant, auferunt. [4] Sex sunt apud Latinos, quia apud Graecos quinque sunt. [5] Sciendum est, quia fuerunt qui quinque tantum casus apud Latinos aestimaverunt, ablativum abicientes, Graecorum sequentes regulam. [6] Graeci enim quinque tantum casus habent; ablativum vero non habent. [7] Idcirco alii illum 'latinum', alii 'sextum' numero appellant. [8] Officium vero ablativi, antequam inveniretur, in dativo cum Latinis erat, cum // Graecis vero in genetivo semper est. [9] Unde ex antiqua consuetudine dicimus 'aufero tibi vestem' pro 'a te'. [10] Nam hic casus, id est ablativus, aliquando pro dativo, aliquando pro genetivo accipitur, sicut Priscianus testatur.

265.   Denique fuerunt alii qui dixerunt ablativum sine praepositione septimum casum fore, ut 'dignus munere', 'navi vectus', quod Prisciano valde irrationabile videtur. [2] Minime enim, sicut ipse testatur, praepositio addita vel subtracta mutare valet vim casus. [3] Neque enim, cum accusativo casui multae praepositiones soleant adiungi, alius casus est quando habet eas praepositiones, et alius quando absque his profertur.

31ᵛ

265,1 alii: alii *ss* A²

262,3-5 cf. P. II 187,7-14; 190,14-19   263,1 P. II 183,20-184,1; v. Ars Anon. Bern. VIII 86, 17 ff.   263,4 P. II 184,2-5   264,2-3 Virg. Gr. 35,12-13   264,7-8 Ars Anon. Bern. 86, 25-28   265 cf. P. II 190,15 ff.

266. Quis enim dubitat quod omnes praepositiones vel accusativo vel ablativo soleant adiungi? [2]Ergo si adiunctae vel non ablativo, mutant eius vim; accusativo quoque adiunctae vel non, debent similiter mutare casum. [3]Nam si alius casus est ablativus quando habet praepositionem et alius quando caret ea, debet quoque accusativus alius casus esse quando habet praepositionem et alius quando non habet.

267. Denique in comparationibus, absque praepositione proferri solet ablativus, nec tamen dicit quisquam septimum tunc casum esse sed ablativum. [2]Verbi gratia, cum dico 'fortior Achilles Hectore est', in quo omnes artium scriptores consentiunt, et sex esse casus confitentur non septem. [3]Uno enim non duobus Latini casibus superant Graecos. [4]Supervacuum faciunt igitur, qui septimum addunt, quia nulla differentia vocis in ullo nomine distat a sexto.

268. NOMINATIVUS GENETIVUS DATIVUS ACCUSATIVUS VOCATIVUS ABLATIVUS (377,15). [2]Quaerendum est, quomodo ista casuum nomina intellegantur et quare sic nominantur. [3]Primus casus nominativus idcirco vocatur, quia per ipsum nominatio fit ut 'nominatur iste Homerus, ille Vergilius'. [4]Nominativus dicitur a nominando, eo quod per illum nomina recipimus et pueris nomina imponimus, et quia ab illo alii originem sumunt, diciturque a nominando. [5]Nominant enim et ceteri, sed iste magis quam ceteri. [6]Rectus etiam ipse vocatur, quod primus nascitur natura vel positione et ab eo facta flexione nascuntur obliqui casus.

269. Deinde sequitur GENETIVUS, qui et possessivus et paternus a quibusdam appellatur. [2]Genetivus enim dicitur vel quod genus per ipsum significamus, ut 'Hector genus est Priami', vel quod generalis esse videtur hic casus, ex quo fere omnes derivationes et maxime apud Graecos solent fieri. [3]Possessivus ergo appellatur, quia possessionem per eum significamus, ut 'Priami regnum'; ut 'cuius eq<u>us est iste?', 'Ascanii'. [4]Unde possessiva quoque per eum casum interpretantur. [5]Quid est enim 'Priameium regnum', nisi 'Priami regnum'? [6]Paternus etiam idem genetivus dicitur quod per eum pater demonstratur, ut 'Priami filius'; ut 'cuius filius est?', 'Aeneae'. [7]Unde et patronymica pariter in eum resolvuntur. [8]Quid est enim 'Priamides', nisi 'Priami

---

266,2 accusativo: accoto   267,4 distat: *'distet'* P. II 190,16   268,3 nominatur: *'nominetur'* P. II 185,2   269,7 patronymica: pat° nomica

266,1-2 P. II 190,7-10   266,3 cf. 262 supra   267 P. II 190,10-16   268,2-3 P. II 185,11-12   268,3 cf. Clem. 39, 6-7   268,6 P. II 185,12-14; cf. Clem 39, 7-8   269,1-7 P. II 185,14-22   269,2-3 cf. Clem. 39,8-11

filius'. [9] Genetivus a generando dicitur, vel quasi 'genere <re>lativus', quia genus reportat ad memoriam, sive quod generalis esse videatur et naturale vinculum generis possidet, et a nominativo generatus, omnes obliquos generat pro quibus et secundum obtinet locum.

270.   Post hunc est DATIVUS quem etiam commendativum quidam nuncupaverunt, ut 'do' vel 'commendo homini illam rem'. [2] Dativus dicitur a dando, eo quod per ipsum damus. [3] Dicitur et commendativus, quia per illum commendamus, ut 'commendo tibi meum librum'.

271.   Quarto loco est ACCUSATIVUS, qui et causativus vocatur, ut 'accuso hominem' vel 'in causam hominem facio'. [2] Dicitur etiam accusativus a quibusdam quasi 'activus', eo quod semper activis verbis copuletur, ut 'lego librum', 'laudo Deum'. [3] Hic enim casus, id est accusativus, ut quidam volunt, a verbo 'accuso', id est 'ago' derivatur. [4] Unde Cicero dicit:

Accusate quod rectum est,

hoc est 'agite'. [5] E<t> Terrentius dicit

Quare non a<c>cusatis paenitentiam,

hoc est 'non agitis'. [6] Dicitur etiam laudativus, quia per eum accusamus, ita et laudamus aliquem.

272.   Tunc sequitur VOCATIVUS qui etiam salutatorius vocatur, ut 'o Aenea' et 'salve Aenea'. [2] Vocativus dicitur duobus modis a vocando aut a adiuvando; vocando sicut in sensibilibus et vivis rebus, ut 'o homo', in insensibilibus, ut 'o domus'. [3] Amicabilis etiam vocatur, sive salutatorius, quia per illum salutationes amicis dirigimus.

273.   Novissime ABLATIVUS ponitur significans aliquid absumi vel comparari, ut 'aufero ab Hectore gladium' et 'fortior Achilles Hectore'. [2] 'Aufero, aufers', praeteritum 'abstuli'; 'auferor', 'ablatus sum', 'ablatus, ablati'. [3] Inde ABLATIVUS qui et comparativus dicitur, ut 'Achilles fortior Hectore', licet tribus personis iungatur, ut 'a me Prisciano accipis', 'a te Prisciano accipio', 'ab illo Prisciano accipit', tamen, quia novus videtur a Latinis inventus, ultimum locum tenere debuit.

269,9 genere <re>lativus: 'generis relativus' R.H. 243,12   269,9 memoriam: 'me-' ss A[2]; v. R.H. 243,13   271,3 verbo: 'a verbo Graeco' Ars Anon. Bern. VIII 87,29   271,5 est: 'est, quare' Ars Anon. Bern. VIII 87,31-32

269,9 cf. R.H. 243,11-15   270 P. II 185,23-24   270,1-2 cf. Clem: 39, 11-13   271,1 cf. P. II 185,25-186,1; Clem. 39,13-14   271,2 cf. R.H. 243,17-19; Clem. 39,17-21   271,2-5 cf. Ars Anon. Bern. VIII 87,28-32   271,4-5 cf. Virg. Gr. 36,1-7   271,6 cf. R.F. 25,9-
10   272,1 P. II 186,1-2; cf. Clem. 39,14-15   273,1 P. II 186,2-3; cf. Clem. 39,15-
17   273,3 P. II 187,2-4

274.   Quaeritur enim, cum duodecim sint casus, sex in singularitate,
f. 32ʳ et sex // in pluralitate, cur Donatus dixerit sex tantum esse casus. ²Sed
hoc ideo, quia unum eundemque sensum habent in pluralitate, quem in
singularitate. ³Officium nominativi est nominare creaturam visibilem et
invisibilem, propriam et appellativam. ⁴Officium genetivi est
generationem vel possessionem demonstrare. ⁵Officium dativi est, ut
per illum demonstremus aliquid dare. ⁶Officium accusativi est, ut per
illum accusemus vel laudemus, vel ut iungatur activis verbis. ⁷Officium
vocativi est, ut per illum vocemus. ⁸Officium ablativi est, ut per illum
aliquid ostendamus auferri.

275.   EX HIS DUO RECTI APPELLANTUR, NOMINATIVUS ET VOCATIVUS, RELIQUI
OBLIQUI SUNT (377,16). ²Nominativus ideo dicitur rectus, quia vel natura
vel positione primus nascitur et ab eo, facta inflexione, nascuntur
obliqui casus. ³Alio modo NOMINATIVUS ET VOCATIVUS RECTI APPELLANTUR,
vel quia ipsi recte creaturam nominant sicut prius protulit natura, vel
quod non cadunt in superfici[a]e. ⁴Vel sunt RECTI NOMINATIVUS ET
VOCATIVUS, quia in omni declinatione sunt similes, excepta in secunda,
quando nominativus in 'us', vocativus in 'e' desinit, ut 'hic doctus, o
docte'; quando vero in 'ius', vocativum in 'i', ut 'hic Terentius, o
Terenti'. ⁵RECTI enim vocantur, id est inflexibiles et naturali statu permanentes. ⁶Igitur RECTI dicuntur ob duplicem causam, vel quia recte
creaturam nominant, sicut prolata est, vel quia non cadunt sicut ceteri.
⁷Nam RELIQUI, scilicet casus, exceptis istis duobus SUNT OBLIQUI, id est
flexuosi, quia unus cadit in alterum.

276.   ABLATIVUM GRAECI NON HABENT (377,17). ²Sed, sicut superius
diximus, officium illius per genetivum explent. ³Nam Latini dicunt,
'abstulit ab illo'; Graeci vero dicunt, 'abstulit ab illius'. ⁴Accipitur enim
pro genetivo Graeco: quando praepositionibus ablativi casus
subiungitur, ut 'ex illo', 'de illo', 'pro illo', 'coram illo', 'cum illo'; et
quando comparatur, ut 'fortior illo'; et quando nominis et participii
ablativus verbo et nominativo alterius nominis cum transitione personarum adiungitur, ut 'sole ascendente dies fit', id est 'ascensionem
solis secutus est dies'; et quando per participium 'habens' et accusativum interpretamur eum, ut 'pulchra forma mulier', id est
'pulchram formam habens'. ⁵Pro dativo quoque Graeco ponitur:
quando cum 'in' vel 'sub' praepositionibus iungitur, ut 'in illo', 'sub
illo'; et quando ipsum ablativum interpretamur per accusativum et
praepositionem 'per', ut 'una te manu accepi', id est per manum.

276,4 subiungitur: sub *ss* A²   276,5 accepi: *'vinco te manu'* P. II *191,15*

274,3-8 cf. Isid. I 7,31-32; cf. Pomp. V 171   275,2-3 P. II 185,12-14   276,2 cf. 262
supra   276,4 P. II 190,17-22; 191,10-12   276,5 P. II 191,13-16

277. HUNC QUIDAM LATINUM, NONNULLI "SEXTUM" CASUM APPELLANT (377,17). [2]HUNC, scilicet casum, id est ablativum, QUIDAM, scilicet auctores, LATINUM, quia Graeci illum non habent sed a Latinis inventus est, NONNULLI, id est multi, APPELLANT eum SEXTUM CASUM, quia in sexto loco ponitur; et quia a Latinis ultimus repertus est, ideo ultimus ponitur.

278. EST ENIM NOMINATIVUS, HIC CATO [h], GENETIVUS, HUIUS CATONIS (377,18). [2]Modo docet declinationem casuum. [3]CATO, CATONIS, proprium nomen; 'catus, cati' animal, quod et 'murilegus' vocatur; 'catus, cati', 'doctus, prudens'. [4]Sciendum est quia, sicut Priscianus testatur, naturalis ordo datus est casibus. [5]Nominativus enim, quem primum natura protulit, ipse primum sibi defendit locum. [6]Unde verbis quoque intransitive iste quasi egregius adhaeret. [7]Genetivus secundum locum sibi defendit: hic quoque naturale vinculum generis possidet et nascitur quidem a nominativo; generat enim omnes casus obliquos sequentes. [8]Dativus vero, qui magis amicis convenit, ipse tertium locum tenet, vel quod eandem habet vocem genetivo similem, vel quod unius abiectione vel mutatione litterae ab eo fit. [9]Qui vero magis ad inimicos attinet, id est accusativus, quartum locum tenet. [10]Extre< mum > vero locum apud Graecos obtinuit vocativus quippe cum imperfectior ceteris esse videatur. [11]Nisi secundae enim personae coniungi non potest, cum superiores quattuor omnes personas possint complecti figurate adiunctae pronominibus, ut 'ego Donatus scribo', 'tu Donatus scribis', 'ille Donatus scribit'; 'mei Donati eges', 'tui Donati egeo', 'illius Donati eget'; 'mihi Donato das', 'tibi Donato do', 'illi Donato dat'; 'me Donatum vides', 'te Donatum video', 'illum Donatum videt'. [12]Similiter ablativus tribus personis adiungitur, ut 'a me Donato accipis', 'a te Donato accipio', 'ab illo Donato accipit'. [13]Solus enim vocativus non potest adiungi nisi tantum secundae personae, ut 'o Donate, novi'. [14]Ablativus igitur proprius Romanorum et quamvis ipse tribus personis sociari possit, ut diximus, tamen, quia novus videtur a Latinis inventus, vetustati reliquorum cessit.

279. QUIDAM ETIAM ASSUMUNT SEPTIMUM CASUM, QUI EST ABLATIVO SIMILIS, SED SINE PRAEPOSITIONE "AB", UT SIT ABLATIVUS CASUS, // "AB ORATORE VENIO", SEPTIMUS CASUS "ORATORE MAGISTRO UTOR" (377,20). [2]Quaeritur, cum septimus casus a quibusdam adnumeretur, quare Donatus non com-

f. 32[v]

278,10 Extre < mum >: 'extremum' P. II 186,20   278,11 adiunctae: 'adiuncti' P. II 186,26   278,11 me Donatum vides: 'me Priscianum videt' P. II 187,1-2

277 cf. P. II 187,7-11   278, cf. 268, 269   278,3 'murilegus' v. E.M. (mus)   278,4-12 P. II 186,13-187,4   278,13 cf. P. II 186,20-22   278,14 P. II 187,7-10   279 cf. 261 n. supra

putavit illum cum ceteris casibus. [3] Ideo scilicet quia, sicut superius diximus, praepositio addita vel dempta nequit mutare vim casus. [4] Sive enim sit cum praepositione, sive sine praepositione, semper ablativus auctoritate grammaticorum dicitur, quia sive dicamus cum praepositione vel sine, ablativus semper erit. [5] Notandum tamen quod, sicut Pompeius testatur, est aliquando quaedam differentia inter ablativum cum praepositione et ablativum sine praepositione. [6] Nam cum, verbi causa, dico 'illo praesente suscepi munus', tres personae hic ostenduntur, id est 'illo praesente ego suscepi munus a te'; si vero dicamus, 'ab illo praesente suscepi munus', duae personae apparent, id est 'ab illo praesente suscepi munus'.

280. SUNT ENIM FORMAE CASUALES SEX (377,23). [2] FORMAE dicuntur imagines. [3] Hoc itaque quod dicit de formis, assumpsit sibi Donatus propter declinationum varietatem. [4] Accommodatae sunt enim casuales formae, quoniam invenimus varietatem in casibus. [5] Sex enim dicuntur ad numerum casuum, eo quod tot habeant varietates, quot sunt casus. [6] Unde et appellantur casuales, FORMAE CASUALES, id est differentiae casuum et varietates. [7] Sicut sex sunt casus, ita sex varietates casuum sunt, id est inflexiones.

281. EX QUIBUS NOMINA ALIA MONOPTOTA (377,23). [2] MONOPTOTA nomina sunt quae pro omni casu una eademque terminatione funguntur. [3] Qualia sunt nomina litterarum et numerorum usque ad centum, et si qua inveniuntur similia, ut 'hoc a, huius a', 'hoc alpha, huius alpha', 'hi et hae et haec quattuor', 'horum et harum et horum quattuor', 'hic et haec et hoc nequam, huius nequam', et cetera. [4] Nam μόνος Graeci dicunt, quod nos dicimus unum. [5] πτῶσις Graece dicitur casus; inde monoptot[i]a dicuntur 'unicasualia', quae tantum unum habent casum et pro omni casu ponuntur, ut 'cornu, genu'.

282. ALIA DIPTOTA (377,24). [2] DIPTOTA sunt quae duos diversos casus habent tantum ut 'verua, veribus', 'sinapi, sinapis', 'fors, forte'. [3] δύο dicunt Graeci quod nos dicimus 'duo'.

283. ALIA TRIPTOTA (377,24). [2] TRIPTOTA sunt quae tres casus habent dissimiles, et tres similes, ut sunt nomina secundae declinationis neutri generis tam in singulari numero quam in plurali, nec non primae, in singulari tantum numero, ut 'scamnum, scamni, scamno', 'poeta, poetae, poetam'.

281,4 μόνος: monos: v. R.H. 244,3   281,5 πτῶσις: tois: 'ptosis' R.H. 244,4   282,3 δύο: dia
283,2 singulari: singulrali

279,3-4 cf. 261 supra et passim; cf. P. II 190,4-5   279,5 cf. Pomp. V 171,21-34   280,3-4
Pomp. V 171,34-36   280,5-7 cf. Pomp. V 171,36-172,10   281-286 cf. Isid. III 3   281 cf. P.
II 187,16-188,2   281,2-3 P. II 184,15-20   281,5 cf. Char. 54,26   282, cf. P. II 188,3-4
283 cf. P. II 188,10-13

284. ALIA TETRAPTOTA (377,24). [2]TETRAPTOTA habent nomina quattuor varietates continentia. [3]Qualia sunt omnia in 'r' desinentia secundae declinationis, ut 'vir, viri, viro, virum'. [4] τέτ<τα>ρα dicunt Graeci, quod nos dicimus 'quattuor'.

285. ALIA PENTAPTOTA (377,24). [2]PENTAPTOTA sunt nomina quae quinque clausulas in se habent dissimiles. [3]Qualia sunt nomina masculina vel feminina secundae declinationis in 'us' terminantia, ut 'doctus, docti, docto, doctum, docte'. [4]πέντε dicunt Graeci quod nos dicimus 'quinque'.

286. ALIA <H>EXAPTOTA (377,24). [2]<H>EXAPTOTA sunt quae sex diversos casus habent. [3]Qualia sunt masculina in 'us' desinentia, quae secundum declinationem quorundam pronominum in 'ius' desinentium efferunt genetivum, ut 'unus, unius, uni, unum, o une, ab uno'. [4]ἕξ dicunt Graeci, quod nos dicimus 'sex'.

287. SUNT PRAETER HAEC APTOTA, QUAE NEQUE PER CASUS NEQUE PER NUMEROS DECLINANTUR, UT FRUGI NIHILI NEQUAM FAS NEFAS NUGAS (377,25). [2]APTOTA dicuntur sine casu, id est incasualia, quae non declinantur. [3]FRUGI, parcus; NIHILI, inutilis, nullius utilitatis; NEQUAM, quasi nequiquam; NEFAS, illicitum. [4]Sed quaeritur cur Donatus, cum in substantiali definitione nominis dixerit: NOMEN EST PARS ORATIONIS CUM CASU (373,2), et difficile sit nomen posse reperiri sine casu quoniam omnem casum necesse est ostendere, cur hoc in loco ait aptotam esse, id est sine casu. [5]Videtur enim in suis sibi contrarius esse verbis. [6]Omne namque quod casu caret, nomen dici non valet. [7]Sed a[d]nimadvertendum, ut Donatus vera et non sibi contraria dixisse probetur, aptota nomina habere nominativum qui non proprie, sicut superius diximus, sed abusive, casus nuncupatur. [8]Unde etiam, quia non cadit, rectus // id est stabilis appellatur.

f. 33[r]

288. Deinde percuntandum quod, si aptota unum casum habent et monoptota dicuntur nomina unum casum habentia, quare non simul comprehenduntur sub una forma. [2]Ideo scilicet, quia differunt inter se; sicut enim Priscianus dicit: illa sunt nomina proprie aptota dicenda quae nominativum solum habent, quia plerumque et vocativus invenitur, nec etiam pro obliquis accipitur, ut 'Iu<p>piter', 'Diespiter': etenim licet eodem pro genetivo vel alio obliquo uti, nisi forte sit illud aptotum nomen neutri generis. [3]Nam si fuerit neutrum aptotum,

284,4 τέτ<τα>ρα: tetra   285,4 πέντε: penta   286,4 ἕξ: exa   287,7 a[d]nimadvertendum: adnimatvertendum

284,3 cf. P. II 188,14-15   285,3 P. II 188,16-17   286 cf. P. II 188,19-22   287 v. P. II 184,6 ff.   287,7 cf. 260 supra et passim   287,8 v. P. II 185,11   288,1-4 cf. P. II 184,6-16

necessario etiam pro accusativo et vocativo accipitur eius nominativus, quod generale est omnium neutrorum, ut 'nefas, fas, ir, pus'.
⁴ Monoptota vero, sicut superius diximus, eo proprie dicenda sunt quae
pro omni casu una eademque terminatione funguntur, ut 'gummi,
nequam, frugi, nihili', et si diligenter considerentur, contraria sibi sunt.
⁵ Discordant enim duobus modis. ⁶ Monoptota, quamvis non cadant,
tamen casum exspectant, ut 'cornu, cornu'. ⁷ Quamvis non cadat in
singularitate, tamen casum exspectat; facit enim 'cornua, cornuorum';
similiter 'genu'. ⁸ Aptota vero non cadunt, neque casus exspectant.
⁹ Monoptota suo numero et suo casui et suo generi iunguntur; aptota
vero omnium generum et omnium casuum et omnium numerorum.

289. DE QUA FORMA SUNT ET NOMINA NUMERORUM A QUATTUOR USQUE
AD CENTUM (377,26). ² De qua forma dicitur? ³ De aptota scilicet. ⁴ De
hac enim forma sunt nomina numerorum, id est numerum significantia,
quae scilicet nomina numerorum non declinantur a quattuor usque ad
centum quia indeclinabilia sunt. ⁵ Iunguntur tamen hi numeri omnibus
generibus et omnibus casibus pluralibus, ut cetera monoptota; ex quo
apparet secundum supradictam rationem. ⁶ Melius est ea inter
monoptota quam inter aptota computari.

290. NAM AB UNO USQUE AD TRES PER OMNES CASUS NUMERI DECLINANTUR
(377,27). ² Quomodo? ³ Dicimus enim, 'unus, unius, uni, unum, o une,
ab uno'; similiter, 'duo, duorum, duobus, duos, a duobus', 'duae, arum,
duabus'. ⁴ Quae quidem nomina contra regulam dativum et ablativum
in 'bus' mittunt [a]euphoniae causa. ⁵ Similiter declinantur, 'hi et hae
tres, et haec tria', 'horum et harum et horum trium, his tribus' et
cetera.

291. ITEM A DUCENTIS ET DEINCEPS PRAETER MILLE (377,28), ut 'hi
ducenti, hae ducentae, haec ducenta', 'ducenti, ducentorum, ducentis',
'trecenti, trecentorum, trecentis', 'quadringenti, quadringentorum';
similiter, 'quingenti sescenti, septingenti, octingenti, nongenti, nongen-
torum'. ² Mille est aptotum in singulari numero; in plurali facit 'milia,
milium, milibus'. ³ Iungitur tamen omnibus generibus et omnibus
casibus pluralibus.

292. SUNT etiam NOMINA, QUARUM NOMINATIVUS casus NON EST IN USU,
UT SIQUIS DICAT "HUNC LATEREM" VEL "AB HAC DICIONE" (377,29). ² IN USU NON
esse dixit, quia facile in auctoribus non posse reperiri cognovit. ³ Sed
quaeritur, quare non per alios casus, qui reperiuntur, haec nomina

---

289,6 est: 'est' del. A²   291,1 sescenti: sexcenti   291,2 plurali: plurari

288,4 'superius' 281 supra   289 cf. P. II 184,17-20; v. Pomp. V 172,11-17   291 v. P. II
145,5-10   292 v. P. II 189,5-18   292 v. E.M. 'later, -eris m.', 'latus, -eris' n.

ostendit. [4]Ad quod dicendum quia, si posuisset genetivum ut diceret 'lateris', dubium esset utrum vellet de latere hominis dicere, an de latere qui fit ex luto quo utuntur homines ad construendas domos. [5]Ut igitur certum faceret lectorem, accusativum ponere maluit.

293.   Sed et hoc quaeritur quare DICIONE non per accusativum sicut LATEREM, sed per ablativum posuit. [2]Ideo scilicet quia, quam plus in usu reperit, illum ostendit. [3]LATEREM non habet nominativum, quia non facit 'later', nec 'latus', neque 'lateris' genetivum, nec 'lateri' dativum, quia 'latus' aliud significat; est enim pars corporis. [4]LATEREM dicimus coctam tegulam ex humo et paleis factam. [5]DICIONE, id est 'iussione', ablativus est tantum. [6]'Dicio' est lex vel potestas. [7]In compositione nominativum habet 'condicio, nis' quod ex toto declinatur. [8]'Conditio' vero creatio a verbo 'condo, dis'. [9] 'Dictio' enim, id est locutio, a verbo dico.

294.   ITEM PER CETEROS CASUS NOMINA MULTA DEFICIUNT, ut sponte, tabo, natu (377,30). [2]Sciendum quia haec nomina apud antiquos declinabilia fuerunt, sicut etiam Pompeius // ostendit. [3]Sed ut deformitas evelleretur et ornatus introduceretur, recesserunt ab usu et sunt tammodo apud modernos fere omnia uno contenta casu. [4]'Fere' dico, quia Priscianus unum ex istis nominibus duos ostendit habere casus, ut 'tabi, tabo'. [5]'Sponte' adverbium est qualitatis, quando verbo iungitur ut 'sponte fecit'. [6]Quando vero declinationi iungitur nominis est ablativus, ut 'sponte sua', id est propria voluntate, 'sponte mea'. [7]'Tabo' est putredo vel corruptio cadaverum. [8]'Natus' nomen erat apud antiquos quartae declinationis cuius ablativus remansit in usu et significabat ipsam nativitatem; unde dicitur 'maior natu' vel 'minor natu'. [9]Modo 'natu' adverbium est, sed quando declinationi sociatur, nomen est et semper refertur ad aetatem, ut 'annos natu decem vel viginti'. [10]Inde componitur senatus a senibus et natu. [11] 'Git' genus leguminis et est indeclinabile.

f. 33[v]

295.   SUNT PRAETEREA NOMINA, QUORUM ALIA GENETIVUM CASUM TRAHUNT, UT "IGNARUS BELLI", et "SECURUS AMORUM" (377, 31). [2]PRAETEREA, id est praeter ista, sunt nomina QUORUM, id est ex quibus, ALIA scilicet nomina, TRAHUNT GENETIVUM CASUM. [3]Notandum quod haec nomina casus obliquos trahentia per omnes suos casus flexibiles, eosdem semper trahere non desistunt, ut 'ignarus belli, ignari belli, ignaro belli',

---

294,9 viginti: 'annos natu ·i· aetate XIX' R.H. 244,21

293,5 v. E.M. 'dicione' p. 173 (dix)   293,8 v. E.M. 'conditio'   293,8 'conditio' v. E.M. (do)   294,2 v. Pomp. V 172,18-34   294,4 cf. P. II 189,10, 310,10   294,5 v. P. II 189,11   294,7-10 cf. R.H. 244,20-22   294,11 v. Char. 167,3-6   295,1 "SECURUS AMOREM" Verg. Aen. I 350

124 COMMENTUM SEDULII SCOTTI

'securus amorum, securi amorum, securo amorum', et cetera. ⁴ 'Gnarus belli' id est doctus; 'ignarus', inscius, indoctus: 'ignarus belli', id est nesciens bellificare. ⁵ 'Securus amorum' id est de amoribus. ⁶ 'Amores' in malo pluraliter ponuntur; singulariter vero in bono. ⁷ Securus dicitur quasi 'sine cura'. ⁸ Cura enim dicitur, eo quod cor urat.

296. ALIA DATIVUM, UT "INIMICUS MALIS", "CONGRUUS PARIBUS" (377,32). ² Et haec nomina, INIMICUS scilicet et CONGRUUS, cum per omnes suos casus flectantur, semper dativum trahere non desistunt, ut 'INIMICUS MALIS, inimici malis, inimico malis', 'CONGRUUS PARIBUS, congrui paribus, congruo paribus'. ³ 'Grus' nomen est avis; inde congruus id est aptus et conveniens paribus, id est sociis. ⁴ Nomen tractum a gruibus, quia sibi valde convenientes sunt. ⁵ Gregatim incedere consuescunt et se invicem custodiunt; inde et congrues dicuntur sibi convenientes qui invicem se custodiunt; vel, ut alii dicunt, onomatopoeium, id est nomen de sono factum.

297. ALIA ACCUSATIVUM, SED FIGURATE, UT "EXOSUS BELLA", "PRAESCIUS FUTURA" (377,33-378,1). ² Haec quoque nomina FIGURATE dicuntur trahere ACCUSATIVUM, quia sic interpretantur: EXOSUS enim BELLA, hoc est valde odiosus per bella; PRAESCIUS FUTURA, hoc est per futura. ³ Et sciendum, quod praescius aliquando genetivum casum trahit, ut 'praescius futurorum'. ⁴ FIGURATE, id est improprie, UT "EXOSUS BELLA" id est odiosus per bella, vel qui ex consuetudine bellandi odiosus est omnibus. ⁵ 'Exosus' id est 'valde odiosus', quia 'ex' pro 'va<l>de' ponitur aliquando, ut 'excelsus, valde celsus'. ⁶ Bellum nomen deminutivum a bono [per] κατὰ ἀντίφρασιν, id est per contrarium, quod minime sit bonum, PRAESCIUS FUTURA, id est 'ante sciens'. ⁷ 'Prae' pro 'ante' ; 'praescius', divinus ; sciens dicitur doctus ; inscius, indoctus. ⁸ Et ita declinantur, 'EXOSUS BELLA, exosi bella', 'PRAESCIUS FUTURA, praescii futura, praescio futura'.

298. ALIA ABLATIVUM, UT "SECUNDUS A ROMULO", "ALTER A SYLLA" (378,1). ² Vitium ergo faciunt qui dicunt 'secundus illi sedeo'. ³ 'Secundus,' enim, 'ab illo sedeo' debemus dicere et 'alter ab illo'. ⁴ SECUNDUS A ROMULO, id est potestatem post Romulum habens; ALTER A SYLLA, id est secundus. ⁵ Sulla consul Romanorum fuit, qui forum Romae constituit.

296,5 onomatopoeium: onomatopeyon: v. R.H. 244,27   297,6 [per] κατὰ ἀντίφρασιν: per cata antifrasin; cf. 230,3 supra   298,1 SYLLA: silla   298,4 SYLLA: silla   298,5 Sulla: silla

295,7 Fest. 378,1-2   295,8 Fest. 43,14   296,4-5 v. Fest. 86,12-14; v. Isid. XII 7,14-15   297 v. Pomp. V 173,2-5   297,6 v. 230,3 supra; cf. Serv. Aen. I 22; III 63   298 cf. Pomp. V 173,7-9

299. ALIA SEPTIMUM CASUM trahunt, UT "DIGNUS MUNERE", "MACTUS VIR-TUTE" (378,1). [2]SEPTIMUM CASUM ablativum sine praepositione, sicut superius diximus, debemus intellegere. [3]MACTUS dicitur magis auctus. [4]Haec enim nomina vel his similia casus quos trahunt singulares et plurales, aequaliter assumunt, ut 'DIGNUS MUNERE, dignus muneribus', 'MACTUS VIRTUTE, mactus virtutibus', et non amplius habet nisi 'mactus' et 'macte'.

300. OMNIA NOMINA ABLATIVO CASU SINGULARI QUINQUE LITTERIS VOCALIBUS TERMINANTUR (378,3). [2]Cum omnia nomina dixit, comprehendit Latina et Graeca seu peregrina, cum omnibus, quae ad Latinam regulam veniunt, et sex flectuntur casibus. [3]Illa vero Graeca nomina // quae secundum Latinam non flectuntur declinationem, ad has non pertinent regulas et merito. [4]Graeci enim, sicut superius diximus, quinque tantum casus habent; ablativum vero non habent. [5]Hae enim regulae ablativi sunt singularis. [6]Rite ergo illa nomina, quae carent ablativo singulari, non debent pertinere ad has regulas. [7]Terminantur omnia nomina in ablativo casu quinque litteris vocalibus, 'a' ut Musa, 'e' ut sedile, 'o' ut docto, 'i' ut navi, 'u' ut cornu. [8]Priscianus per genetivum ostendit declinationes quia Graecis scribebat. [9]Graeci enim, ut superius diximus, non habent ablativum, sed pro eo utuntur genetivo vel dativo; Donatus vero quia Latinis scribebat, per ablativum qui proprius est Latinorum: unde et Latinus vocatur. [10]Priscianus ideo per genetivum, quia primus est casus; ab illo enim ceteri incipiunt cadere.

301. SED EA DUMTAXAT QUAE NON SUNT APTOTA (378,4). [2]DUMTAXAT adverbium est affirmantis et significat 'tantummodo'. [3]SED EA, SCILICET NOMINA, DUMTAXAT, id est tantummodo, terminantur quinque litteris vocalibus in ablativo casu singulari QUAE NON SUNT APTOTA, id est incasualia. [4]Aptota, sicut superius diximus, unum tantum casum, id est nominativum sibi vindicant. [5]Iuste ergo excipiuntur quia hae regulae non in nominativo, sed ablativo continentur.

f. 34r

---

299 v. Pomp. V 173,9-17   299,1 "MACTUS VIRTUTE" cf. Virg. *Aen.* IX 641   299,2 cf. 265   300 v. Pomp. V 173,18 ff.   300,4 cf. 276 supra   300,8 cf. P. II 194,2-7   301 cf. 287, 288 supra

300 8 Donatus declines 'magister', 'musa', 'scamnum', 'sacerdos' and 'felix', but does not mention the number of types or classes (IV 355,28). Servius (IV 408,36) says that there are five classes. Probus (IV 3,4), Sergius (IV 496,27), and Priscian (II 443,3) state that there are five declensions. Charisius (16,1) has only four declensions (the fifth declension being placed with the second, because the genitive 'diei' ends in an i (31,23), or with the third, because the accusative ends in 'em'. Diomedes (I 303,12) has seven cases (I 303,12), distinguished by the genitives in the following words: 'Aeneae, pueri, Vergilii, oratoris, porticus, diei, cornu'.

The following grammarians use the genitive ending in the singular to distinguish the declension: Prob. IV 3,4; Serg. IV 496,27; Char. 16,7; Diom. I 303,12; P. II 194,8. Pompeius (V 188,20) uses the ablative singular for the formation of all the declensions. Donatus (IV 356,31; 378,3) also uses the ablative case to determine the genitive, dative, and ablative plural.

302. In illis enim regula non tenetur (378,4). ²In quibus dicit non teneri regulam? ³In aptotis scilicet propter supradictam rationem. ⁴Notandum enim, quia cum his excipiuntur etiam ea quae, cum quosdam habeant casus, ad ablativum usque non veniunt. ⁵In illis enim, sicut et in aptotis, regula non tenetur, quia defectiva sunt. ⁶In illis, scilicet nominibus, id est in aptotis, et in illis quae non perveniunt ad ablativum, non tenetur regula.

303. Quaecumque nomina ablativo casu singulari "a" littera fuerint terminata, genitivum pluralem in "rum" syllabam mittunt, dativum et ablativum in "is", ut "ab hac musa, harum musarum, his et ab his musis" (378, 5). ² Regulam declinandorum nominum, quam Priscianus in genetivo singulari ostendit, quam etiam in quinque declinationibus dividere voluit, Donatus hic in ablativo casu tacito declinationum numero demonstravit. ³Et bene ipse ab ablativo singulari sumere regulas declinationum voluit, quoniam ablativus proprie Romanorum. ⁴Graeci enim illum non habent, sed Romani. ⁵Debuerat enim Latinis nominibus Latinus casus regulas dare; et ideo ab ablativo Donatus regulas sumere voluit, non ab aliis casibus. ⁶Superius omnia nomina dixit quinque vocalibus terminari in ablativo casu singulari in illis quae non sunt aptota, id est incasualia; modo docet de prima declinatione quae in 'a' terminat ablativum, genetivum in 'rum'.

304. Necesse est enim contra hanc regulam ut declinentur ea nomina, in quibus genera discernenda sunt, ut "ab hac dea, harum dearum, his et ab his deabus", ne, si deis dixerimus, deos, non deas significare videamur (378,7). ²Necesse est, id est non potest aliter esse, nisi declinentur contra hanc regulam ea nomina in quibus, scilicet nominibus, discernenda sunt genera, utrum sint masculini an feminini generis, ut "ab hac dea", cuius dativum et ablativum in 'bus' non in 'is' proferimus, ut "his et ab his deabus", quia, si dixerimus "deis" masculinum genus videbimur comprehendere, non femininum. ³'Deus' masculus est et facit 'hi dii' vel 'dei', 'his et ab his diis' vel 'deis'. ⁴Similiter de aliis dici deberet, sed esset incertum, utrum esset femininum an masculinum. ⁵Ut ergo discerni possit, femininum facit non 'diis' vel 'deis', sed 'deabus', sicut 'natabus, mulabus, asinabus, filiabus'. ⁶Ideo ergo declinantur contra hanc regulam, ne si dixerimus 'his et ab his deis' videamur significare deos non deas feminas.

305. Quaerendum est, cur ea nomina, in quibus genera sunt discernenda et sunt substantialia, dixit Donatus esse declinanda contra

304,6 deis: diis

303,2 v. P. II 194,8 ff.; v. 300 n. supra   304 v. P. II 293, 1-294,12   305 v. Pomp. V 188,27-189,20

regulam superius dictam, cum inveniamus adiectiva nomina mobilia, hanc rationem non servantia, ut 'sanctus, sancta', 'bonus, bona'. [2]Neque enim, quamvis horum masculina dativum et ablativum in 'is' mittant 'his et ab his sanctis' vel 'bonis' differentiae causa inter masculinum et femininum, dicimus in feminino genere, 'his et ab his sanctabus', vel 'bonabus', sed potius in feminino, ita ut in masculino, 'his et ab his Musis, sanctis, bonis' pronuntiamus. [3]Quare ergo in utrisque, non una eademque servatur regula, cum haec sicut et illa nomina sciantur esse mobilia, ut dicamus, 'his et ab his sanctabus' sicut 'deabus', vel quare non dicimus 'ab his diis solis' in feminino genere // mobilium nominum, sicut 'his et ab his sanctis' in adiectivis? [4]Sed facile haec quaestio solvitur, si ratio quae inest perpendatur; adiectiva quippe nomina in textu fixis semper adhaerent nominibus vel subposita vel superposita. [5]Unde et epitheta, id est superposita, nuncupantur. [6]Et manifestum est ea amittere omnem scrupulum discernendi generis, dum enucleantur nominibus fixis, ut 'sanctis mulieribus, sanctis viris'. [7]Substantiva enim nomina non est necesse semper adiectivis iungi nominibus, quia per se substantiam qualitatemque nominis absque adiutorio adiectivorum pandunt. [8]Haec scilicet adiectiva itaque pro re feminina indige<n>t substantialium nominum aliam habere litteraturam, quia a masculinis suis distare probentur.

306. QUAECUMQUE NOMINA ABLATIVO CASU SINGULARI "E" LITTERA CORREPTA FUERINT TERMINATA, GENETIVUM PLURALEM IN "UM" SYLLABAM MITTUNT, DATIVUM ET ABLATIVUM IN "BUS", UT AB HOC PARIETE, HORUM PARIETUM, HIS ET AB HIS PARIETIBUS (378,10). [2]Nunc de tertia loquitur, cum dicit in 'e' correptam, quia quinta ablativum in 'e' productam terminet, ut 'ab hoc pariete'. [3]Paries dicitur a parilitate id est ab aequalitate. [4]Quaeritur, cur Donatus declinandorum nominum describens regulam, non secundum ordinem exempla ostendit declinationum, scilicet ut primo poneret primam, deinde secundam et omnes per ordinem, ut alii grammaticorum declinationes. [5]Sed apparet eum non in hoc loco ordinem intendisse declinationum, sed potius vocalium litterarum. [6]Prima quippe, ut late patet, vocalis est 'a', quae invenitur in prima declinatione in singulari numero in ablativo. [7]Secunda 'e' vel 'i' quae sunt in tertia; deinde 'o' in secunda, 'u' in quarta. [8]Et hic idcirco Donatus secundum ordinem vocalium dedit exempla declinationum, maxime quia superius non dixit "omnia nomina quinque declinationibus inflectuntur", sed "ablativo casu singulari quinque litteris vocalibus terminantur".

305,5 epitheta: epẏteta

306 v. Pomp. V 189,21 ff.; v. 300 n. supra   306,3 cf. Isid. XV 8,2

307.   Sed et hoc quaeritur, unde possumus colligere quando debeat esse in ablativo casu singulari 'e' correptum vel quando productum. [2] Ad quod respondendum, quia, si genetivus singularis 'is' syllaba fuerit terminatus, in ablativo singulari 'e' corripitur, ut 'pater, patris, et 'hoc patre'. [3] Omnia enim nomina tertiae declinationis in ablativo casu singulari 'e' correptum habent, excepto uno quod est 'fames', quod solum tertiae declinationis ideo producitur in ablativo, quia apud antiquos quinque declinationis fuisse invenitur, ut 'hic fames, huius famei'. [4] Si vero 'ei' fuerit terminatus genetivus singularis, ablativus producitur, ut 'dies, diei, ab hac die', 'fides, fidei, ab hac fide'.

308.   Attendendum praeterea quemadmodum haec regula definitur. [2] Dicit enim, quod, si ablativus singularis 'e' correpta littera fuerit terminatus, genetivus pluralis in 'um' syllabam exire debeat. [3] At nos econtra invenimus nomina quae, cum in ablativo singulari 'e' correpta littera terminentur, genetivum pluralem non in 'um' puram, sed in 'ium' syllabam mittunt, ut 'monte, montium', 'fonte, fontium' et cetera his similia. [4] Quando igitur vera probabimus Donatum asserere? [5] Sed sciendum est, quod, Pompeio teste, haec regula duobus fit modis. [6] Nomina enim in 'e' correpta terminata in ablativo casu plerumque amittunt 'e' litteram et accipiunt 'um' et faciunt genetivum in 'um', quod Donatus ostendit, ut 'pariete, parietum'; plerumque non amittunt, sed in 'i' mutant et sic accipiunt 'um' et faciunt genetivum in 'ium', quod Donatus praetermittit, ut 'monte, montium', 'fonte, fontium', et his similia.

309   CONTRA HANC REGULAM INVENIMUS UT "AB HOC VASE, HORUM VASORUM, HIS ET AB HIS VASIS" (378,13). [2] Quomodo CONTRA HANC REGULAM, quae terminat ablativum in 'e' brevem, hoc nomen inveniatur in auctoribus, usus antiquus ostendit. [3] Namque apud antiquos hoc nomen, licet unius generis, duarum tamen declinationum invenitur prolatum, ut 'hoc vas, huius vasis, huic vasi, ab hoc vase', et pluraliter, 'haec vasa, horum vasorum, his et ab his vasibus'; et iterum, 'hoc vasum, huius vasi, huic vaso, hoc vasum, ab hoc vaso', et pluraliter, 'haec vasa, horum vasorum, his et ab his vasis'. [4] Moderni enim grammatici causa euphoniae retinuerunt quosdam casus, tam secundae quam tertiae declinationis, tam in singularitate quam in pluralitate. [5] Nam in singulari numero tertiae, in plurali vero secundae invenitur declinationis. [6] Vas generale nomen est super omnia // utensilia, sicut scuta vasa bellica dicuntur.

f. 35ʳ

307,1 casu: cusu   309,5 plurali: plurari

307,3 cf. P. II 243,12-13   307,4 cf. P. II 242,7 ff.   308,5-6 cf. Pomp. V 189,32-190,13   309 v. Pomp. V 190,13-28   309,3-5 cf. P. II 309,10-12; v. II 155,22-23   309,6 v. Isid. XX 4,1

310. Si vero 'e' littera PRODUCTA FUERINT TERMINATA, GENETIVUM
PLURALEM IN "RUM" SYLLABAM MITTUNT, DATIVUM ET ABLATIVUM IN "BUS", UT "AB
HAC RE, HARUM RERUM, HIS ET AB HIS REBUS" (378,14). [2] Donatus, ut superius
dictum est, quamvis regulas declinationum ostendat, tamen, quot vel
quae sint declinationes, si quinque videlicet aut pauciores, aut plures,
aut in quibus casibus inveniri debeant, vel quibus in locis formentur
nominativi, non manifestat. [3] Sed doctissimus grammaticorum
Priscianus haec omnia enucleare studens, quinque affirmat esse
declinationes easque accipere ordinem dicit ab ordine vocalium for-
mantium genetivos, in quibus, ut ipse dicit, omnes inveniuntur
declinationes. [4] Quapropter haec regula, a peritissimo grammaticorum
Donato de producta 'e' vocali in ablativo casu data, quintae intellegitur
esse declinationis, sicut tertiae de correpta eadem.

311. Sed HAEC REGULA PROPRIE FEMININI GENERIS PUTATUR (378,17).
[2] HAEC REGULA PUTATUR, id est arbitratur, FEMININI esse GENERIS. [3] Omnia
nomina quintae declinationis sunt feminini generis, excepto 'meridie' et
'die'. [4] Unde quidam dixerunt exceptionem esse de prima quintam
declinationem. [5] 'Putari' enim dixit, quia excipi ab hac regula quaedam
cognovit: duo quippe nomina inveniuntur in hac regula, quorum
alterum incerti generis, alterum masculini, ut 'dies est et meridies',
quorum alterum, id est 'dies', est incerti generis; alterum illorum, id est
'meridies', est masculini generis.

312. QUAECUMQUE NOMINA ABLATIVO CASU SINGULARI "I" LITTERA FUERINT
TERMINATA, GENETIVUM PLURALEM IN "IUM" SYLLABAM MITTUNT, DATIVUM ET
ABLATIVUM IN "BUS", UT "AB HAC PUPPI, HARUM PUPPIUM, HIS ET AB HIS PUPPIBUS"
(378,17). [2] Iterum dat Donatus regulas tertiae declinationis quam, quia
lata est, multis ostendere curavit modis. [3] Sed quintam interposuit
declinationem, ut vocalium litterarum servaret ordinem. [4] Quaerendum
enim est, cur Donatus ea nomina, quae ablativo singulari 'i' littera
fuerint terminata, dixerit genetivum pluralem in 'ium' syllabam mittere, cum duae ibi sint syllabae, altera 'i', altera 'um'. [5] Ad hoc dicendum, quod Donatus totam clausulam 'syllabam' appellavit, sive recte
syllabam dixit tametsi plures sint litterae, quia, quod Graece 'syllaba',
hoc Latine 'comprehensio' dicitur litterarum.

313. HUIUS MODI NOMINA CASUM ACCUSATIVUM PLURALEM PROPTER DIF-
FERENTIAM MELIUS IN "IS" QUAM IN "ES" SYLLABAM TERMINANT, UT "HAS PUPPIS,
NAVIS, CLAVIS", quia 'puppim, navim, clavim' non 'puppem, navem, clavem'

312,5 litterarum: v. 'literarum' P. II 44,2

310,2 'superius' v. 300 n. supra   310,3 cf. P. II 194,8 ff.   311 v. Pomp. V 190,28-191,2; v.
P. II 242,7 ff.   311,3-5 v. P. II 158,11-19; 159,5-6   312 v. Pomp. V 191,3   312,5 v. P. II
44,2 (Syllaba = comprehensio literarum)   313 v. Pomp. V 191,3 ff.   313,1 'puppim' v. P.
II 329,4; 336,6

dicimus (378,20). [2]Propter quam differentiam dicit? [3]Secundum quosdam, propter differentiam illorum nominum dicit quae nominativum et genetivum in 'is' mittunt et ablativum in 'i', et differentiam aliorum nominum quae terminant nominativum in 'er' et genetivum in 'is' et ablativum in 'e', ut sicut non aequaliter habent nominativos vel ablativos singulares, sic non aequaliter habeant accusativos plurales, id est in 'es' desinentes, et in 'is'. [4]Sed haec non videtur firma esse ratio, quia sunt quaedam nomina nominativum et genetivum singularem in 'is' terminantia, et tamen non ideo accusativum pluralem in 'is', sed in 'es' mittunt, ut 'hic fortis, huius fortis, hos fortes'. [5]Igitur verius est: ad differentiam illorum masculinorum dicit, quae terminant accusativum singularem in 'em', et ablativum in 'e', et ad differentiam femininorum nominum terminantium accusativum in 'im' et ablativum in 'i'. [6]Sic fit etiam differentia inter accusativum pluralem masculini generis terminatum 'es' et accusativum feminini terminatum 'is', quia masculina omnia tertiae declinationis accusativum singularem in 'em' mittunt, nisi perpauca, ut, 'Ligurim, Tiberim'. [7]Et ideo regula quae mittit accusativum singularem in 'im', proprie generis feminini dicitur esse.

314. HORUM ENIM NOMINUM QUAE in GENETIVO CASU PLURALI IN 'IUM' SYLLABAM EXIRE POSSUNT, TRINA REGULA EST (378,22). [2]Dixerat superius quod nomina in ablativo casu singulari 'i' littera terminata, genetivum pluralem in '<i>um' syllabam mittunt. [3]Sed quia inveniuntur etiam quaedam nomina non 'i' sed 'e' ablativo casu terminata, quae in 'ium' syllabam in plurali genetivo exeunt, ostendere iterum dignum duxit quae sint regulae eorum nominum quae hoc adipiscuntur, ut in genetivo plurali in 'ium' syllabam exire queant.

315. PRIMA EST EORUM, QUAE NOMINATIVO CASU SINGULARI 'N' ET 'S' LITTERIS TERMINANTUR, UT 'MONS, MONTIUM' (378,24). [2]Huius regulae nomina
f. 35ᵛ // ablativum singularem in 'e' correptam mittunt, euphoniae causa; genetivum pluralem in 'ium' terminant.

316. ALTERA EORUM est, QUAE ABLATIVO CASU SINGULARI 'E' CORREPTA FINIUNTUR ET FEMINA SUNT, UT AB HAC CLADE, HARUM C<L>ADIUM" (378,25). [2]Cladis dicitur pestilentia, vel mortalitas; inde gladius dicitur quasi 'cladius' a clade quam facit. [3]Restis est vinculum, a retinendo dicta, vel retorta. [4]Quaeritur, quare dicit Donatus: ALTERA regula est EORUM

313,5 Igitur: *'Quid' ante 'igitur' deletur*   313,7 mittit: Mittiit   314,1 'IUM': ijm *correxi e textu D*   314,3 'ium': jim   314,3 'ium': jim

313,3 cf. Pomp. V 191,7-12   313,4 cf. P. V. 191,12   313,5 "accusativum singularem in 'em' ..." v. P. II 327,7 sqq.   313,5 "Accusativum in 'im' ..." v. P. II 329,3-5   313,6 v. P. II 327,10   314 v. Pomp. V 191,15 ff.   314,2 'superius' 312,1 supra   315 cf. Pomp. V 191,15-23   316,1 cf. Pomp. V 191,23-25   316,2-3, R.H. 245,19-20

nominum, QUAE ABLATIVO CASU SINGULARI "E" CORREPTA FINIUNTUR ET FEMININA SUNT (378,25); utrum omnia nomina feminina in ablativo singulari 'e' correpta terminata, in 'ium' mittere debeant genetivum pluralem. [5] Ad quod dicendum, quod omnia nomina, quae in ablativo casu singulari 'e' correpta finiuntur et feminina sunt, mittunt genetivum pluralem in 'ium'. [6] Sed ille genetivus, quotiens sic exegerit, ab his tribus regulis venit.

317. TERTIA est EORUM, scilicet nominum, QUAE ABLATIVO CASU SINGULARI "I" LITTERA TERMINANTUR, UT "AB HAC RESTI, HARUM RESTIUM". [2] SED HAEC REGULA ETIAM ACCUSATIVUM SINGULAREM INTERDUM PER "I" et 'm' LITTERAM PROFERT, UT "HANC RESTIM", et "HANC PUPPIM" (378,27). [3] Qua regula? [4] Illa scilicet quae ablativum singularem in 'i' genetivum pluralem in 'ium' mittit.

318. HORUM MULTA CERNIMUS CONSUETUDINE COMMUTATA (378,30). [2] Quare? [3] Quia legimus saepe 'puppem' et 'clavem' et 'navem', licet 'puppim, navim' debuissemus dicere; tamen 'navem, puppem' et cetera dicimus vel proferimus. [4] Puppis est pars posterior navis, sicut prora anterior.

319. QUAECUMQUE NOMINA ABLATIVO CASU SINGULARI "O" LITTERA FUERINT TERMINATA, GENETIVUM IN "RUM" SYLLABAM MITTUNT, DATIVUM ET ABLATIVUM IN "IS", UT "AB HOC DOCTO, HORUM DOCTORUM, HIS ET AB HIS DOCTIS" (378,30). [2] Haec est regula nominum secundae declinationis.

320. CONTRA HANC REGULAM INVENIMUS ut "AB HAC DOMO, HARUM DOMORUM, HIS ET AB HIS DOMIBUS" ET "AB HOC IUGERO, horum IUGERORUM" (378,32). [2] Ideo contraria sunt, quia non faciunt 'domis', 'iugeris'. [3] Domus et secundae et quartae est et in utraque 'domibus' facit. [4] Terentius de secunda:

Domi focique fac vicissim ut memineris.

[5] Similiter veteres: 'iuger, iugeri' et 'iugerum, iugeri'. [6] Iugerum est spatium terrae, quantum par boum in die possunt arare. [7] Sed quaeritur unde venit talis varietas, ut haec nomina taliter declinentur. [8] Ad quod dicendum quod haec nomina apud veteres, ut Donatus subinfert, duarum erant declinationum. [9] Sed videntes moderni absurdum ea taliter proferre, hoc quod erat pulchrius retinuerunt, et quod deforme abiecerunt. [10] Domus namque et secundae et quartae declinationis invenitur, ut auctores grammaticae artis multis in locis

316,6 exegerit: exigerit

317 cf. Pomp. V 191,25   318,3 v. P. II 336,6-7   318,4 Isid. XIX, 2,1   320 v. Pomp. V 193,29 ff.   320,2 v. P. II 307,10-14   320,3 v. P. II 269,10   320,4 Ter. *Eun.* IV 7,45; P. II 269,10   320,5 cf. P. II 307,10-14   320,6 cf. R.H. 245,27-28; cf. Isid. XV 15,5   320,10-11 v. 320,5 supra

testantur. [11]Praeterea hoc nomen quod est iugerum, quamvis apud antiquos tertiae declinationis fuerat, apud modernos tamen grammaticos secundae declinationis invenitur, praeter dativum et ablativum plurales terminantes 'bus', sicut etiam Priscianus ostendit.

321. SED SCIRE DEBEMUS MULTA QUIDEM VETERES ALITER DECLINASSE, UT "AB HAC DOMU, HARUM DOMUUM, his et ab his DOMIBUS" ET "AB HOC IUGERE, horum IUGERUM, his et ab his IUGERIBUS" (378,34-379,2). [2]Aliter veteres declinaverunt quam moderni, quia veteres dicebant 'ab hac domu, harum domuum'; moderni vero dicunt 'ab hac domo, harum domorum'. [3]Veteres dicebant 'ab hoc iugere, horum iugerum'; moderni dicunt 'ab hoc iugero, horum iugerorum'.

322. VERUM MEMINERIMUS EUPHONIAM IN DICTIONIBUS PLUS INTERDUM VALERE, QUAM ANALOGIAM VEL REGULAS PRAECEPTORUM (379,2). [2]VERUM pro sed, MEMINERIMUS, id est scire debemus, INTERDUM, id est aliquando, PLUS VALERE, id est magis posse, EUPHONIAM, id est bonam sonoritatem, IN DICTIONIBUS, id est in partibus, QUAM ANALOGIAM, id est proportionem, ET PRAECEPTORUM REGULAM. [3]Praeceptorum regula est, ut diceremus 'his domis' et 'iugeris', sed, quia plus valet euphonia, dicimus 'his domibus' et 'iugeribus'. [4]'Analogia' Graece, Latine dicitur proportio, id est similitudo similium, videlicet comparatio ut incerta certis probentur; vel assimulatio quando duas partes simul ponis, et omnia accidentia aequalia esse demonstramus; vel similiter comparatio quando ignota notis comparantur. [5]Fit enim octo modis: qualitate, comparatione, genere, numero, figura, casu, extremitatibus similium clausularum, et f. 36[r] quantitate temporum. [6]Verbi gratia, // 'doctus' et 'aptus' unius qualitatis sunt, id est appellativae. [7]Ecce similitudo: comparationem recipiunt; similiter generis masculini sunt, numeri singularis, figurae simplicis; casus nominativi in 'us' utraque exeunt; tria recipiunt tempora. [8]Ecce analogia: nam si nescias 'aptus' cuius sit qualitatis, ex comparatione notioris nominis quod est doctus, poteris intellegere quia appellativae qualitatis est. [9]Similiter et ceteris superius dictis accidentibus, per illud cuius scientiam capis, vales illud comprehendere cuius sensum inquiris. [10]Cum igitur analogia valeat, plus interdum servatur in partibus euphonia, id est bona sonoritas. [11]'Regula praeceptorum' est traditio et auctoritas magistrorum quam etiam euphonia superat.

323. QUAECUMQUE NOMINA ABLATIVO CASU SINGULARI "U" LITTERA FUERINT TERMINATA, GENETIVUM PLURALEM IN "UUM" SYLLABAM MITTUNT,

---

321,1 DOMU: domo: *'domu'* D.   322,4 assimulatio: assimilatio   322,4 partes: partes: *cf.* Serg. IV 435,15   322,5 quantitate temporum: *'similitudine temporum'* Isid. I 38,1

321 v. 320 8-9; cf. P. II 307,10-14   322,4-11 cf. Pomp. V 197,21-198,31   322,4 cf. Isid. I 28,1-4

GEMINATA "U" LITTERA, DATIVUM ET ABLATIVUM pluralem IN "BUS", UT ab hoc fructu, horum fructuum, his et ab his fructibus', "HIS ET AB HIS FLUCTIBUS" (379,4). [2] Haec regula nominum quartae declinationis est.

324. NAM NIHIL NECESSE EST RETINERE "U", ET "FLUCTUBUS" DICERE, CUM DICAMUS NECESSITATE, id est per necessitatem, "ARTUBUS", non 'artibus', in hoc nomine quod est artus, in dativo et ablativo plurali quartae declinationis, NEQUIS id est ne aliquis EXISTIMET NOS VELLE SIGNIFICARE ARTES, id est ingenia, NON ARTUS (379,8-9), id est membra, quia, si dixerimus 'artibus', videretur descendére ab eo nomine quod est 'ars, artis'. [2] Artus dicuntur maiora membra ab artando dicta, eo quod artent et constringant corpus, ne laxum sit et fluidum.

325. Sciendum est enim, necessitatis causa, in quibusdam nominibus retinendum 'u' in dativo et ablativo casu plurali, ut 'hic arcus, huius arcus, huic arcui, ab hoc arcu', et pluraliter 'hi arcus, horum arcuum, his et ab his arcubus', ad differentiam nominis quod est 'arx, arcis', et facit dativum et ablativum pluralem 'arcibus', quia aliud significaret, id est turrim excelsam. [2] Similiter in eo nomine quod est 'partus', necessitatis causa, retinendum est 'u' et dicendum in ablativo 'partubus', ad differentiam nominis quod est 'pars' et facit ablativum 'partibus'. [3] Similiter inter 'artem' et 'artum' necesse est ut sit differentia. [4] Nam de arte, 'artibus' dicimus; de 'artu' vero, quod significat membrum hominis 'artubus' pronuntiamus. [5] Propterea in eo nomine quod est 'tribus', non necessitatis causa, sed tamen euphoniae 'u' reservatur, ut 'tribubus'. [6] Praeterea, sicut Priscianus dicit, inveniuntur in hac quarta declinatione veteres ponentes 'u' paenultimam pro 'i', per supra dictos casus plurales, dativum et ablativum scilicet, nulla cogente causa differentiae, sed sola auctoritate. [7] Ergo vel differentia vel auctoritate 'u' retinetur in hac declinatione.

326. Omnium declinationum genetivi plurales ab ablativo singulari formantur, ut 'ab hac Musa', addita 'rum', fit 'Musarum'; 'ab hoc docto', addita 'rum', fit 'doctorum'; 'ab hoc patre', 'e' in 'u' conversa, et addita 'm', fit 'patrum'; 'ab hac manu', addita 'um', fit 'manuum'; 'ab hac die', addita 'rum', fit 'dierum'.

327. IN HANC REGULAM NON VENIUNT, UT DICTUM EST, APTOTA NOMINA, UT "FAS, NEFAS, NEQUAM, frugi, NIHILI, NUGAS" (379,10). [2] In quam regulam? [3] In illam scilicet, quae in ablativo casu quinque litteris vocalibus ostenditur. [4] In hanc enim non veniunt aptota nomina quia indeclinabilia sunt.

324,1 plurali: plurari   324,1 declinationis: decliñ   325,1 plurali: plurari

323,2 v. P. II 364,5-19   324 cf. P. II 364,21-365,10   324,2 cf. Isid. XI 1,82-84   325 cf. P. II 364,21-365,10   325,6 P. II 365,1-3   326 cf. D 378,3 ff.; P. II 364,5   327-328 cf. Pomp. V 196,30-197,3

328. NON VENIUNT TANTUM PLURALIA, ut SATURNALIA, VULCANALIA, COMPITALIA (379,11). [2] Ideo scilicet, quia singularitatem non recipiunt, sed semper pluraliter efferuntur.

329. NON VENIUNT QUAE A GRAECIS SUMPSIMUS, UT "EMBLEMA, EPIGRAMMA, STEMMA, POEMA, SC<H>EMA" (379,12). [2] Merito in hanc regulam non veniunt nomina quae a Graecis sumpsimus, quia, ut superius diximus, Graeci non habent ablativum casum. [3] Hae enim regulae in ablativo casu continentur. [4] Rite ergo illa nomina, quae carent ablativo, non possunt ab hac pendere regula. [5] Vel etiam idcirco non veniunt in hanc regulam, quae a Graecis sumpsimus, quia Graeca nomina melius secundum Graecam formam declinantur. [6] Vel quia, cum terminentur in nominativo casu 'a' littera, ut nomina primae declinationis, apud nos neutralia sunt et tertiae declinationis, quod in Latinis non facile invenitur nominibus, ut 'EMBLEMA, emblematis'.

f. 36ᵛ　330. EMBLEMA varie//tas pavimenti est, vel super[h]abundantia. [2] Unde embolismus annus dicitur 'super accrescens', tertia decima videlicet lunatio. [3] EPIGRAMMA, superscriptio. [4] SCHEMA, figura; POEMA, positio. [5] STEMMA, id est series vel ordo generationis. [6] Dicitur etiam filum, quo sacerdotes tempore aestivali ligabant capita, pilleos ferre non valentes; unde et a pueris pro corona ponitur.

331. NAM HUIUS FORMAE NOMINA VETERES ETIAM FEMININO GENERE DECLINABANT (379,13). [2] Notandum est, quia veteres haec nomina non solum sub feminino genere, sed etiam sub prima declinatione proferebant, ut 'haec poema, huius poemae', et cetera. [3] Inde remansit dativus et ablativus pluralis.

332. IN HIS enim REGULIS ANALOGIA VEL EX COLLATIONE POSITIVORUM NOMINUM VEL EX DEMINUTIONE COGNOSCITUR (379,14). [2] EX COLLATIONE id est ex assimilatione, hoc est conductione, conferentia, coaequatione, coniunctione, POSITIVORUM, hoc est primitivorum, NOMINUM, ANALOGIA COGNOSCITUR, ut si nescias 'aptus', cuius generis sit, confer simili nomini, verbi gratia, 'docto', et poteris cognoscere quod masculini est generis. [3] Similiter et de ceteris accidentibus ex deminutione vel derivatione

---

328,1 COMPITALIA: competalia　　　330,1 EMBLEMA: *glossa f. 36ᵛ marg. sup.*: 'Emblema varietas pavimenti vel superhabundantia: unde embolismalis annus dicitur super accrescens tertia decima lunatio'　　　330,2 embolismus: embolismalis: *v. Isid. VI 17,22*　　　330,2 accrescens: *cf. 'superaugmentum' Isid. VI 17,23*　　　330,3 superscriptio: *glossa f. 36ᵛ. marg. sin.* 'Epigramma dicitur ab epi quod est super et grama quod <est> scriptio, quasi superscriptio'; *cf. Isid. I 39,22*

329 cf. Pomp. V 197,3-19　　　330,1 v. Isid. XV 8,10　　　330,2 cf. Isid. VI 17,21-23　　　330,3 Isid. I 39,22　　　330,4 'schema' cf. Isid. I 35,7; 'poema' v. Isid. I 39,21　　　330,5 cf. Isid. IX 6,28　　　330,6 cf. R.H. 246,4-5; 'pilleum' v. Isid. XIX 21,3　　　331,2 cf. P. II 199,15-17　　　331,3 cf. P. II 210,304　　　332 cf. Pomp. V 198,4 ff.　　　332,1 'conferentia = collatio' C.G.L. IV 321,51　　　332,3 cf. Pomp. V 198,32-199,4

cognoscitur analogia, ut si ignoras cuius generis sit 'funis', ex deminutione illius quod est 'funiculus', scis cuius generis sit 'funis'.

333. MEMINERIMUS enim GRAECA NOMINA AD GRAECAM FORMAM MELIUS DECLINARI, ETSI ILLA NONNULLI AD LATINOS CASUS CONANTUR INFLECTERE (379,15). ²MEMINERIMUS, id·est scire debemus, MELIUS DECLINARI GRAECA NOMINA Graeca terminatione, scilicet quam Latina, ETSI NONNULLI, id est multi auctores, CONANTUR INFLECTERE AD LATINOS CASUS.

334. DUODECIM enim OMNINO LITTERIS NOMINATIVO CASU SINGULARI LATINA NOMINA TERMINANTUR, VOCALIBUS QUINQUE, 'a, e, i, o, u', 'a' ut tabula, 'e' ut sedile, 'i' ut gummi, 'o' ut ratio, 'u' ut genu, 'l' ut mel, 'm' ut scamnum, 'n' ut flumen, 'r' ut arbor, 's' ut flos, 'x' ut nox, 't' ut caput. ²ADICIUNT QUIDAM "C", UT "ALLEC, LAC" (379,17-21). ³Quare dixit: ADICIUNT QUIDAM? ⁴Ideo scilicet, quia antiqui 'allecem', 'lacte' dicebant; vel quia in paucis reperitur haec terminatio nominibus. ⁵'Allec' genus est piscis, id est zled; unde conficitur liquamen quod garum dicitur. ⁶Lac, id est sanguis in albo versus.

INCIPIT DE PRONOMINE (379,22)

335. PRONOMEN EST PARS ORATIONIS, QUAE PRO NOMINE POSITA TANTUNDEM PAENE SIGNIFICAT PERSONAMQUE INTERDUM RECIPIT (379,23). ²EST PRONOMEN PARS ORATIONIS, id est una species Latinitatis, QUAE scilicet pars, id est pronomen, POSITA PRO NOMINE, id est loco nominis, PAENE id est prope, TANTUNDEM, id est iterum tantum, SIGNIFICAT, quantum et nomen, ET INTERDUM id est aliquando, RECIPIT PERSONAM. ³Quarendum est quare inventum sit pronomen. ⁴Ideo scilicet, quia vice nominis ponitur, ut 'proconsul' dicitur qui loco consulis ponitur, et 'vicecomes' locum comitis supplet; ita et pronomen locum proprii nominis et idcirco officio nominis fungitur, ne nomen crebro iteratum faceret tautologiam, id est vitium, vel ne iteratio nominis audiendi vel legendi fastidium faciat, ut est:

334,4 'allecem': allecē̄ᶜ   335,4 tautologiam: tantalogiam

334 v. Pomp. V 199,5-19; v. P. II 195,11-17   334,4-6 cf. P. II 212,4-213,6; M.C. III 108,9-11   334,5 v. Sedul. de graeca II 623,32 (liquamen = smarz); "Der Fisch heisst schwed. *sill*, dän. norw. isl. *sild* ... russ. *sseldj* (*sel'd'*) ... poln. *sledz* ..." R. Strömberg, Studien zur Etymologie und Bildung der Griechischen Fischnamen, Göteberg 1943, p. 135; allec = sgadan (scot.-celt.); 'garum' v. Isid. XX 3,19   334,6 cf. Isid. XX 2,34   335 cf. Pomp. V 199,21 ff.   335,2 'Latinitatis' v. Virg. Gr. 5,4 ff.   335,3-8 cf. R.H. 246,11-17

⁵Laudate Dominum de caelis, laudate eum in excelsis.

⁶Si enim semper nomen poneretur, et non pronomen loco eiusdem, fastidium generare videretur. ⁷Nam fastidiosa locutio fuisset: 'Vergilius scripsit Bucolica; Vergilius Aeneida; Vergilius Georgica'. ⁸Cum enim dixeris, 'Vergilius scripsit Bucolica; ipse Georgica; idem Aeneida', fastidium tollitur et ornamentum additur.

336.   Sed sciendum hanc partem semper loco propriorum nominum fungi. ²Et quaeritur cur appellativis nominibus copuletur, ut 'ille homo', 'illud animal'. ³Sed sciendum quia, quamvis appellativis nominibus copuletur, tamen proprium nomen requirit, ut in e[v]vangelio: ⁴'ille homo qui dicitur Iesus'. ⁵TANTUNDEM id est 'iterum tantum' et componitur ex 'tantum' et 'demum', vel ex 'tantum' et 'idem'; TANTUNDEM, quasi iterum tantum significat quantum et nomen.

337.   Sed et hoc quaeritur, quare dixerit Donatus: PRONOMEN EST PARS ORATIONIS, QUAE PRO NOMINE POSITA TANTUNDEM PAENE SIGNIFICAT. ²Quare non 'absolute tantundem', sed TANTUNDEM PAENE dixit? ³Ideo videlicet, quia nomen creaturam ostendit; pronomen enim vice nominum creaturarum collocatur. ⁴Altero vero modo TANTUNDEM PAENE dixit, quia nomen non indiget subauditione alterius personae; pronomen vero non potest proferri si//ne subauditione alterius partis. ⁵Nomen enim a subauditione alterius personae extraneum manet; pronomen vero sine sensu alterius partis proferri non potest. ⁶Vel dixit PAENE, quia nomen plenam orationem facit per se; pronomen vero nonnisi antecedat nomen. ⁷Et nomen generalem substantiam significat, pronomen vero personam substantiae. ⁸'Homo' generalis substantia est omnium hominum. ⁹Cum vero dico 'ille homo', ecce, propriam personam substantiae ostendo, ut 'ille homo qui dicitur Iesus'.

f. 37ʳ

338.   PERSONAMQUE INTERDUM RECIPIT (379,24): hoc propter infinita dicit pronomina, quae non recipiunt personas, sed inquirunt, ut 'quis vir fecit? quae mulier? quod animal?'. ²Unde Priscianus maioris auctoritatis potius ea nomina affirmat, quia omnia pronomina finita voluit esse duobus modis: demonstratione, ut 'ego, tu, ille'; relatione, ut 'hic, is'. ³'Quis' vero, et 'quae' et 'quod', quia nec relatione nec demon-

---

337,4 SI: f. 36 v. in marg. inf. iacet quaestio grammatica speculativa quae in Appendice I in- venitur   338,3 finita: finata

335,5 Vulg. et Vet. Lat. (Ps. Rom. et Hebr.) Ps. 148,1; Clem. 52,14; Ars Anon. Bern. VIII 134,2-3   336,1 cf. P. II 577,2-3   336,4 Vulg. et Vet. Lat. Ioan. 9,11   336,5 cf. R.H. 246,19 ff.; v. P. II 595, 19-596,4; v. E.M. (tantus)   337,3 v. 346 infra   337,8-9 v. Isid. II 25,6; 26,6   338 cf. R.H. 246,22-26   338,1 v. D. 379,26-27   338,2 cf. P. II 577,17-19

stratione finita sunt — nam potius interrogant quam definiunt, ut 'quis fecit' — potius ab eodem inter nomina numerata sunt.

339. Sed Donatus, deceptus declinatione, pronomina ea dixit; habent siquidem declinationem pronominum. [2]Neque enim intellexit quod declinatio vim partis mutare non possit. [3]Quod si fieret, multa sunt nomina quae essent pronomina, quia declinationem habent pronominis, sicut 'doctus, ti', quod similiter declinatur sicut 'meus, mei', et multa alia, et tamen non sunt dicenda pronomina.

340. Inter nomen enim et pronomen, ut quidam volunt, hoc distat, quod pronomen comparatione carens personam habet, ut 'ego, tu, ille': nomen enim persona abiecta comparationem recipit, ut 'carus, carior, carissimus'. [2]Est enim proprium pronominis, Prisciano teste, pro aliquo nomine proprio poni et certam significare personam.

341. Est enim pronomen subministratoria pars orationis, quae quidem absque nominis amminiculo infirma esse videtur, sed [pro]nomen illius maxime eget auxilio.

342. Praeterea sciendum, quia, sicut superius diximus, qui definitionem dicit ita debet difinire, ut dicat ipsam partem, quae communis est ei cum altera, et dicat specialem quam propriam et quam solam habet. [2]Hoc ergo Donatus in hac observavit definitione. [3]In eo enim quod dicit PERSONAMQUE INTERDUM RECIPIT (379,24), communionem pronominis ostendit cum verbo, quia verba finita certas pandunt personas. [4]Infinita vera et impersonalia et gerundia omnimodo per se carent personis, sicut finita pronomina et infinita. [5]Proprietas vero pronominis in hoc cernitur, quod pro nomine ponitur potius quam omnes partes, licet participium iunctum cum verbo fungatur officio nominis.

343. PRONOMINI ACCIDUNT SEX (379,24), id est sex accidentia habet pronomen. [2]Post finitam substantiam, definit et accidentia.

344. QUALITAS, GENUS, NUMERUS, FIGURA, PERSONA, CASUS (379,24). [2]Definitio numeri est hic. [3]Sciendum est enim, quia fuerunt quidam qui pauciora accidentia ponere consueverunt, in hac parte scilicet,

---

340,1 enim: *'autem' Ars. Anon. Bern. VIII 134,28*   341,1 [pro]nomen: *'nomen' Ars Anon. Bern. VIII 134,15; Virg. Gr. 43,10*

339 v. Ars Anon. Bern. VIII 133,27   340,1 Ars Anon. Bern. VIII 134,26-29; Virg. Gr. 43,17-19   340,2 P. II 55,13-14   341 Ars Anon. Bern. VIII 134,13-15; Virg. Gr. 43,8-11; cf. Char. 200,9-10   342,1 cf. 24 supra   343-344 cf. Probus IV 131,3; Serg. IV 545,23; Pomp. V 200,10; P. II 577,4   344,3-4 cf. Ars Anon. Bern. VIII 135,1-15; v. Pomp. V 201, 5-13; v. Mazzarino 322 (115)

343-344 The grammarians regularly begin with a list of the *accidentia* of the pronoun and then discuss them in that order. These are the usual terms. (cf. Probus IV 131,3; Serg. IV 545,23; Pomp. V 200,10). Priscian substitutes 'species' for Donatus' 'qualitas' (P. II 577,4).

quintam 'personam' inde procul abicientes. ⁴Sed quam ob rem patrare ausi sunt tale nefas? ⁵Ideo, quia dicebant personam non omnibus convenire posse pronominibus, nisi tantummodo finitis. ⁶Cum igitur talis opinio mentem pertinacium necteret, quare Donatus personam annumeravit? ⁷Geminam plane ob rationem: vel quia 'totum pro parte' posuit, finita videlicet pronomina perpendendo quae habent personas; vel ideo, quia extrinsecus, id est a verbo, sibi personas asciscunt, sicut impersonalia verba a pronominibus, ut 'qui sum, qui es, qui est', et 'legitur a me, a te, ab illo'.

345. Quidam etiam plura voluerunt accidentia pronominis, id est septem, agglomerantes 'ordinem', eo quod praeposita et subiunctiva communiaque sint pronomina ad formam coniunctionis; affirmantes quoque erroris sui stoliditatem, potius pronomini, quae principalior est coniunctione, ordinem debere ascisci. ²Cum ergo supradicta habeat, quare non computatur 'ordo' in pronomine? ³Ideo scilicet, quia ordo species qualitatis est in pronomine et species est infra qualitatem; vel quia maior est ordo coniunctionis quam ordo pronominis atque ideo congruentius coniunctioni quam pronomini deputatur.

346. QUALITAS PRONOMINUM duplex EST (379,26), id est dupliciter dividitur qualitas pronominum. ²Quaeritur, cum in nomine dixerit: QUALITAS NOMINUM BIPERTITA EST (373,7), quare non similiter dixerit in pronomine. ³Ideo scilicet, ne frequentatio unius nominis fastidium faceret. ⁴Etenim si in pronomine et verbo diceret BIPERTITA EST (379,26; 381,17), admodum deforme esset. ⁵Quia enim una tenetur significatio in polyonomis nominibus, diversitas verborum sectanda conceditur. ⁶Quod si auditor refragari nisus fuerit solutioni huic, dicemus et aliter. ⁷Qualitas nominum, quamquam a philosophis sit divisa, eo quod

f. 37ᵛ discretio sit inter // propria nomina et appellativa, tamen unitas est, nominationis vim ostendendo; et quamvis qualitas nominum divisa sit in propria et in appellativa, tamen eundem sensum habent appellativa nomina quem et propria. ⁸In pronomine enim non ita fit. ⁹Finita enim pronomina vice nominum creaturarum, ut superius dictum est, patefaciunt, ut 'ego, tu, ille'. ¹⁰Infinita vero, ut Priscianus dicit, non

---

345,1 agglomerantes: acglomerantes   346,5 polyonomis: polionimis   346,7 inter: *f. 37r. in marg. inf. iacet secunda quaestio grammatica speculativa quae in Appendice II invenitur*   346,7 quem: 'q': *spatium trium litterarum sequitur*

345 v. Diom I 329,4; v. Virg. Gr. 128,31-129,16   346 v. Ars Anon. Bern. VIII 135,11-21   346,3 v. 335,6-7 supra   346,7 v. D. 373,7-8   346,8-10 v. 337 supra   346,10 cf. P. II 61,7-8; v. P. III 130, 26-131,21

345 Diomedes (I 329,4) says there are seven accidentia, adding 'ordo' to Donatus' list; cf. the way in which Sedulius treats this view with the same scorn as Virg. Gr. (128,31-129,16).

vicem nominis, sed nominationem substantiae custodiunt. [11] Ergo, quia per se determinata est qualitas pronominis, et differt a qualitate nominis, propterea dicitur esse 'duplex'.

347. QUALITAS PRONOMINUM duplex EST. [2] AUT ENIM FINITA SUNT PRONOMINA AUT INFINITA (379,26). [3] Definitio numeri hic est. [4] Fuerunt qui 'simplicem' qualitatem pronominis computare voluerunt, tantummodo pronomina finita attendentes, quae certam personam certumque casum ostendunt, ut Priscianus qui quindecim annumeravit — reliqua vero dixit esse nomina numeri — infinita omnimodo procul abicientes. [5] Si ergo ita se res habet, quare 'duplex' dicitur? [6] Ideo videlicet, quia, non solum ea quae finita sunt personam significant, verum quae infinita dicuntur extrinsecus, id est a verbo, personas recipiendo ab infinitate solvuntur, ut supra dictum est, ut 'qui sum, qui es, qui est'.

348. Nonnulli vero quadrupliciter conati sunt secernere qualitatem pronominis, finita videlicet, et infinita, minus quam finita, et possessiva pronomina computantes. [2] Ob quam causam ergo 'duplex' a Donato notatur? [3] Ideo, quia minus quam finita et possessiva, species finitivorum sunt. [4] Infinita enim per se sunt.

349. FINITA SUNT QUAE RECIPIUNT PERSONAS, UT EGO TU ILLE (327,27). [2] Modo docet de qualitate. [3] Finita id est determinata circumscripta; infinita quae nullam demonstrant personam, ut 'quis, qualis'. [4] Quaeritur, quare cum finitis pronominibus EGO et TU posuerit ILLE et non potius IPSE. [5] Ad quod dicendum, quia plus significat ILLE quam reliqua quae minus finita sunt.

350. Finita dicuntur pronomina quae definiunt certam personam, ut puta quando dico 'ego': non potes aliquem intellegere alium, sed me qui loquor. [2] Item 'tu' quando dico, non alium intellegere nisi te ad quem dirigo sermonem. [3] 'Ille' vero quamvis secundum Donatum inter finita computetur pronomina, tamen aliquotiens accidit ut minus quam finitum sit pronomen. [4] Unde ergo possumus colligere quando finitum sit, vel minus quam finitum? [5] Ex hoc scilicet quando de praesente loquimur, tunc finitum est pronomen, ut 'videsne tu illum?'. [6] Si vero de absente sit relatio, minus quam finitum est, ut Vergilius in octavo Aeneidos:

[7] Sic Iu[p]piter ille monebat.

347,5 se res: res se: 'Si ergo ita se res habet' V 17ᵛ 29; M 40ᶠ 11   350,6 octavo: cf. Verg. Aen. VII 110; v. P. II 578,27

347,4 cf. P. II 577,6 ff.   347,4 'nomina numeri' cf. P. III 131,3-21 et passim   347,6 v. 344,7 supra   348,1 cf. Prob. IV 131,25-26; v. Serv. IV 435,25-27; v. Ars Anon. Bern. VIII 135,18-24   348,2-4 cf. Serv. IV 435,27-29   349 v. Prob. IV 132,6 ff.   350 cf. Pomp. V 202,18-35   350,7 Verg. Aen. VII 110; P. II 578,27

[8]Haec igitur duo pronomina 'ego' et 'tu' sunt praecipue finita. [9] 'Ille' vero, tunc finitum est, quando ad personam praesentem refertur; tunc minus quam finitum, quando ad relationem alicuius refertur.

351. INFINITA QUAE NON RECIPIUNT PERSONAS, UT QUIS QUAE QUOD (379,27). [2] INFINITA dicuntur pronomina quae non definiunt certam personam. [3] Nam quando dico 'quis', generale pronomen est. [4] Potes enim de illo, et de illo, et de pluribus intellegere. [5] Quaeritur enim, cur prima et secunda persona singularia habeant pronomina; tertia vero diversas indice[n]t voces. [6] Ad quod respondendum, quod prima quidem et secunda persona ideo non egent diversis vocibus, quia semper inter se praesentes sunt et demonstrativae. [7] Sicut enim dicit vir 'ego', ita et mulier, et mancipium, et 'tu' similiter et semper sibi praesentes sunt. [8] Tertia enim pluribus indiget vocibus, quia modo demonstrativa est, ut 'hic, iste', modo relativa, ut 'is, ipse', modo praesens iuxta, ut 'iste', modo absens vel longe posita, ut 'ille'. [9] Notandum enim quod 'ego' isdem litteris scribitur apud Graecos, quibus et apud Latinos. [10] Similiter enim illi dicunt ἐγώ. [11] 'Tu' vero una littera mutata profertur, et quod nos dicimus 'tu', illi dicunt σύ, 't' in 's' mutata. [12] Tertia persona iam ex toto apud illos mutata, quod nos dicimus 'sui', illi dicunt ἑαυτοῦ.

352. SUNT PRONOMINA MINUS QUAM FINITA, UT IPSE ISTE (379,28). [2] Quare dicuntur MINUS QUAM FINITA? [3] Ideo videlicet quia non semper praesentia sunt. [4] 'Ipse' enim sicut Priscianus dicit, si per se profertur in tertia persona, relativum est, ut Vergilius in tertio Aeneidos:

[5]   Ipse arduus altaque pulsat
   sidera;

[6] si vero cum aliis pronominibus iungatur eorum accipit significationem, ut idem po[a]eta in quinto:

[7]Ipse ego paulisper pro te tua munera inibo.

[8]Est enim 'hic' demonstrativum; quoniam et 'ego' cui adiungitur, est demonstrativum. [9] 'Minus quam finita' non ex toto finita, quia pro praesenti et pro absenti ponuntur. [10] Quando de praesenti dicuntur, id est quando praesentem demonstrant personam, sunt finita, id est determinata et circumscripta; quando vero de absente minus quam finita sunt. [11] Sed si minus quam finita, ideo dicuntur, quia non semper praesentiam ostendunt.

351,10 ἐγώ: ego   351,11 σύ: su   351,12 ἑαυτοῦ: eauto   352,4 profertur: 'pro-feratur' P. II 579,1

351 cf. Pomp. V 203,1-25   351,3-8 P. II 577,14-20   351,9-11 cf. P. III 4,24-26
351,12 cf. P. II 584,2-3 et passim   352,4-8 P. II 579,1-9   352,5 Verg. Aen. III 619-20   352,7 Verg. Aen. V 846

353. Quaeritur cur hoc pronomen quod est 'iste', minus quam finitum dicitur, cum semper praesentiam ostendat. [2] Ad quod dicendum, quia, quamvis semper praesens sit pronomen, ad comparationem tamen primae et secundae personae 'minus quam finitum' potest recte

f. 38[r] nuncupari. [3] Cum // enim prima sit persona quae loquitur, secunda cui loquitur, tertia de qua loquitur, 'minus quam finita' ostenditur, eo quod sermo inter primam et secundam personam fiat.

354. Sed et hoc quaerendum, quid distat inter finita et minus quam finita. [2] Hoc scilicet: finita semper praesentiam ostendunt. [3] Possessiva generalit < er > tria genera simul comprehendunt; 'minus quam finita' vero, quia aliquando sunt praesentia, aliquando absentiam pandunt. [4] Possessiva non generant; genera mobiliter discernunt.

355. SUNT PRAEPOSITIVA, UT QUIS HIC (379,29). [2] QUIS semper praeponitur, et est interrogativum, ideoque infinitum, ut 'quis fecit? quis dixit?'. [3] HIC aliquando adverbium est loci et tunc producitur; quando pronomen est corripitur et aliquando praeponitur, aliquando supponitur. [4] Semper est tamen correptum, ut:

[5] Hic vir hic est tibi quem promitti[s] saepius audis.

[6] Primum hic adverbium est loci; postremum pronomen; ideo corripitur. [7] QUIS enim semper praeponitur, quia nullus dicit 'vir quis', 'liber quis'. [8] PRAEPOSITIVA dicuntur haec pronomina, quia semper praeponuntur, id est ante collocantur in locutione, ut Vergilius:

[9] Quis tam crudelis optavit sumere poenas?

[10] Possuntne alia pronomina an ista tantum praeponi? [11] Possunt utique omnia interrogativa et infinitiva, ut 'qualis, quantus, quotus, quot' et primitiva quaedam, ut 'ego, tu, ille, iste'.

356. SUNT SUBIUNCTIVA, UT IS IDEM (379,30). [2] SUBIUNCTIVA dicuntur, quia subiunguntur, id est supponuntur antecedentibus nominibus, ut 'Aeneas filius fuit Veneris; is est qui vicit Turnum; idem etiam regnavit in Italia'. [3] Aliter enim poni nequeunt, nisi nomen praecesserit. [4] 'Dominus Iesus, is vicit mundum.' [5] Similiter feminina eiusdem pronominis et neutra subiunctiva sunt, ut 'ea, id'; verbi causa, 'Maria virgo, ea genuit Dominum', 'vinum nocet; id placat Venerem.' [6] 'Verbum quod fuit ab initio, idem verbum caro factum est in fine tem-

---

354,3 generalit < er >: gñaū   355,5 promitti[s]: 'promitti' Verg. Aen. VI 791; v. R.F.
37,4   355,9 crudelis: v. Verg. Aen. VI 501 (crudeles)

353,1 v. P. II 577,19   354,1-2 v. 350,4-6   354,3-4 v. Pomp. V 203,27-30   355 v. R.F.
37,2-14   355,2 v. P. III 19,19-25   355,3 v. P. III 63, 18-19   355,5 Verg. Aen. VI 791;
Pomp. V 203,26; v. 373 infra   355,7 cf. R.H. 246,31-32   355,9 Verg. Aen. VI
501   355,10-11 v. Pomp. V 205,17-24   356 cf. R.F. 37,15-38,10

porum.' [7] Et notandum quod non solum ista subiunguntur, sed et quaedam alia pronomina, ut 'tantus, talis, totus, tot, ipse'.

357. SUNT ALIA GENTIS, UT CUIAS NOSTRAS (379,30-380,1). [2] GENTIS dicuntur pronomina quia gentem significant. [3] Cum enim dico 'cuias', gentem requiro. [4] Similiter cum dico NOSTRAS, gentem demonstro. [5] Verbi gratia, 'Cuias est iste homo?' cum dico, respondet quis: 'Nostras est', id est nostrae gentis. [6] "CUIAS?", id est cuius gentis; 'NOSTRAS est', id est nostrae gentis. [7] Ideo enim accentum habet in fine, quia apud antiquos fuit nominativus 'hic et haec cuiatis et hoc cuiate', et pluraliter nominativo 'hi et hae cuiates et haec cuiatia'. [8] Postea moderni per apocopam, id est factam concisionem, per concisionem 'ti' dicimus 'cuias', remanente accentu in eadem vocali.

358. Quaeritur enim utrum hoc pronomen quod est 'cuias' sit primitivum an derivativum. [2] Sed sciendum sine dubio, quia derivativum est. [3] Ab eo enim pronomine quod est 'quis', genetivo videlicet casu qui est 'cuius', derivatur 'cuias'. [4] Quae est ergo differentia inter primitivum quod est 'cuius' et derivativum quod est 'cuias'? [5] Concordantne forsitan in aliquo? [6] Etiam. [7] Tribus enim modis sibi concordant et tribus inter se differunt. [8] Concordant namque, quia infinita sunt ambo; interrogativa sunt ambo; possessiva sunt ambo. [9] Differunt vero casu, genere, possessione: casu, quia 'c<u>ius' primitivum est genetivus casus — 'cuias' enim nominativus est — ; genere, quia 'cuius' genetivus primitivi omnium generum est, ut 'cuius hominis filius, cuius feminae, cuius mancipii' — 'cuias' enim derivativum solius fem<in>ini generis, ut 'cuias gentis' — ; possessione vero, quia 'cuias' primitivum omnium rerum possessionem significat — 'cuias' enim solam possessionem gentis vel patriae — .

359. Sed et hoc percuntandum si hoc redditivum pronomen, quod est 'nostras', sit primitivum an derivativum. [2] Omni ergo dubietate ablata, sciendum est esse derivativum. [3] A genetivo enim plurali eius pronominis quod est 'ego', quod terminatur in 'rum' vel 'ri', ut 'nostrum, nostri', venit 'nostras', 'um' in 'as' conversa. [4] Quare igitur non in singulari numero, sed a plurali formatur? [5] Ideo scilicet quia, sicut Priscianus testatur, patriam vel gentem significat. [6] Patria enim vel gens unius esse non potest, sed semper multorum sequitur.

360. CUIATIS NOSTRATIS (380,1). [2] Quare hic de casibus disputat, cum nondum pervenerit ad locum casuum qui ultimus est in accidentibus? [3] Triplicem ob causam: prima, quia fuerunt nonnulli qui duos tantum

---

357,7 hic: hi͜ç   358,5 forsitan: *ss. fere evanuit*   359,6 gens: gnes

357-358 cf. Pomp. V 204,34-205,16; R.H. 246,33-247,2   359 v. P. III 11,15-18   359,5-6 P.
II 581,9-10   360,3 v. P. II 595,13-16; v. L.H.S. I 173. (*nostras* aus *nostratis* Plt.)

casus aestimaverunt hic esse, id est nominativum et genetivum; secunda,
quia plus utimur nos 'cuiatis' et 'nostratis', quam 'cuias' et 'nostras'; tertia, ut sollicitum redderet lectorem velut diceret. [4] Quamquam dixerim
ego 'cuias' et 'nostras', scito tamen apud veteres fuisse 'cuiatis' et
'nostratis' — inde et neutrum in 'e' invenitur, ut 'cuiate' et
'nostrate' — , sed per syncopam, id est ablationem de media dictione,
ablatam fuisse syllabam 'ti' et remansisse accentum, qui fuerat in
f. 38v paenultimo loco, apud nos in ultimo, ut 'cuias, nostras'. //

361. ALIA ORDINIS, UT QUOTUS TOTUS (380,1). [2] ORDINIS, id est quae ordinem significant.

362. ALIA NUMERI, UT QUOT TOT (380,1). [2] Cum nomini et pronomini
ordo et numerus accidat, quaeritur quid distat inter numerum nominis
et pronominis et ordinem nominis et pronominis. [3] Ad quod respondendum, quia in pronomine non est ordo, sed interrogatio tantum de
ordine nominis, et responsio interposito nomine ordinis. [4] Ut verbi
gratia, 'quotus est a rege?', 'estne secundus?' dicit, et respondet aliquis,
'totus est ut faris'. [5] 'Quotus sedet ille? [6] Sedetne decimus? [7] Totus
sedet, id est ita sedet, ut dicis.' [8] Sic in pronomine non est ordo sed interrogatio ordinis et fit responsio per nomen. [9] Similiter in pronomine,
non est numerus, sed interrogatio tantum de numero, interposito
nomine numeri, ut si interroget aliquis 'quot sunt? [10] Nonne decem
sunt?', respondetur 'tot sunt'.

363. Sed et hoc quaeritur, quid distat inter pronomina ordinis et
pronomina numeri. [2] Hoc sine dubio differunt, quia pronomina ordinis
mobilia sunt per tria genera, ut 'quotus est ille homo? quota mulier?
quotum mancipium?'. [3] Pronomina vero numeri sub una litteratura tria
comprehendunt genera, ut 'quot sunt viri? quot mulieres? quot
pecora?'.

364. ALIA AD ALIQUID FINITA, UT MEUS TUUS SUUS (380,3). [2] Quare AD
ALIQUID FINITA dicuntur? [3] Ideo scilicet AD ALIQUID sunt, quia ad aliud
respiciunt. [4] Cum enim dico 'meus', adhuc pendet usque dum dicam
'liber'; 'tuus' adhuc pendet usque dum dicam 'eq<u>us'; 'suus'
similiter. [5] Et quia personam possessoris et possessionis ostendunt, ut
'meus eq<u>us, tuus homo, suus filius', et a finitis pronominibus
derivantur. [6] Ab eo enim quod 'ego, mei' primitivo, inde venit 'meus'
derivativum; 'tu, tui', inde 'tuus'; a 'sui', inde 'suus' derivatur.

365. Quae est differentia inter genetivum primitivi et possessivi 'mei,
tui, sui, nostri, vestri'? [2] Haec scilicet, quod genetivus primitivi sim-

360,4 'nostratis': nostaratis

362 v. R. H. 247,2-3   362,3 v. 345 supra   363 v. P. II 61,5-6   364 v. R.H. 247,4-8
365-366 v. R.H. 247, 8-15; v. Ars Anon. Bern. VIII 137, 21-27

plicem possessionem significat; possessivi vero duplicem. [3] Si enim dicam 'mei servus' pro 'meus servus', simplicem demonstro possessionem. [4] Sin enim dicam, 'mei est filii servus' duplex ostenditur possessio: mei quidem in filio; filii enim in servo. [5] Et primitivorum quidem genetivis omnes casus adiungi possunt et numeri, ut 'mei ager est', et 'mei agri instrumentum est', et 'mei agro dedi', et 'mei agrum colo', et 'mei agris dedi', et 'mei agros aufero'; similiter 'mei agri sunt', et 'mei agrorum', et 'mei agris', et 'mei agros' dicimus; similiter 'tui agrum', et 'tui agros', 'sui agrum' et 'sui agros', 'nostri agrum', et 'nostri agros', 'vestri agrum' et 'vestri agros'.

366. Quando enim sunt possessivorum genetivi suo generi, suo numero, suo simili copulantur, ut 'mei servi filius', 'tui servi vestis', 'sui servi ministerium', 'nostri servi frater', 'vestri servi soror'? [2] Nec mirum in pronominibus hoc fieri, cum in nominibus quoque hoc idem servetur. [3] Nam primitivorum genetivis omnes casus adiungi possunt vel numeri, ut 'Tullii ager, agri, agro, agrum', et 'Tullii agri, Tullii agrorum, agris, agros'. [4] In possessivis vero similiter casus adiungitur et numerus, ut 'Tulliani agri, Tullianum agrum, Tullianos agros'.

367. Et sciendum, quia pronomina possessiva duas personas habent: personam possessoris intrinsecus et personam possessionis extrinsecus, sicut 'meus eq<u>us', ita 'mea tabula'; 'meus' ex parte possessoris intrinsecus generis est omnis, quia, sicut dicit vir 'meus servus', ita dicit mulier 'meus servus', etiam sicut dicit vir 'mea puella', ita et mulier 'mea puella'. [2] Ex parte vero possessionis extrinsecus mobile est in 'us', in 'a', in 'um'. [3] 'Me-' enim ad partem possessoris respicit et est, ut diximus, generis omnis, quia in omnibus invenitur 'me-', 'meus, mea, meum'. [4] Ultima enim clausula ad possessionem respicit, videlicet extrinsecus, et est mobile in 'us', in 'a', in 'um'.

368. ALIA AD ALIQUID INFINITA, UT CUIUS CUIA CUIUM (380,4). [2] AD ALIQUID dicta sunt, quia aliud praeter se demonstrant; praeter se enim semiplena sunt. [3] Cum enim dico 'cuius', adhuc pendet quousque dicam 'liber' vel 'eq<u>us', et quia, dum dicuntur, personam et possessionem requirunt, ut 'cuius eq<u>us, cuia filia, cuium pecus'. [4] INFINITA vero dicuntur, quia non demonstrant personam et ab infinitis derivantur. [5] Ab eo enim quod est 'quis, cuius' venit 'cuius, cuia, cuium'. [6] Siquidem ista pronomina 'cuius, cuia, cuium' derivantur a primitivo, ideo AD ALIQUID INFINITA dicuntur, quia primitiva infinita sunt, et tamen in hoc pronomine quod est 'cuius', non est 'cuius' a 'quis', sed

367,1 etiam: 7; 'et sicut' R.H. 247,13

366 v. P. II 185,11-186,3; v. P. II 580,16-581,8   367,1 v. R.H. 247,9-11   368-370 v. P. II 595,10-16

per se pronomen est mobile 'cuius, cuia, cuium' et est indeclinabile.
[7] Non enim amplius habent.

369. Estne ergo aliqua differentia inter primitivum et inter
derivativum? [2] Est utique. [3] Duobus enim modis differunt: uno, quia
'cuius' primitivum omnibus generibus, id est masculino et femin<in >o
et neutro iungitur — 'cuius' enim derivativum simili suo generi,
numero, et casu copulatur —; altero, quia 'cuius' primitivum
deducitur per omnes casus: 'cuius' vero derivativum indeclinabile
manet.

370. Si itaque 'cuius' et 'cuias' derivativa sunt, quot modis differunt
inter se? [2] Duobus nempe; in interrogatione videlicet et declinatione
differunt, // quia 'cuias' solummodo de gente interrogat — 'cuius' enim
communiter de omni re —; declinatione, quia 'cuias' flectitur per
casus; 'cuius' enim indeclinabile manet.

371. SUNT ITEM ALIA QUALITATIS, UT QUALIS TALIS; ALIA QUANTITATIS, UT
QUANTUS TANTUS (380,5). [2] QUALITATIS, id est quae qualitatem significant.
[3] QUALIS est interrogativum; TALIS redditivum. [4] QUANTITATIS, id est quae
quantitatem significat. [5] Et sciendum, quia qualitas intrinsecus fit et extrinsecus, id est in animo et corpore: in animo, ut 'bonus, malus'; in
corpore, ut 'albus, niger'. [6] Fit extrinsecus tertio modo, id est a re quae
extrinsecus accidit, ut 'qualis est?', 'pauper est', 'dives est'. [7] 'Hic et haec
qualis' et 'hoc quale' generis sunt communis, cuius redditivum 'talis' id
est responsivum.

372. Quia sunt nomina et pronomina qualitatis et quantitatis,
quaerendum est, quid distat inter pronominis et nominis qualitatem.
[2] Ad quod dicendum est: in pronomine non est qualitas vel quantitas,
sed interrogatio tantum de qualitate et quantitate, interpositis
nominibus qualitatis vel quantitatis. [3] Verbi gratia, dicimus 'qualis est
iste homo?', 'estne bonus?', et respondet aliquis 'talis est ut dicis'.
[4] Similiter dicimus 'quantus est?', 'estne magnus?', et respondetur 'tantus est', ut 'quantus fuit Hercules?' 'tantus fuit Castor'. [5] 'Quanta fuit
[a]Creusa?' [6] 'Tanta fuit.' [7] Quantitas in corpore fit tantum. [8] 'Quantus'
mobile est cuius redditivum vel responsivum est 'tantus'.

373. SUNT ALIA DEMONSTRATIVA, QUAE REM PRAESENTEM NOTANT, UT HIC
HAEC HOC (380,6). [2] NOTANT id est manifestant, vel NOTANT, id est
designant; notare dicimus designare. [3] UT HIC, quod Graece dicitur ὁ,
HAEC, quod Graece dicitur ἡ, HOC, quod Graece dicitur τό. [4] DEMON-

---

370,1 quot: quod   373,3 ὁ: o   373,3 ἡ: e   373,3 τό: To

371 v. P. II 61,9-20   371,7 v. P. III 128,16-129,4; 130,26 ff.   372,2 v. 362
supra   372,3-8 cf. R. H. 247,19-22   373 cf. R.H. 247,22-25   373,3 v. P. II 582,1; III
124,19

STRATIVA dicuntur, quia semper demonstrationem significant et rem praesentem ostendunt, ut:

[5]Hic vir hic est tibi quem promitti[s] saepius audis.

374.   ALIA RELATIVA, QUAE REM ABSENTEM SIGNIFICANT, UT IS EA ID (380,7). [2]RELATIVA, id est reportativa, dicuntur, eo quod praefatam rem vel praecedentem personam ad memoriam reportant et reducunt. [3]Quid ergo interest inter demonstrationem et relationem? [4]Hoc scilicet, quod demonstratio interrogationi reddita primam cognitionem ostendit, ut 'quis fecit?', 'ego'; relatio vero secundam cognitionem significat, ut 'is de quo iam dixi'. [5]Iure igitur 'hic', quod primam cognitionem indicat, praeponitur; unde et praepositivum nominatur. [6]'Is' enim, quod secundam cognitionem significat, subiungitur; unde et subiunctivum pronomen merito nuncupatur, quod redigat in memoriam primam cognitionem, ut si dicam: 'Aeneas filius Veneris fuit; is est qui vicit Turnum'.

375.   SUNT ALIA MAGIS DEMONSTRATIVA, UT ECCUM ECCAM ELLUM ELLAM (380,8). [2]Quare dicuntur MAGIS DEMONSTRATIVA? [3]Ideo nempe, quia illa superiora quae demonstrativa nuncupavit pronomina, quamvis semper praesentia sint et demonstrationem significent, possunt tamen aliquando ita praesentiam ostendere, ut non videatur is qui demonstratur. [4]Possumus enim dicere 'hic' de eo quem oculis non videmus, ut Vergilius:

[5]Hic pietatis honos? Sic nos in sceptra reponis?

[6] Haec vero pronomina quae sunt ECCUM, ECCAM, ELLUM, ELLAM, ita semper praesentiam pandunt, ut numquam de absente, vel de eo qui praesens oculis non videtur, possunt proferri. [7]Vel MAGIS DEMONSTRATIVA, eo quod duobus demonstrativis constant, ut: 'eccum' compositum est ab 'ecce' adverbio, et 'eum' pronomine; 'eccam' ab 'ecce' et 'eam'; 'ellum', ab 'ecce' et 'illum'; 'ellam', ab 'ecce' et 'illam'. [8]Ista pronomina non habent nisi accusativum singularem et pluralem: 'eccos', 'ecce eos'; 'eccas, 'ecce eas'; 'ellos', 'ecce illos'; 'ellas', 'ecce illas'. [9]Et ex hac compositione ostenditur 'ecce' magis accusativo iungendum, quam nominativo, ut 'ecce Priscianum', 'ecce Vergilium', quamvis legamus 'ecce Agnus Dei', 'ecce homo', et cetera huiusmodi.

373,5 promitti[s]: v. Verg. Aen. VI 791; cf. 355,5 supra

373,5 Verg. Aen. VI 791; Pomp. V 203,26; v. 355 supra   374,4-6 P. II 579,15-22   375,3-4
cf. P. II 143,1-3   375,5 Verg. Aen. I 253; P. III 142,24   375,6-9 cf. P. II 594,5-14   375,9
'ecce Agnus Dei' Vulg. et Vet. Lat. Ioan. 1,29; 36. 'ecce homo' Vulg. et Vet. Lat. Ioan. 19,5

376. GENERA PRONOMINIBUS, ITA UT NOMINIBUS, ACCIDUNT PAENE OMNIA (380,10). [2]PAENE OMNIA, id est prope omnia, genera quae in nomine sunt, sunt et in pronomine. [3]PAENE dicitur, quia pronomen non habet epikoenon genus, quod habet nomen. [4]Cum Donatus in nomine quattuor annumeravit genera sicuti et in pronomine, quaerendum est cur dixit: GENERA PRONOMINIBUS, ITA UT NOMINIBUS, ACCIDUNT PAENE OMNIA. [5]Quid enim necesse fuit addere PAENE OMNIA? [6]Non utique frustra adiun[c]xit hunc sermonem. [7]Etenim, licet quattuor principalia genera ostenderit, tamen in sequentibus adiun[c]xit epikoenon et incertum genus. [8]Quia itaque his generibus carent pronomina, idcirco dixit Donatus PAENE OMNIA.

377. Quaeritur ergo, quare his generibus carent pronomina. [2]Ad quod dicendum, quod epikoenon genus in animalibus sit vel avibus. [3]Patet enim omnibus, quia pronomina non ipsam substantiam creaturarum significant, sed vice nominum ipsarum creaturarum funguntur. [4]Et, ut dictum est, nomen significat substantiam, pronomen relationem substantiae. [5]Cum ergo ita sit, merito epikoeno[n] et incerto genere carent pronomina.

378. Ante enim quam ipsa nomina, epikoenon videlicet et incerti generis perveniant ad ostensionem, quae fit per pronomen, deliberantur et determinantur, // utrum secundum litteraturam masculini generis an feminini sint proferenda, quia, quando constructio sit ex fixo et adiectivo nomine et pronomine, antequam perveniatur ad pronomen, iam cognoscitur per adiectivum cuius sit generis fixum. [2]Verbi gratia, 'Aquila' epikoenon[on] genus est, et 'silex' incertum. [3]'Aquila orator ille bene disputat'. [4]Antequam perveniatur ad pronomen, definitur in nomine cuius generis sit. [5]Ecce, masculini generis. [6]Attamen, si feminino genere prolata fuerint in nomine, per eandem litteraturam cum ad pronomen pervenerint, proferuntur, ut 'aquilam magnam vidi, quam auceps cepit'. [7]Ecce, fem<in>ini generis est. [8]Item, 'aquila magna, ea est quae volabat hodie in partes orientes'. [9]'Aquila' fixum est, 'magna' adiectivum, et 'ea' pronomen; antequam ergo dicatur 'ea' iam cognoscitur per adiectivum, quod est 'magna', cuius generis sit

·39[v]

377,5 epikoeno[n]: *v. R.H. 248,3; 'epikeñ' M 43[v] 5-6; 'epikeno' V 19[v] 13*   378,1 epikoeno[n]: epÿkenon: *'epikenon' V 19[v] 14*   378,5 Ecce: ecee

376 *v. Pomp. V 206,17-18; P. II 586,4-6; v. Prob. IV 131,8-11*   376,3 *v. D. 375,22-24*   377,4 *v. 337 supra*   378 *cf. R.H. 248,2-9*

376 Donatus lists 'masculinum', 'femininum', 'neutrum', 'commune', and 'trium generum' (D. 380,10-12). This is also the list given by Pomp. V 206,17-18 and P. II 586, 4-6.
Probus (IV 131,8-11) uses the word 'omne' instead of 'trium generum'.

fixum, quod est 'aquila'. [10] Ideo in pronomine epikoenon non est necessarium. [11] 'Silicem prospexi durissimam, quae incidi non poterat'.

379. MASCULINUM, UT QUIS, FEMININUM, UT QUAE, NEUTRUM, UT QUOD, COMMUNE, UT QUALIS TALIS, TRIUM GENERUM, UT EGO TU (380,10). [2] MASCULINUM est ibi sicut et in nomine, ut 'quis', et substantiam requirit; FEMININUM, UT QUAE, et reliqua. [3] Quaeritur quare pronomina non sint unius generis, sicut et nomina; aut enim tria genera dividunt, aut sub una litteratura ea comprehendunt. [4] Sed sciendum, quia non solum pronomen hoc facit, sed etiam participium.

380. Quia enim pronomen loco [proprii] nominis ponitur et participium loco verbi, ideo est necesse, ut tria genera dividant, aut sub una litteratura ea comprehendant. [2] Et notandum, quia, sicut Priscianus dicit: necesse est omnia pronomina tria habere genera, vel in una eademque voce confusa, vel in diversis distincta terminationibus ideo, quia pro uniuscuiusque rei propriis accipiuntur nominibus, quae tam in masculinis et in femininis quam in neutris inveniuntur generibus, quae in pronominibus quoque necesse est ostendi, seu demonstratione sive relatione.

381. Quaeritur tamen, cur habeat genus neutrum prima et secunda persona, cum naturaliter sermo non nisi inter mares et feminas exerceatur, quorum sunt primae et secundae personae, id est a quibus profertur et ad quos dirigitur loquela? [2] Ad quod dicendum, quod possunt equidem etiam hominum inveniri nomina neutri generis, ut in maribus 'hoc Basion', 'hoc <H>eliconion', in fem[in]inis 'Glycerium, Dorcium'. [3] Illud quoque notandum, quod derivativa pronomina, quae sunt septem: 'meus, tuus, suus, noster, vester, nostras, vestras', alterius sunt intrinsecus generis, hoc est communis trium generum, in quo possessor ostenditur, et alterius extrinsecus, hoc est mobilis, in quo possessio denuntiatur, quod terminatione sequente discernitur, quomodo et numerus, quamvis qualitatem ipsius possessionis non declarent, nisi adiungas nomen.

382. NUMERUS PRONOMINIBUS ACCIDIT UTERQUE, SINGULARIS, UT ISTE, PLURALIS, UT ISTI (380,13). [2] UTERQUE de duobus dicitur: 'ubi duo fuerint', dicimus 'uterque legat'. [3] Sicut nomini, ita pronomini accidit numerus.

383. SUNT ETIAM pronomina NUMERO COMMUNIA, UT QUI, et QUAE: DICIMUS ENIM QUI VIR ET QUI VIRI, QUAE MULIER ET QUAE MULIERES (380,14). [2] NUMERO COMMUNIA, id est sub una terminatione et sub una clausula in-

---

380,2 in: *om. P. II 587,15*   381,1 exerceatur: *'exercetur' P. II 587,18*   381,1 dirigitur: *P. II 587,20*   381,2 dicendum: *'dicemus' P. II 587,20*   381,2 fem[in]inis: *'quomodo etiam in feminis' P. II 587,22*   381,2 Glycerium: clicerum   381,3 declarent: *'declarant' P. II 588,7*   383,2 pluralitate: pluraritate

380,2 P. II 587;12-16   381,1-2 P. II 587,17-22   381,3 P. II 587,25-588,7

veniuntur in singularitate et pluralitate. ³ Quaerendum est, utrum inveniantur alia pronomina quae sint numero communia praeter ista. ⁴ Inveniuntur etiam 'idem' videlicet, et 'suus'. ⁵ Dicimus enim: 'idem vir et idem viri'. ⁶ 'Suus' quoque, sicut Priscianus dicit, quia primitivum eius utriusque est numeri, commune tam per singularem quam per pluralem distinctionem. ⁷ Dicimus enim 'suo' pro 'illius', et 'suus' pro 'illorum'. ⁸ Sed et hoc notandum, quia, sicut Priscianus dicit, non solum inveniuntur nomina numero communia, sed etiam diverso genere communia, ut 'haec mulier' et 'haec manicipia'.

384. SUNT PRONOMINA TOTA SINGULARIA, UT MEUS TUUS SUUS (380,15). ² Quomodo TOTA SINGULARIA? ³ Ex parte scilicet possessoris, et ex parte possessionis. ⁴ Nam, ut supra dictum est, in pronomine possessivo, duae personae sunt: persona possessoris intrinsecus; et persona possessionis extrinsecus, ut 'meus servus', 'ego solus', et 'ille solus'. ⁵ Quando enim dico 'meus servus', et 'me' unum, et 'servum' unum demonstro; similiter, quando dico 'tuus' vel 'suus'. ⁶ Inde 'me' trium generum est intrinsecus, sicut primitivum eius quod est 'ego', quia, sicut vir dicit 'meus servus', ita et mulier 'meus servus'. ⁷ Ergo intrinsecus trium generum est; extrinsecus vero mobile in 'us', in 'a', in 'um'. ⁸ 'Suus' similiter intrin//secus trium generum est, sicut et primitivum eius quod est 'sui'.

. 40ʳ

385. TOTA PLURALIA, UT NOSTRI VESTRI (380,16). ² TOTA PLURALIA ideo nuncupantur haec pronomina, quia, cum dicimus NOSTRI vel VESTRI, et possessores et possessiones plures ostenduntur. ³ 'No-' ista syllaba, quae est intrinsecus, respicit ad possessorem et est trium generum, quia, sicut dicit vir 'nostri', ita et mulier et manicipium. ⁴ Ultima vero clausula '-stri' possessionem intuetur, quia, cum dico 'nostri', eget perfectione quousque subiungam possessionem, ut 'nostri equi'. ⁵ Et est mobile in extrema terminatione, ut 'nostri, nostrae, nostra'.

386. EX PARTE SINGULARIA, UT MEI TUI sui (380,16). ² Ex qua PARTE sunt SINGULARIA? ³ Ex parte scilicet possessoris. ⁴ Cum enim dico 'mei, tui, sui', possessorem unum, possessiones vero plures demonstro, ut 'mei libri sunt isti': 'ego' solus; et multi sunt 'libri'. ⁵ Me-, interior syllaba ad possessorem pertinet et est trium generum. ⁶ Extrema vero syllaba ad possessionem et est mobile in 'i', in 'ae', in 'a'.

387. Et EX PARTE PLURALIA, UT NOSTER VESTER (380,17). ² EX PARTE quidem possessoris haec pronomina PLURALIA sunt; EX PARTE vero possessionis singularia. ³ Nam, cum dico NOSTER vel VESTER possessores quidem plures, possessionem vero unam demonstro, ut 'noster liber': nos sumus decem et habemus unum librum; 'vester liber': vos duodecim

383,5 P. II 597,11   383,6-7 cf. P. II 597,16-19   383,8 P. II 597,11-13   384,4 'supra' v. 364-367   386-387 v. R.H. 248,18-22

et habetis unum librum. ⁴Similiter, sicut superiora, interius in prima parte 'sui' ad possessorem pertinent et sunt trium generum. ⁵In extrema vero syllaba, ad possessionem et sunt mobilia, sicut et illa, in 'i', in '<a>e', in 'a', ut 'nostri libri', 'nostrae paginae', 'nostra folia'.

388.   FIGURA ETIAM IN PRONOMINIBUS DUPLEX EST. ²AUT ENIM SIMPLICIA PRONOMINA SUNT, UT QUIS; AUT COMPOSITA, UT QUISQUIS (380,18). ³Sicut in nomine quaedam inveniuntur, quae minime possunt componi, quaedam vero, quae compositionem admittunt, ita et in pronomine quaedam componuntur, quaedam non.

389.   COMPOSITA PRONOMINA SECUNDUM FORMAM NOMINUM EX [A]EA PARTE tantum DECLINANTUR, QUA PRONOMEN FUERIT CASUS NOMINATIVI. ²CUIUS REI EXEMPLA SUNT HAEC, QUISQUIS, QUISNAM, QUISPIAM, [quisnam], ALIQUIS, ET CETERA (380,19). ³SECUNDUM FORMAM, id est secundum regulam nominum, simplex pronomen est 'quis', compositum 'quisquis' ex duobus nominativis. ⁴Ideo ex utraque parte declinantur, ut 'quisquis, cuiuscuius, cuicui' et cetera, sicut 'eques Romanus, equitis Romani', 'equiti Romano', et cetera. ⁵Si vero, ut dixi, ex nominativo et obliquo componuntur, ex parte qua est nominativus declinatur, ut 'quisnam' componitur ex 'quis' et 'nam'. ⁶'Nam' autem adiectio syllabica est; unde per totam declinationem immobile manet. ⁷'Quis' vero inflectitur, ut 'quisnam, cuiusnam, cuinam', sicut 'senatusconsultum, senatusconsulti', quod ex nominativo et obliquo genetivo componitur.

390.   Quaeritur, cur Donatus haec pronomina COMPOSITA appellet, 'quispiam' videlicet, et 'quisnam', cum composita nulla pars recte dici possit, nulla quae denuo redintegrari potest. ²Non enim maiorem habent sensum, nisi quantum tantum et simplicia; maxime, cum et ceteri doctores non composita illa vocant, sed adiectiones syllabicas esse dicunt, quae ob decorem metricae artis ab antiquis poetis sunt absumptae. ³Sciendum igitur, ideo a Donato haec pronomina composita dici, quia similitudinem aliarum partium exprimunt et quodammodo videntur uberiorem et pulchriorem sonum habere composita ex his adiectionibus quam simplicia.

391.   NAM IDEM, QUOD CONSTAT EX DUOBUS CORRUPTIS, CUM PRODUCITUR, MASCULINUM [est] PRONOMEN EST, CUM CORRIPITUR, NEUTRUM (380,22). ²Quaerendum est, quid coniungit hoc in loco haec coniunctio quae est 'nam', vel quare hic Donatus de generibus disputat, cum de figura debuisset explicare. ³Sed sciendum est, quia illud exemplum, quod superius dederat, ex duobus integris, quando dixit: AUT ENIM SIMPLICIA SUNT PRONOMINA, UT QUIS: AUT COMPOSITA, UT QUISQUIS (380,18), copulat haec coniunctio inferiori exemplo. ⁴Coniungit enim hoc exemplum, quod supra dixit de duobus integris, cum hoc exemplo quod de duobus

corruptis ponit. ⁵ Componitur enim '[hi]is' pronomine et 'demum' adverbio. ⁶ 'Is' corrumpitur, quia remanet 'i'; 'demum' similiter corrumpitur, quia facit 'dem'.

392.   Est etiam masculinum et neutrum, ut 'idem vir' et 'idem corpus'. ² Vult ergo nunc ostendere etiam exemplum ex duobus corruptis,
f. 40ᵛ et, quia illud // exemplum, quod dat ex duobus corruptis, quodque
etiam pro duobus accipitur generibus minime potest intellegi, quando
masculinum vel quando neutrum sit genus, nisi per rationem temporum, ideo subiunxit dicens: NAM hoc pronomen, quod est IDEM, QUOD
CONSTAT EX DUOBUS CORRUPTIS, scilicet pronominibus, CUM PRODUCITUR, EST
MASCULINUM PRONOMEN, CUM CORRIPITUR, est NEUTRUM (380,22).

393.   At vero, si ita est, quaerendum est in quo genere naturaliter
proferatur, vel in quo corrumpatur, in quo permaneat natura sua, et in
quo corrumpat. ² Sed sciendum est, quod neutro genere naturaliter
profertur, id est correptum; in masculinum vero contra naturam, id est
productum. ³ In masculino genere producitur contra naturam; in
neutro corripitur naturaliter. ⁴ Unde igitur scire poterimus, utrum vera
sint haec? ⁵ Facile utique, si respiciamus ad compositionem eiusdem
pronominis. ⁶ 'Idem' namque, cum est masculini, componitur ex 'is' et
'demum', et liquet omnibus 'is' syllabam per se positam correptam esse;
cum enim fuerit neutrum, ex 'id' et 'demum' componitur: ex quo apparet in neutro naturaliter corripi; in masculino vero genere contra
naturam produci, sicut est:

⁷ Vivo nocendo quidem, sed me manet exitus idem.

⁸ Hic masculini generis est. ⁹ Item Vergilius:

[atque]
¹⁰ Idem <ambas ferro> dolor <atque eadem> hora tulisset.

394.   Ut quid ergo producitur? ² Ut discretio scilicet fiat inter
masculinum et neutrum genus, sicut est, 'ut mortale hoc corpus, idem
immortale resurget'; ³ et iterum, 'et tamen alter se fecisset, idem caderet
sub iudice morum'. ⁴ Hic est neutri generis.

395.   Si igitur 'idem' ex 'is' et 'demum' compositum est in masculino
genere, cur non ita profertur ut dicatur 'isdem'? ² Euphoniae videlicet

393,10 <ambas ferro>: v. Verg. Aen. IV 679; cf. R.F. 40,17   393,10 <atque eadem>: v.
Verg. Aen. IV 679; cf. R.F. 40,17

391,5-6 v. P. II 589,10-16   393,2 v. P. II 489,16   393,7 cf. R.H. 248,28; R.F. 40,14; [Re
vera ... simillimus est versus aenigmatis, quod de vipera scripsit Symphosius (Poet. lat. min. rec.
Baehrens IV 366): 'Occidi matrem, sed me manet exitus idem.']   393,10 cf. Verg. Aen. IV 679; P.
II 589,18   394,2 'ut mortale ... resurget' cf. R.F. 40,20   395,1 v. P. II 589,14-15

causa aufertur; inde scilicet, quia melius sonat 'idem' quam 'isdem'. [3] Vel certe, ut Virgilius Asianus dicit: 'd' littera in nominativo casu, in media parte poni non potest, nisi inter duas vocales; et ob hanc causam proicitur inde 's'.

396. PERSONAE FINITIS, id est determinatis, PRONOMINIBUS ACCIDUNT TRES (380,25). [2] Bene dixit FINITIS, quia quaedam sunt pronomina infinita, quae et impersonalia vocantur. [3] 'Persona' verbale nomen est a verbo 'persono, personas' et facit imperativum 'persona, personet'. [4] Et ideo circumflectitur 'persona' in nomine, in paenultima, ne verbum putetur imperativi modi et dicitur 'persona', eo quod per se sonet, quia Graece πρόσωπον dicitur. [5] 'Prosopa' enim dicitur, quasi ad faciem, πρός ad, ὦπα faciem. [6] Antiquitus enim comoedi et histriones, quaecumque volebant, in theatro nuda facie insultabant. [7] Sed cum multa turpia et inhonesta sub personis spectabilium agerentur, interdictum est. [8] Ne vero ludorum dignitas deperiret, post modo concessum est illis facere ludos ex corticibus arborum cavatis et sub ipsis, quoscumque vellent, in scaena repraesentarent. [9] Inde 'prosopae' dictae sunt, quia apponebantur ad faciem. [10] Item 'persona' a personando, eo quod per se sonarent. [11] Concavitas enim arborum magnum sonum reddebat, loquentibus intus hominibus. [12] Tres enim sunt personae, quia plu<re>s esse non possunt.

397. PRIMA persona est, quae de se ipsa loquitur ad secundam, UT EGO (380,25) lego. [2] Sic et Graeci dicunt ἐγώ. [3] SECUNDA est ad quam loquitur prima de se ipsa secunda, UT TU (380,25-26) frater legis; Graeci dicunt σύ. [4] TERTIA est quae nec loquitur, nec ad se directum accipit sermonem, sed de qua loquitur prima ad secundum, UT ILLE (380,26) f<r>ater legit; Graece, αὐτός.

398. Cur dixit TRES, cum non sit amplius quam una? [2] 'Persona' enim dicitur, eo quod per se sonat. [3] Si ergo ideo persona, quia per se sonat, dicitur, non sunt amplius dicendae, nisi una, hoc est prima, quia prima persona loquitur ad secundam de tertia nec alia sonat praeter primam. [4] Sed Donatus totum pro parte posuit per tropum qui synecdoche dicitur. [5] Prima enim persona est propria persona; reliquae tran<s>lativae, id est non propriae.

396,4 πρόσωπον: prosopa: cf. R.H. 249,2   396,5 'Prosopa': cf. R.H. 248,33   396,5 πρός: pros: v. R.F. 33,15   396,5 ὦπα: opa: v. R.F. 33,15   396,6 quaecumque: que †: 'quoscumque volebant' R.H. 248,33   397,2 ἐγώ: ego   397,3 se: om. R.H. 249,6   397,3 σύ: su 397,4 f<r>ater: 'frater' R.H. 249,6   397,4 αὐτός: autos   398,4 synecdoche: sinedoche

395,3 v. Ars Anon. Bern. VIII 140,25-141,3 v. Virg. Gr. 7-11   396 v. R.H. 248,33-249,2   396,4-11 cf. Boeth. c. Eut. III; v. Maurice Nédoncelle, "Prosopon et Persona dans l'antiquité classique," Revue Sc. Rel. XXII (1948), 277-299.   397 cf. R.H. 249,2-6; v. 351 supra   398,3 v. P. II 584,11-15   398,4 v. D. 400,25-29

399. Sed persona prima et secunda generis sunt omnis (380,26). ² Quomodo? ³ Quia potest dici 'ego vir', 'ego mulier', 'ego mancipium'; similiter, 'tu vir', 'tu mulier', 'tu manicipium'. ⁴ Namque sicut dicit prima persona ad secundam de viro 'tu', similiter de muliere 'tu', similiter de manicipio 'tu'. ⁵ In tertia vero persona iam discernuntur genera, ut 'ille, illa, illud'.

400. Et prima persona in hoc pronomine, cum est numeri singularis, non habet vocativum; pluralis habet (380,27). ² Quare prima persona non habet vocativum casum? ³ Ideo sine dubio, quia non eget vocatione, nec praesentia, nec co[n]gnitione, et quia sibi semper praesens est, quia nullus se ipsum vocare potest nisi figurate. ⁴ Cur ergo in pluralitate habet? ⁵ Propter consodalitatem scilicet, quia iam non sola, sed cum aliis vocatur, ut 'o nos'. ⁶ Se enim cohortatur cum aliis et dicit 'o nos fratres legamus, sed magis hortativus dicitur quam vocativus, quia, quando plures sumus, 'nos' invicem vocare possumus.

401. Quaestio igitur oritur, cur ea possessiva pronomina, quae derivantur a prima persona habeant vocativum, cum hoc non sit illis proprium, vel quare ea possessiva, quae derivantur a secunda // careant vocativo, cum proprie vocativus secundae contingat personae. ² 'Meus' enim pronomen, quod derivatur ab 'ego, mei', habet vocativum 'o mi'; 'tuus' enim derivativum a 'tu, tui' caret vocativo. ³ Sed sciendum est nobis ideo vocativum habere possessivum primae personae, quia transit iam vocatio ad secundam personam, cum dico 'o mi fili', 'o mi pater'. ⁴ Possessivum vero secundae personae idcirco non admittit vocativum, quia transit vox ad tertiam personam; cum dico 'tuus', subaudis enim 'servus', aut 'equus', aut quodlibet. ⁵ Notandum enim est, quia nullum pronomen vocativum habet, nisi illud cui prima persona loquitur, vel cui secunda persona verbi potest adiungi. ⁶ Neque enim quae loquitur, neque de quo loquitur, vocativum habet.

402. Sed et hoc quaerendum videtur, cur vocativus supra dicti pronominis, quod est 'meus', terminatur 'i', cum natura sit omnis nominativi, quotiens in 'eus' finitur, vocativum terminare in duplicem 'e', ut 'ligneus, o lignee'. ² Ad quod dicendum, quia duplicem ob causam terminatur 'i', vel propter euphoniam scilicet, vel quia antiqua consuetudo servatur. ³ Veteres enim proferebant nominativum in 'ius', et naturaliter, cum nominativus terminatus fuerit 'ius', vocativus 'i' terminatur. ⁴ Nunc igitur morem ser[v]vantes, pronuntiamus praedictum vocativum in 'i'.

f. 41ʳ

400 v. R.H. 249,9-12; v. Pomp. V 209,1 ff.   402 v. P. II 301,17 ff.

DE CASIBUS (380,29) Pronominum.

403.   CASUS ITEM PRONOMINUM SUNT SEX (380,29). [2] Cur dixit SEX CASUS habere pronomen, cum non omnia pronomina sex casus habeant? [3] Prima enim et tertia persona, sicut Priscianus dicit, plus quinque casibus habere non possunt, quippe cum vocativus in eis nullo modo possit inveniri, quia proprius est secundae personae, quae sola habens vocativum, sex casus habere potest. [4] Sed sciendum est Donatum hanc definitionem translativ[a]e, id est non proprie, posuisse. [5] Pro parte enim totum posuit, quia, quamvis non omnia pronomina sex casus habeant, tamen sunt quaedam quae sex casus recipiunt.

404.   NOMINATIVUS HIC, GENETIVUS HUIUS, DATIVUS HUIC, ACCUSATIVUS HUNC, VOCATIVUS O, ABLATIVUS AB HOC (380,29). [2] Cum noverimus regulam secundae declinationis pronominis esse, ut genetivum in 'ius' et dativum in 'i' terminet, quaerendum est, quare hoc pronomen, id est 'hic', quod sine dubio secundae declinationi pronominis est, dativum non in 'i', sed in 'c' terminat. [3] Ideo scilicet, ne putaretur esse interiectio admirantis. [4] Quare ergo non in aliam consonantem, sed in 'c' desinit? [5] Ideo, quia in eandem nominativus illius terminatur.

405.   Sed et hoc quaerendum videtur, quare hic Donatus posuerit vocativum 'o', cum, sicut Priscianus dicit, multis modis ostendatur noń esse pronomen nec articulus. [2] Sicut enim ipse testatur: 'o' pronomen non est nec articulus. [3] Semper enim in demonstratione ponitur, quae contraria est relationi, quam articulus significat. [4] Sciendum igitur est, ideo Donatum posuisse 'o' loco vocativi, quia omnibus vocativis praeponitur, ut 'o tu', 'o mi', 'o noster'. [5] Vocativus in tertia persona non est, sed ne locus eius vacuus videretur, ponitur 'o'. [6] Nullum enim pronomen habet vocativum, nisi secunda persona primitivi 'tu' et prima persona possessivi 'meus', quod facit vocativum 'o mi', quia omnis vocatio proprie ad secundam derigitur personam. [7] Sed in hoc pronomine, quod est 'vester', vocativum pono; nam translatio fit ad tertiam personam. [8] Ideo vocativum non habet, quia dici non potest 'o vester servus veniat'. [9] 'O' adverbium est vocandi, id est nomen unius litterae. [10] Aliquo modo etiam invenitur adverbium optandi.

406.   SUNT PRONOMINA QUAE NON PER OMNES CASUS DECLINANTUR, UT EC-CUM ECCAM, ELLUM ELLAM (380,30). [2] Quare non declinantur per omnes casus haec pronomina ECCUM, ECCAM, ELLUM, ELLAM? [3] Ideo quia ex

---

403,3 vocativus: nominativus: 'vocativus' P. III 1,4   403,3 quia: 'qui' P. III 1,4

403,3 P. III 1,3-5   404,2 v. P. II 592,16 ff.; III 5,21-6,9   405,1 cf. P. III 11,19-22
405,2-3, P. III 11,23-24   405,5-10 cf. P. III 12,7-16   406 v. P. II 593,25-594,14

obliquo casu pronominis et indeclinabili parte adverbio composita
sunt, et non habent nisi accusativum singularem et pluralem 'eccum, eccos, eccam, eccas, ellum, ellos, ella < m >, ellas'. [4] 'Eccum' enim nihil est
aliud nisi 'ecce eum'; 'eccam', 'e < c >ce eam'; 'ellum', 'ecce illum';
'ellam', 'ecce illam'. [5] Quaerendum tamen videtur, quare haec
pronomina non cum nominativo, vel genetivo, vel dativo, vel cum
ceteris componuntur, sed tamen cum accusativo. [6] Ideo nempe, quia
'ecce' adverbium semper trahit accusativum casum, ut 'ecce crucem
Domini'.

407. CUIUS CUIA CUIUM (380,32). [2] Quaerendum est CUIUS, CUIA, CUIUM,
utrum sint nominativi an genetivi. [3] Sed sciendum est esse genetivos.
[4] 'Cuius' enim, Pompeio teste, genetivus est singularis; similiter 'cuia,
cuium'. [5] Nec nominativus eorum invenitur, nec aliquis alius casus. [6] Et
qua ratione non habent alios casus? [7] Ideo, quoniam isti a regula
recesserunt, nullus enim genetivus singularis invenitur aut 'a' aut 'um'
terminatus apud Latinos. [8] 'Cuius' possessivum est interrogativum et
derivatur a 'quis'.

408. CUIATIS NOSTRATIS (380,32). [2] Cur posuit hic CUIATIS NOSTRATIS,
cum superius CUIAS (379,30) et NOSTRAS (380,1) ostenderit nominativos?
[3] Ideo scilicet, ut ostenderet apud veteres CUIATIS et NOSTRATIS fuisse
nominativos, sed ablata una syllaba remansit nominativus CUIAS et
NOSTRAS et habemus modo genetivum CUIATIS NOSTRATIS. [4] Vel etiam, ut
quidam dicunt, ideo recapitulavit, quia vult ut indeclinabilis maneat, ut
'cuius, cuia, cuium'.

409. SUNT ETIAM SINE NOMINATIVO ET VOCATIVO, UT SUI SIBI SE A SE
f. 41ᵛ (380,32). // [2] Quaeritur, quare non habent nominativum; poterat enim
facere 'is, sui', vel 'si, sui'. [3] Sed ideo 'is' non habet nominativum, ne
putaretur esse aliud pronomen quod est 'is, eius'. [4] Et notandum est,
quia fuerunt quidam, qui nominativum istius pronominis 'si' dixerunt
esse. [5] Sed si nominativus eius 'si' esset, dubium foret, quando esset
nominativus istius pronominis, vel quando coniunctio. [6] Fuerunt
quoque qui 'hi' dixerunt eius nominativum, sed ne amphibologia esset
inter nominativum istius pronominis et nominativum pluralem alterius
pronominis, quod est 'hi', ideo nos non computamus illum. [7] Vel
propter hoc non habemus nominativum istius pronominis, quia Graeci
non habent, vel, quia nominativus ἀμετάβατος est, id est intransitivus; ἀ-
sine, μετά trans, βατός gradus. [8] Inde ἀμετάβατος est 'sui', id est sine

---

406,3 pluralem: plurarem   409,7 ἀμετάβατος: ametabaticus: v. P. II 552,25-26   409,7 ἀ-: a
409,7 μετά: meta   409,7 βατός: batici   409,8 ἀμετάβατος: ametabaticus

407 cf. Pomp. V 210,14-24   408 v. 360 supra   409,4-6 cf. P. III 4,24-32   409,7 v. P.
II 552,23-27

transitione, quia numquam per eum transitio fit ad aliam personam, ut, cum dico 'Donatus legit Vergilium', iam fit transitio per obliquum, id est per accusativum, ad alium, id est actus Donati transit ad Vergilium. ⁹ 'Sui' enim non transit, ut 'Donatus legit sui causa'. ¹⁰ Modo ipsa persona et agit et patitur.

410. Est enim reciprocum, et ita fit ibi transitio de tertia personam ad secundam. ² Similiter, cum dico 'Donatus scribit causa Vergilii sui', <act>us incohavit de Donato; fit transitio ad Vergilium, per hoc quod est 'sui', et haec est una ratio cur 'sui' non habet nominativum. ³ Alia ratio est, quia nomina, quae aspirantur apud Graecos, apud nos aspirationem mutant in 's'. ⁴ Illi dicunt ἥμισ<υ>; nos dicimus 'semis'. ⁵ Illi dicunt ἑπτά; nos 'septem'. ⁶ Illi dicunt ἕξ [a]; nos 'sex'. ⁷ Sic in hoc pronomine quod est 'sui', ἵ dicunt nominativo casu cum aspiratione. ⁸ Si ergo nos mutando aspirationem in 's', diceremus 'si', magna dubitatio inter pronomen et coniunctionem 'si' esset.

411. Sui ergo, ideo non habet nominativum, quia nec quaedam pars Graecorum habet; sive ideo non habet nominativum, quia hoc pronomen 'sui' reciprocum est. ² Reciprocum enim in nominativo non potest esse, quia intransitivus est; in se manet; non transit in aliam personam. ³ Ergo nec vocativum habet, quia similis est nominativo in omni declinatione, excepto in secunda in quibusdam nominibus, in illis videlicet, quae desinunt in 'us', ubi convertitur vocativus in 'e', ut 'hic doctus, o docte'.

412. HAEC ETIAM NUMERI SUNT COMMUNIS (380,33). ² Quomodo? ³ Dicimus enim 'sui homo servit', 'sui homines serviunt', et 'sui causa venit', et 'sui causa venerunt'; 'sibi habet', et 'sibi habent'; 'se accusat', et 'se accusant'; 'a se aufert', et 'a se auferunt'.

413. SUNT etiam SINE VOCATIVO, UT EGO, MEI VEL MIS, MIHI, ME, A ME (380,33-381,1). ² Bene prima persona caret vocativo, quia nullus semetipsum vocat, nisi per prosopopoeiam, id est per transformationem, sicut Vergilius introduxit Didonem per se et apud se loquentem:

³ Infelix Dido? nunc te [mala] fa<c>ta impia tangunt?

⁴ Sed tunc comicum est et hortativus potius dicendus quam vocativus. ⁵ Quidam ponu<n>t vocativum 'o mi', quod ex antiquo remansit.

410,4 ἥμισ<υ>: hemis: cf. P. II 455,6   410,5 ἑπτά: hepda   410,6 ἕξ[a]: exa
410,7 ἵ: hi: cf. P. III 16,22   412,3 aufert: aufret   413,2 semetipsum: semepipsum
413,3 fa<c>ta: cf. Verg. Aen. IV 596

410 v. P. II 14,18 ff.   410,3-8 cf. P. II 32,19-33,1   413,2 v. Isid. II 13; v. P. II 449,2-4
413,3 Verg. Aen. IV 596; P. II 449,4   413,5-6 v. P. III 2,25-3,5

⁶ Antiqui enim declinabant 'mius, mis'; inde remansit vocativus 'o mi'. ⁷ Proprium vero est secundae personae tantum habere vocativum.

414. Interrogandum tamen videtur, cur duos habeat genetivos hoc pronomen quod est 'ego', vel, quare sit 'mei' genetivus illius, cum in superficie nullam videatur habere communionem. ² Sed sciendum est nobis istum nominativum, quod est 'ego', fuisse apud veteres sine obliquis casibus, obliquos quoque eius sine nominativo. ³ Videntes enim moderni concordare illos in sensu, quamvis dissimiles forent littera, coniun[c]xerunt illos taliter. ⁴ Ideo enim, ut quidam volunt, duos possidet genetivos, quia primus genetivus id est 'mei' dicitur de re quae in praesenti possidetur tempore; 'mis' enim de hoc quod promissum est in futuro, ut 'mei'·dicatur de re possessa, 'mis' de re promissa. ⁵ Sed hoc falsum est. ⁶ Melius itaque est ideo duos habere genetivos, quia et apud Graecos habentur.

415. NULLUM enim PRONOMEN RECIPIT COMPARATIONEM, QUAMVIS aut QUALITATEM SIGNIFICET aut QUANTITATEM (381,2). ² Cum pronomen loco nominis ponatur, quaerendum est, quare non recipit comparationem? ³ Ideo nempe, quia antecedit nomen, sive, quia qualitatis aut quantitatis pronomina vel sunt interrogativa vel relativa; ideo non recipiunt comparationem. ⁴ Quod enim interrogatur, nescitur; quod vero nescitur, compar<ar>i non potest. ⁵ Vel quia, sicut supra diximus, nomen creaturam ostendit, pronomen enim vice nominum creaturarum collocatur. ⁶ Et manifestum est non nomina, sed creaturas per nomina comparari.

416. INTER PRONOMINA ET ARTICULOS HOC INTEREST, QUOD PRONOMINA EA PUTANTUR, QUAE, CUM SOLA SINT, VICEM NOMINIS COMPLENT, UT QUIS ISTE ILLE; ARTICULI VERO CUM PRONOMINIBUS AUT NOMINIBUS AUT PARTICIPIIS adIUNGUNTUR, UT HIC HUIUS HUNC O AB HOC, ET PLURALITER HI HORUM HIS HOS O AB HIS (381,4). ² Quamvis Donatus differentiam fecerit inter pronomina et articulos, pronomina affirmans quae VICEM NOMINIS COMPLENT, articulos vero eos commemorans, quae CUM NOMINIBUS AUT PRONOMINIBUS AUT PARTICIPIIS IUNGUNTUR, // quaerendum tamen nihilominus videtur de hoc eodem pronomine quod est 'hic', quando sit pronomen vel quando articulus. ³ Sed sciendum est tunc esse pronomen, quando officio nominis fungitur, ut 'hic vir de quo dixeram tibi'; tunc vero articulus cum coartat nos, id est colligit, ad cognoscendum casum, genus, vel numerum.

417. Quaeritur quare dicat ARTICULI IUNGUNTUR PRONOMINIBUS (381,6-7), cum pronomina declinantur per articulos. ² Sed Donatus 'totum pro parte' posuit, quia antiqui declinabant aliqua pronomina per articulos

f. 42ʳ

414 v. Pomp. V 208,18-20; v. P. III 2,25 ff.   414,4 cf. Virg. Gr. 47,7-10   414,6 cf. P. III 2,30-31   415,5-6 v. 337   416 v. Pomp. V 210,38-211,21; v. P. II 581,21 ff.   417,1-3 v. P. II 581,22-582,4

derivativa videlicet primae personae. ³ Graeci habent partem prolixam de articulis, quam ponunt in ultimo loco, ubi nos interiectionem ponimus, et habent pronomina per se in demonstratione. ⁴ Nos vero illam partem articulatam non habentes, ista pronomina et in demonstratione ponimus et in loco articulorum. ⁵ In demonstratione enim dicimus 'hic fecit, hic dixit', et tunc loco propriorum nominum ponuntur. ⁶ Articuli vero sunt, quando cum aliis partibus iunguntur, cum nominibus, ut 'hic magister', cum pronominibus, ut 'hic ipse', cum participiis, ut 'hic legens'. ⁷ Sunt et simpliciter, quando declinantur, ut 'hic, huius, huic, hunc'.

418. HAEC EADEM PRONOMINA ET PRO ARTICULIS ET PRO DEMONSTRATIONE PONUNTUR (381,8). ² PRO ARTICULIS PONUNTUR, sicut diximus in declinatione; PRO DEMONSTRATIONE vero in lectione, ut 'hic est fratrum amator', et cum dicimus 'hic fecit', 'iste dixit', et loco propriorum nominum ponuntur.

419. NEUTER UTER ALTER OMNIS ALIUS ULLUS AMBO UTERQUE [sunt pronomina] SUNT QUI NOMINA, SUNT QUI PRONOMINA EXISTIMANT, IDEO QUOD ARTICULIS IN DECLINATIONE NON INDIGENT (381,9). ² Ideo quidam pronomina existimant haec, quia non egent articulis et propter declinationem quam habent: 'alter', 'alterius' facit, sicut 'ille', 'illius', excepto 'neuter, neutri', quod est secundae declinationis. ³ Et ideo Donatus certa ac vera ratione ac pura, pronomina esse definivit, quia carent articulis in declinatione. ⁴ Nam non dicitur 'hic ullus', sicut nec 'hic ego'. ⁵ Revera enim, sicut Priscianus testatur, nomina sunt dicenda, eo quod substantiam significant. ⁶ Ergo Donatus debuisset intellegere declinationem vim partis mutare vel auferre non posse.

DE VERBO (381,13)

420. Verbum dictum est, quod verberato aere sonat. ² Quando enim lingua palatum pulsat, aeris verberatione sonum facit. ³ Recipimus enim aerem intra saepta oris et sic plectro linguae et pulsu quattuor dentium in loquendo verberamus. ⁴ Vel secundum beatum Augustinum, verbum dicitur a 'vere boando', id est vere sonando, et secundum hanc definitionem, quando vere sonat, tantummodo dicimus verbum, falsa vero non sunt verba. ⁵ Quidquid enim fallaciter proferimus, non sunt verba dicenda.

417,4 cf. P. III 124,14-18   419 v. Pomp. V 211,22-212,2   419,5 cf. P. II 55,6; v. P. III 7,5-8,20   420-589 cf. R.H. 250,8-258,13; cf. R.F. 41,7-59,31   420,1 cf. Pomp. V. 212,7   420,1-2 Clem. 61,29-31   420,4 Aug. dialect. 32, 1412 (verbum quasi a vero boando); cf. Sac. VI 491,4; cf. R.H. 250,11

421.   Sed, cum ceterae partes verberatione aeris fiant, quaerendum est, cur haec sola pars hoc sibi prae ceteris nomen asciscit. [2] Ideo nempe haec sola pars hoc nomine nuncupatur, quia ea frequentius in omni ratione utimur, ut est illud: [3] 'volo ire videre amicum'; [4] et in Proverbiis: 'discurre festina suscita amicum'. [5] Vel etiam alio modo, ideo prae ceteris specialiter verbum vocatur, quia, cum ceterae partes sonent, eum tamen, qui loquitur, verba facere dicimus. [6] Verbi gratia, solemus dicere 'episcopus fecit hodie verbum in ecclesia ad populum', cum non de solo 'verbo' loquitur.

422.   Sed specialiter haec pars nomen istud habet, quod in oratione frequentius iteratur, vel quia prolixiores habet declinationes, cuius vis tanta est, ut nulla oratio sine ipsa constare possit, quamquam et ipsa plenam constructionem facere possit sine aliarum supplemento partium. [2] Licet enim, sicut Priscianus dicit, pro omnibus dictionibus dicere 'verba', frequentique usu hoc approbatur; Terentius in Adelphis:

   [3] verbum de verbo expressum extulit.

[4] Sic etiam nomina, sed raro, pro cunctis partibus dicuntur, ut Vergilius de Sibylla[ba] dixit:

   [5] foliisque notas et nomina mandat.

[6] Neque tamen nomina sola ibi scripsit, sed et alias partes.

423.   VERBUM EST PARS ORATIONIS CUM TEMPORE ET PERSONA SINE CASU AUT AGERE ALIQUID AUT PATI AUT NEUTRUM SIGNIFICANS (381,14). [2] PAR[A]S ORATIONIS, id est una species Latinitatis. [3] Ex his octo partibus, una pars est quae verbum dicitur, SIGNIFICANS ALIQUID AGERE, id est facere, AUT PATI, id est sustinere. [4] Quaeritur, quid haec pars proprium, quidve commune cum ceteris habeat partibus orationis. [5] In eo igitur, quod dicitur VERBUM EST PARS ORATIONIS CUM TEMPORE ET PERSONA, communio verbi ostenditur cum pronomine et participio. [6] Cum vero subiungitur AUT AGERE ALIQUID AUT PATI AUT NEUTRUM SIGNIFICANS, proprietas verbi in hoc demonstratur. [7] Nulla enim pars actionem vel passionem, nisi solum verbum, significat. //

424.   Sequitur CUM TEMPORE ET PERSONA (381,14). [2] Quare dixit CUM TEMPORE ET PERSONA? [3] Ideo scilicet, quia ab utroque accidente vis verbi

f. 42ᵛ

422,2 Adelphis: adelplẙs

421,2-3 cf. Clem. 61,31-62,3   421,2-4 cf. Mals. 196,7-10   421,3 cf. Pomp. V 97,12   421,4 cf. Vulg. *Prov.* 6,3   421,6 cf. Pomp. V 97,16 ff.   422,1 cf. P. II 369,5-8   422,2 P. II 369,8-10   422,3 Ter. *Adelph.* prolog. 11; P. II 369,12-13   422,4-5 P. II 369,10-11   422,5 Verg. *Aen.* III 444   423,2 cf. Virg. Gr. 5,11-12

administratur: in participio enim, tempus sine persona; in pronomine vero, persona sine tempore invenitur. [4] At in verbo, unum sine altero esse non potest, quia in verbo haec duo simul fiunt, nec unum potest dividi ab altero: verbi gratia, 'lego' praesens tempus et prima persona; 'legi' praeteritum prima persona.

425. SINE CASU (381,14). [2] Cur dixit SINE CASU? [3] Ideo nempe, quia fuerunt qui putaverunt verbum habere casum, maxime propter verba infinitivi modi, quae in aliquibus sententiis casuum vice, nominativi scilicet, accusativi, et vocativi ponuntur, propter quasdam locutiones quae ibi figurate fiunt: nominativi, ut est illud 'nostrum vivere triste est', pro eo quod est 'nostra vita tristis', et 'placet mihi bonum velle', id est 'bona voluntas', et 'meum scire' pro 'mea scientia'; unde Persius:

[4] Scire tuum nihil est nisi te scire hoc sciat alter.

[5] 'Scire tuum' pro 'tua scientia'. [6] Accusativum, ut illud 'me legistis bellare', id est 'meum bellum legistis', et 'elegisti bellare' pro 'bellum'; 'da mihi bibere' pro eo quod est 'da mihi potum'; 'da mihi meum legere' pro eo quod est 'da mihi meum librum'; 'audi meum legere' id est 'meam lectionem'. [7] Vocativum, ut illud 'perge bellare' id est 'ad bellum!', et 'o nostrum triste vivere' pro 'o tristis vita'.

426. Quare ergo Donatus non nuncupavit casum, sicut illi, in verbo? [2] Recte utique fecit. [3] Quamvis enim, sicut diximus, infinitivus loco supra dictorum casuum ponatur, nullam tamen communionem nominis habere videtur. [4] Nominum vero casus habent omnia accidentia nominis, praeter comparationem et nullam societatem habent cum verbo. [5] Et quaeritur, cum in verbo dixerit SINE CASU (381,14), cur non similiter dixerit in nomine 'sine tempore et persona'. [6] Nam nomen significat tempus et personam: tempus, sicut 'annus', 'dies', 'mensis'; personam, ut 'Donatus', 'Priscianus'. [7] Sed sciendum, quia aliter significat nomen 'tempus et personam', et aliter verbum. [8] In nomine enim ostenditur nominatio tantum personae vel temporis; in verbo autem actus vel passio personae, vel quicquid agitur in praesenti, vel in praeterito, vel in futuro. [9] Fuerunt etiam, qui casus voluerunt ponere in verbo sicut in nomine. [10] Dicebant enim, quia, sicut in nomine unus casus cadit in alterum, similiter in verbo clausula primae personae cadit in alteram, et clausula secundae personae cadit in tertiam. [11] Nam in nomine cadit sensus et litteratura, quia alium sensum habet nominativus quam genetivus et aliam litteraturam. [12] In verbo enim, eundem sensum habet ille qui dicit 'lego', et eundem ille cui dicis 'legis', et eundem ille de quo dicis 'legit'.

425 cf. P. II 408,21 ff.   425,4 Pers. 1,27; cf. R.H. 250,23-24   426,2 'sicut diximus' 425 supra

427. Aut agere aliquid aut pati aut neutrum significans (381,14). ²Notandum est quinque genera, quae latius in sequentibus commemorabimus, hic breviter comprehendit Donatus: activum videlicet, passivum et neutrum, commune et deponens. ³Cum enim dicit aut agere aliquid, comprehendit omnia activa verba et medietatem communis verbi ex ea parte qua retinet sensum activum. ⁴Similiter cum dicit aut pati, comprehendit omnia passiva verba et alteram, quae superest, medietatem communis verbi, ex ea parte qua est sensus passivus. ⁵Cum autem dicit aut neutrum significans, comprehendit omnia neutralia verba et deponentia.

428. Sed, si quinque sunt genera verborum, quare Donatus hoc in loco tria tantum posuit? ²Vel, si amplius non sunt, quare in sequentibus quinque adnumeravit? ³Tria utique sunt solummodo capitalia, sicut et in nomine, sed superficies hoc agit, quia, sicut in nomine dico 'sunt principalia, masculinum videlicet, et femininum', similiter in verbo genera non sunt amplius quam tria: activa, passiva, neutra. ⁴Reliqua duo, id est commune et deponens, artificialia sunt. ⁵Sed, sicut diximus, littera cogit quinque dici genera. ⁶Commune namque genus singulariter nec activum potest numerari nec passivum, quia sub una litteratura duo genera communicant. ⁷Si ergo ita est, superficies hoc agit, ut per se dicatur genus. ⁸Deponens quoque genus ideo per se adnumeratur quia, quamvis, Prisciano teste, similem habeat communibus vel passivis positionem in 'or' desinendi, simplex tamen absolutum quod per se ponitur.

429. Quo modo et neutrale, quia sub litteratura passiva habet sensum neutralis verbi ob tres causas: una causa est, quia sunt quaedam verba, quae apud nos terminantur in 'r', et sunt deponentia, quae apud antiquos terminabantur in 'o', et erant neutralia, quia, quod nos dicimus 'loquor', antiqui dicebant 'loquo'; ²alia causa est, quia sunt quaedam verba neutra in 'o' desinentia, quae accepta 'r' faciunt f. 43ʳ deponens, ut 'pasco' accepta 'r' facit deponens // verbum 'pascor'; ³tertia est causa quae absolute proferuntur, sicut et neutra. ⁴Neutra dicuntur, non quod nil significant, id est aut activum aut passionem, sed quia non utrumque simul, sed aut significant solum actum aut solam passionem, et haec quidem pauca. ⁵Nam maior pars est, quae nec actum nec passionem significat. ⁶Verbi gratia, 'sto' neutrum est nec actum nec [nec] passionem significat; 'sedeo' similiter. ⁷Ergo a maiore parte sui, id est qua maxime abundat, hoc nomen sibi assumpserunt.

428,8 cf. P. II 374,1 ff.   429 cf. P. II 373,26-28   429,4-7 cf. P. 375,9 sqq.

430. VERBO ACCIDUNT SEPTEM (381,15), id est septem accidentia habet verbum, quae sequendo discretim enumerabimus.

431. QUALITAS CONIUGATIO GENUS NUMERUS FIGURA TEMPUS PERSONA (381,16). [2] Superius definivit verbi substantiam; modo definivit ipsius accidentia. [3] Nam definitio numeri hoc est. [4] Fuerunt enim qui pauciora; fuerunt qui plura accidentia verbi esse dixerunt. [5] Illi, qui pauciora volebant, auferebant 'numerum' et 'personam' dicentes haec non accidere omnibus verbis. [6] Infinitivus enim et impersonalis non definiunt numerum nec personam. [7] Quare ergo Donatus adnumeravit ea inter cetera accidentia? [8] Recte utique fecit — quamquam enim non omnibus accidant, accidunt tamen ceteris — 'totum pro parte' ponens, vel certe, quamvis in se ipsis non habeant, extrinsecus tamen accipiunt, id est a pronomine et verbo. [9] Et sic definiunt certum numerum et certum tempus et certam personam, ut 'legere volo' et 'legere volumus', 'legitur a nobis', et 'legitur a vobis'. [10] Qui vero plura volebant accidentia addebant casum, sed Donatus noluit addere propter rationem superius dictam.

432. QUALITAS (381,17) dicitur in verbo, eo quod quale sit unumquodque verbum demonstrat, id est cuius modi sit et cuius formae, perfectum, an frequentativum, an meditativum, vel inchoativum.

433. CONIUGATIO (381,16) dicitur quasi colligatio, eo quod sub una regula, quasi sub uno iugo multa verba constringat; et coniugatio est verbi declinatio. [2] Verbi gratia, 'doceo' secunda coniungatio est. [3] Ad istius regulam declinantur omnia secundae coniugationis.

434. GENUS (381,16) dicitur a generando. [2] Genera dicuntur proprie in nomine masculinum et femininum, quia generant et generantur, sic et in verbo genera dicuntur, eo quod se mutuo generant et generantur: passivum ab activo assumpta 'r', et rursum passivum generat ex se activum dempta 'r'.

435. Simplex FIGURA (381,16) naturalis est; composita artificialis, quando duo verba aut tria simul iunguntur et unum faciunt.

433,1 CONIUGATIO: Congugatio

431,1-3 cf. P. II 369,16; 373,10; Dim. I 334, 12   431,7 v. D. 400,25-29   431,10 'rationem superius dictam' 426 supra   432-437 cf. R.F. 43,15-29; R.H. 251,5-10

431   1-3 These are the seven 'accidentia' of the verb as listed by most of the grammarians including Virg. Gr. (50,13-64,9). The majority of the grammarians discuss either 'genus' or 'significatio', the terms meaning the same. Priscian (II 373,10) and Diomedes (I 334,12) prefer 'significatio' for 'genus'. For 'qualitas' Priscian has 'modus' and 'species' (II 369,16).

436. TEMPORA (381,16) a temperie dicuntur, eo quod mutua vicissitudine se temperent. ² Sunt quattuor tempora anni: ver, aestas, autum[p]nus, et hiemps, quorum unum est calidissimum, id est aestas; alterum frigidissimum, id est hiemps; media duo temperata. ³ Ver temperatur a praecedente hieme et subsequente calore; autum[p]nus temperatur a praecedente calore et subsequente frigore. ⁴ Unde et a temperie, TEMPORA dicuntur quae ad nostrorum usuum qualitatem inflectimus, et dicimus 'praesens', 'praeteritum', et 'futurum', quia omne quod agimus, aut de praesente facimus, aut de praeterito fecimus, aut de futuro faciemus.

437. Est enim PERSONA (381,16) uniuscuiusque rei individua demonstratio vel repraesentatio.

438. QUALITAS VERBORUM IN MODIS ET IN FORMIS EST (381,17) constituta. ² Quaeritur, quare non dixit "BIPERTITA EST" (373,7), sicut in nomine vel in pronomine. ³ Sed sciendum, quia aliter 'bipertita' qualitas nominis vel pronominis et aliter verbi. ⁴ In nomine BIPERTITA EST qualitas, quia propria nomina possunt esse sine appellativis; appellativa sine propriis. ⁵ Similiter in pronomine BIPERTITA EST qualitas, quia finita pronomina possunt esse sine infinitis; et infinita sine finitis. ⁶ In verbo enim nec modi possunt esse sine formis, nec formae sine modis, quia haec duo in verbo semper sibi adhaerent, nec umquam separantur. ⁷ Qualitas enim nihil est aliud, nisi modus et forma. ⁸ Unde, cum interrogatur de verbo aliquo cuius qualitatis sit, respondetur 'illius et illius formae'. ⁹ Verbi gratia, 'lego cuius qualitatis est?', 'indicativi modi formaeque perfectae'; 'lectito, cuius qualitatis?', 'modi indicativi et formae frequentativae'; 'lecturio?', 'modi indicativi et formae meditativae'; 'horresco?', 'modi indicativi et formae inchoativae'.

439. Modi sunt, sicut Priscianus dicit, diversae inclinationes animi, varios eius affectus demonstrantes. ² Modi enim dicti sunt a motu, id est a motione, eo quod unus mutatur in alterum. ³ Mutatur enim clausula primae personae in clausulam secundae et clausula secundae in tertiam. ⁴ Sed si ita est, omnes 'personae' modi dici possunt, quia omnes moventur. ⁵ Sciendum enim, quod aliter moventur modi, aliter personae. f. 43ᵛ ⁶ Nam modi moventur tam sensu, quam litteratura; // personae autem in superficie, id est litteratura. ⁷ Nam modus indicativus mutatur in imperativum; imperativus in optativum; optativus in coniunctivum, et reliqua. ⁸ 'Forma' dicitur ab informando, eo quod nos informet et aptet ad sensum verbi intellegendum; et est forma sensus verbi.

436 cf. R.F. 53,9-19   436,1-3 cf. Isid. V 35   437 cf. Boeth c. Eut. II-III (P.L. 64,1343D); v. 549,5 infra   439,1 P. II 421,17   439,2 cf. R.H. 251,16-18

440. Modi enim sunt, ut multi existimant, septem (381, 17). ²Cum dicit multi existimant, ita est ac si diceret multi, sed non 'ego'. ³Et hic definitio numeri attendenda est. ⁴Fuerunt namque qui plures voluerunt; fuerunt qui pauciores. ⁵Illi, qui pauciores, nolebant computare infinitivum et impersonalem, quia non definiunt, ut dictum est, certum numerum nec certam personam. ⁶Quare ergo nos [com]computamus illos? ⁷Ideo nempe, quia, quamvis in se haec non habeant, extrinsecus tamen accipiunt ut habere queant. ⁸Qui vero plures voluerunt modos, addebant promissivum dicentes illum a promittendo dictum; et omnia, quae in futuro evenire volebant, per hunc modum promittebant. ⁹Cum enim dico 'legam', promitto me lecturum. ¹⁰Sed hunc non recipimus. ¹¹Quare nos non habemus illum? ¹²Propterea, quia superfluus est. ¹³Tres enim obsunt causae; prima, quia modus non potest esse, si non amplius habuerit quam unum tempus; alia est causa, quia, si iste efficeretur ex futuro indicativi, imperfectior omnibus esset indicativus qui modo perfectior est ceteris; tertia exstat causa: si enim modus ita esset, ut illi volebant, in nomine eius fieret vitium, id est acyrologia. ¹⁴Cum enim promissivum a promittendo dicatur, iste aliquando minatur mala; aliquotiens promittit bona. ¹⁵Promittimus enim bona; minamur mala. ¹⁶His ergo tribus causis contra dicentibus minime modus nuncupari valet.

441. Indicativus, qui et pronuntiativus, ut lego (381,18). ²Indicativus dicitur ab indicando, quo indicamus quid agitur a nobis vel ab aliis, et definimus actus nostros. ³'Dico, dicas' id est 'consecro'; inde 'indico, indicas' transit in participium 'indicatus'; inde 'indicativus'. ⁴Quidquid enim de praesenti, vel de praeterito, vel de futuro indicare volumus, per hunc modum indicamus.

442. Qui et pronuntiativus (381,18) dicitur, quasi 'porro nuntiativus', id est longe, quae futura sunt, insinuans, eo quod per illum,

---

440,8 futuro: futóró

---

440 v. Diom. I 338,13; P. II 421,18; Pomp. V 216,16-17   440,2-7 cf. Pomp. V 214,1-9   440,8-16 cf. Pomp. V 214,9-215,17; cf. Clem. 63,10-11   440,13 'acyrologia' D. IV 394,29-31   441,2 cf. P. II 421,20; cf. R.H. 251,24; cf. Cled. V 54,6; cf. Serv. IV 411,30

---

440   The Grammatici Latini and Virgilius Grammaticus all agree that the indicative, imperative, optative, subjunctive, and infinitive are modes. Diomedes (I 338,13) and Priscian (II 421,18) recognize only these five. Donatus has the impersonal also, but prefers to refer to it as a 'genus' instead of 'modus' (cf. Pomp. V 216,16-17). Since Donatus says that the 'promissivus' is not a mode (IV 381,19-20) the seventh then must be implied from Servius (IV 411,29). This is the 'gerundi' which Sedulius discusses at the end of this chapter (580 ff. infra).

quicquid agimus vel patimur, pronuntiamus. [2] Graece ἀποφατικός dicitur. [3] Qui ideo primus ponitur, quia perfectus est in omnibus, tam in personis, quam temporibus, et quia ex ipso omnes modi accipiunt regulam; et ex hoc nascuntur nomina sive verba vel participia; et quia substantiam actus vel passionis significat, quod in aliis modis non est, sed tantum animi varia voluntas, de re carente substantia. [4] Neque enim qui imperat, neque qui optat, neque qui dubitat, substantiam actus vel passionis significat. [5] Ipse etiam indicativus saepe dubitationem significat.

443. IMPERATIVUS, UT LEGE (381,19). [2] IMPERATIVUS dicitur ab imperando, ut 'lege frater', quia per eum imperamus aliis aliquid agendum vel patiendum. [3] Quicquid enim volumus, per hunc modum imperamus, qui etiam et 'regalis' dicitur, eo quod aptus sit regibus. [4] Imperare enim maxime regibus convenit. [5] Quo etiam deprecantes utimur, ut 'miserere mei Deus', et per coniurationem adhortantes, ut 'confligamus'. [6] Qui ideo secundum tenet locum, quod per se absolutus non indiget auxilio alterius partis ad plenam significationem, licet deficiat per tempora et significationes.

444. PROMISSIVUS, UT LEGAM: SED NOS HUNC MODUM NON ACCIPIMUS (381,19). [2] Quare NOS HUNC MODUM NON ACCIPIMUS? [3] Superius diximus scilicet, quia superfluus est, et quia futurum tempus est indicativi, et tunc imperfectior esset indicativus qui debet esse omnium modorum perfectissimus.

445. OPTATIVUS, ut UTINAM LEGEREM (381,20). [2] OPTATIVUS dicitur ab optando id est desiderando. [3] Omne enim quod nobis vel aliis evenire volumus per hunc modum optamus et per illum nobis necessaria optamus, sive quod 'utinam' adverbium optandi sibi coniungat. [4] Qui ideo post imperativum ponitur, quia inferior esse videtur qui optat, quam qui imperat, et quia semper eget adverbio optandi, ut plenum significet sensum.

446. CONIUNCTIVUS, ut CUM LEGAM (381,20). [2] CONIUNCTIVUS dicitur a coniungendo, eo quod omnibus modis coniungi possit, ut 'cum legerem, scripsi', 'cum legero, scribe', 'cum legerem, utinam scriberem', 'cum legerem, scribere volui', 'cum legerem, scribebatur'; vel, quia coniungit

---

442,2 ἀποφατικός: apofaticus

442,2 cf. C.G.L. II 242,21. (cf. Apollonius Dyscolus Synt. G. G. II ii 346, 5-6; v. C.G.L. II 161,50 (pronuntiatio). 442,3 P. II 421,21-23; 422,1-2; 'sed tantum ... substantia' P. II 422,4-5 442,4 cf. P. II 422,2-4 443 cf. P. II 423,26 ff. 443,5 'miserere mei Deus' cf. Vulg. Ps. 50,55,56 444,3 440,8-15 supra 445 cf. P. II 424,8-11 445,1 cf. Diom. I 340,5 446 cf. P. II 424,12-425,8 446,2 'cum tribularer, clamavi' Vulg. et Vet. Lat. (Ps. Rom.) Ps. 119,1; cf. R.H. 251,31

sibi non solum 'cum' adverbium vel praepositionem, verum et aliud sibi
verbum coniungit ad perfectionem sui, ut 'cum legam, intellegam', 'cum
tribularer, clamavi'. ³ Qui etiam et subiunctivus dicitur, Prisciano teste,
eo quod subiungitur coniunc< t >ioni 'si'. ⁴ Quarto loco subiunctivus
ponitur, et iure, quia imperfectior est. ⁵ Eget enim non modo adverbio

f. 44ʳ   vel coniunc< t >ione, verum etiam altero verbo // ut plenum significet
sensum. ⁶ Aliquando enim dubitantes hoc utimur, ut 'si videam, intellego'; ⁷ aliquando confirmantes, ut 'misit eos ut praedicarent';
⁸ aliquando etiam suadentes, ut 'prodest ut legas'; ⁹ aliquando vero imperantes vel prohibentes, ut 'facias hoc vel illud', vel 'ne facias' in quo
non eget alio verbo. ¹⁰ Est, quando ostendentes, nisi impedimento
fuisset, ut si dicerem 'si licuisset'.

447. INFINITIVUS, ut LEGERE (381,20). ² INFINITIVUS dicitur, eo quod
non est finitus; non definit numerum nec personam certam. ³ Unde et
nomen accepit. ⁴ Eget enim unum ex quattuor supra dictis modis, ut
perfectum aliquid significet, et voluntativis verbis utitur, ut 'legere volo,
volumus', 'legere propero', 'legere propera', 'utinam legere
properarem', 'cum legere properarem'.

448. IMPERSONALIS, ut LEGITUR (381,21). ² IMPERSONALIS dicitur, eo
quod certam personam non definiat. ³ Nisi enim extrinsecus accipiat, id
est a pronomine, certum numerum vel certam personam non demonstrat, ut 'legitur a me, a te, ab illo'. ⁴ Quaestio igitur oritur, cum infinitivus dicatur modus, quod non definiat nec certum numerum nec
certam personam; impersonalis enim similiter. ⁵ Quare non unus dicitur
modus vel sub una comprehenduntur litteratura? ⁶ An forte differunt
inter se aliquid? ⁷ Differunt utique modis quattuor: uno modo, quia impersonale formatur a tertia persona indicativi; infinitivus a secunda persona imperativi. ⁸ Alio modo, quia impersonale verbum suae cuiusdam
significationis est, et nascitur a neutris activam vel absolutam vim
habentibus, ut 'statur, vivitur', vel ab activis, ut 'amatur', vel a passivis
vel communibus vel deponentibus numquam; infinitivus enim ab
omnibus verbis. ⁹ Tertio modo impersonale per omnes modos et per

---

446,10 quando: *fortasse 'aliquando' (?); cf. P. II 425,5*

446,3 cf. P. II 424,19-20   446,4-5 P. II 424,12-14   446,6-7 cf. P. II 424,19-21   446,7
'misit eas ut praedicarent' cf. Vulg. et Vet. Lat. *Luc.* 9,3 (misit illos praedicare; cf. Vulg. *Marc.* 3,14
(ut mitteret eos praedicare)   446,8-10 cf. P. II 425,3-7   447 cf. P. II 425,9-12   448 cf.
Pomp. V 216,10-217,26; Serv. IV 411,27   448,8 cf. P. II 425,13-17; 413,21 ff.

---

448 Priscian does not recognize the impersonal as a mode. Even those who do, Donatus (IV
381,21) and Servius (IV 411,27), think that it may be classed as a 'genus' (IV 381,21); cf. Pomp. V
216,10-217,26

omnia tempora currit, ut 'curritur a me', pro 'curro', 'curratur a te' pro 'curre', 'utinam curreretur a te' pro 'utinam curreres', 'cum curratur a te' pro 'cum curras', 'curri a te oportet' pro 'currere te oportet'; quod non facit infinitivus. [10] Quarto modo discrepat, quia infinitivus a sua parte suppletur, id est a verbo. [11] Impersonalis enim extrinsecus suppletur et exterius accipit adiumentum ad se complendum, id est a nomine et a pronomine; infinitivus enim ab ipso, a quo oritur verbo.

449. Quia superius etymologias singulorum modorum diximus, dignum est ut dicamus quare taliter ordinati sint. [2] INDICATIVUS igitur idcirco primus ponitur, quia perfectior est omnibus tam personis quam temporibus, et quia omnia tempora habet, et quia ex ipso omnes modi accipiunt regulam et derivativa nomina sive verba vel participia ex hoc nascuntur, ut 'duco, ducens, duxi, ductus, dux', 'rego, regens, rexi, rectus, rex', 'ferveo, fervens, fervesco, fervor'; [3] vel etiam quia prima positio verbi, quae videtur ab ipsa natura prolata, in hoc est modo, quemadmodum in nominibus est casus nominativus. [4] Est enim in nominativo naturalis positio nominis.

450. IMPERATIVUS postponitur indicativo, licet maior sit ille qui imperat, quam ille qui indicat, quia imperativus modus imperfectior est indicativo, et in personis, et in temporibus. [2] Non enim habet primam personam in singularitate, quia nullus potest sibi imperare; non habet nisi praesens et futurum. [3] Sed ideo tenuit secundum locum in declinatione verborum, quia, per se absolutus, quemadmodum indicativus, non indiget auxilio alterius partis ad plenam significationem, licet per tempora et personas deficiat naturaliter. [4] Solemus, non solum imperantes, sed etiam orantes eo saepissime uti, ut:

[5] Musa, mihi causas memora.

451. Optativus autem, quamvis temporibus et personis perfectior esse videatur imperativo, tamen imperfectior est in sensu. [2] Et licet omnes personas habeat et sua tempora cuncta, merito tamen post eum ponitur, quia eget adverbio optandi, ut plenum significet sensum, quia sine eo non potest esse id est sine adminiculo adverbii optandi, quod non est in imperativo; et iure illum praecedit imperativus, quia, quamvis primam amittat personam, < et > praeteritum tempus non habeat, perfectus tamen est in semetipso, et nullius eget auxilio; et quoniam qui optat inferior esse videtur imperanti. [3] Minor est enim qui optat, quam

449,1 etymologias: ethimologÿas   451,1 imperativo: inp̄to   451,2 imperativo: īpatō

449-454 cf. Clem. 63,23-64,17; v. P. II 423,24 ff.   450,5 Verg. Aen. I 8; Clem. 63,33; P. II 424,5

qui imperat; quod enim optamus, potest fieri, et [non] iure post imperativum ponitur optativus.

452. Quarto loco ponitur CONIUNCTIVUS post optativum et merito. [2] Quamvis enim distincta habeat tempora, sicut indicativus, nec habeat ea coniuncta, sicut optativus, tamen imperfectior est optati < v >o, qui una tantum egens est particula; eget autem coniunctivus, ut iam commemoravimus, non solum cum adverbio vel coniunctione, sed etiam altero verbo, ut plenum significet sensum, ut Vergilius in Bucolico:

f. 44ᵛ   [3] Cum faciam vitulam pro frugibus, ipse // venito.

453. Deinde INFINITIVUS sequitur, quia non est similis aliis praecedentibus modis, nec tantum perfectionis habet. [2] Neque enim definit certum numerum neque certam personam. [3] Unde infinitivus dicitur, quasi 'non finitus'. [4] Utitur enim voluntativis verbis ad plenam significationem, ut 'legere volo', 'legere volumus'. [5] Cum enim dicit aliquis absolute 'legere', non est ibi certus numerus, quia 'legere', sicut est singularis, ita et pluralis numeri. [6] Nec est ibi certa persona, quia et primae et secundae et tertiae personae iunguntur, ut 'legere volo ego, tu, ille', 'legere volumus nos, vos, illi'.

454. IMPERSONALIS dicitur eo quod personis deficit; IMPERSONALIS vero succedit infinitivo, quia ipse in persona deficit, et nascitur ab omnibus modis etiam ab infinitivo et ab omnibus personis, sed recipit supplementum sibi a personis pronominum, ut 'legitur a me, a te, ab illo, a nobis, a vobis, ab illis': ita currit usque in finem. [2] Sed infinitivus ideo ante impersonalem ponitur, licet imperfectus est; tamen a sua parte suppleri potest, id est a verbo. [3] Impersonalis autem non a sua parte, sed ab aliis partibus suppleri potest, id est a nomine et a pronomine. [4] Infinitivus ergo et impersonalis merito superiores sequuntur, quia nec certum numerum nec certam personam definiunt.

455. Sequitur: HUNC QUIDAM MODUM PRO GENERE AC SIGNIFICATIONE VERBI ACCIPIUNT (381,21), id est recipiunt HUNC MODUM, id est impersonalem, PRO GENERE et SIGNIFICATIONE VERBI. [2] Quare hoc? [3] Propterea utique, quia, sicut activa et passiva et reliqua verba inchoant ab indicativo et per omnes modos currunt usque ad ultimum membrum gerundivi, similiter impersonalis. [4] QUIDAM dixerunt, ex quibus Pompeius est, quod modus non possit esse, quia, ut ceteri modi proprium angulum non habent in verbo, sed velut vagus per omnes discurrit

---

454,2 id est: 'a sua' deletur   455,4 velut: velud

452,2 'ut iam commemoravimus' 446,5 supra   452,3 Verg. E. III 77; P. II 424,14-15   455
v. 448 supra   455,4 Pomp. V 216,16-17

modos. ⁵ Si enim modus esset, proprium haberet locum. ⁶ Cur ergo
Donatus adnumeravit eum inter modos? ⁷ Ob nullam aliam causam,
nisi quia ab indicativo formatur, sicut reliqui modi.

456.   'Signif<ic>atio' et 'genus' (381,21-22) idem est in verbo, sicut
activum genus per se dicitur et passivum et deponens, eo quod per
omnes modos exit; ita et impersonale genus per se voluerunt, eo quod
omnia tempora habeat et omnes modos, sicut et alia genera. ² Habet
enim indicativum et imperativum et reliquos, quia, ut iam dixi, ab
omnibus modis nascitur, et tertiam tantum personam habet aliorum
modorum.

457.   Cuius, scilicet impersonalis modi, VERBA AUT IN "TUR" EXEUNT,
AUT IN "IT", AUT IN "ET" (381,22). ² IN "TUR" enim EXEUNT, ut 'legitur',
'scribitur'; IN "IT", ut 'contigit'; IN "ET", ut 'pudet'.

458.   SED, illa scilicet verba, QUAE IN "TUR" ET IN "IT" EXEUNT, HAEC AB
INDICATIVO ORIUNTUR (381,23), id est nascuntur et veniunt, ut dictum est, et
habent sensum activum, UT LEGO LEGITUR (381,23-24). ² Indicativus 'lego,
gis', addita 'tur', 'legitur'; praeterito imperfecto 'legebam, bas', addita
'tur', 'legebatur' et reliqua. ³ Quid est 'legitur a me', nisi 'lego ego'?
⁴ Quid 'legitur a te', nisi 'tu legis'? ⁵ Quid 'legitur ab illo', nisi 'legit
ille'? ⁶ 'Auditur a me' similiter, 'audio ego'.

459.   CONTINGO, contingis, CONTINGIT (381,24) indicativus. ² Inde venit
impersonalis CONTINGIT. ³ CONTINGO, quando integre declinatur,
significat 'tango, tangis'; ⁴ inde componitur CONTINGO, quasi 'simul
tango' et tunc trahit accusativum casum. ⁵ Quando vero impersonale
est, tertiam tantum habet personam 'contingit', id est 'evenit' et trahit
dativum, ut 'contingit mihi', id est 'evenit mihi', et significat fortuitam
rem, id est subitam, et ita declinatur, 'contingit mihi, tibi, illi', 'contingit
nobis, vobis, illis', et sic deinceps.

460.   QUAE IN "ET" EXEUNT, DUAS FORMAS HABENT; ALIA ENIM AB IN-
DICATIVO VENIUNT, UT MISEREOR MISERET (381,24). ² Ab eo quod est MISEREOR
venit MISERET. ³ Eutyches tamen dicit ab eo quod est MISERET venit
'misereo', sed non ita accipitur. ⁴ Nam MISERET magis a 'misereo' quam a
MISEREOR venit. ⁵ 'Misereo' enim apud veteres erat neutrale verbum, et
quia 'misereo' recessit ab usu, remansit MISERET impersonale verbum.
⁶ Priscianus dicit quod numquam a verbis in 'or' desinentibus nascitur
impersonale. ⁷ Unde, sicut ipse dicit, 'misereo' pro MISEREOR dicebant

---

458,2 legebam: legabam   460,3 Eutyches: Euticius

456 cf. Virg. Gr. 63,8 ff.   459,3 P. II 561,9 ff.   459,4 cf. P. II 437,25-438,2   459,5 cf.
P. III 158,4-28   460 v. Diff. Suet. 279,1-5   460,3 Eutyches V 458,12-13   460,4,6-7 P. II
425,16-19

antiqui, quod ab usu iam recessit: inde remansit MISERET. [8]'Miseret me', id est 'miseriam habeo'.

461.   ALIA, scilicet impersonalia verba, A SE ipsis ORIUNTUR, UT PUDET

f. 45ʳ TAEDET (381,25-26). [2]Non utique A SE ipsis // nascuntur, sed ab aliis verbis quae apud antiquos erant. [3]A SE enim haec verba oriri dicuntur, quia eorum primitiva apud nos modo in usu non habentur. [4]Re vera enim A SE non oriuntur, sed a verbis quae apud veteres fuerunt, sicut ipse Donatus subiungit dicens: "Quamvis veteres dixerint 'pudeo', 'taedeo' (381,26)". [5]Quia ergo recesserunt ab usu et remanserunt tantum impersonalia verba, ideo A SE oriri dicuntur 'taedet me', id est 'taedium est mihi'. [6]Sed hoc distat inter TAEDET et PUDET. [7]PUDET de praeterito accipitur, ut 'pudet me peccasse', id est sicut in libro Regum legitur: [8]'Pudet me Saul constituisse regem'. [9]TAEDET autem de futuro accipitur, ut 'taedet me facere' id est 'pondus est mihi facere'.

462.   LIBET (381,26) similiter non habet originem verbi, 'libet mihi, tibi, illi, nobis, vobis, illis'. [2]PAENITET (381,26) me, te, illum'; inde 'poenitentia' dicitur 'quasi puni<t>entia'; ille enim, qui 'poenitet', quasi 'punit', id est dam[p]nat quae fecit.

463.   QUALITAS VERBORUM ETIAM IN FORMIS EST CONSTITUTA (381,26). [2]Non solum in modis, sed etiam in formis est constituta qualitas verborum.

464.   QUAS FORMAS ALII VERBORUM GENERIBUS VEL SIGNIFICATIONIBUS MISCENT (381,27), id est copulant et coniungunt. [2]Id ipsum est genus in verbo quod et significatio, ut supra dictum est. [3]Verbi gratia, 'lego, cuius generis est?', 'activi'; 'cuius significationis?', 'activae'. [4]Sicut genus dicitur in verbo activum et passivum et cetera, ita volebant quidam, ut inchoativa forma et reliquae tres genera dicerentur. [5]Verbi gratia, si interrogaretur 'calesco, cuius generis est?', responderetur 'inchoativa', et de reliquis.

461,4 dixerint: dixērt: v. D. 381,26   461,8 Saul: 'Saulem' R.H. 252,26   461,8 regem: v. R.H. 252,27   461,9 futuro: 'praesenti' R.H. 252,27   461,9 taedet: dedit: cf. R.H. 252,27   462,2 PAENITET: penitet: 'poenitet' R.H. 252,29   462,2 'poenitentia': penitentia: cf. R.H. 252,30   462,2 puni<t>entia: cf. R.H. 252,30   462,2 'poenitet': penitet: cf. R.H. 252,30

461,2-3 cf. P. II 432,9 ff.   461,6-9 cf. R.H. 252,24-28 (praesenti)   461,8 cf. I Sam. 15,11 'Poenitet me quod constituerim Saul regem' (Vulg.); 'Poenitet me quod constituerim regem Saul' (Vet. Lat.)   463 cf. Audax VII 345,1; Virg. Gram. 56,14-57,14; v. Pomp. V 219,5 ff; P. II 421,11; P. II 427,11 ff.   464,2 'supra dictum' cf. 448,8-9 supra

463   Donatus, Audax (VII 345,1) and Virgilius Grammaticus (56,14-57,14) employ this order. The usual order is meditativa, incohativa, perfecta, frequentativa (Pomp. V 219,5). Priscian has a different treatment: perfecta (II 421,11), incohativa, meditativa, frequentativa (II 427,11).

465. Quare igitur alii permiscent verborum generibus formas? [2] Ideo nempe, quia, sicut genera per omnes modos declinantur, ita et perfecta forma et meditativa et reliquae. [3] Quod, quia superfluitas erat, ideo Donatus eos sequi noluit, quia una coniugatio non potest poni pro omnibus coniungationibus, neque omnes sub una coniungimus litteratura. [4] Perfecta autem forma omnium coniugationum et omnium generum reperitur. [5] Propterea potius formae sunt dicendae quam genus. [6] Formae dicuntur ab informando, id est instruendo, eo quod informent, id est instruant, nos ad sensum verbi intelligendum.

466. FORMAE IGITUR Latine SUNT QUATTUOR (381,28). [2] IGITUR id est certe, QUATTUOR FORMAE Latine, id est quattuor sunt formae Latinorum. [3] Ideo dixit 'Latine', quia apud Graecos non sunt tantae formae; apud illos tantum una habetur id est perfecta.

467. "Deficit Graeca lingua in his formis" (381,28), quia non habet nisi unam. [2] Definitio numeri est hic. [3] Fuerunt qui voluerunt plures formas; fuerunt qui pauciores. [4] Illi, qui pauciores dicebant, nolebant computare amplius quam duas, perfectam scilicet et frequentativam. [5] Cur ergo non illos sequitur Donatus? [6] Ideo scilicet, quia non valet integritas et latitudo Latinae linguae sub duabus comprehendi vel concludi formis. [7] Qui vero plures voluerunt esse formas, addebant desiderativam, ut 'facesso' et 'viso', et deminutivam, ut PITISSO et VACILLO (382,4); quod Donatus ideo non fecit, quia omnia verba desiderativa perfectae formae copulantur: deminutiva autem frequentativae formae sunt.

468. PERFECTA, UT LEGO; MEDITATIVA, UT LECTURIO (381,29). [2] PERFECTA forma dicitur, eo quod perfectam rem demonstrat, ut 'quid facis?', 'lego'. [3] Cum dico 'lego', perfectam rem monstro. [4] MEDITATIVA dicitur, eo quod meditationem significat, id est cogitationem, ut 'lecturio', id est 'legere cogito', 'esurio', 'edere cogito'. [5] Qui enim esurit, meditatur ut manducet.

469. 'Parturio' id est 'parere cogito'. [2] Inter 'pa<r>turire' et 'parere' distantia est. [3] 'Parere' enim est fetum emittere; 'parturire' vero

---

465,6 cf. Isid. I 9,3   466-467 cf. Macr. *De Diff.* V 625,24-26 (quae sunt fere propriae latinitatis ...); cf. Cons. V 375,30-31   467,4 cf. Cons. V 375,31-376,4   467,7 cf. P. II 431,10-18 (desiderativa); cf. P. II 431,19-22 (deminutiva).   468,2 R.H. 252,37-38   468,4 cf. Isid. I 8,3; 'meditativa' cf. Serv. IV 412,32; v. Virg. Gr. 56,19 'propono'; cf. Cons. V 376,4-7   469 Cons. V 376,9; 'parturio' cf. P. II 429,13

---

468 The Grammatici Latini use 'volo' to explain the 'meditativa' (cf. Serv. IV 412,32): Virg. Gr. 56,19 uses 'propono' (cf. Cons. V 376,4-7). Sedulius seems to be using a simple gloss on 'meditor'.

ante partum dolere. [4] Unde in evangelio: 'mulier cum parit, tristitiam habet', id est cum dolet. [5] 'Meditor, taris, tatur'; inde meditativa forma.

470. FREQUENTATIVA forma dicitur a frequenti actu, quod crebro fit, ut 'lectito', id est saepe lego, 'dictito', id est saepe dicto. [2] 'Frequentor, frequentaris'; inde frequent<at>iva forma.

471. INCHOATIVA (381,28) forma dicitur ab inchoando, eo quod inchoationem, id est inceptionem significat, ut 'fervesco', id est 'fervere incipio'; 'calesco', 'calere incipio'. [2] 'Chaos' confusio elementorum quae fuit in primordio antequam elementa discernerentur ab invicem: unde et ponitur pro principio et confusione. [3] Unde factum est verbum 'inchoo, inchoas', id est 'incipio', quasi in Chao, id est in principio.

472. Sciendum, quia Donatus in his formis rectum non tenuit ordinem. [2] Primo enim meditativam debuisset ponere; secundo, inchoativam; tertio loco, perfectam; quarto, frequentativam, quia primum meditamur nos quiddam acturos, antequam incipiamus.
f. 45[v] [3] Postquam // meditatum habuerimus, inchoamus; deinde ad perfectum ducimus. [4] Postea, si nobis id quod fecimus placuerit et rectum visum fuerit, frequentamus et in usu ponimus. [5] Sed Donatus ad originem respexit, quando omnia perfecta creata sunt. [6] Naturasque creans Deus in perfectis omnia fecit: hominem non puerum, sed perfectum in triginta annorum aetate fecit atque arborem perfectam fructiferam, fructum ferentem. [7] Ideo Donatus naturam imitatus, a perfecta forma verborum inchoavit. [8] Vel dicendum, quod Donatus principalitatem secutus et non naturam attendit, quia perfecta forma principalior est ceteris. [9] Ideo naturaliter has ordinavit formas.

473. In perfecta quippe forma omnes coniugationes et omnia genera omniaque tempora inveniuntur. [2] Perfectae vero formae sunt omnia quae perfectionem significant, perfectumque indicant sensum et sunt tam in prima positione, quam in derivatione. [3] Et inveniuntur in quinque generibus et quattuor coniugationibus, nisi sunt anomala, vel defectiva, et oriuntur tam a se quam ab aliis partibus orationis. [4] Meditativa autem forma semper quartae coniugationis est et semper in 'urio' desinit, et venit ab omnibus coniugationibus et ab omnibus generibus — et fiunt a praeterito participii, vel ultimo supino assumptione 'rio', ut 'partu, parturio', 'esu, esurio', et sunt neutralis

469,4 parit: 'parturit' R.H. 253,4

469,4 Vulg. et Vet. Lat. Ioan. 16,21; R.H. 253,4   470,1 cf. Serv. IV 412,36-413,1   471,1-2 cf. Fest. 95,4-5; v. E.M. 314 (incoho)   471,2 'chaos' cf. Fest. 45,20-25   472 R.H. 253,8   472,1-4 cf. Pomp. 219,5-17   472,5 cf. Isid. XI 1   472,6-7 cf. Virg. Gr. 56,15-16   473,2 cf. P. II 427,12-13   473,3 cf. Clem. 65, 6-8   473,4 cf. P. II 429,10-18

significationis — et caret gerundivo modo et futuro tempore participii.
[5] Et, ut dictum est, meditativa dicta est a meditando; 'lecturio' enim
nihil est aliud nisi 'meditor legere', 'scripturio', 'meditor scribere'.

474. FREQUENTATIVA, UT LECTITO (381,29). [2] Frequentativa est quando
nos saepe aliquid facere ostendimus; quae frequentiam actus significat,
ut 'lectito', id est 'saepe lego', 'cursito', id est 'frequenter curro'. [3] Semperque sunt primae coniugationis, et oriuntur a neutralibus et activis
verbis, et sunt semper eiusdem generis cuius primitiva, a quibus oriuntur, et desinunt in quinque clausulis, videlicet in 'to' ut 'canto', in 'ito'
ut 'imito' 'lectito', in 'so' ut 'merso', in 'lo' ut 'cavillo', in 'xo' ut 'nexo'.
[4] Et derivantur a supinis, mutata 'u' extrema in 'o', ut 'dictu, dicto',
'cursu, curso', 'nexu, nexo'. [5] Excipiuntur in 'gi' terminantia
praeteritum, quae a praesentis secunda persona, abiecta 'si', et addita
'to', faciunt frequentativum, ut 'ago, agis, agito', 'cogo, cogis, cogito',
'legis, legito'. [6] Et 'quaero' et differentiae causa 'quaerito' facit, quia a
'quaeso', 'quaesito' fit; et 'nosco', 'noscito'; et etiam 'noto, notas' dicitur
paenultima correpta. [7] 'Sector', vero 'sectaris' per syncopam prolatum
est, ne nomen putaretur, si 'secutor' diceretur. [8] Et intuendum, quod si
sint primae coniugationis et habeant paenultimam 'a' in supino, mutant
eam in 'i' correptam, ut 'rogatu, rogito'; et faciunt plerumque ex se
passiva.

475. FREQUENTATIVA (381,30) ab omnibus nascuntur coniugationibus
etiam ab anomalis, SED SEMPER PRIMAE CONIUGATIONIS DEBENT ESSE (381,30).
[2] Unde 'viso, visis' et multa alia et quae non sunt primae coniugationis,
magis desiderativa sunt dicenda. [3] Quid enim est 'viso', nisi 'videre
desidero'?

476. INCHOATIVA (381,29 & 31) dicta est ab 'inchoando', quia initium
actus vel passionis significat. [2] Quid est enim FERVESCO (381,30), nisi 'incipio fervere'; CALESCO (381,30), nisi 'incipio calere'?

477. Quae inchoativa forma merito in primo loco non ponitur,
quia, sicut idem in sequentibus dicit Donatus, deficit in praeterito tempore, QUIA QUAE modo INCHOANTUR PRAETERITUM HABERE NON POSSUNT
(381,31-382,1), ET A NEUTRALIBUS VERBIS primae et secundae et tertiae
coniugationis debent nasci (382,1). [2] Et fiunt a secunda persona
primitivorum, addita 'co', ut 'labas, labasco', 'flammo, flammas, flammasco'. [3] Et quidam 'labesco' 'flammesco' dicere volunt, quasi a 'flammeo, flammes' et 'labeo, labes' secundae coniugationis verbis. [4] 'Caleo,

---

474,5 addita: addite: 'addita' P. II 430,3   477,3 labes: lebes

474,2 cf. Isid. I 9,3   474,3-6 cf. P. II 429,19-430,17   474,7 P. II 431,5-8   474,8 P. II
429,24-430,1   475 cf. P. II 431,10-18   477,2 cf. P. II 429,1-2   477,2-3 cf. Mals. 76 n.
3   477,4 'caleo' P. II 427,17; 'ferves, cupis, scis' P. II 429,2; flammesco' cf. Fest. 79; Char. 330,24;
'labesco' C.G.L. IV 358,29 et passim (labescit).

cales', addita 'sco' fit 'calesco'; 'ferves', 'fervesco'; 'cupis', 'cupisco'; 'scis', 'scisco'.

478. Excipiuntur 'hio, hias' quod 'hisco' non 'hiasco' facit. [2] Unde 'fatisco' et 'dehisco' componuntur; [3] et derivantur plerumque a neutris absolutam vel intrinsecus natam significantibus passionem, ut 'rubeo, rubes, rubesco', 'pates, patesco', 'marces, marcesco'. [4] 'Plerumque' dixit, quia derivantur etiam ex aliis verbis, ut 'sentio, sentis, sentisco', 'vivis, vivisco'; inde 'revivisco'. [5] 'Miseres' antiq<u>um, 'miseresco'; 'integras', 'integrasco', quod in passiva significatione ponitur, licet primitivum eius activum sit.

479. Derivantur etiam a nominibus appellativis, ut 'iuvenis, iuvenisco', 'glis, glisco'; [2] et sunt semper tertiae coniugationis et neutra, et in 'sco' solum desinunt et deficiunt tam in praeterito perfecto f. 46[r] quam in praeterito plusquamperfecto et futuro coniunctivi sive // futuris participii et in duobus posterioribus verbis gerundivi. [3] Iisdem etiam temporibus deficere solent meditativa. [4] Et sciendum, quod inveniuntur quaedam primitiva inchoativorum formam habentia, ut 'pasco, disco'; non tamen sunt inchoativa.

480. SUNT ETIAM FREQUENTATIVA DE NOMINE VENIENTIA, UT PATRISSAT, 'matrissat', GRAECISSAT (382,2). [2] PATRISSAT venit a nomine quod est pater; 'matrissat' venit a nomine quod est mater; GRAECISSAT, ab eo quod est Graecus. [3] PATRISSAT, qui morem patris imitatur, hoc est patrem assimilat; 'matrissat', qui morem matris imitatur, hoc est matrem assimilat; GRAECISSAT, qui morem Graecorum imitatur, hoc est Graecum assimilat.

481. SUNT alia QUASI DEMINUTIVA, quae litteratura sunt deminutiva, sed sensu frequentativa, QUAEQUE A PERFECTA FORMA VENIUNT, id est a verbo perfectae formae, UT SORBILLO SUGILLO (382,3). [2] Principalia verba sunt 'sorbeo' et 'sugo'; deminutiva SORBILLO et SUGILLO. [3] 'Sorbeo' perfectae formae est; facit praeteritum 'sorbui': inde SORBILLO frequentativum, id est frequenter sorbeo. [4] Inde 'sorbitiunculae' a sorbendo dictae. [5] SUGILLO, id est strangulo a verbo 'suggero', id est interrogo. [6] 'Sugillare' est proprie quasi aliquem crebra interrogatione strangulare. [7] Sciendum est autem, quod et in sensu frequentativae formae sunt, in superficie vero de<mi>nutivae.

480,1,2,3 Patrissat: patrizat: *v. R.H. 253,22; v. L.H.S. I 318k*   480,1,2,3 'matrissat': matrizat   480,1,2,3 Graecissat: grecizat   480,3 assimilat: assimilat

478,1 P. II 429,3   478,2 cf. P. II 429,3-9   478,3 P. II 427,18-21   478,4 cf. P. II 427,21-428,20   479,2 cf. Pomp. V 219,21-23; cf. P. II 559,25-560,7.   479,3 cf. P. II 559,27   480 v. Cass. orthog. VII 154,7-11; Vel. VII 50,9-52,2   481 cf. Pomp. V 220,32 ff.; v. Cons. V 376,23-25

482. SUNT SINE ORIGINE PERFECTAE FORMAE, id est quae a se veniunt, non ab aliquo, UT PITISSO VACILLO (382,4). [2] PITISSO dicitur vel consumo, vel frequenter bibo, vel frequenter spuo; PITISSO frequenter bibo. [3] Unde Terentius:

> [4] quattuor dolia pitissando consumpsit,

[5] id est frequenter bibendo. [6] ET PITISSO id est spuo; hinc et 'pituita' id est 'minuta saliva'. [7] Persius:

> [8] Somni <a> pituita qui purgatissima mittunt.

483. Notandum autem quod, quamvis Donatus haec verba sine origine perfectae formae esse dicat, invenitur tamen, ut Pompeius testatur, in etymologiis ratio horum verborum. [2] Fit enim in hoc verbo mutatio 'o' in 'i', et quasi a 'potisso' dicitur PITISSO. [3] Quod si ita est 'potisso' dicatur quasi 'pitatisso'. [4] Item, sicut dicit, VACILLO trahit originem ab eo quod est vagor, id est nuto. [5] VACILLO enim est nuto, id est membris vagor. [6] Item vacillo, id est 'titubo', 'moveo', 'dubito'. [7] 'Vacillat', id est 'titubat animus meus'.

484. FREQUENTATIVA verba IN duos GRADUS dividuntur, vel in tres litteraturas exeunt, UT CURRO primus gradus est; CURSO secundus; CURSITO tertius (382,4-5). [2] Sed CURSITO et CURSO idem est, id est frequenter hac et illac curro.

485. SAEPE IN DUOS, scilicet gradus, UT VOLO, 'las': inde VOLITO (382,5) 'tas', id est frequenter volo. [2] Volitat aquila, id est frequenter volat.

486. SUNT VERBA INCHOATIVIS SIMILIA, quia in 'sco' desinunt, sicut inchoativa, QUAE, scilicet verba, NOSCUNTUR, id est cognoscuntur, NON ESSE INCHOATIVA EX CONSIDERATIONE TEMPORUM, quia praeteritum tempus habent, UT COMPESCO, COMPESCUI (382,6-7). [2] Superius dictum est, quod inchoativae formae verba non recipiunt praeteritum tempus, quia quae inchoantur praeteritum tempus non habent. [3] Dum ergo hoc verbum praeteritum tempus habeat, claret quia superficiem inchoativae formae habet similem, sed in sensu perfectae formae est. [4] COMPESCO, COMPESCUI, id est mitigo; sedo, id est tranquillo; disco similiter, sed 'didici' facit.

487. SUNT ITEM ALIA INCHOATIVA, QUAE A PERFECTA FORMA VENIUNT, UT HORREO HORRESCO (382,8). [2] HORREO perfectae formae est; inde venit HORRESCO, id est horrere incipio. [3] HORREO duos sensus habet: HORREO, id

482,8 Somni <a>: v. Pers. II 57   **483,1** etymologiis: ethimologiis   **483,5** nuto: muto: cf. Pomp. V. 221,11   **484,1** duos: 'tres' D. 382,5   **486,3** superficiem: quiat (?) ss. A[2]

482 cf. Pomp. 221,1 ff.   **482,4** cf. Ter. Heaut. III 1,51 (457) ff.; Eugraph. Ter. Heaut. (ed. Wessner) III 180,8-16   **482,6** R.H. 253,28   **482,8** Pers. 2,57   **483,1-2** Pomp. V 221,7 ff.   **483,4-5** Pomp. V. 221,10-12   **484-485** cf. Pomp. V 220,24-32   **486** cf. Pomp. V 222,1-3   **486,2** 'superius' 477 supra

est metuo, hincque 'horribilis', id est 'metuendus', sicut illud: [4] Horruit
spiritus meus. [5] Et HORREO est despicio; inde legitur:

[6] Non horruisti Virginis uterum.

488. SUNT, scilicet verba, QUAE ORIGINEM SUI NON HABENT, id est non
habent aliud verbum unde oriuntur, nisi a se ipsis tantum, UT CONSUESCO
QUIESCO (382,9). [2] Quare dicit inchoativa verba Donatus esse haec, cum
praeteritum habeant tempus, qui superius dixit ea carere. [3] CONSUESCO
enim 'consuevi' facit praeteritum, et QUIESCO 'quievi'. [4] Si igitur ista
praeteritum habuerint, inchoativa minime erunt, et si inchoativa
fuerint, praeterito utique carebunt. [5] Re vera enim et certa ratione
dicamus ista praeterita derivata ab aliis verbis, quae iam ab usu
recesserunt. [6] Antiqui enim declinabant 'consueo, consues', et 'quieo,
quies', sicut 'pudeo' et 'taedeo' et ab illis verbis haec remanserunt
praeterita. [7] CONSUESCO, 'consuevi', 'in consuetudinem recipio'; e contrario, 'desuesco', 'a consuetudine recedo'; 'desuevi', 'a consuetudine
recessi'; QUIESCO, id est 'pauso'.

489. CONIUGATIONES VERBIS ACCIDUNT TRES, PRIMA SECUNDA TERTIA
(382,10). [2] Secundum Priscianum, quattuor, quia tertiam divisit in
duas. [3] Sed Donatus tres enumerat coniugationes distinguens tertiam et
quartam, ubi dicit 'i' correptam, vel 'i' productam; // cum dicit 'i'
correptam tangit tertiam; cum dicit 'i' productam tangit quartam.
[4] 'Coniugatio est consequens verborum declinatio', dicta quod una
eademque ratione declinationis plurima verba coniungat. [5] Potest et
ita dici: coniugatio est collectio quaedam verborum simili declinatione
currentium dicta quod coniungat duo genera sub 'o', et tria sub 'r'.
[6] Coniugatio quoque vocatur, sicut Priscianus dicit, vel propter
coniugatas consonantes, hoc est cognotas, ex quibus plerumque
coniugationes declinationis regulam sumunt, vel quod sub una
eademque declinationis regula plurima coniunguntur verba: quae ratio
apud Latinos magis apta esse videtur. [7] Notandum enim est, quod apud
Graecos coniugatio et vocalibus et consonantibus comprehenditur;
apud Latinos vero solis vocalibus.

487,4 Vulg. et Vet. Lat. *Dan.* 7,15   487,6 Hymnus Ambrosianus (Te Deum
laudamus ...)   488,5-6 cf. Pomp. V 222,4-6   488,6 v. Mals. 198,6   489 cf. Char.
225,24-26; Pomp. V 222,15; Phocas V 430,21; Virg. Gr. 58,10; cf. Diom. I 347,16 ff.; Prob. IV
33,18   489,4 P. II 442,18   489,6 P. II 442,24-27   489,7 P. II 442,19-20

489 Cominianus (Char. 225,24-26), Pompeius (V 222,15), Phocas (V 430,21) and Virg. Gr. (58,10)
recognize only three regular conjugations. Diomedes (I 347,16 sqq.), Donatus (IV 382,20 sqq.), his
commentators, and Probus (IV 33,18) divide the third conjugation into short and long 'is' of the
second person singular present indicative. Priscian describes four (II 442,23); cf. Char. (215,19),
Eutyches (V 449,16).

490. Quaerendum igitur est quomodo apud Latinos per supra dictas vocales comprehenduntur coniugationes. [2] Ita plane: omnia enim verba, quae in secunda persona indicativi modi 'a' ante 's' habuerint, primae sunt coniugationis; similiter, quae 'e' habuerint ante 's' , secundae; quae autem 'i' correptum, tertiae; quae vero 'i' productum, quartae. [3] Quarum tamen differentias prima persona melius dinoscimus, tam vocales, quam consonantes, ante 'o' vel 'or' finalem positionem verbi considerantes. [4] Tres enim vocales ante 'o' vel 'or' finalem positionem verbi reperiuntur 'e, i, u'; 'a' enim non invenitur, nec 'o' ante 'o', nisi in 'reboo' quod a βοῶ Graeco, et 'inchoo', quod factum est a χόω Graeco verbo.

491. PRIMA EST QUAE INDICATIVO MODO TEMPORE PRAESENTI NUMERO SINGULARI SECUNDA PERSONA VERBO ACTIVO ET NEUTRALI (382,10). [2] In VERBO ACTIVO ET NEUTRALI dicit, quia activa verba et neutralia unam habent declinationem in 'o'.

492. PASSIVO COMMUNI ET DEPONENTI (382,12-13), quia et istis una est declinatio, sed altera quam in superioribus, quia ista in 'r' desinunt; similiter in SECUNDA (382,15); TERTIA QUAE IN INDICATIVO MODO (382,20) et reliqua.

493. "I" litteram CORREPTAM INTERDUM (382,21-22) sicut est in tertia; INTERDUM PRODUCTAM (382,22), sicut est in quarta.

494. In PASSIVO COMMUNI ET DEPONENTI PRO "I" LITTERA "E" CORREPTAM HABENT ANTE NOVISSIMAM SYLLABAM, UT LEGO LEGIS (382,23). [2] 'I' brevis quae est in activo, in secunda persona indicativi modi ante novissimam litteram vertitur in 'e' in passivo in eodem modo et in eadem persona, sicut est LEGO GIS, LEGOR LEGERIS (382,24). [3] In quarta non mutatur 'i' quae est in activo ante novissimam litteram, sed ipsum manet in passivo, ut AUDIO DIS, AUDIOR DIRIS (382,24-25).

495. EST et ALTERA SPECIES TERTIAE CONIUGATIONIS, QUAE "I" PRODUCTO ENUNTIATUR: HANC NONNULLI QUARTAM CONIUGATIONEM PUTANT, QUOD FUTURUM TEMPUS IN "AM" (382,26) — HANC, scilicet divisionem, NONNULLI, id est multi, PUTANT esse quartae coniugationis, ideo QUOD FUTURUM TEMPUS mittit IN "AM"— et IN "AR", ET IN "BO" et IN "BOR" SYLLABAM MITTIT, UT SER-VIO SERVIS SERVIAM SERVIBO, VINCIOR VINCIRIS VINCIAR VINCIBOR (382,28). [2] Et haec est causa quare a superiori excipiatur, quia illa futurum in 'am' tantum mittit. [3] Ista vero in 'bo', et in 'bor', et in 'am', et in 'ar' et haec apud antiquos; modo vero tantum in 'am' et in 'ar' faciunt ipsum futurum, sicut et cetera verba quartae coniugationis. [4] 'Vincio, vincis', id est 'ligo', 'vinxi' facit praeteritum; 'vincior, vinciris', 'vinctus' facit.

490,4 βοῶ: 'boo': v. R.F. 9,3   490,4 χόω: χοο

490 cf. P. II 442,28 ff.   490,4 ff. Eut. V 449,18-24; cf R.F. 47,19; 9,3; v. Pomp. V 239,6   495 cf. Pomp. V 226,25-227,2

[5] 'Vinco, vincis', id est 'supero', facit praeteritum 'vici'; 'vincor', 'victus sum'.

496.   Quidam refutantes negant in "bo" et in "bor" rite exire posse tertiam coniugationem, nisi in eo verbo quod in prima persona indicativi modi temporis praesentis numeri singularis "e" ante "o" habet, ut eo queo eam queam ibo quibo, et passivo queor quear vel quibor, et siqua sunt similia (382,30). [2] Modo destruit quod hactenus dixerat de his quae futurum mittunt in 'bo' et in 'bor', et <i >n 'am' et in 'ar', et dicit non posse exire tertiam con[o]iugationem in 'bo' et in 'bar', nisi in illis quae habent 'e' ante 'o' in prima persona, ut 'eo, queo', futurum 'ibo, quibo, eam, queam'. [3] Quod, ut iam dixi, fuit apud antiquos, sed iam recessit ab usu; et faciunt futurum tantum in 'am' et in 'ar', ut 'vinciam, vinciar'.

497.   Quaerendum est quare Donatus dicit eam esse tertiam coniugationem, quae in secunda persona "i" producto enuntiatur (382,27), cum omnes alii grammatici, excepto eo, quartam illam vocent coniugationem. [2] Ideo scilicet dicit Donatus eam tertiam, quia in secunda persona habet 'i' ante 's', sicut et tertia. [3] Alii vero ideo quartam coniugationem computant, quia multum distat a tertia. [4] Tertia enim in secunda persona habet 'i' correptum; quarta vero 'i' productum. [5] Tertia mutat in imperativo et infinitivo 'i' in 'e'; quarta nequaquam. [6] Tertia mittit futurum indicativi in 'am' et in 'ar'; quarta in 'am', et in 'ar', et in 'bo' et in 'bor'. [7] In tertia quoque coniugatione infinitivus passivi semper minor est una syllaba ab infinitivo activi; in f. 47[r] quarta vero coniugatione infinitivus activi et passivi // aequalem habent numerum syllabarum.

498.   Genera verborum, quae ab aliis significationes dicuntur, sunt quinque (383,1), quae Graeci 'effectum' verbi vocant. [2] Numerum definivit, cum dicit quinque, quia alii voluerunt impersonalem modum cum generibus et significationibus verbi sextum ponere. [3] Genus et significatio in verbo idem est. [4] Cur a Donato genera dicuntur? [5] Propter duo verba, activum scilicet, et passivum. [6] Activum enim assumens 'r' generat passivum, et rursus passivum amittens 'r' generat activum. [7] Quare igitur ab aliis significationes dicuntur? [8] Ideo sine dubio, quia significat nobis quem sensum obtineat unumquodque verbum. [9] Nam significationes dicuntur a significando, id est a demonstrando, eo quod actum vel passionem verbi demonstrent, et est significatio sensus verbi.

499.   Activa passiva neutra deponentia communia (383,2). [2] Activa verba dicuntur, quia semper actionem significant. [3] Passiva verba

496,2 dixerat: dexerat   498,1 'effectum': *'affectum'* P. II 373,10

496 'ut iam dixi', 495,3 supra   497,1 v. 489 n. supra   498,2 cf. D. 381,21   498,5 v. Pomp. V 227,5 ff.   498,8-9 cf. Diom. I 336,19-24   499 v. R.F. 50,13 ff.

dicuntur, non quod semper passionem significant, id est iniuriam, sed ab illa re vocabulum acceperunt quam magis significant. ⁴ Nam 'amor' et 'diligor' non significant passionem, sed proprie 'activa' dicuntur, quae actum suum possunt transmittere ad alterius passionem; et ille, ad quem actus dirigitur, suam potest respondere passionem. ⁵ Verbi gratia, cum dico 'lego Vergilium', meum actum demonstro transire ad Vergilii passionem quem lego; et rursus 'ipse Vergilius qui legitur' potest respondere suam passionem dicens, 'legor a te', id est 'tu mea carmina legis'.

500. Unde illa quae hoc utrumque facere non possunt, NEUTRA appellantur. ² Verbi causa, cum dico 'aro terram', neutrum est, quia terra non potest respondere suam passionem et dicere 'aror a te'. ³ PASSIVA dicuntur, eo quod passionem demonstrent, ut 'legor', id est 'mea dicta leguntur'. ⁴ Itaque notandum est, quod significatio verborum, Plinio testante, proprie in actione vel in passione est. ⁵ Activum enim est quando alio patiente, nos agimus, ut 'verbero'; passivum vero est quod alio agente nos patimur, ut 'verberor'. ⁶ Activa et passiva quae versantur inter duas personas agentis et patientis, 'verbero' et 'verberor'.

501. Ea vero verba in quibus una persona agentis, scilicet ut 'ambulo', 'curro', vel patientis ostenditur, ut 'vapulo', 'ardeo', NEUTRA vocantur, quia actum solum vel passionem solam significant. ² Item NEUTRA dicuntur, non quasi aliquid non significant, id est nec actum nec passionem, sed quia utrumque simul non significant: quando actum significant, dimittunt passionem; quando passionem, dimittunt actum, in una tantum terminatione permanentes, id est in 'o'. ³ Vel NEUTRA dicuntur per abnegationem utriusque, quia non possunt ita esse activa, ut ex se passiva faciant, neque possunt ita esse passiva, ut ex se faciant activa, et habent varias significationes.

502. Aliquando enim NEUTRA 'passiva' dicuntur extrinsecus, ut 'vapulo a te', 'fio a te', 'exulo a te', 'veneo a te'; intrinsecus, id est ex se in se ipsa fit passio, ut 'rubeo, ferveo, caleo, tepeo, marceo, aegroto, titillo, vacillo'. ² Aliquando NEUTRA 'activa' dicuntur, ut 'facio bonum', 'percurro forum', 'prandeo piscem', 'ceno ovum'. ³ Solet enim ex huiusmodi verbis tertia passivorum persona inveniri, sed ad muta et carentia anima pertinens, ut 'conditur holus', 'aratur terra', 'inseritur arbor', 'curritur spatium', 'bibitur vinum', 'manducatur panis', cum eorum primas personas natura prohibeat proprie dicere. ⁴ Nemo enim dicit 'aror', 'inseror', 'curror', nisi poetica informatio inducatur.

500,5 quando: *'quod'* Pomp. V 227,26   500,5 agimus: *'facimus'* Pomp. V 227,26 500,5 agente: *'faciente'* Pomp. V 227,26

500,1 cf. Pomp. V 227,7 ff.   500,4 cf. Pomp. V 227,23-27. (v. Mazzarino 214 ff.)   500,5 Pomp. V 227,25-27   500,6 Pomp. V 227,29-30   501,1-2 cf. P. II 375,12 ff.   502,1 cf. P. II 377,14-15; cf. P. 378,10-14   502,2 cf. P. II 375, 12-16; 378, 2-6   502,3 P. II 375,20-22; 376,6   502,4 P. II 376,8-9

503. Dicuntur etiam NEUTRA 'absoluta', id est quae non egent aliqua coniunc<t>ione casus, cum absolutam et plenam sententiam per se prolatam demonstrant, ut 'vivo', 'spiro', 'ambulo', 'pergo', quae proprie neutra vocantur. [2] Neutra enim verba dicimus, quod non solum ea in hac specie inveniuntur quae neutram habent significationem, id est nec activam nec passivam, sed quod ex maxime parte: [3] velut nomina patronymica vocamus, non quod omnia, sed quod pleraque derivantur. [4] ACTIVA igitur et PASSIVA necnon COMMUNIA certam et praefinitam habent significationem; neutra vero et deponentia varia.

504. DEPONENTIA enim dicuntur, ut quidam volunt, quia deponunt futuri temporis participium in 'dus'. [2] Nemo enim recte dicit 'luctandus' neque 'loquendus', nisi nomen verbale fuerit, et tunc 'dignum' significat, ut 'loquendus est iste', id est 'dignus de quo loquantur'. [3] Sed si ita est, neutra dici possunt, vel deponentia dicuntur secundum quosdam κατὰ ἀντίφρασιν, id est per contrarietatem, eo quod minime deponant 'r'. [4] Quod si ita est, et COMMUNIA 'deponentia' dicuntur, quia et illa numquam amittunt 'r'. [5] Re vera enim deponentia // dicuntur, eo quod sub una litteratura, id est passiva, deponunt unum sensum et assumunt alium: deponunt aliquando sensum passivum et retinent activum.

f. 47ᵛ

505. Aliquando enim DEPONENTIA 'activa' dicuntur, quae acti[v]vam habent significationem, ut 'convi[n]cior te', 'praestolor te' et 'tibi', 'sequor te', 'insidior tibi', 'meditor te' et 'tibi'. [2] Aliquando 'absoluta' sunt, ut 'loquor', 'laetor', 'morior', 'glorior', 'tumultuor', 'vagor', 'vaticinor'. [3] Aliquando passivam vim habent intrinsecus, id est nullo agente, ut 'obliviscor tui', 'misereor tui' et 'tibi'. [4] Aliquando extrinsecus, ut 'nascor a te' et 'tibi', 'orior a te', 'patior a te', 'mereor a te'. [5] COMMUNIA autem vocantur, quia duas significationes, agentis scilicet et patientis in una voce significant, vel quia sub una litteratura duos sensus habeant et duos intellectus, et quod communicent duobus generibus sub una litteratura, activo scilicet et passivo, ut 'osculor te' et 'osculor a te'.

506. Sed quaerendum est quando actionem vel quando passionem significant. [2] Tunc nempe actionem, quando accusativo casui iungun-

---

503,3 patronymica: patronomica   504,3 κατὰ ἀντίφρασιν: cata antifrasyn   504,5 Revera: Reverᵉ̇ᵃ   505,1 convi[n]cior: cf. P. II 378,25

503,1 cf. P. II 377,19-378,2   503,2-3 cf. P. II 376,21 ff.; cf. P. II 411,6-7   503,4 P. II 374,11-12   504,1 cf. Pomp. V 228,28-29   504,3 Pomp. V 228,18-23   504,4 Pomp. V 228,24-25   504,5 cf. Virg. Gr. 63,18-20   505,1 cf. P. II 378,22; 389,11; 'convicior' Char. 464,22-23   505,2 cf. P. II 389,7-11   505,3 P. II 389,13-14   505,4 P. II 388,13-15   505,5 P. II 378,18-22   506,2 cf. P. II 389,11-15

tur, ut 'osculor te'; tunc passionem, quando ablativo terminantur, ut 'osculor a te'. [3] 'Legor' figurate dicitur. [4] Nam si liber loqui potuisset, poterat dicere 'legor', id est 'alius me legit'. [5] Nos etiam quando aliquis nostra dicta legit possumus dicere 'legor', id est 'alius nostra dicta legit'.

507. NEUTRA SUNT QUAE in "O" LITTERA TERMINANTUR, sed ACCEPTA "R" LITTERA, LATINA NON SUNT, UT STO CURRO (383,5). [2] In hoc, quod in 'o' desinunt, sunt similia activis; in hoc discrepant ab activis, quia non recipiunt 'r' litteram sicut activa.

508. SUNT ETIAM NEUTRA QUAE "I" LITTERA TERMINANTUR, UT ODI NOVI MEMINI (383,6), id est non solum in 'o', sed etiam in 'i', et in aliis litteris, vel in 'm', vel in 't' terminantur. [2] In "I", UT ODI: neutrum est, quia non habet passivum, sicut et alia neutra habere non possunt. [3] Notandum est, quod haec verba praesens et praeteritum tempus sub una comprehenduntur litteratura. [4] ODI enim, NOVI et MEMINI, tam pro praesenti quam pro praeterito tempore ponuntur. [5] ODI, id est 'in odio habeo illum'; NOVI, 'scio'; MEMINI est 'recordor'.

509. SUNT etiam QUAE IN "UM" SYLLABAM DESINUNT, UT SUM PROSUM (383,7) 'absum', 'obsum'. [2] SUM neutrum est, quia passivum non habet, et est substantivum verbum, id est substa<n>tiam significat; PROSUM, 'absum' componitur. [3] Hiatus causa, id est nimia apertione oris, 'd' interponitur in sequentibus, ut 'prosum, prodes, prodest'.

510. Sunt ITEM QUAE IN "T" LITTERAM EXEUNT ET IMPERSONALIA DICUNTUR (383,8). [2] IMPERSONALIA DICUNTUR, eo quod nisi tertiam non habeant personam, UT PUDET TAEDET PAENITET LIBET (383,9), 'oportet', nec ista passivum admittunt, et ideo neutra dicenda sunt, et non habent nisi tantum tertiam personam et impersonalem modum, [3] PUDET, 'verecundia est mihi'; TAEDET, 'fastidium est mihi', et 'taedium est mihi'; PAENITET, id est 'paenitentia est mihi'.

511. SED HAEC ET his SIMILIA DEFECTIVA EXISTIMANDA SUNT (383,9), quia deficiunt alia in modis, alia in personis, alia in temporibus, alia non recte declinantur.

512. SUNT PRAETEREA NEUTRA PASSIVA, UT AUDEO AUSUS SUM, GAUDEO GAVISUS SUM, SOLEO SOLITUS SUM (383,9). [2] Una pars est NEUTRA PASSIVA, quae ideo sic vocantur, quia in praesenti declinationem habent neutralem et litteraturam activam; in praeterito passivam. [3] GAUDEO facit praeteritum GAVISUS SUM; SOLEO, id est 'consuetudinem habeo' praeteritum SOLITUS SUM. [4] Quare dicuntur NEUTRA PASSIVA? [5] Ideo scilicet, quia in praeterito et

---

in his quae a praeterito derivantur, secundum passivi generis regulam declinantur. ⁶ Unde igitur venit haec consuetudo, ut tali nomine nuncuparentur haec verba? ⁷ Ex hoc scilicet: apud veteres enim secundum passivi generis regulam declinabantur haec verba, et erant deponentia. ⁸ Videntes autem moderni deformem sonoritatem esse in illis, quod pulchrius, retinuerunt, deformius abicientes.

513. DEPONENTIA SUNT QUAE "R" LITTERA TERMINANTUR ET EA DEMPTA, id est prodita, LATINA NON SUNT, UT CONVIVOR CONLUCTOR (383,10). ² CONVIVOR, 'simul vivo'; CONLUCTOR, 'simul luctor'; 'luctari' est 'certare'. ³ Nemo potest dicere 'convivo', 'conlucto'. ⁴ 'Conviva', 'simul vivens', et venit ab eo quod est convivium, quod a convivendo Graece συμπόσιον dicitur: inde 'sympulator' 'conviva'. ⁵ Melius tamen apud nos dicitur 'convivium' a convivendo, quam apud illos συμπόσιον id est a conbibendo.

514. COMMUNIA SUNT QUIA "R" LITTERA TERMINANTUR ET IN DUAS FORMAS CADUNT, PATIENTIS ET AGENTIS (383,11). ² IN DUAS FO<R>MAS, id est in duos intellectus, vel sensus, 'UT SCRUTOR (383,12) te', activum, id est 'investigo te'. ³ SCRUTOR A TE (383,13), id est 'mea verba scrutaris', passivum, id est 'tu me investigas'. ⁴ CRIMINOR (383,12) te' similiter, id est 'accuso te'. ⁵ ET CRIMINOR A TE (383,13), id est 'tu me criminaris', id est 'tu me accusas'. ⁶ Sub una litteratura et activum et passivum sensum habent ista.

515. SUNT VERBA EXTRA HAS REGULAS, quae diximus, QUAE INAEQUALIA DICUNTUR (383,13), quia inaequalem habent declinationem, quod f. 48ʳ superiora non habent, UT SOLEO FACIO FIO FIDO AU//DEO GAUDEO VESCOR FERO MEDEOR EDO PANDO NOLO VOLO (383,14) 'malo, eo'. ² INAEQUALIA DICUNTUR ideo, quia secundum regulam non declinantur, ut SOLEO inaequale verbum est, quia non in 'i' solam facit praeteritum 'solui', sed accipit eum a participio praeteriti temporis et 'sum' verbo substantivo et facit 'solitus sum'; et haec verba, sicut superius dictum est, NEUTRA PASSIVA (383,9) dicuntur.

516. FACIO verbum activum, quod facit praeteritum 'feci'; passivum eius est 'fio, fis, fit'. ² Sed re vera, id est certe, neutrum est, quia non habet a se ipso passivum, sed ab alio verbo assumit. ³ 'Facior' enim secundum regulam aliorum verborum debuisset facere passivum, sed quia hoc non potest facere, mutuat sibi ab alio verbo. ⁴ Nam FIO aliud

---

513,4 συμπόσιον: simpunion   513,4 'sympulator': sinpulator   513,5 συμπόσιον: simpunion

513,2 'convivo' Seneca *Ep.* 104,20   513,3 'convivor' συμποσιάζω Char. 464,22; 'convivae a convivio dicuntur' Serv. *Aen.* I 214; συμπόσιον cf. C.G.L. II 443,8   513,3 'sympulator'; cf. Fulg. *S.A.* 123,18 (simpolator); cf. C.G.L. V 610,42   514 cf. P. II 378,18-22   515 cf. Pomp. V 231,15 ff.   515,2 cf. P. II 420,13   516,3 cf. P. II 402,9-11, 420,11-13

verbum est, quod pro eius a<c>cipitur passivo et est neutrum passivum. ⁵ Ideoque FACIO verbum neutrale dicitur.

517.   VESCOR verbum non habet praeteritum, sed ab alio ei datur, id est 'pasco', quod facit passivum 'pascor, pastus sum' videlicet. ² FERO inaequale est, sicut et praecedentia, quia praeteritum accipit ab alio verbo, 'tuli' a 'tollo' videlicet, cuius praeteritum faciebant antiqui 'tetuli'; nunc vero dicimus 'tuli'. ³ 'MEDEOR, mederis' et 'medicor, medicaris' idem est, id est 'medicinam impendo' et 'medicamentum do'; facit 'medicatus sum'. ⁴ Sed hoc distant, quia MEDEOR genetivo et dativo iungitur, ut 'medeor tui' et 'tibi'; 'medicor' autem accusativo, ut 'medicor te'. ⁵ Unde Vergilius:

⁶ Semina vidi equidem multos medicare serentes.

518.   'EDO, es, est', 'edi' facit praeteritum. ² EDO quando inaequaliter declinatur significat 'commedo'; quando vero regulariter declinatur 'EDO, edis, edit' significat 'promo', vel 'compono', vel 'parturio'. ³ PANDO non facit ex se praeteritum, sed a verbo quod est 'patior, pateris' accipit praeteritum 'passus sum', sive 'pansus sum', ut Vergilius:

⁴ Et <pater Anchises> passas in litore palmas;

'passas' dixit, ab eo quod est 'PANDO, pandis': unde 'expando'. ⁵ NOLO non aequaliter declinatur, quia non facit 'nolis' secundam personam, sed 'NOLO, non vis, non vult'. ⁶ VOLO similiter 'vis' facit, et imperativo caret; nullus enim voluntati imperat.

519.   SUNT QUAE DECLINARI RITE NON POSSUNT, UT CEDO AVE FAXO INFIT INQUAM QUAESO AIO (383,16), et cetera. ² RITE non declinantur haec verba, quia naturali ratione defectiva sunt et perdunt vires omni ratione. ³ Hoc enim verbum non habet amplius nisi CEDO, id est 'dic', et 'cedite' hoc est 'dicite'. ⁴ CEDO varias significationes habet et diversa significat: 'cedo' id est 'ambulo', et 'cedo', 'locum do'; tunc praeteritum 'cessi' facit; et 'c<a>edo', id est 'percutio', et tunc praeteritum facit 'cecidi'.

520.   AVE verbum salutativum est, et non habet nisi tantum secundam personam imperativi, singularem et pluralem AVE et 'avete'. ² FAXO quidam dicunt 'illumino', quasi a 'face' id est 'facula'. ³ Sed non est ita. ⁴ Sed FAXO futurum tempus significat, id est 'faciam' et non habet am-

---

519,4 'cecidi': cicidi   520,1 tantum: tamtum

517,1 cf. P. II 560,13-14   517,2 cf. P. II 418,27-29; 419,8; 526,14   517,3-5 cf. P. II 388,15-389,4   517,6 Verg. G. I 193   518,1-2 cf. P. II 456,18 ff.   518,3-4 P. II 519,22-26   518,4 cf. Verg. A. III 263   518,5 cf. Pomp. V 231,21-23   519 cf. Pomp. 231,32   519,3-4 cf. P. II 450,15-20   520,1 cf. P. II 450,16   520,2 C.G.L. IV 237,6; v. 571,3   520,4 v. L.H.S. I 343; cf. Serv. Aen. XII 316

plius. ⁵ S<small>IS</small> quidam dicunt 'si vis', sed aliud significat, id est 'si vivas'. ⁶ Terentius: 'apage sis', id est 'habe pacem si vivas', et est amatorium verbum et comicum.

521.   I<small>NFIT</small>, id est 'dixit', vel 'loqui incipit', et non habet amplius, et ponitur pro praesenti et praeterito. ² I<small>NQUAM</small>, id est 'dico', et pro praesenti et futuro ponitur. ³ Q<small>UAESO</small> 'quaesumus' tantum habet. ⁴ 'Salve' (383,16) et 'salvete' salutativum verbum est. ⁵ A<small>MABO</small> (383,16) verbum blandientis est et non habet amplius; verbi causa, si dicam, 'amabo, cur posuistis puerum ante ostium?'. ⁶ 'A<small>IO</small>, ait' et 'aiunt' non habet amplius, et 'ait' pro praesenti et pro praeterito accipitur. ⁷ Haec verba secundum regulam declinari non possunt, quia non usus cedit et absonitas prohibet et multipliciter deficiunt.

522.   S<small>UNT ETIAM MONOSYLLABA, QUAE IDEO SOLA</small> etiam contra regulam P<small>RODUCTA SUNT, UT STO DO FLO</small> (383,17). ² Sciendum, quod omnia verba disyllaba vel trisyllaba in 'o' desinentia naturaliter correpta sunt, sed producuntur plerumque poetica licentia. ³ M<small>ONOSYLLABA</small> vero quae in 'o' finiunt producuntur semper, et hoc est quod nunc dicit Donatus, quod ideo sola contra regulam producantur, quia M<small>ONOSYLLABA</small> sunt. ⁴ F<small>LO</small>, id est 'spiritum emittam'; inde 'afflo' et 'sufflo' componuntur.

523.   S<small>UNT VERBA INCERTAE SIGNIFICATIONIS</small> (383,18), id est incertae generis, quia incertum est utrum sint activi generis an passivi vel neutri aut deponentis, quia paene omnium generum reperiuntur, UT T<small>ONDEO</small> L<small>AVO FABRICO PUNIO MUNERO PARTI[P]O POPULOR ASSENTIOR ADULOR ADIUVO LUCTOR AUGUROR</small> (383,18). ² I<small>NCERTAE SIGNIFICATIONIS</small> dicuntur haec verba, quia et activam et passivam significationem possunt habere. ³ Possum enim dicere 'T<small>ONDEO</small> mihi caput' et 'tondeor mihi barbam', L<small>AVO</small> et lavor', F<small>ABRICO</small> et fabricor', P<small>UNIO</small> te' et 'punior te', M<small>UNIO</small> (383,18) te' et 'munior te', sic et per cetera. ⁴ Itaque T<small>ONDEO</small> active et neutraliter dicitur: quando activum est, accusativo casui iu < n > gitur; quando absolute dicitur T<small>ONDEO</small>, neutrum est. ⁵ 'Tondeor' similiter passive et deponenter dicitur: 'tondeor // a te' passivum; 'tondeor te' deponens est. ⁶ Similiter L<small>AVO</small> active, et neutraliter, et passive, et deponenter dicitur. ⁷ 'T<small>ONDEO</small>' autem 'capillos incido'. ⁸ T<small>UNDO</small> (383,18), tundis' dicitur 'percutio', et facit praeteritum 'tutudi'. ⁹ L<small>AVO</small>, lavas' dicitur 'mundo'; L<small>AVO</small>, lavis' dicitur 'infundo'.

f. 48ᵛ

522,3 M<small>ONOSYLLABA</small> sunt: monossilla sunt   523,1 M<small>UNERO</small>: mumero   523,4 neutraliter:
lectio extincta usque ad '-liter'

520,5 cf. D. *Eun.* II 3,21 (312); cf. Fest. 44,2   520,6 cf. D *Eun.* IV 6,18 (756)   521 cf. Fest. 100,3; v. L.H.S. II 307; cf. P. II 420,15; cf. Pomp. V 232,1-15; cf. Serv. *Aen.* XII 10   521,2 cf. P. II 191,11-13   521,3 cf. P. II 535,14-16; v. L.H.S. I 344¹; 86³   521,4 cf. P. II 450,16   521,5 Pomp. V 231,36-37   521,6 cf. P. II 420,16; 541,18-542,16   522 cf. Pomp. V 232,16-38   523 cf. Pomp. V 233,1-234,7

524.   Haec enim omnia et in "o" et in "r" litteris finiuntur, et in his
verbis tempora participiorum accidunt paene omnia (383,20). [2] In "o" et in
"r" litteris finiuntur, sicut diximus; tempora autem participiorum accidunt his verbis, ut 'tondens, tonsus, tonsurus, tondendus', 'lavans,
lautus, lauturus, lavandus', et sic per cetera verba poteris reperire participia. [n]

525.   Numeri verbis accidunt duo, singularis et pluralis: singularis
ut lego, pluralis, ut legimus; [2] Item secundum quosdam dualis, ut legere
(384,1). [3] Singulus, singula; inde singularis. [4] Plus in singulari numero
generis est neutri. [5] In plurali 'hi et hae plures' et 'haec plura'; inde
pluralis. [6] Dualis numerus est qui singulariter efferri non potest; ut in
nomine 'hi ambo' et 'hi duo', sic etiam in verbo dualem voluerunt
ponere quidam, in infinitivo modo, ut 'legere volo, legere volumus';
quem Donatus non annumerat, quia, ut dictum est, omne quod
unitatem transcendit in pluralitate reputabitur.

526.   Notandum est, quia fuerunt quidam, sicut Donatus dicit, qui
dualem numerum esse dixerunt in verbo, propter tertiam personam
pluralem praeteriti perfecti, quae est legere: 'legerunt' enim de multis,
legere vero de duobus dici voluerunt. [2] Sed Graeci hoc conservant;
apud Latinos vero Diomede et Pompeio testantibus non conservatur.
[3] 'Legerunt', enim <et> legére apud Latinos pluralem numerum
significant, quia et de duobus et de multis dici potest. [4] Et hoc quoque
advertendum est, quod verba sub una voce numero communia non inveniuntur, nisi infinitiva et impersonalia. [5] Et quaecumque verba personis deficiunt, statim et in numero defectiva sunt. [6] Et ideo impersonalia a pronominibus accipiunt numerum et personam, ut 'legitur
a me', et 'legitur a vobis'; similiter infinitiva a verbo accipiunt personam
et numerum, ut 'legere volo' et 'legere volumus'.

DE FIGURIS VERBORUM (384,3)

527.   Figurae verborum duae sunt, aut enim simplicia sunt verba, ut
scribo, aut composita, ut describo (384,3). [2] Figura est forma quaedam,
sive imago uniuscuiusque partis unita, hoc est simplex (383,3), sive

526,3 <et>: 'Legerunt enim et legere' V 25ʳ 28

524 cf. D. 387,28 ff.   525 v. Sac. VI 432,7-9; Prob. IV 156,5-7   525,6 cf. Clem. 70,5-7; cf.
Alcuin 882 B.   526 cf. Pomp. V 234,17-32   526,2 cf. Diom. I 301,21; 334,26; Pomp. V
234,25-26   526,4 cf. P. II 425,9-19; cf. Pomp. V 215,39 ff.; cf. Virg. Gr. 53,10 ff. (infinitivus ... numerisque communis)   527 cf. Diom. I 33,10; Prob. IV 159,35

525 The Grammatici Latini regularly give two numbers, though sometimes they discuss the
Greek dual (Sac. VI 432,7-9). Probus (IV 156,5-7) counts the 'communis'.
527 According to most of the grammarians it is possible to treat 'figura verbi' in the same way
as nouns. (Diom. I 335,10; Probus IV 159,35).

coniuncta, hoc est COMPOSITA (384,3). [3] Simplex figura naturalis est; composita artificialis, quando duo verba aut tria simul iunguntur. [4] Composita figura est quae in duas partes intellegibiles resolvi potest, UT DESCRIBO: DE enim est praepositio; SCRIBO verbum. [5] Figura enim dicta est a fingendo, id est a componendo. [6] Hae igitur duae figurae accidunt verbis: SIMPLEX, UT SCRIBO; COMPOSITA, UT DESCRIBO (384,3-4). 'Scribere' est proprie 'figuras facere', ut Vergilius:

[7] et versa pulvis describitur <h>asta.

[8] Sunt etiam decomposita verba, id est a compositis derivata, ut 'concupio, conticeo'. [9] Fiunt decomposita 'concupisco', 'conticesco'.

528. COMPONUNTUR ETIAM VERBA QUATTUOR MODIS, EX DUOBUS CORRUPTIS, UT EFFICIO; EX DUOBUS INTEGRIS, UT ABDICO; EX CORRUPTO ET INTEGRO, UT ALLIGO; EX INTEGRO ET CORRUPTO, UT DEFRIN[FRIN]GO (384,5). [2] 'Efficax' corrumpitur et facit 'effi'; 'facio' corrumpitur et facit 'cio': inde componitur EFFICIO. [3] 'Ab' est integra praepositio; 'dico' est integrum verbum: inde componitur ABDICO. [4] ABDICO dicitur 'a me separo'. [5] 'Al' est corrupta praepositio; 'ligo' est integrum verbum: inde ALLIGO. [6] ALLIGO dicitur 'confringo'. [7] 'Sufficio' ex 'sub' et 'facio' componitur. [8] Mutatur enim 'b' in 'f', et 'a' in 'i', et sic corrumpitur 'sufficio', hoc est 'ministro'. [9] Quando vero 'satis' significat, impersonalem tantum habet modum, ut 'sufficit mihi, tibi, illi'. [10] 'Suffio' enim 'suffumigo'; unde Vergilius:

[11] suffire domi,

id est 'fumigare'.

529. DEFRINGO ex 'de' et 'frango' componitur, ubi mutatur 'a' in 'i'. [2] Et hoc commendandum, quia in compositione non mutat sensum, sicut nec 'fraudo', 'defrudo vel defraudo'; 'curvus', 'recurvus'. [3] Quaedam tamen mutant, ut 'prudens, imprudens', 'lego, neglego'. [4] Quia Donatus quattuor modis verborum componi ut ceteras dicit partes, quaerendum est cum quibus partibus componatur. [5] Cum istis scilicet: cum nomine enim componuntur, ut ab 'amplo' et 'facio' fit 'amplifico'; cum alio verbo, ut a 'calere' et 'facio' fit 'calefacio'; cum adverbio, ut 'benedico'; cum praepositione ut 'coniungo'.

530. SUNT VERBA COMPOSITA QUAE SIMPLICIA FIERI POSSUNT, UT REPONO DISTRAHO (384,7). [2] REPONO ablata 're' remanet 'pono'; REPONO dicitur 'seorsum pono'. [3] DISTRAHO dicitur 'vendo' vel 'in diversas partes traho'.

527,7 describitur: v. Verg. Aen. I 478 (inscribitur) 528,1 EFFICIO: 'officio' D. 384,6 528,1 ABDICO: 'obduco' D. 384,6

527,7 cf. Verg. Aen. I 478; cf. Phoc. V 438,27; cf. Char. 13,24 et passim 528,10 cf. Verg. G. IV 241 (suffire thymo); v. Serv. ad loc.; cf. P. II 540,1 529,2 'defrudo' v. L.H.S. I 87⁴ 529,4 'ut ceteras' v. D. 384,5 529,4-5 cf. P. II 440,18-22

531. SUNT QUAE NON POSSUNT, UT SUSPICIO COMPLEO (384,8). [2] SUSPICIO dicitur 'sursum aspicio'. [3] Hoc vult dicere, quia sunt quaedam verba, quorum simplicia non sunt in usu, ut 'offendo, defendo, aspicio, reperio, suffragor, impero, impleo'. [4] Nam 'fendo, spicio, perio, fragor, perio, pleo' non // dicimus. [5] Notandum autem, quod sunt quaedam verba quae in compositione mutant coniugationem, ut 'do, das'; cum primae sit coniugationis, eius compositum 'reddo, reddis' tertiae est coniugationis. [6] Similiter quoque inveniuntur, quae non solum coniugationem, sed etiam genus in compositione mutant, ut 'venio, venis' neutrum: 'invenio' vero 'invenis' activum est.

f. 49r

532. Quaeritur in compositis verbis, cur, cum saepe in praesenti corrupta sit aliqua pars compositionis, in praeterito integra invenitur, ut 'perficio, perfeci', 'pergo, perrexi', cum in nominibus tota declinatio per omnes casus nominativi figuras soleat apud nos custodire, ex quibuscumque modis sint compositae, ut 'indoctus' per omnes casus ex duobus integris, et 'efficax' ex duobus corruptis. [2] Similiter in omnibus compositis nominibus invenitur. [3] Excipitur 'alteruter, alterutrius', et 'tantu<n>dem, tantidem', quod cum in nominativo sit ex duobus corruptis, in genetivo est ex integro et corrupto; sic et 'quicquam, cuiusquam', et 'idem, eiusdem'. [4] Euphoniae tamen causa haec fieri manifestum est. [5] Ad quod respondendum quod compositio huiuscemodi verborum, quae non eosdem modos compositivorum servat per omnia tempora, per singula separatim fit. [6] Quod ergo per singula tempora fit compositio, parti<ci>piorum quoque diversae figurationes saepe tam praesentis quam praeteriti temporis ostendunt, ut 'effringens, effractus', 'cogens, coactus'. [7] Haec enim cum in praesenti extremam dicti[ti]onem habeant corruptam, in praeterito integram habent. [8] Cur? [9] Nisi quod separatas habent compositiones per singula tempora. .

533. Componuntur enim verba vel cum nominibus, ut 'amplifico'; vel cum altero verbo, ut 'calefacio'; vel cum adverbio, ut 'satisfacio'; vel cum praepositione, ut 'subrideo'. [2] Ideo enim praepositiones compositae quidem cum verbo inveniuntur, numquam enim separatae per appositionem, quia verba per omnes personas in omni tempore nominativi casus vim habeant, cui soli possunt coniungi: ut 'facio ego',

---

532,1 soleat: 'solet' P. II 437,13   532,1 quibuscumque: qb; cūnq; cf. P. II 437,13   532,1 sint: 'sunt' P. II 437,13   532,3 sic: 'sicut' P. II 437,21   532,5 compositivorum: 'compositionum' P. II 437,26   532,5 servat: 'servant' P. II 437,26   532,6 fit: sit: 'fit' P. II 439,7   533,2 habeant: 'habent' P. II 440,25

531,1-4 cf. P. II 435,4-7   531,5 P. II 434,26-27   531,6 P. II 435,8-10   532,1-4 P. II 437,9-22   532,5 P. II 437,25-27   532,6-9 P. II 439,7-13   533 P. II 440,18-29

'facis tu', 'facit ille', similiter per omnia tempora. ³ Ergo casus nominativus numquam per appositiones assumit praepositionem, sed in compositione sola, ut 'impius', 'perfidus'; verba quoque in compositione dumtaxat has possunt asciscere.

DE TEMPORIBUS VERBORUM (384,10)

534. Tempus dictum est a temperamento et magnum et modicum dici potest. ² Tempus vero est perpetuum quiddam et individuum, quod per se et in se revolvitur.

535. TEMPORA VERBIS ACCIDUNT TRIA (384,11). ² QUARE dixit tria tempora verborum? ³ Ideo scilicet, quia universa quae agimus in tres partes dividuntur.

536. PRAESENS, UT LEGO, PRAETERITUM, UT LEGI, FUTURUM, UT LEGAM (384,11). ² Tempora dicimus in verbo, quia unum temporatur ab alio: praesens a praeterito; praeteritum a futuro. ³ Tempora enim nihil aliud in verbo nisi diversae qualitates nostrorum actuum.

537. Aliter, tempus est distinctio animi. ² Tria enim agit animus: expectat; attendit; et meminit, ut id quod expectat, per id quod attendit, transeat in id quod meminerit. ³ Futura nondum sunt, sed tamen iam est in animo expectatio futurorum. ⁴ Praeterita transierunt; adhuc tamen est in animo memoria eorum. ⁵ Praesens caret spatio, quia in puncto praeterit; sed tamen perdurat attentio per quam pergat adesse quod aderit. ⁶ Non igitur longum praeteritum tempus quia non est, sed longum praeteritum longa memoria praeteriti est. ⁷ Neque longum praeteritum tempus quod dicitur 'attentio est animi' per quam traicitur quod erat futurum, ut fiat praeteritum. ⁸ Et ideo non est aliud, quod dicitur 'tempus', quam distinctio animi atque affectio quam parit in eo mutabilitas ac varietas rerum. ⁹ Ac per hoc, 'tempus' non a temperando, ut quidam volunt, sed a mutando vel distinguendo, affectus animi vocatur.

538. Tempora enim nisi ex rebus colligantur, ut dictum est, per se nulla sunt. ² Tempus accidit verbo, praesens, praeteritum, et futurum. ³ Definitio numeri est, quia quidam unum tempus tamen esse voluerunt, id est praesens, quia nec praeteritum nec futurum retinere potest, nisi in praesenti. ⁴ Donatus vero tria esse tempora propter diversos actus nostros, quia, quae in praesenti facimus, iam in praeterito sunt; et remanent ea quae in futuro facere disponimus. ⁵ Quidam autem

---

533,3 appositiones: *'appositionem'* P. II *444,27*   533,3 asciscere: asscissere: *v*. P. II *440,29; v.* 557,6 *infra*

534 Clem. 71,6-8; cf. Isid. V 35,1   535 cf. Char. 214,7 sqq.; Prob. IV 155,36   537 cf. Aug. de imm. animae 32,1023   537,1 'distinctio' cf. Aud. VII 324,13   537,3-9 cf. Aug. *Con.* XI-XXVII 34; XXXI 41,15 ff.   538,3 cf. Serg. IV 508,36-37   538,4 'disponimus' cf. Virg. Gr. 56,19 ff.   538,5 cf. Pomp. V 234,38 ff.

quinque tempora esse voluerunt, propter praeteritum, quod dividitur in tria; quod Donatus non fecit, quia, quamvis dicatur praeteritum perfectum // et plusquamperfectum, tamen praeteritum est.

f. 49ᵛ

539. Praesens tempus a philosophis 'instans' appellatur, quia non stat in loco uno, sed celeri motu transit atque in ictu oculi. ² Verbi gratia, cum dico 'lego', pars praeterita est, pars futura. ³ Praesens enim tempus nihil aliud est nisi confinium inter duo tempora, id est punctus inter praeteritum et futurum. ⁴ Futurum similiter imperfectum atque incertum est, licet quaedam futura naturalia sunt, ut 'diem sequitur nox', et sicut 'sol mane oritur et occidit sero'. ⁵ Hoc cotidie fit. ⁶ Ea vero quae nostro actu fiunt, incognita fiunt, quia possunt esse et non esse.

540. Praeteritum vero tempus perfectum est atque certum. ² Praeterita enim res perfecta est, et ideo in tres partes dividitur, id est in tres species. ³ Quando aliquid inch<o>amus, et ad finem perducimus, praeteritum perfectum est. ⁴ Verbi gratia, 'quid fecisti heri?', 'legi', id est 'totum legi'. ⁵ Quando aliquid inch<o>amus et non perficimus, praeteritum imperfectum est, ut 'quid faciebas heri?', 'leg<eb>am versum, sed ad finem non perduxi', id est 'non totum legi'. ⁶ Praeteritum plusquamperfectum est in quo iam res multo tempore facta est, ut 'quid fecisti in tua infantia?', 'legebam'.

541. Quaerendum est quare posuit praesens tempus primum, et non per ordinem, ut prius praeteritum ac deinde praesens posuisset. ² Ideo nempe praesens primum posuit, quia quod praeteritum est praesens ante fuit, et praeteritum non potest esse nisi prius praesens fuerit. ³ Est autem praesens, Prisciano testante, cuius pars praeteriit, pars futura est. ⁴ Fluvii more instabili vocatur cursu. ⁵ Vix punctum habere potest in praesenti, hoc est in instanti.

542. SED PRAETERITI TEMPORIS DIFFERENTIAE SUNT TRES (384,11), id est tres sunt divisiones praeteriti temporis.

543. IMPERFECTA PERFECTA PLUSQUAMPERFECTA: IMPERFECTA, UT LEGEBAM, PERFECTA, UT LEGI, PLUSQUAMPERFECTA, UT LEGERAM (384,12). ² Quaerendum est, cur dixerit praeteritum tempus differentias habere tres, cum de praesenti et futuro nihil tale dixerit. ³ Propterea, sine dubio non de praesenti hoc dixit, quia presens tempus iam breve et instabile est, ut vix comprehendi possit. ⁴ Nullo modo enim in suo statu manere valet in

---

540,5 leg<eb>am: 'legebam' R.H. 256,35   540,6 'legebam': 'legeram' R.H. 256,37-38
542,1 divisiones: divisionēs

539,1 'instans': cf. Char. 214,9; Prob. IV 155,36; P. II 406,7   539,1-6 cf. R.H. 256,23-36   540 cf. P. II 414,9 ff.   541 v. Virg. Gr. 64,13   541,3 P. II 414,10-13   541,4 cf. P. II 405,22-23   541,5 cf. P. II 406,6 ff.

tantum, ut si legam verbum et dicam 'clamito'. ⁵ Cum dico '-mi-', iam 'cla-', praeteritum est, '-to' futurum. ⁶ Et idcirco non valet dividi in tres species.

544. In futuro quoque ideo non valet dividi, quoniam incertum est utrum fieri possit, quod quisque vult. ² Praeteritum autem idcirco habet differentias tres, quia tam spatiosum est, ut actus noster qui in eo fit, tripertito dividatur, scilicet in imperfectum, perfectum et plusquam-perfectum. ³ Praeteritum igitur dividitur in tria, quia nihil tam naturaliter late patet ad notitiam nostram, quam actus praeteriti tem-poris. ⁴ In praesenti namque et in futuro pleraque incerta sunt nobis. ⁵ Itaque singulis vocibus per haec duo tempora iure sumus contenti.

545. Est autem quaedam cognatio praesentis temporis cum praeterito, imperfecto, et futuro; praeteriti vero perfecti cum plusquamperfecto. ² Unde et consonantes praesentis servant tam praeteritum imperfectum quam futurum, ut 'dico, dicebam, dicam'; praeteriti vero perfecti, plusquamperfectum, ut 'dixi, dixeram'; sed tamen subiunctivi futurum, praeteriti perfecti servat consonantes, ut 'dixi, dixero', quod sine ratione non videtur evenire.

546. Nam futuro quoque tempori cognatio est cum praeterito per-fecto, quantum ad infinitatem temporis pertinet. ² Sicut enim praeteritum perfectum vel modo vel multo ante possum intellegere, sic etiam futurum vel mox vel multo post intellegere possum: futurum, ut, si dicam 'scribam' vel 'scripsero', incertum temporis futuri spatium monstro. ³ Habet igitur affinitatem cum praesenti futurum, sicut supra dictum est, quia praesens medium est inter praeteritum, imperfectum et futurum; cum praeterito vero perfecto plusquamperfectum.

547. Sunt verba, quibus deest praeteritum perfectum; imperfectum autem tempus est, in quo res aliqua coepit geri. ² Necdum tamen per-fecta est et res est inchoata, et non perfecta. ³ Perfectum vero est, in quo res et inchoata et perfecta monstratur, et completa. ⁴ Praeteritum plusquamperfectum, in quo iam pridem res perfecta ostenditur, et rur-sus alia inchoata.

548. ERGO IN MODIS VERBORUM QUINQUE TEMPORA NUMERAVIMUS, PRAESENS, PRAETERITUM IMPERFECTUM, PRAETERITUM PERFECTUM, PRAETERITUM PLUSQUAMPERFECTUM, et FUTURUM (384,14). ² Quid est quod superius tria tempora dixit, et nunc quinque commemorat. ³ Tria nempe sunt prin-cipalia te<m>pora, et quodam modo originalia: praesens scilicet, praeteritum, et futurum. ⁴ Sed, quoniam actus praeteriti temporis, qui

548,1 NUMERAVIMUS: 'numerabimus' D. 384,14

544,2-3 P. II 405,9-12   544,4-5 cf. P. II 405,15-19   545,1 P. II 414,9-10   545,2 P. II 416,22-26   546 P. II 416,26-417,9   547 cf. P. II 418,22 ff.   548,2-3 cf. P. II 405,8-10

tripertito dividitur, una voce pronuntiari nequibat, ideo, sicut ipse dicit, quinque in declinatione verborum tempora connumerantur, PRAESENS, UT LEGO, et cetera.

549. PERSONAE VERBIS ACCIDUNT TRES, PRIMA SECUNDA TERTIA (384,17). ² 'Persona' dicitur a personando, eo quod per se // sonat, et dicitur 'prosopa' Graece. ³ Faciebant enim nani et histriones larvas cavatas ex corticibus arborum, quas induebant in theatro, quando aliquem irridere volebant, et ideo dicitur persona, quod per se sonet. ⁴ Habet enim suam vocem per se. ⁵ Est enim 'persona' uniuscuiusque rei individua demonstratio vel repraesentatio. ⁶ Vel 'persona' est imago cuiuscumque hominis, sive res rationabilis, quae alloquitur, vel appellatur, vel de qua relatio fit. ⁷ Aliis vero rebus translative dicitur. ⁸ Sunt etiam qui ita definiunt dicentes: 'persona' est substantia hominis non a 'personando' paenultima syllaba ducta, ut quidam volunt, sed ad differentium personarum notitiam. ⁹ Interest enim inter personam verbi ac pronominis, quod persona pronominis hominem ipsum ostendit; verbi enim opus ipsius, ut 'manduco'.

550. Sed, si 'persona' dicitur eo quod per se sonat, hoc est loquitur, quaerendum est, quare dixerit Donatus tres personas verborum, cum 'secunda' et 'tertia' non loquantur. ² Si enim secunda vel tertia persona aliquam emittere vocem coeperunt, non iam secunda vel tertia, sed prima incipient esse persona. ³ Omnis denique persona, quae per se loquitur prima est, nec alia valet emittere vocem nisi prima. ⁴ Nam si secunda vel tertia coeperit loqui statim erit prima. ⁵ Ad quod respondendum, quia prima quidem proprie dicitur persona; reliquae vero abusive sive translative dicuntur, propter locutionem quam habet prima cum aliis. ⁶ Namque prima numquam cum tertia.

551. PRIMA EST QUAE DICIT, LEGO, SECUNDA est CUI DICITUR, LEGIS, TERTIA DE QUA DICITUR, LEGIT (384,17). ² Prima est quae de se loquitur, vel sola, vel cum aliis, ad secundam, ut 'dico, dicimus'. ³ Secunda est ad quam prima de se ipsa loquitur, vel sola, vel cum aliis, ut 'dicis, dicitis'. ⁴ Tertia est de qua, sive praesente, sive absente, et extra se et illam ad quem dirigit sermonem posita, prima persona loquitur ad secundam, ut 'dicit, dicunt'.

552. Et prima quidem et secunda persona semper finitae sunt et praesentes inter se; tertia vero infinita est. ² Itaque eget plerumque

---

549,8 differentium: differentiam

549 cf. Diom. I 334,20; Virg. Gr. 62,12   549,2 cf. Boeth. c. Eut. III 10; v. E.M. II 500   549,3 cf. Boeth. c. Eut. III 16 ff.; cf. R.H. 248,33 ff.   549,5 v. 437 supra   549,6-8 cf. Boeth. c. Eut. III 4 ff.   549,6 cf. Diom. I 339,20 (persona est substantia rationalis)   550 v. Maurice Nédoncelle, "Prosopon et Persona dans l'Antiquité classique," Rev. Sc. Rel. XXII (1948), 277-299   551, 2-4 P. II 448, 11-14   551,2-4 P. II 448,11-14   552,1 P. II 448,15-23

pronomine, ut definiatur. ³ Et prima quidem et secunda persona verborum pronominibus iungi possunt solis; tertia vero etiam nominibus, quae per se tertiae sunt personae, absque vocativo casu, ut 'lego ego', 'legis tu', 'legit ille' vel 'legit Cicero'. ⁴ Nam si dicam 'lego Cicero', soloecimus est, nisi addidero pronomen dicens 'lego ego Cicero', vel 'legis tu Cicero', exceptis verbis substantivis et vocativis, ut 'Donatus sum', 'Donatus vocor vel nominor'.

553. Quaerendum est quare prima persona praeponitur aliis. ² Ideo scilicet, quia loquitur, et per ipsam ostenditur secunda ad quam loquitur, et tertia de qua loquitur. ³ Sicut enim a singulari numero incipimus, qui naturaliter primus est numerorum, qui multiplicatus facit numerum pluralem, et activa ideo praeferuntur prima, quod naturaliter praecedit actus ante passionem quae esse non potest, nisi sit actus; et quod igitur agit, incipit.

554. Sequitur autem qui patitur et quod verbum activum additione litterae vel litterarum eget, ut passivum faciat ex se. ² Ita, nisi sit prima persona quae proferat sermonem, aliae esse non possunt. ³ Et quod ista sine illis potest inveniri, cum secum aliquis loquitur, illae autem sine ista non inveniuntur.

555. Et sciendum, quia figurate etiam utimur sive prima seu secunda persona, cum aut loquentem eum inducimus qui loqui non potest, aut ad eum convertimus orationem qui neque audire neque intellegere potest. ² Tertia vero persona non hominis tantum est, sed aliarum rerum etiam; et simul ac dicta fuerit, non continuo intellegitur, nisi forte de deo dicatur aliquid quod de eo solo potest intellegi, velut cum dicimus 'pluit', 'tonat', 'fulminat', 'ningit', quae prima persona carent, et secunda, quia haec facere non est in nostro arbitrio.

556. SED PRIMA PERSONA NON EGET CASU (384,18) id est non habet necesse casum habere. ² NON EGET id est 'non recipit'. ³ Ideo prima persona non eget casu, quia plena est per se, et infra ipsam continetur casus. ⁴ Cum enim dico 'lego', non solum quid agam, ostendo, sed etiam meam personam significo. ⁵ Notandum vero, quia omnes casus tertiae sunt personae, excepto vocativo qui semper ut diximus secundae est.

557. SED ADMITTIT PLERUMQUE NOMINATIVUM, UT VERBEROR INNOCENS, LIBER SERVIO (384,19). ² Idcirco prima et tertia persona admittunt PLERUMQUE, id est aliquando, NOMINATIVUM, ut manifestior reddatur sensus. ³ Cum enim dico VERBEROR, // vel 'verberatur', incertum est utrum culpabilis an non, nisi addidero nominativum 'nocens', vel 'innocens'. ⁴ VERBEROR INNOCENS, id est 'sine culpa'; LIBER SERVIO, id est 'liber sum, sed in servitute subiectus sum'. ⁵ In imperativis, prima persona

f. 50ᵛ

554 cf. P. II 448,24 ff.   555 cf. P. II 450,9-14   556,5 cf. 401 supra   557,5 P. II 449,7-9

singularis non potest esse, quod naturaliter imperans ab eo, cui imperat, dividitur. ⁶ Unde et hic modus vocativum casum asciscit, qui in
secunda tantum persona invenitur, ut 'doce, grammatice'.

558. SECUNDA PERSONA TRAHIT CASUM VOCATIVUM, UT VERBERARIS IN-
NOCENS, LIBER SERVIS (384,20). ² Bene SECUNDA PERSONA TRAHIT VOCATIVUM,
quia vocativus proprie est secundae personae et secunda persona
proprie ad vocativum pertinet.

559· TERTIA persona TRAHIT casum NOMINATIVUM, UT VERBERATUR IN-
NOCENS, LIBER SERVIT (384,21). ² Sunt ETIAM VERBA IMPERSONALIA, QUAE IN
"TUR" EXEUNT, et CASUI SERVIUNT dativo et ABLATIVO, UT 'dicitur mihi, tibi,
illi', GERITUR A ME, A TE, AB ILLO (384,22). ³ GERITUR A ME, id est 'gero ego';
'gero' dicitur 'porto' vel 'facio'.

560. QUAE IN "IT" EXEUNT, CASUI SERVIUNT DATIVO, UT CONTINGIT MIHI,
TIBI, ILLI (384,23). ² CONTINGIT MIHI, id est 'evenit mihi'. ³ QUAE VERO IN "ET"
EXEUNT, EA MODO id est aliquando DATIVO, MODO ACCUSATIVO CASUI SERVIUNT;
DATIVO, UT LIBET MIHI, TIBI, ILLI (384,24). ⁴ LIBET MIHI, id est 'placet'.
⁵ Priscianus dicit in duodecim versibus: 'licet' quidam dicunt venire a
'liceo, lices', sed non facit; nam 'liceo' aliud est ἐπιθεματίζω, 'vendo'
videlicet — unde 'licitatores', 'venditores' — ; 'licet' autem impersonale
'placet' significat.

561. ACCUSATIVO, UT DECET ME, TE, ILLUM. ² SUNT VERBA PRAETEREA,
QUORUM ALIA GENETIVI CASUS FORMULAM SERVANT (384,26). ³ PRAETEREA, id est
praeter haec VERBA, quae supra dicta sunt, QUORUM ALIA, id est quaedam
ex illis, GENETIVI CASUS FORMULAM, id est regulam SERVANT, UT MISEREOR
REMINISCOR (384,27) mei, tui, sui'. ⁴ MISEREOR dativo copulatur et genetivo
et facit praeteritum 'misertus sum'. ⁵ 'Miseror' autem trahit accusativum et facit praeteritum 'miseratus sum'.

562. ALII DATIVI, UT MALEDICO tibi, benedico tibi, SUADEO tibi; ALIA AC-
CUSATIVI, UT ACCUSO illum, INVOCO illum; ALIA ABLATIVI, UT ABSCEDO ab illo,
AVERTOR ab illo (384,27). ² AVERTOR, quando 'execro' significat ac-
cusativo iungitur, ut 'avertor illum', id est 'execro'; quando vero
'recedo', ablativo ut AVERTOR ab illo. ³ ALIA SEPTIMI CASUS, UT FRUOR agro,
POTIOR auro.

563· OMNIA VERBA MODI INDICATIVI TEMPORIS PRAESENTIS NUMERI
SINGULARIS PRIMAE PERSONAE AUT [in] "E" AUT "I" ANTE "O" HABENT (384,30).

557,6 asciscit: asscissit: v. 533,3 supra   560,5 ἐπιθεματίζω: epitima 77 zo: v. P. III
486,6   562,1 ABLATIVI: ablati   562,2 'execro': execor: 'execro' R.H. 257,17   562,2 'execro':
execor

557,6 P. II 449,10-11   560,5 cf. P. III 486,4 ff.; v. 'libet, licet' E.M.; v. C.G.L. II 26,20; II
464,21; 'licitatores' v. E.M. 'liceor' 356; cf. C.G.L. II 464,22 et passim   561,4 v. P. III
275,3   562 cf. R.H. 257,13-17   563 cf. Pomp. V 238,32 ff.

² Unde 'inchoo' solum, quia 'o' habet ante 'o', magis Graecum est quam Latinum. ³ Quia Donatus dederat regulam qualiter coniugationes in secunda persona indicativi modi temporis praesentis numeri singularis, correptis vel productis vocalibus notarentur litteris, voluit etiam lectorem instruere, quomodo terminationes omnium verborum, vel clausulas trium vel quattuor coniugationum in prima approbet persona eiusdem modi temporis et numeri. ⁴ Ideo enim hanc dedit institutionem, ut sciamus omnia verba hanc regulam non servantia anomala esse, id est inaequalia.

564. Si enim VOCALEM ANTE "O" LITTERAM NON HABUERINT, EXCEPTIS "F" ET "K" ET "Q", CETERAS OMNES LATINAS RECIPIUNT CONSONANTES, UT SEDEO LANIO IRRUO LIBO VADO 'VACO' LEGO TRAHO IMPELLO AMO CANO SCULPO CURRO LASSO PETO TEXO (384,31). ² LANIO, id est 'lacero': unde lanista dicitur carnifex, a lacerando; vel laniones dicuntur id est interfectores ovium. ³ Tracta sunt autem haec nomina 'lanista' et 'lanio', a 'lana' quae delaniatur et decerpitur ab ovibus, ⁴ LIBO, 'sacrifico' vel 'degusto'. ⁵ IRRUO dicitur 'impetum facio'. ⁶ IMPELLO dicitur 'impingo'. ⁷ CANO, 'canto'. ⁸ SCALPO dicitur 'frico'. ⁹ SCULPO dicitur 'pingo'. ¹⁰ Vel SCULPO 'c<a>elo' per 'ae' scribitur: unde 'c<a>elum' a c<a>elando, id est pingendo, eo quod stellis sit depictum. ¹¹ 'Celo' vero, id est 'occulto' non habet 'a'. ¹² LASSO dicitur 'fatigor'. ¹³ PETO dicitur 'deprecor'. ¹⁴ TEXO, 'telam compono'.

565. His, scilicet verbis quae in sequentibus dicit, ACCIDUNT "I" ET "U" PRO CONSONANTIBUS, UT AIO ADIUVO (385,1). ² AIO, id est 'dico', et habet 'i' pro consonante; ADIUVO 'u' habet pro consonante.

566; NAM TRIUMPHO PER "P" ET "H" SCRIBITUR (385,2), non 'f'. ² Quare dixit hoc? ³ Ideo scilicet, ne quis putaret quod TRIUMPHO per 'f' debuisset scribi. ⁴ Coniungit enim hanc regulam superioribus, ubi dixit omnes consonantes haberi ante 'o' litteram, EXCEPTIS "F" ET "K"; ET "Q" (384,32) sine 'u' praeferri 'o' litterae non potest, ut 'quo'. ⁵ TRIUMPHO dicitur 'victoriam celebro'. ⁶ Triumphus dicitur ἀπὸ τοῦ θριαμβεύειν, id est ab 'exsilitione'. ⁷ Nam quasi ex<s>ilien//tes post victoriam laetantur. ⁸ Siquidem Liber pater, cum reverteretur a bello Indico, oc-

f. 51ʳ

564,1 HABUERINT: 'habebunt' D. 384,32   564,2 ovium: 'civium' R.H. 257,24   566,6 ἀπὸ
τοῦ θριαμβεύειν: apo toy truambein: v. Pomp. V 239,15-16; cf. R.H. 257,30   566,6 'exsilitiōe': exiliatiōe: 'exiliendo' R.H. 257,30   566,7 Nam: 'Nam homines' R.H. 257,30

563,2 cf. 471 supra   564 cf. R.H. 257,20-29   564,2 cf. Isid. X 159; cf. C.G.L. V 111,15   564,4 C.G.L. IV 254,41   564,5 cf. C.G.L. IV 447,35   564,6 cf. C.G.L. V 301,52   564,7 cf. C.G.L. IV 433,3. IV 214,30   564,8 cf. C.G.L. II 351,25; II 458,56   564,9 cf. C.G.L. III 131,59   564,10 v. Diom. I 378,31-379,1; v. Varro ling. VI 96   564,11 cf. C.G.L. II 355,54; II 457,30   564,12 cf. C.G.L. II 353,33; II 343,7   564,13 cf. C.G.L. IV 377,2   564,14 cf. C.G.L. II 468,57   566,1 cf. M.C. 136,4-6   566,5-9 cf. Pomp. V 239,15-23; cf. R.H. 257,30; v. Macr. S. I 19,4   566,6 'exsilitione' v. 'salio' E.M. 590   566,8-9 cf. Fulg. M. 52,20-21; 53,8-10

currerunt ei Fauni et Satyri ex < s >ilientes ob eius victoriam, a quorum
'ex < s >ilitione' vocatur 'triumphus'. ⁹ Celebratur autem 'triumphus'
de interfectis hostibus; 'trophaeum' de fugatis.

567. SUNT VERBA DEFECTIVA ALIA PER MODOS, UT CEDO (385,4). ² Ideo hoc
verbum per modos deficere dicitur, quia imperativi tamen modi est
secundae personae singularis et pluralis numeri, ut CEDO et 'cedite'.
³ CEDO, quando significat 'dic', non habet nisi tantum CEDO et 'cedite'.

568. ALIA PER FORMAS, scilicet deficiunt, UT FACESSO (385,4). ² FACESSO
litteraturam frequentativae formae videtur habere. ³ Sed, quia non est
primae coniugationis quod proprium est frequentativae formae, ideo
per formas deficere dicitur. ⁴ Vel FACESSO desiderativum verbum est et
ideo per formas deficit, quia nullius formae est. ⁵ Nam si esset frequentativum, primae esset coniugationis. ⁶ FACESSO autem est 'facere
desidero', vel 'recedo', ut est illud: 'iussit facessere omnem famulatum',
id est 'recedere'. ⁷ ET FACESSO dicitur 'deficio'.

569. ALIA PER CONIUGATIONES, UT ADSUM (385,5). ² Hoc verbum
duobus modis probatur nullius esse coniugationis, vel quia primam
personam non terminat in 'o', sicut cetera verba, vel quia non habet 'e'
productum sed correptum, quamvis secundam personam mittat in 'es'
ad similitudinem secundae coniugationis.

570. ALIA PER GENERA UT 'gaudeo', SOLEO (385,5). ² Ideo haec verba
per genera deficere dicuntur, quia nulli specialiter assignantur generi.
³ Dicuntur enim 'neutra passiva' (383,9), eo quod in praeterito et in his
quae a praeterito derivantur, secundum formam passivi generis
declinantur. ⁴ Habet enim praesens a neutro, praeteritum a passivo;
ideo neutrum passivum vocatur.

571. ALIA PER NUMEROS, UT FAXO (385,5). ² Per numeros hoc verbum
deficere dicitur, quia singularis tantum numeri est et non habet amplius. ³ Nam quod alii dicunt 'faxo', 'illumino' frivolum est.

572. ALIA PER FIGURAS, UT IMPLEO (385,6). ² Per figuras hoc verbum
deficit, quia, cum sit semper compositae figurae, 'pleo' per se simplex
numquam invenitur: ob hoc IMPLEO non recte componitur.

573. ALIA PER TEMPORA, UT FERO (385,6). ² Per tempus hoc verbum
deficit, quia, cum debuisset facere secundum regulam praeteritum
'feri', assumit praeteritum alterius verbi et facit 'tuli'. ³ Per se enim non
habet praeteritum, sed accipit ab alio verbo, a 'tollo' videlicet.

571,3 quod: 'sicut' R.H. 258,6   572,2 simplex: seimplex

566,9 v. Isid. XVIII 2,3   567 cf. P. II 450,15-16   568,2-6 cf. P. II 535,9-16   568,6
'recedo' Serg. IV 557,24-26; v. Fest. 77,4-5; N.M. 477; cf. C.G.L. 236,33   569 cf. Pomp. V
240,24-30   570 cf. Pomp. V 240,30-32   571,2 cf. Pomp. V 240,32-33   571,3 v. 520,2
supra   572 cf. Pomp. V 240,33-34   573 cf. Pomp. V 240,34-241,3

574. ALIA PER PERSONAS, UT CEDO EDO (385,7-8). [2] Per personas haec verba deficiunt, quia CEDO non habet amplius, nisi secundam personam imperativi singularis et pluralis numeri, sicut superius dictum est. [3] EDO quoque, quod significat 'comedo', cum secundum regulam debuisset facere 'edis, edit', non habens suas personas assumit alterius verbi et facit 'es, est'.

575. VERBA QUOQUE IMPERSONALIA, CUM PER OMNES MODOS DECLINARI POSSINT, INVENIUNTUR QUAEDAM DEFECTIVA, UT LIQUET (385,8). [2] In his enim verbis quae sunt LIQUET, MISERET (385,9), deficiunt, quia non habent amplius: ut 'liquet mihi, tibi, illi' id est 'patet'; miseret me, te, illum', id est 'misericordiam habeo'. [3] LIQUET non facit nisi tantum LIQUET et 'liquebit'; MISERET non habet amplius.

576. INFINITIVO, PRAETERITO PLUSQUAMPERFECTO, 'LEGISSE (361,4-5) me volui heri et volueram ante multos annos'.

577. FUTURO 'LECTUM IRE, VEL LECTURUM ESSE (361,5-6) a me volo crastina die', id est 'ego legam crastina die'.

578. Inter infinitivum passivum et infinitivum impersonalem qui nascitur ab activis hoc interest, quod infinitivus passivus verbo eget solo ad perfectam significationem, ut 'amari volo' et 'legi volo', id est ut 'aliquis me legat'. [2] Infinitivus vero impersonalis non solum verbo, sed etiam ablativo casu pronominis per se indiget absque accusativo, ut 'amari a me volo' pro 'amare volo', 'legi a me volo', id est 'legere volo' activum sensum habet. [3] Nam si accusativum addideris, ut 'amari a me volo filium', passivus necesse est ut intellegatur. [4] 'Legi' et de praesente et de praeterito imperfecto potest intellegi, ut 'legi volo nunc, et volebam heri', id est 'ut aliquis me legeret'; 'lectum esse vel fuisse volui heri et volueram ante quinquaginta annos', id est 'ut aliquis me legeret'. [5] Et 'legisse' de praeterito perfecto et plusquamperfecto potest accipi.

579. FUTURO 'LECTUM IRI (362,10) volo cras', id est 'ut legar crastina die' videlicet, 'ut aliquis mea dicta legat' et est compositum a participio praeteriti temporis et 'iri' infinitivo quod a verbo 'eor' venit, sed in usu non est.

580. GERUNDIA VEL PARTICIPIALIA (361,9) et reliqua. [2] 'Gero, ris': inde 'gerundivus modus' a gerendo, eo quod aliquid portet. [3] Portat enim sub litteratura activi, passivi sensum. [4] Inde Vergilius:

[5] Frigidus in pratis cantando rumpitur anguis.

580,1 GERUNDIA: 'gerendi' D. 361,9　　　　580,5 anguis: antig 𝘔: v. Verg. E. 8,71; cf. R.F. 57,3

574 cf. Pomp. V 240,19 ff.　　　574,2 v. 567 supra　　　574,3 v. P. II 456,18 ff.　　　575 cf. Pomp. V 241,3-9　　　576 R.F. 56,14-15　　　577 R.F. 56,16-17　　　578,1-3 P. II 413,28-414,5　　　578,4 cf. P. II 408,23-25　　　578,5 cf. P. II 408,25-26　　　579 R.F. 59,23-26　　　580 cf. R.F. 56,26-57,7; v. Mals. 201,24-202,5　　　580,5 Verg. E. VIII 71; cf. P. II 413,6

[6] 'Cantando', id est 'dum cantatur ab aliquo'. [7] Habet et activum sensum, ut:

[8] Cantando tu illum?

[9] id est 'dum // cantares'.

581. 'Typicus' modus dicitur, id est 'figuratus', quia figurate portat sub littera activi, passivum sensum, sicut dixi: dicuntur et participialia futuri temporis passivi. [2] Quid ergo distat inter participialia et gerundia? [3] Hoc distat, quia quando gerundivi sunt modi iunguntur cunctis generibus et numeris et temporibus, sed eundem casum trahunt, quem et verbum, a quo nascuntur, ut 'causa legendi librum laboro', 'causa legendi paginam laboro', 'causa legendi folium laboro': ecce omnia genera. [4] 'Legendo Vergilium, paginam et folium proficio'. [5] 'Legendo Martianum artem et volumen venio'. [6] Et significat necessitatem, ut 'legendum est mihi'. [7] Quando vero participia sunt, cum suis generibus numeris casibusque iunguntur, ut 'causa legendi libri veni': ecce genetivus cum genetivo, masculinum cum masculino, singularis cum singulari; 'causa legendae paginae, legendo folio, ad legendum librum, legendam paginam, legendum folium venio'.

582. GERUNDIA VEL PARTICIPIALIA (361,9). [2] Quae dicuntur? [3] Nomina sunt potius dicenda quam verba, quia personas non discernunt. [4] Et temporibus carent, sine quibus verbum esse non potest, et casus assumunt et praepositionibus separatis adiunguntur, ut 'in convertendo', 'in legendo'. [5] Verbum enim non recipit praepositionem, nisi per compositionem. [6] Tamen loco infinitivorum accipiuntur.

583. Inter mobilia nomina eiusdem formae et haec, id est 'su[p]pina', hoc interest: quod supina sive ab activis, sive a communibus nascantur, communem habent significationem, ut 'cantando merui', 'cantando rumpitur anguis'; illa vero passivam solam, ut 'amandus est', 'qui debet amari'.

581,1 littera: 'litteratura' R.F. 57,8   581,4 Vergilium: virg † : cf. R.F. 57,22-23
581,7 genetivus: 'genitivum' R.F. 57,26-27   581,7 singularis: 'singularem' R.F. 57,27-28

580,8 Verg. E. III 25; cf. P. II 413,3; v. P. II 413,16 (videndo … dum videt)   581 cf. R.F. 57,7-58,2   581 'modus gerundi' Serv. IV 411,28; cf. Virg. Gram. 56,10 (verba gerendi vel typici); cf. Serv. IV 412,18-25; Cled. V 17,25-30; Pomp. V 218,20 ff.; Macr. V 626,28-627,2; Serg. IV 504,30 ff.   581,1 cf. Virg. Gr. 71,6-8. 'Typicus modus' R.F. 57,7   582 P. II 425,20-26; cf. P. II 409,5-10; II 410,4-5   583 cf. P. II 425,28-426,4; 'cantando merui' cf. R.F. 57,6-7; v. 580; 'cantando rumpitur anguis' Verg. E. VIII 71; v. 580

581 The 'modus gerundi' (Serv. IV 411,28), or as Virgilius Grammaticus terms it, 'verba gerendi vel typici' (56,10), seems to be the result of an attempt on the part of certain of the Grammatici Latini to make a distinction between the gerund with its active meaning and the gerundive or what is referred to as the future passive participle with its passive meaning; cf. Serv. IV 412,18-25; Cled. V 17,25-30; Pomp. V 218,20; Macr. V 626,28-627,2; Serg. IV 504,30. Cf. Virg. Gr. 71,6-8. 'Typicus modus' is found at R.F. 57,7; otherwise the Grammatici Latini do not use this expression.

584. 'LEGENDUS (362,12) da, dum'. [2] Haec participia quae in 'dus' desinunt, cum tempora perdunt, transeunt in nomina, ut 'loquendus est iste', id est 'dignus de quo loquantur homines'; 'amandus est iste', id est 'dignus ut ametur'; 'legendus est iste liber', id est 'dignus ut legatur'.

585. A neutris vero et a deponentibus gerundia eandem significationem habent, quam et verba ex quibus nascuntur. [2] Et quod supina nec genera discernunt nec numeros, quod proprium est infinitivorum, et illum sequuntur casum, quem et verba ex quibus nascuntur; nomina vero eiusdem formae simili generi et numero coniunguntur.

586. Supina vero nominantur, quae a passivis participiis, quae quidam 'sup[p]ina' nominaverunt, nascuntur. [2]Pro omni autem infiniti tempore verbi solent accipi, ut 'legendi causa in honore[m] fui' et 'sum' et 'ero'. [3] Prior vero duarum terminationum, quae in 'tum' desinit, et habet fere eandem significationem quam in 'dum' desinens cum praepositione 'ad', ut 'venatum pergo', id est 'ad venandum'.

587. Duo membra gerundivi adhuc remanserunt, 'lectum', 'lectu[m]', et locum significant, ut 'quo pergis?', 'lectum', id est 'ad legendum'; 'unde venis?', 'lectu', id est 'a lectione'. [2] Ponitur etiam pro ipsa re, id est pro ipsa lectione, et ablativus ipsius nominis, quo ipsa res significatur carens similiter praepositione, ut 'mirabile· visu', id est 'visione'.

588. 'Ulterior modus (361,18,20,31; 362,1,4,7)' dicitur eo quod ultra praeteritum perfectum significat. [2] Nam praeteritum perfectum non ex toto est praeteritum; habet enim 'sum' praesentis temporis. [3] Ulterior modus iam duo praeterita habet, ut LECTUS FUI (361,18). [4] Sciendum est, quod omnia verba in 'or' desinentia in praeterito deficiunt, sed accipiunt supplementum a participio praeteriti temporis et substantivo verbo 'sum', ut LECTUS SUM (361,17).

589. IMPERATIVO MODO (361,23), 'LEGERE (361,24) a me, o Vergili'; OPTATIVO MODO (361,27), 'UTINAM LEGERETUR (361,28) a te et modo et heri'; 'UTINAM LECTUS FUISSEM (361,31) heri et ante duodecim annos'; CONIUNCTIVO MODO (361,34): 'CUM LEGAR (361,35) sustineo'; 'CUM LEGERER (361,36) sustinebam'; 'CUM LECTUS SIM' (361,38), vel 'FUERIM (362,1) sustinui'; 'CUM LECTUS ESSEM (362,5), FUISSEM (362,3) sustinueram'; 'CUM LECTUS ERO (362,6), vel FUERO (362,7) sustinebo'. [2] INFINITIVO MODO, ut est infinitus in NUMERIS ET PERSONIS (362,8; 361,4).

586,1 'sup[p]ina': 'supina' P. II 412,17   586,2 honore[m]: honore: 'honore' P. II
412,20   587,1 lectu[m]: lectu   588,4 LECTUS: lectūs

584 R.F. 59,26-31; cf. P. II 411,4-7   585,1 P. II 411,11-12   586,1-2 P. II 412,16-
20   586,3 cf. P. II 411,17-20   587 cf. P. II 412,2-7; R.F. 58,5-10   588 R.F. 58,26-
59,7   589,1 R.F. 58,18-26

DE ADVERBIO (385,10)

590. ADVERBIUM EST PARS ORATIONIS, QUAE ADIECTA VERBO SIGNIFICATIONEM EIUS EXPLANAT ATQUE IMPLET (385,11). [2] EST autem ADVERBIUM PARS ORATIONIS, QUAE scilicet PARS, id est ADVERBIUM, ADIECTA, id est adiuncta, associata, VERBO SIGNIFICATIONEM EIUS, id est sensum, intellectum illius EXPLANAT, id est 'dilucidat'. [3] 'Significatio' — hic pro sensu — aut 'complet', id est 'perfecit' cum dico IAM FACIAM (385,12), aut minuit cum dico NON FACIAM (385,12). [4] Cum dico vero absolute verbum FACIAM, dubium est utrum de praesenti an multo post facturus sim aliquid. [5] Addito autem adverbio IAM, manifestior est sensus verbi; verbi qualitas per se ignoratur. [6] Nam cum dico FACIAM, incertum est utrum 'cito' an 'longe' FACIAM, usque dum dico IAM adverbium, UT IAM legam. f. 52ʳ [7] Tunc demonstro cito // me facturum. [8] Et cum dicis 'iam faciam' ostendis te sine dubio esse facturum; cum dicis 'non faciam' negas te esse facturum.

591.   Diximus superius quod, qui definitionem alicuius partis definit, ita debet definire, ut dicat quod proprium quodve commune cum ceteris habeat illa pars quae definitur. [2] Hoc utraque observavit Donatus in huius partis definitione. [3] Dicendo enim ADVERBIUM EST PARS ORATIONIS (385,11), communionem illius ostendit cum ceteris partibus. [4] Cum vero dixit QUAE ADIECTA VERBO, SIGNIFICATIONEM EIUS EXPLANAT ATQUE IMPLET, proprietatem illius ostendit. [5] Nulla enim pars ita sensum verbi implet sicut adverbium.

592.   Sed sciendum, quia sicut fixa nomina auferunt dubietatem adiectivorum nominum, similiter et adverbia auferunt dubietatem verborum. [2] Hoc enim perficit, Prisciano teste, adverbium verbo additum, quod adiectiva nomina appellativis nominibus adiuncta, ut 'prudens homo prudenter agit', 'felix vir feliciter viv<i>t'. [3] Dictum est enim adverbium, eo quod cohaereat verbo, id est iuxta verbum ponatur, non tantum in ordine partium quantum in nostra communi locutione. [4] Est enim adiacens verbi. [5] Nam sicut nomina mobilia fixis adiciuntur, ita et adverbia verbis. [6] 'Ad' enim saepe pro 'iuxta' ponitur.

593.   Quaeritur autem a quibusdam, utrum haec pars composita sit an non. [2] Sed sciendum, quia composita est ex 'ad' praepositione et nomine 'verbo'. [3] Quare igitur non dicimus 'adverbum', sed potius 'ad-

---

592,2 viv <i> t: cf. P. III 60,5

590-699 cf. R.H. 258,14-262,4; cf. R.F. 60,1-67,12   590,1 'dilucidat' cf. R.H. 258,21; cf. C.G.L. V 450,41; v. 'dilucidus' E.M. 373 (lux)   592,1 'fixa' cf. P. III 60,3   592,2 P. III 61,3-5   592,3 cf. Virg. Gr. 156,16-17; cf. Serg. IV 509,19-20   592,5 'nomina mobilia' cf. P. III 449,35 ff.   592,6 cf. P. III 37,8-9   593,1 'verbum' v. E.M. 723

verbium'? ⁴Ideo scilicet ne viderentur duae esse partes quae utraeque
'verbum' vocarentur; vel etiam ne videretur 'ad' per appositionem ser-
vire hoc loco accusativo casui et non per compositionem. ⁵Ac, ne
aliqua dubitatio remaneret contentiosis, interpositum est 'i', et dicimus
'adverbium', non 'adverbum'.

594.   Appositio est quando ita pars parti cohaeretur, ut non sit pars
cum ea. ²Compositio est quando ita annectitur pars alterius, ut [ut] una
sit pars cum illa et per totam declinationem moveatur, sicut est 'adverbium, adverbii'. ³Sed si 'adverbium' dicitur eo quod sit iuxta verbum et eius explanat significationem, ergo maior pars est quam verbum. ⁴Non ideo dicitur ut maior sit, sed quia dubium sensum videtur
habere verbum, antequam et addatur adverbium. ⁵Cum enim dico
'Priscianus docet', 'Cicero legit', dubius permanet sensus antequam ad-
dam adverbium 'bene' aut 'male'. ⁶Cum autem adiunctum fuerit illi
adverbium, non iam dubius, sed perfectus manet sensus, ut 'Donatus
bene docet', 'Cicero bene legit'. ⁷Quid igitur distat inter adverbium et
verbum? ⁸Hoc nempe, quod verbum sine adverbio plenam potest
facere orationem; adverbium vero sine verbo perfectum non valet
habere sensum.

595.   ADVERBIA AUT A SE NASCUNTUR, id est, oriuntur, UT HERI HODIE,
AUT AB ALIIS PARTIBUS ORATIONIS VENIUNT (385,13). ²Quare A SE nasci dicuntur haec adverbia? ³Ideo, quia a nullo sumunt originem. ⁴HERI a nulla
deducitur parte, quod poetae dicunt 'here' causa metri, quia 'i' longa
est, 'e' vero brevis. ⁵Inde Iuvenalis:

⁶Iste dies minor, here quam fuit, atque eadem cras.

⁷'Here' dixit pro 'heri'. ⁸HODIE simul A SE oritur et componitur ex 'hoc'
et 'die'. ⁹NUPER (385,13), id est noviter, quamvis quidam dixerunt venire
a nomine quod est 'nuperius'. ¹⁰HODIE est trium temporum: 'hodie
primo mane veni in scholas', 'hodie lego', 'hodie sero profecturus sum'.

596.   A NOMINE APPELLATIVO, UT DOCTUS DOCTE (385,14). ²A dativo
enim 'docto', mutato 'o' producto in 'e' productum fit adverbium
DOCTE, id est erudite.

597.   A PROPRIO, UT TULLIUS TULLIANE (385,14). ²Similiter a dativo qui
est 'Tullio', mutato 'o' in 'a' et addita 'ne' fit Tulliane: TULLIANE enim

---

594,2 [ut]: *forte confusio 'ut' pro 'vel' (vt); v. W.M. Lindsay, Notae Latinae (Cambridge, 1915 [1963]), p.
320 sqq. (310 sqq.)*   595,6 cras: cf. Iuv. I 2,23; R.H. 258,26-27; P. III 71,19
595,9 'nuperius': 'nuperus' R.H. 258,29-30; R.F. 61,29

595 cf. Pomp. V 241,24 ff.   595,4-5 cf. P. III 41,18-20   595,6 Iuv. 3,23   595,8 cf.
Pomp. V 241,27-28   595,9 cf. R.H. 258,28-30; P. III 80,10-11   596,2 cf. P. III 68,19-
21   597,2 cf. Pomp. V 242,13 ff.

quis legit more Tullii. [3] Tullius consul Romanorum fuit et dicitur a tollendo fascinum, id est sarcinam.

598.   A VOCABULO UT OSTIUM, OSTIATIM (385,15). [2] Quare dicit hoc adverbium A VOCABULO, id est ab incorporali re venire, cum OSTIUM et videri et tangi possit? [3] Recte utique dicit, quia, quamvis illud quod clauditur, id est valvae sive postes, et videri possint et tangi, illud tamen spatium quod in medio videtur esse nec videri nec tangi potest. [4] OSTIUM dicitur ille aditus per quem domum intramus, et est res incorporalis. [5] Alii vero dicunt OSTIUM, quasi obstaculum, et tunc est corporale. [6] Sed Donatus non recipit. [7] OSTIUM est introitus, sive illud foramen per quod intramus. [8] Et ideo recte ab incorporali re dicitur venire. [9] OSTIATIM, id est quasi per ostium, veluti si dicam 'ostiatim intrat ille homo', id est 'per singula ostia ingreditur'.

599.   A PRONOMINE, UT MEATIM TUATIM (385,15). [2] MEATIM, id est 'mecum'; TUATIM, id est 'tecum'. [3] Vel etiam ab eo quod est 'tuus' venit TUATIM, id est 'tuo more'; ab eo quod 'meus', venit MEATIM, id est 'meo more'.

600.   A VERBO, UT CURSIM STRICTIM (385,15). [2] A verbo quod est 'curro' venit CURSIM: a 'stringo' // venit STRICTIM. [3] CURSIM, id est 'celeriter'; STRICTIM, id est 'fortiter', 'firmiter'.

f. 52ᵛ

601.   A NOMINE ET VERBO, UT PEDETEM<P>TIM (385,16). [2] A 'pede' nomine et verbo 'tempto' venit PEDETEM<P>TIM. [3] Quaeritur cur hoc adverbium quod est PEDETEM<P>TIM dicat venire A NOMINE ET VERBO, cum 'pedetempto' verbum est? [4] Sed sciendum, quia illud verbum compositum est ex 'pede' et 'tempto'. [5] PEDETEMPTIM dicitur suaviter, vel paulatim, vel leniter, verbi causa, si dicam 'pedetemptim incedit ille homo', id est 'leniter ambulat'.

602.   A PARTICIPIO, UT INDULGENS INDULGENTER (385,16). [2] A PARTICIPIO suo venit adverbium UT INDULGENS, INDULGENTER. INDULGENTER autem est 'misericorditer', quasi dicam 'indulgenter egit mecum', id est 'misericorditer'. [3] INDULGENTER, scilicet iudicat rex, id est cum indulgentia. [4] 'In-

---

601,1 PEDETEM<P>TIM: pedetemtim: '*pedetemptim*' D.385,16   602,2 suo: sub

---

597,3 R.H. 258,30-31; v. Funaioli (Varro) 336 (345); cf. C.G.L. II 256,30; 178,44   598 cf. Pomp. V 243,9 ff.; cf. R.H. 258,31-34   598,3 'valvae' cf. Isid. XV 7,4; 'postes' cf. Isid. XV 7,9   598,5 cf. Isid. XV 7,4; cf. C.G.L. V 375,27 (ostium ab obstando); Serv. Aen. VI 43   599 cf. P. II 448,2   599,3 'meatim' C.G.L. V 372,11   600 cf. Pomp. V 243,16-17   601 cf. Pomp. V 243,17-19   601,5 cf. C.G.L. IV 375,1-2 et passim   602 cf. Pomp. V 243,19; cf. R.H. 259,3-6   602,4 'dimitto' cf. C.G.L. IV 446,27; 'praesto' cf. C.G.L. IV 94,18; 'do studium' cf. C.G.L. V 304,35 (Serv. Aen. II 776)

dulgeo' multa significat: 'Indulgeo tibi', id est 'peccata dimitto'; 'indulgeo tua beneficia', id est 'praesto'; 'indulgeo operam lectioni', id est
'do studium'.

603. A NOMINE VENIENTIA AUT IN "A" EXEUNT, UT UNA (385,17); [2] Modo
docet quibus litteris finiuntur adverbia quae a nomine veniunt, UT UNA
adverbium est congregandi: 'una recordantur pueri', id est 'simul'. [3] Ab
eo quod est 'unus, unius' venit UNA.

604. AUT IN "E" PRODUCTAM, UT DOCTE (385,17). [2] Bene dixit IN "E"
PRODUCTAM, quia alia in 'e' correptam desinunt. [3] Omnia nomina quae
rectam habent comparationem, in 'e' longam faciunt adverbium, ut
'iustus, iuste', 'clarus, clare'.

605. AUT IN "E" CORREPTAM, UT RITE (385,18). [2] A nomin[a]e quod
est ritus, derivatur 'rite', id est 'more', vel 'secundum consuetudinem',
vel 'recte', quia antiqui ritum dicebant rectum.

606. AUT IN "I", UT VESPERI (385,18) venisti', id est 'vespertina hora', et
venit a nomine quod est 'vesper, vesperis', vel 'vespera, vesperae'.

607. AUT IN "O" PRODUCTAM, UT FALSO (385,19), id est fallaciter
loquitur, vel 'false'.

608. AUT IN "O" CORREPTAM, UT MODO (385,19). [2] A 'modo' nomine,
quod significat mensuram, MODO adverbium temporis deducitur.

609. AUT IN "U", UT NOCTU (385,19) venisti', id est 'nocturno tempore', vel 'tarde'.

610. AUT IN "IM", UT STRICTIM; AUT IN "L", UT SEMEL; AUT IN "R", UT
BREVITER; AUT IN "S", UT FUNDITUS (385,20). [2] A nomine quod est 'fundum', id
est 'fundamentum', inde fit FUNDITUS adverbium, ut 'funditus eversa est
civitas', id est 'a fundamento'; vel FUNDITUS, id est 'ex toto radicitus
usque ad profundum'.

611. Quare dicuntur haec adverbia, id est UNA (385,17), et MODO
(385,19), et SEMEL (385,20), a nomine venire, cum non eundem sensum
retineant illa adverbia, quem habent nomina? [2] UNA enim nomen
'solam' significat et habet accentum in paenultimo loco; UNA autem adverbium 'simul' significat et habet accentum in ultimo loco. [3] Sed sciendum, quia tribus modis partes a partibus veniunt: litteratura et sensu;
sensu et non litteratura[m]; littera et non sensu. [4] Littera et sensu, sicut
ab eo nomine quod est 'quartus' venit 'quater' adverbium, et a 'docto',

---

602,4 tua: *'tibi'* R.H. 259,5   607,1 FALSO: folso

603 cf. P. III 65,26-27; cf. Pomp. V 244,11   603,2 cf. P. II 87,9-13; cf. D. 386,16   604 cf.
P. III 68,19 ff.   605 cf. P. III 67,7 ff.   605,2 cf. Fest. 337,4-5   606 cf. P. III 71,18
ff.   607 cf. P. III 72,24-25   608 cf. P. III 72,18 ff.   609 cf. P. III 73,3-8   610 cf.
Pomp. V 244,19-20 ff.   611,2 cf. P. III 528,23 sqq.; cf. Char. 287,5; 'simul' C.G.L. IV 194,54

'docte', eundem sensum habent sive litteraturam. [5] Sensu et non littera, ut ab eo quod est [c] 'unus' nomen venit SEMEL adverbium, 'bis' a duobus, eundem sensum habent, sed non eandem litteraturam. [6] Litteratura et non sensu, ut ab eo quod est 'modus' nomen, venit MODO adverbium. [7] 'Modus' nomen mensuram significat; inde MODO adverbium temporis, id est 'statim'; unam habent litteraturam, sed sensu distant.

612. ADVERBIA QUAE IN "E" EXEUNT PRODUCI DEBENT PRAETER ILLA QUAE NON COMPARANTUR, UT RITE, AUT COMPARATIONIS REGULAM NON SERVANT, id est non faciunt, UT BENE MALE: FACIUNT ENIM BENE MELIUS OPTIME, MALE PEIUS PESSIME: AUT EA QUAE A NOMINE ET VERBO NON VENIUNT, UT IMPUNE SAEPE (385,21). [2] Rite ergo non comparantur, quia non facit RITE 'ritius, ritissime'. [3] IMPUNE dicitur 'sine damno' et 'sine vindicta', et venit a nomine quod est 'poena', vel a 'punio' verbo. [4] 'Saepio', id est 'munio'; 'saepes' est 'munitio', et dicitur eo quod frequenter ligna imponantur, quod frivolum est.

613. Notandum est, quia tres regulas ostendit hic Donatus. [2] Dicit enim quod ea adverbia, QUAE NON COMPARANTUR, UT RITE (385,22), aut quae anomal[a]e, hoc est inaequaliter comparantur, UT BENE, MALE (385,23), AUT EA QUAE A NOMINE vel VERBO NON VENIUNT (385,24) corripi debeant; cetera autem producantur.

614. Sed quaerendum est, cur non absolute dixit, 'aut ea quae a se oriuntur, corripiuntur', sed potius dixit, AUT EA QUAE A NOMINE vel VERBO NON VENIUNT (385,24). [2] Ideo scilicet dixit hoc, quia fuerunt quidam qui putaverunt quod haec duo adverbia, id est IMPUNE et SAEPE a nomine et verbo ducant originem. [3] Dicebant enim quod IMPUNE compositum sit ex 'in' praepositione et 'poena' nomine, vel veniat a verbo 'punio, punis'. [4] Similiter dicebant quod SAEPE veniret a nomine quod est 'saepes' quae fit ex viminibus. [5] Ut ergo ostenderet, quia non derivativa, sicut illis videtur, sunt haec duo adverbia, ideo voluit addere: AUT EA QUAE A NOMINE VERBOVE NON VENIUNT (385,24). [6] 'Ve' pro 'vel' ponitur.

615. CETERUM FACILE ET DIFFICILE, QUAE UT ADVERBIA PONUNTUR, NOMINA POTIUS DICENDA SUNT PRO ADVERBIIS POSITA, UT EST "TORVUMque repente CLAMAT", et "HORRENDUM RESONAT" (385,25). [2] Sicut enim TORVUM et HORRENDUM, quamvis loco adverbiorum ponantur, nomina tamen sunt, ita FACILE et DIFFICILE, quamvis adverbii vice fungantur, nomina tamen f. 53[r] potius sunt putanda quam adverbia. [3] FACILE, id est // 'plane' vel

612,4 frivolum: fribolum

612 cf. Pomp. V 244,21-36; cf. R.H. 259,23-28   612,3 'sine vindicta' C.G.L. IV 91,52   612,4 'saepe', 'saepes': v. E.M.; cf. Char. 281,10-17; cf. C.G.L. IV 169,29   614 cf. Pomp. V 244,30-36   615,1 'TORVUM ... CLAMAT' Verg. *Aen.* VII 399-400   615,1 'HORRENDUM...' cf. Verg. *Aen.* XII 700   615,2-7 cf. Pomp. 245,20 ff.

'leniter'; DIFFICILE, id est 'graviter'. [4]FACILE et DIFFICILE nomina sunt neutri generis, sed pro adverbiis ponuntur. [5]TORVUM, id est 'terribiliter'. [6]'Torvus' dicitur 'terribilis'; inde TORVUM neutri generis et ponitur pro adverbi[a]o. [7]HORRENDUM, id est 'horribiliter'; nomen est similiter et pro adverbio ponitur.

616. ERGO ADVERBIA, QUAE IN "E" PRODUCTUM EXEUNT, AB EO NOMINE VENIUNT, QUOD DATIVO CASU "O" LITTERA TERMINANTUR, UT HUIC DOCTO DOCTE, ET HUIC SEDULO SEDULE (385,27-386,1). [2]'Sedulus' dicitur 'assiduus', 'studiosus', et dicitur a sedendo, quia qui bene studet diu sedet.

617. QUAE IN "R" EXEUNT, AB EO NOMINE VENIUNT, QUOD DATIVO CASU "I" LITTERA TERMINATUR, UT HUIC AGILI AGILITER (386,1). [2]Ostendit hic Donatus regulam qualiter terminationes adverbiorum cognosci possunt, dicens scilicet quod ea ADVERBIA, QUAE IN "E" PRODUCTUM EXEUNT, AB EO NOMINE VENIUNT, QUOD DATIVO CASU "O" LITTERA TERMINATUR (385,27); illa vero QUAE IN "R" EXEUNT, AB EO NOMINE VENIUNT, QUOD DATIVO CASU "I" LITTERA TER-MINATUR (386,1). [3]AGILITER venit a nomine quod est 'agilis'; a dativo AGILI, addita 'ter' fit AGILITER. [4]'Agilis' dicitur 'velox'; AGILITER, id est 'velociter'.

618. CONTRA QUAM REGULAM MULTA SAEPIUS USURPAVIT, id est usu rapuit, AUCTORITAS (386,2). [2]NAM QUAEDAM, UT DIXIMUS, IN DATIVO CASU PERMANENT ET ADVERBIUM FACIUNT, UT FALSO SEDULO (386,3). [3]FALSO dativus est et facit similiter adverbium; similiter SEDULO. [4]SEDULO, 'o' mutata in 'e' facit 'sedule'.

619. QUAEDAM CONTRA FACIUNT MULTA, UT HUIC DURO NON DURE, SED DURITER (386,5). [2]QUAEDAM econtra FACIUNT, id est contra superiora, quia, licet in 'o' faciunt dativum transeuntia in adverbium non 'o' mutant in 'e', cum debuissent in 'e' desinere secundum regulam, nec in dativo per-manent sicut superiora, sed 'o' mutantes in 'i' a <d >dita 'ter' faciunt adverbium, UT HUIC DURO DURITER, NON DURE. [3]Facit adverbium mutatione 'o' in 'e', ut diximus. [4]Tamen DURE dicimus, ut 'Dure', id est aspere, 'tulit Abraham hoc pro filio suo'.

620. Quia SEDULO et FALSO adverbia sunt et nomina, quaerendum est quomodo discerni possint quando sint adverbia vel quando nomina. [2]In sensu scilicet, verbi gratia, si dicam, 'falso homini loquenti acco <m >modavi aurem', nomen est. [3]Si autem dicam, 'falso locutus es', adverbium est. [4]Similiter si dicam, 'sedulo homini mihi servienti dedi munus', nomen est; si autem, 'sedulo legit', adverbium est.

619,4 tulit: cf. B.V. Gen. 21,11 (accepit); 'sensit' R.H. 259,36

616,2 R.H. 259,32-33; cf. Char. 283,10-18; cf. C.G.L. IV 283,1   617 cf. Pomp. V 245,1-19   619 cf. P. III 70,4   619,4 cf. R.H. 259,36-37; cf. Vulg Gen. 21,11 (Dure accepit hoc Abraham pro filio suo); Vet. Lat. (Durum hoc visum Abrahae erat, ut ejiceret filium suum)   620 cf. Ser. IV 439,24-25

621.   ADVERBIO ACCIDUNT TRIA, SIGNIFICATIO COMPARATIO FIGURA (386,7).
[2] SIGNIFICATIO, id est sensus; hoc enim pro sensu ponitur. [3] COMPARATIO,
quia comparantur adverbia quaedam sicut et nomina. [4] FIGURA, quia
quaedam componuntur. [5] Sciendum est quod Priscianus comparationem in adverbio non ponit, quia non est generale accidens, sed
speciem pro comparatione intromisit. [6] Omnia enim primitivae speciei
sunt aut derivativae. [7] Definitio numeri est hic, in qua definitione
veritas rei panditur, docentur inscii, respuuntur superflui aestimatores.
[8] Fuerunt qui plura voluerunt accidentia; fuerunt qui pauciora. [9] Illi
qui plura volebant, addebant 'personam' propter hoc quod subditur:
MECUM TECUM SECUM (386,13-14). [10] Sed Donatus noluit computare, vel
quia pauca sunt personalia, vel quia non illud adverbium per se, sed illa
pronomina, quae sunt 'me, te, se', significant personam. [11] Cum enim
dico MECUM TECUM SECUM NOBISCUM VOBISCUM (386,13-14), tale est ac si
'cum me, cum te, cum se, cum nobis, cum vobis'.

622.   Qui vero pauciora accidentia, auferebant comparationem,
dicentes non posse adverbia comparari nisi ea quae a nominibus
veniunt. [2] Quare ergo Donatus computavit comparationem inter cetera
accidentia adverbii? [3] Ideo scilicet, quia quamvis non omnia, quaedam
tamen adverbia comp[ar]arantur, more suo 'totum pro parte' ponens.
[4] Vel ideo annumeravit comparationem, quia, quamvis adverbia non
possint comparari in litteratura, tamen, si adiuncta fuerint eis adverbia
quantitatis, possunt comparari in sensu.

623.   SIGNIFICATIO ADVERBIORUM IN HOC CERNITUR (386,7). [2] SIGNIFICATIO
hic pro sensu ponitur. [3] Quod enim dicit IN HOC CERNITUR, tale est quasi
dicatur 'videtur', vel 'diiudicatur'.

624.   QUIA SUNT ADVERBIA LOCI, id est locum significantia, UT HIC
(386,8). [2] Cum dico HIC locum ostendo. [3] HIC (362,23) scilicet sedemus; IBI
(362,23) scilicet sedent alii; INTUS (362,23) scilicet sum; FORIS (362,23)
scilicet sunt illi. [4] HIC et INTUS, IBI et FORIS, in loco esse significant; 'intro'
et 'foras' et 'illuc' ad locum. [5] Distat inter ILLIC (362,23) et 'illuc': 'illuc'
ad locum significat, ut legitur de [h]Abraham: [6] Ego et puer illuc

---

624,3 scilicet: ·f· :'subaudis' R.F. 61,12 sqq.   624,5 'illuc': 'illuc et illic' R.F. 61,15
624,5 Abraham: cf. R.F. 61,19

621 cf. R.F. 60,27-61,5; cf. Serg. IV 509,31-32; cf. Char. 233,6-7; cf. Pomp. V 246,31 v. P. III 63,6;
Prob. I 153,25   621,5-6 cf. P. III 63,5 ff.   621,7 v. 8 supra   621,8-11 cf. Dosith VI
408,25; v. Mazzarino 81,101,104   622,1 cf. P. III 79,24 ff.; 77,18-20   622,4 'adverbia quantitatis' P. III 86,23   624 cf. R.F. 61,11-19   624,6 Vulg. *Gen.* 22,5 (Ego et puer illuc usque
properantes); Vet. Lat. (ego autem et puer pertransibimus usque illuc)

621   Three is the usual number (Serg. IV 509,31-32; Char. 233,6-7; Pomp. V 246,31). However
Priscian has 'species, significatio, figura' (III 63,6), and Probus 'comparatio, figura, tempus,
significatio' (I 153,25). Cf. R.F. 60,27-61,5.

properantes, et in psalmo: [7] Illuc ascenderunt. [8] Potest enim accipi de futuro et praeterito. [9] ILLIC vero in loco, et est similiter praeteritum et futurum.

625. Notandum est, quia adverbia localia, Prisciano teste, discretas vel communes habent locorum significationes. [2] Discretas ad locum, ut 'huc, illuc'; in loco, ut 'hic, illic, ibi'; per locum, ut 'hac, illac'; de loco, ut 'hinc, illinc'. [3] Communes, vero ut 'peregre sum, peregre abeo, peregre advenio, peregre transeo'. [4] Sed hoc sciendum, quod sunt pleraque adverbia localia quae pro temporibus accipiuntur, ut Vergilius in secundo Aeneidos:

[5] Inde t[h]oro pater Aeneas sic orsus ab alto;

[6] 'Inde' dixit pro '<de>inde'; et in primo Aeneidos:

[7] Haec ubi dicta, cavum conversa cus[ci]pide montem;

f. 53[v] [8] 'ubi' dixit pro 'postquam'. //

626. TEMPORIS, UT HODIE, 'nunc', NUPER (386,8). [2] HODIE ex 'hoc' et 'die' componitur, et est trium temporum, praesentis, praeteriti et futuri, ut 'hodie veni', 'hodie venio', 'hodie veniam', quasi hoć die. [3] 'Cras' futurum est tempus. [4] NUPER praeteriti temporis est adverbium; NUPER, id est noviter. [5] Aliquando et pro futuro accipitur et venit a nomine quod est 'nuperus, nupera, nuperum'. [6] 'Aliquando' de praeterito et de futuro accipitur, ut 'aliquando factum est hoc', 'aliquando fiet hoc', et est compositum ab 'aliud' et 'quando'.

627. Notandum, quia sunt quaedam adverbia te<m>poralia, quae praeteritum tempus solum significant, ut 'pridem, nuper, antea, nudius tertius'; [2] sunt alia quae praesens solum significant, ut 'nunc, praesto'; [3] vel etiam praesens et non multo ante praeteritum perfectum, ut 'modo'; [4] alia futurum, ut 'cras, postridie, per[h]endie'; [5] alia vero communia diversorum temporum adverbia, ut 'olim, dudum, quondam'. [6] Haec etenim aliquando praesens, aliquando praeteritum, aliquando futurum significant tempus. [7] Nam 'olim' pro praesenti ponitur tempore, ut Vergilius in secundo Georgicon:

624,9 futurum: 'praeteriti et futuri' R.F. 61,19   625,2 ibi: 'ubi' P. III 83,11   625,5 t[h]oro: cf. P. III 85,15   625,6 '<de>inde': 'deinde' P. III 85,16; cf. Serv. ad Aen. II 2 625,7 cus[ci]pide: cf. Verg. Aen. I 81; cf. P. III 85,17   626,5 nuperus: 'id est novus' ss. A[2]

624,7 Vulg. et Vet. Lat. (Ps. Rom.) Ps. 121,4 (illuc enim ascenderunt)   625,1-2 P. III 83,9-11; 83,21   625,3 P. III 83,24-25   625,4-8 P. III 85,13-18   625,5 Verg. Aen. II 2   625,7 Verg. Aen. I 81   626 R.F. 61,26-62,3   627,1-3 P. II 80,30-81,4   627,4-5 P. II 81,20-21   627,7-8 P. III 81,26-82,2

[8] Ac iam olim seras posuit cum vinea frondes,
Frigidus et silvis aquilo decussit honorem,
Iam tum acer curas venientem extendit in annum
Rusticus;

[9] pro praeterito, vero, ut est illud <H>oratii:

[10] Olim truncus eram ficulnus, inu[l]tile lignum;

[11] pro futuro autem, ut Vergilius in primo Aeneidos:

[12] Mittite; et haec olim [m] forsan meminisse iuvabit.

[13] 'Dudum' quoque praeteritum significat tempus, ut Te[r]rentius in Andria:

[14] Ego dudum nihil veritus sum;

[15] praesens autem, ut Vergilius in secundo Aeneidos:

[16] iam dudum sumite poenas.

[17] 'Quondam' etiam praeteritum significat tempus, ut est illud Ciceronis:
[18] 'fuit ista quondam in hac re publica virtus'; [19] futurum autem, ut Vergilius in secundo Aeneidos:

[20] Quondam etiam victis redit in praecordia virtus.

628. Sciendum autem quod 'quando' adverbium temporis et interrogativum et relativum et infinitivum, Prisciano teste, ostenditur: [2] interrogativum, ut 'quando venisti?'; [3] relativum, ut 'quando eram iuvenis, peccavi'; infinitivum, ut 'quando venero, faciam'. [4] Invenitur etiam pro 'aliquando' et pro casuali coniunctione: [5] pro 'aliquando' ut Vergilius in decimo:

[6] Aspera quis natura loci dimittere quando
Suasit equos;

[7] pro casuali autem coniunctione, ut idem ipse in primo Aeneidos:

[8] Hic tibi, fabor enim, quando haec te cura remordet,

[9] 'quando' dixit pro 'quoniam'. [10] Et sciendum, quod pleraque adverbia localia pro temporibus accipiuntur ut 'inde' pro 'deinde', et 'ubi' pro

---

627,12 [m]: cf. Verg. Aen. I 203; P. III 82,6   627,14 nihil: 'nonnihil' P. III 82,9; cf. Ter. And. III 4,3   628,3 infinitivum: 'infinitum' P. III 82,26   628,6 Suasit: 'sausit' Verg. Aen. X 366

627,8 Verg. G. II 403 ff.   627,9-10 P. III 81,24-25   627,10 Hor. Serm. I 8,1   627,11-20 P. III 82,6-18   627,12 Verg. Aen. I 203   627,14 Ter. And. III 4,3   627,16 Verg. Aen. II 103   627,18 Cic, Catil. or. I 1,3   627,20 Verg. Aen. II 367   628,1-9 P. II 82,24-83,8   628,6 Verg. Aen. X 366 ff.   628,8 Verg. Aen. I 261   628,10 cf. P. III 85,13-20

'postquam', et 'hic' pro 'tunc'. [11] Temporalia autem pro localibus non accipiuntur, ut 'nunc, modo, nuper, postquam'.

629. NUMERI, UT SEMEL BIS (386,9). [2] NUMERI dicuntur adverbia, quia numerum demonstrant, ut 'semel legi', 'bis comedi'. [3] SEMEL, id est 'una vice', et venit a nomine quod est unus; BIS, a duobus; 'ter', a tribus; sic et ceteri adverbiorum numeri a nominibus formantur numerorum.

630. NEGANDI, UT haut NON (386,9). [2] NEGANDI dicuntur, quia per ea negamus, ut 'non faciam', 'fecisti hoc?', 'non'; negationem pandit.

631. Sciendum est autem quia aliae etiam partes accipiu[u]ntur pro adverbiorum diversis significationibus, et est quando duae pro una, et 'nullomodo, nullatenus', quomodo et adverbia loco nominum posita invenimus, ut:

[2] mane novum;

[3] et Lucanus:

[4] Tu satis ad vires Romana in proelia dandas.

[5] Cum enim 'satis' adverbium sit, pro nomine tamen positum est.

632. AFFIRMANDI, UT ETIAM QUIDNI (386,9). [2] AFFIRMANDI dicuntur, quia affirmationem significant, ut si dicas 'legis?', affirmo et dico ETIAM. [3] QUIDNI, id est non aliud feci. [4] 'Non, etiam' duo adverbia sunt contraria: unum negat; alterum affirmat.

633. DEMONSTRANDI, UT EN ECCE (386,10). [2] DEMONSTRANDI dicuntur adverbia, quia demonstrant, ut 'EN illum, quem quaerebas', 'ECCE eum de quo dicebas'. [3] Haec accusativo melius iunguntur quam nominativo, ut 'EN Vergilium', 'ECCE Donatum', quamvis dicamus, 'ECCE Agnus Dei'. [4] EN et ECCE unum sensum habent. [5] Sed hoc distat, quia EN dicitur semper de praesenti; ECCE aliquando de absenti.

634. 'OPTANDI, UT UTINAM (386,10), o, si, ut, etiam'. [2] OPTANDI quoque dicuntur, quia optant, ut 'utinam venisset meus frater', et Vergilius in octavo:

[3] Adsis o tandem et proprius tua numina firmes.

631,3 proelia: cf. Lucan Phars. I 66 (carmina) P. III 85,2   634,3 tandem: cf. Verg. Aen. VIII·78 (tantum); P. III 86,5   634,3 proprius: cf. P. III 86,5 (propius)

628,11 P. III 85,20-21   629 cf. R.F. 62,3-5   630 cf. R.F. 62,13-15   631,1 P. III 84,23-26   631,2 Verg. G. III 325; P. III 85,1; P. III 369,21   631,4 Luc. Phar. I 66; v. D. Brearley, "Note de lecture 227," Latomus XXIX (1970) 3, 799   631,5 cf. P. III 77,18-19   632 cf. R.F. 62,15-17   633 cf. R.F. 62,17-19; cf. P. III 89,20-23   633,3 'Ecce Agnus Dei' Vulg. et Vet. Lat. Ioan. 1,29   634 cf. R.F. 62,19-22   634,3-5 cf. P. III 86,5-10   634,3 Verg. Aen. VIII 78

⁴ Item ipse in sexto:

⁵ Si hunc ne nobis ille aureus arbore ramus
   Ostendat nemore in tanto.

⁶ 'Ut' adverbium est similitudinis, et primitivum est; addita 'i' fit 'uti';
addita 'nam' fit 'utinam', et transit in adverbium optandi, ut 'utinam
legerem'. ⁷ 'O' octo habet potestates: est adverbium vocandi, optandi,
admirandi, indignandi; est nomen litterae, et potest esse syllaba, et est
verbum — 'o', id est 'miror' — et est interiectio.

635. 'HORTANDI, UT EIA (386,11) age'. ² HORTANDI dicuntur adverbia,
quia hortantur, ut 'eia, frater, legamus', 'age pugnemus'; et in alio loco:
³ 'Eia, milites Christi, sustinete poenas et accipite coronas'. ⁴ Notandum
est autem, quia videtur hoc adverbium quod est 'age' etiam plura//lem
habere, Prisciano teste, ut Vergilius in octavo:

⁵ Ergo agite, <o> iuvenes, tantarum in munere laudum.

⁶ Remissiva sunt hortativis contraria, ut 'pedetemptim, paulatim, sensim'.

636. 'ORDINIS, UT DEINDE (386,11), deinceps'. ² ORDINIS dicuntur, quia
ordinem demonstrant, ut 'lege tu, deinde ille, deinceps iste'. ³ 'Primus
sedet episcopus, deinde archidiaconus, deinceps sedent milites.'

637. INTERROGANDI, UT CUR QUARE QUAMOBREM (386,11). ² INTERROGANDI
dicuntur, eo quod per illa adverbia interrogemus, ut 'cur quaeris
nomen meum?', 'quare non studes?', 'quamobrem insequeris
inimicum?'. ³ QUARE compositum est ex 'qua' et 're'; QUAMOBREM compositum est ex tribus partibus, ex 'quam' et 'ob' et 'rem'.

638. SIMILITUDINIS, UT QUASI CEU (386,11-12). ² SIMILI<TU>DINIS dicuntur adverbia, eo quod per illa in rebus quaedam assimilatio fiat, ut
'QUASI iubar nitet facies magistri', 'video te QUASI angelum Dei', 'QUASI sol
lucet', 'CEU lilia fragla<n>t', 'CEU rosa rubet', 'veluti lilium candet'. ³ Et
notandum quod 'ut' adverbium similitudinis aliquando pro temporali
accipitur adverbio, ut est illud:

⁴ Ut vidi, ut perii, ut me malus abstulit error;

635,5 Ergo: cf. Verg. Aen. VIII 273 (Quare); P. III 86,19   635,5 <o>: cf. Verg. Aen. VIII
273   636,3 sedet: 'sedeat iste' R.F. 62,27   636,3 deinde: 'deinde ille' R.F. 62,28   636,3
sedent: 'illi' R.F. 62,28

634,5 Verg. Aen. VI 187 ff.   634,7 cf. P. III 89,2-10   635,3 R.F 62,25-26   635,4-6 P.
III 86,17-21   635,5 Verg. Aen. VIII 273   636,3 R.F. 62,27-28   637 cf. R.F. 62,29-
63,2   638,2 cf. R.F. 63,3-4   638,2 'video te QUASI angelum Dei' cf. Vulg. Esth. 15,16 (Vidi
te, domine, quasi angelum Dei)   638,3-7 P. III 86,10-16   638,4 Verg. E. VIII 41; cf. Pomp.
V 251,22

⁵ invenitur etiam pro 'utinam', ut est illud <H >oratii:

⁶ o pater et rex
Iu<p >piter, ut pereat <positum> rubigine ferrum.

⁷ 'Ut' dixit pro 'utinam'.

639. 'QUALITATIS, UT DOCTE PULCHRE (386,12) fortiter.' ² QUALITATIS dicuntur adverbia, quia qualitatem demonstrant actus, ut 'qualiter legit?', 'docte, pulchre disputat'. ³ A nomine quod est 'doctus, ti, to', versa 'o' in 'e', fit adverbium 'docte'. ⁴ In tertia declinatione adiuncta 'ter' et correpta 'ti', ut 'fortis, ti', inde 'fortiter'.

640. 'QUANTITATIS, UT MULTUM PARUM (386,12) minimum'. ² QUAN-TITATIS dicuntur, quia quantitatem significant et ostendunt, ut si dicas 'quantum legit?', respondit: MULTUM, PARUM, 'minimum', 'MULTUM dor-mit', 'PARUM vigilat', 'minime laborat'. ³ Minime et minimum et minimo idem est. ⁴ Sed 'minime' potest adverbium esse negandi, sicut et 'non'.

641. DUBITANDI, UT F[A]ORSITAN, FORTASSE (386,13). ² DUBITANDI dicun-tur, quia dubitatione demonstrant, ut 'forsitan legit magister', 'fortasse quiescit', 'forsitan pluet hodie, fortasse non'.

642. PERSONALIA, UT MECUM TECUM SECUM NOBISCUM VOBISCUM (386,13). ² PERSONALIA dicuntur, quia, quando proferuntur, non una sed plures ostenduntur personae, ut 'mecum vel tecum introivit ille homo', 'secum socium adhibuit', 'nobiscum locutus est', 'vobiscum loqui desiderat'. ³ MECUM derivativum est a prima persona; TECUM a secunda; SECUM a ter-tia; NOBISCUM similiter a prima; VOBISCUM a secunda; et componuntur ex personis pronominum et cum praepositione. ⁴ Est autem ibi ordo praeposterus. ⁵ Nam praepositio semper praeponi debet, sed causa [a]euphoniae supponitur. ⁶ Pro eo enim quod deberemus dicere 'cum me', 'cum te', dicimus MECUM, TECUM, SECUM. ⁷ Sonorius est enim MECUM, quam 'cum me'. ⁸ Ista melius Priscianus pronomina dicit, et ostendit quare, quia nequeunt esse adverbia, quia numerus et persona non simul accidere possunt adverbiis. ⁹ 'MECUM legunt pueri', 'TECUM recordantur', 'SECUM sedet ille', id est 'solus', 'NOBISCUM recordantur isti, VOBISCUM illi'.

643. VOCANDI, UT HEUS (386,14). ² VOCANDI dicuntur, quia per ea vocamus, ut 'HEUS, veni'. ³ Ait Vergilius:

⁴ Heus, iuvenes, monstrate, mearum
Si quam hic vidistis errantem forte sororum.

638,6 <positum>: v. Hor. Sat. II 1,43

638,6 Hor. Sat. II 1,43 ff.   639 cf. R.F. 63,4-10   640 cf. R.F. 63,10-17   642 cf. R.F. 63,19-27; cf. Pomp. V 269,36-270,4   642,8 cf. P. II 593,25-594,1   643 cf. R.F. 63,26-29   643,4 Verg. Aen. I 321 ff.; P. III 197,11-12

644. RESPONDENDI, UT HEU (386,14). [2] RESPONDENDI dicuntur, quia per ea respondemus, ut 'HEU frater iam venio'. [3] HEU adverbium est respondentis, ut 'HEU, quid me vis?'. [4] Est et interiectio dolentis, ut 'HEU mihi, DOMINE'.

645. SEPARANDI, UT SEORSUM (386,14). [2] SEPARANDI dicuntur, quia separationem significant, ut 'seorsum mitte libros'. [3] 'Orsum' dicimus 'in partem': inde SEORSUM, id est 'separatim': 'SEORSUM viri in ecclesia stent, et SEORSUM mulieres.' [4] Et sicut in evangelio: 'Et accepit eum de turba seorsum'. [5] 'Quorsum' quoque et 'dextrorsum' et 'sinistrorsum' inde componuntur.

646. 'Discretiva': 'deorsum, secus, utrimque, singillatim, bifariam, omnifariam, divise'.

647. IURANDI, UT EDEPOL, CASTOR, HERCLE, MEDIUS FIDIUS (386,15). [2] IURANDI dicuntur, quia iuramentum significant. [3] Iuramentum autem hoc ita potest intellegi. [4] Pol < lux > et Castor filii fuerunt Iovis. [5] Hercles autem ipse est Hercules. [6] Iuro vobis ediercle: qualiter iuro? [7] MEDIUS stans, scilicet inter vestra altaria, iuro autem 'fidus', id est fideliter. [8] Igitur haec adverbia iuramenta paganorum erant. [9] Nam sicut modo iuramus per Deum et per nomina sanctorum, ita antiqui iurabant per nomina deorum suorum.

648. Vel EDEPOL, id est per deum, sive per aedem Pollucis, per templum scilicet illius, quia 'aedes' dicitur templum: inde 'aedilis', custos templi; CASTOR, id est per Castorem, sive per aedem Castoris, quos colebant pro diis. [2] Pollux et Castor duo fratres fuerunt, filii Iovis et Ledae matris, qui cum navigio pergerent contra Troiam, naufragio perierunt. [3] Unde inter sidera collocati sunt, per quos antiqui iurabant, et sunt Gemini in caelo, id est clarae stellae. [4] MEDIUS FIDIUS, semideus et semihomo, ex patris parte deus, ex matre homo. [5] FIDIUS dicitur pro eo quod est 'filius', eo quod sit filius Iovis. [6] Nam 'd' et 'l' vicinae litterae sunt inter se et una saepe pro altera // ponitur. [7] Antiqui enim 'd' pro 'l' ponebant, ut 'sedda,' pro 'sella'.

f. 54[v]

649. Vel MEDIUS FIDIUS dicitur quasi 'Dios' filius, id est Iovis filius. [2] Διός enim Graece, 'Iovis' dicitur, vel 'clarus' Latine. [3] Castor et Pollux filii Ledae fuerunt. [4] Pollux eius Ledae filius erat de Iove, et ideo im-

647,6 ediercle: cf. 'Iuro vobis obhercule' V 28[r] 27   649,1 'Dios': dyos: v. R.F. 64,24
649,2 Διός: dyos: v. R.H. 260,17

644 cf. R.F. 64,1-2   644,4 'Heu mihi, Domine' cf. Vulg. Iudic. 6,22 (Heu! mi Domine...)   645 cf. R.F. 64,2-8   645,3 cf. R.H. 260,10-11   645,4 Vulg. Marc. 7,33 (Et apprehendens eum de turba seorsum); Vet. Lat. ms. Colbert. (Et accipiens eum a turba secreto)   646 cf. P. III 87,14-15   647-651 cf. R.F. 64,9 ff.; cf. R.H. 260,12 ff.   647 cf. Fulg. M. 54 ff.; v. Serv. Aen. II 601   648,3 cf. Isid. III 71,25   648,4-7 cf. R.F. 64,20-24; cf. Fest. 133,1-5   648,7 cf. P. II 35,1-2   649,1 R.F. 64,23-24; cf. Serv. Aen. IV 204   649,2-6 R.F. 64,11-17

mortalis est ex patre. ⁵ Castor vero eiusdem Ledae filius fuit de Tyndaro. ⁶ Sed Pollux, qui erat immortalis divisit immortalitatem cum fratre, et miseratione deorum translati sunt in caelum inter deos: ideo vocantur semidii et semihomines.

650. Vel <H >ercle, id est per <H >erculem. ² <H >ercules, deus et Gigas fortissimus illorum fuit et quasi MEDIUS FIDIUS, id est 'filius Iovis'. ³ Διός Graece, 'Iovis' Latine. ⁴ Is vero eiusdem Iovis filius fuit de adulterio, id est de uxore Amphitryonis; ⁵ vel quasi MEDIUS FIDIUS, id est ἡμίθεος, Latine semideus —nam ἥμισ<υ > Graece, semis Latine; ⁶ θεός, deus: inde semideus — inter deum et hominem, ex parte patris deus, et ex parte matris homo.

651. Vel 'medius filius'. ² Quidam volunt referre ad Mercurium, eo quod 'medius' sit ex diis et 'medius' ex hominibus. ³ Et quidam volunt referre ad Herculem, eo quod sit medius inter deos et homines, et sit filius Iovis. ⁴ Vel quidam volunt per accusativum casum proferre ad Pollucem et Castorem, et talis sensus est: O dii Pollux et Castor, qui estis medii ex diis et medii ex hominibus, et estis filii Iovis, vos scilicet invoco. ⁵ Itaque tale est iusiurandum per Herculem, qui est Iovis filius, sive per divi fidem, aut per diuturni temporis, id est diei, fidem. ⁶ Iusiurandum enim illud tale erat quasi diceret, 'ita me Castor, ita me Pollux, ita me Hercules', ut subaudiatur 'adiuvet'. ⁷ 'Per' etiam praepositio pro adverbio accipitur iurandi, ut supra dictum est.

652. 'Intentiva': 'valde', 'prorsus'; ² 'penitus' ex quo nomen 'penitior, penitissimus' nascitur et adverbium comparativi 'penit<i >us' et superlativi 'penitissime' quando locale est: ³ nam quando qualitatis est 'prorsus' significat; 'omnino'.

653. ELIGENDI, UT POTIUS IMMO (386,16). ² ELIGENDI dicuntur, quia electionem demonstrant, vel significant, ut 'plus diligo Vergilium Lucano'. ³ POTIUS opto, id est volo, legere quam vagari. ⁴ IMMO melius est: IMMO legere quam scribere cupio'. ⁵ Et POTIUS est comparativum a nomine quod est 'potis' indeclinabile. ⁶ IMMO ita est: inde componitur 'quinimmo', id est 'cur non potius'. ⁷ 'Quin' vero pro 'ut non' ponitur, ut 'noli omittere quin legas', id est 'ut non facias'.

650,3 Διός: dyos   650,4 de adulterio: dealulterio: cf. R.F. 64,18   650,5 ἡμίθεος: hemyteus: cf. R.H. 260,18   650,5 ἥμισ<υ >: emis: cf. P. 32,20-21   650,6 θεός: theos   652,2 'penit<i >us': cf. P. III 502,35-36   652,3 'prosus': prororsus

650,1-3 cf. R.H. 260,16-17; v. Serv. Aen. IV 204; II 296   650,5-6 cf. R.H. 260,17-20   651 v. Serv. Aen. VIII 275   651,2 cf. Fulg. M. 30,4-7   651,5 cf. Fest. 133,4-5   651,7 cf. P. III 38,11-13   652 cf. P. III 87,27   652,2 cf. P. III 502,28-36; cf. P. II 99,19-23   653 cf. R.F. 64,25-65,1   653,5 cf. P. III 68,16-18   653,7 cf. P. III 467,34-35

654. CONGREGANDI, UT SIMUL UNA (386,16). [2] CONGREGANDI dicuntur, quia non singulariter sed congregatim proferuntur, ut 'illi homines simul venerunt', 'simul sedent minores', 'simul veniant; pariter legant', 'una sedeant', 'una ingressi sunt', 'una recordantur maiores'. [3] UNA accentum habet in fine, ne putetur nomen esse.

655. PROHIBENDI, UT NE (386,16). [2] PROHIBENDI dicuntur, quia per ea prohibemus, ut 'ne facias aliquid mali', 'vide ne feceris'. [3] Ponitur etiam pro 'ut non', ut 'fecerunt equum magnum ne possit recipi portis' pro 'ut non posset'. [4] Est interrogativum et pro 'numquid' ponitur, ut 'fecistine?', id est 'numquid fecisti?', 'ergone prosperabitur?', id est 'numquid prosperabitur?'. [5] Est et increpativum, ut 'tune cruente ferox'.

656. EVENTUS, UT FORTE FORTUITU (386,17). [2] EVENTUS dicuntur, quia casu eveniunt. [3] Eventus et fortuitus est, quando fortuita nobis res subito occurrit, ut 'forte vel fortuitu evenit mihi aurum reperire', ut 'forte cecedit puer', ut 'forte erit hoc', 'fortuitu non erit'.

657. COMPARANDI, UT MAGIS VEL TAM (386,17). [2] COMPARANDI, id est assimilandi, adverbia dicuntur, quia per ea quasdam res componimus, ut 'plus diligo magistrum quam aurum', MAGIS volo legere quam scribere', et 'MAGIS diligo istum quam illum', TAM bonus est iste quam ille'. [3] TAM aequalitatem significat, ut 'TAM volo legere quam scribere', id est utrumque volo. [4] Unde Vergilius:

[5] Tam magis illa fremens et tristior effera flammis,
Quam magis effuso crudescunt sanguine paene.

[6] MAGIS et minus cum adverbii qualitate coniunctum contrariae qualitatis comparativum significant, ut 'minus prudens' pro 'stultior', et 'minus stultus' pro 'prudentior'.

658. Superlativa, ut 'maxime, ocissime'. [2] Praeterea inveniuntur adverbia tam anomola, ut ab uno 'semel', a duobus 'bis', quam deminutiva, ut 'clam, clanculum', 'bene, belle, bellissime'.

659. SUNT ITEM ADVERBIA INFINITA, UT UBI QUANDO (386,17). [2] INFINITA dicuntur ADVERBIA, quae nec certum tempus, nec certum definiunt locum, ut 'ubi est?', vel 'quando veniet?', 'quo pergis?'. [3] UBI infinitum est per se et locum requirit, quia non potest ei omnis locus respondere; ideo infinitum est: 'ubi est Deus?', 'in caelo et in terra et in mari'. [4] Est

---

655,3 possit: cf. R.F. 65,7   657,5 tristior: cf. Verg. Aen. VII 787 (tristibus); R.F. 65,19   657,5 paene: cf. Verg. Aen. VII 788 (pugnae); R.F. 65,20

654 cf. R.F. 65,1-3; cf. P. III 87,9-13   654,3 cf. P. III 528,27   655 cf. R.F. 65,4-9 655,3 'fecerunt ... portis' cf. Verg. Aen. II 187; cf. P. III 96,1-4   655,5 R.F. 65,8   656 cf. R.F. 65,8-13   657 cf. R.F. 65,14-20   657,5 Verg. Aen. VII 787-788; cf. Pomp. V 157,12-13   658,1 P. III 88,4   658,2 cf. P. III 65,18-20; III 88,21-22   659 cf. P. III 88,23 ff.

est relativum: 'ubi est ille?', 'ubi et tu?'. [5] 'Tu' finitum est. [6] QUANDO simul infinitum est, quousque certum ei tempus coniungas: 'quando veniet?', 'cras aut per[h]endie'. [7] Simul: 'quando venit?', 'heri aut praeterito anno'.

660. SUNT FINITA, UT HIC MODO (386,18); [2] FINITA quoque dicuntur, quia verum tempus certumque definiunt locum: tempus, ut 'modo veniet'; locum, ut 'hic est'. [3] HIC finitum locum ostendit, ut 'hic est', id est 'in isto loco'.

661. ADVERBIA LOCI DUAS HABENT SPECIES, id est duas divisiones et formas, IN LOCO ET AD LOCUM: IN LOCO, UT INTUS FORIS, AD LOCUM, UT INTRO FORAS. [2] DICIMUS ENIM "INTUS SUM", "FORIS SUM", "INTRO EO", "FORAS // EO" (386,18). [3] Non habent unam eandemque litteraturam.

f. 55[r]

662. QUIDAM ADICIUNT DE LOCO, speciem tertiam, QUOD SIC DICITUR QUASI IN LOCO, UT INTUS EXEO, FORIS VENIO (386,21). [2] Ecce "DE LOCO". [3] Quare dicit QUASI IN LOCO? [4] Ideo scilicet, quia adverbia DE LOCO unam eandemque habent litteraturam, ut adverbia IN LOCO, et nisi verba quae motionem vel stationem significant illis adicerentur adverbiis, nequaquam esset discretio inter adverbia DE LOCO et adverbia IN LOCO. [5] Sicut enim dicis INTUS SUM, ita dicis INTUS EXEO et 'FORAS egredior'; in utroque dicimus INTUS. [6] Vel etiam ideo dicit QUASI IN LOCO, quia, quamvis videatur ire AD LOCUM, vel locum deserere cum dicit quis INTUS EXEO, vel FORIS VENIO, non tamen adhuc deserit locum qui haec loquitur, sed in priori stat loco.

663. PER LOCUM ETIAM ADICIUNT QUIDAM, quartam speciem, 'UT HAC ILLACque discurro (386,22)', id est 'discurro per omnem partem'. [2] HAC dicitur 'ex hac parte'; ILLAC, 'ex illa parte'. [3] Quaerendum est, cum superius Donatus duas species loci praetitulasset, IN LOCO scilicet, et AD LOCUM, quare in sequentibus duas subiun[c]xit. DE LOCO videlicet, et PER LOCUM. [4] An forte istae duae species sequentes inter illas priores computandae sunt? [5] Etiam. [6] Adverbia enim quae sunt DE LOCO, inter illa computanda sunt quae sunt IN LOCO; ea vero quae sunt PER LOCUM, inter illa coniungimus quae sunt AD LOCUM, ut 'Romam pergo' per accusativum enuntiatur, sicut et AD LOCUM.

664. HEUS ET HEU INTERIECTIONEM MULTI, NON ADVERBIA PUTAVERUNT (386,23). [2] Iunctio talis est: PUTAVERUNT MULTI "HEUS" ET "HEU" INTERIECTIONEM esse, NON ADVERBIA. [3] Quare autem hoc fiat, ipse subiungit, videlicet QUIA NON SEMPER EAS SEQUITUR VERBUM (386,23). [4] Adverbium verbum semper subsequi debet: quotiens ergo verbo subsequitur, ut

---

660 cf. Pomp. V 246,35-37   661-663 cf. Pomp. V 247,1 (tria)-30 (quadrifariam); cf. P. III 83,11-24   662 cf. Pomp. V 248,7-249,11   663 cf. R.F. 66,9-20   664,4 cf. P. III 12,7-11

661-663 Donatus states that there are two types of *adverbia loci*, but also admits that other grammarians allow more; cf. Pomp. V 247,1 (tria)-30 (quadrifariam); cf. P. III 83,11-24.

'HEUS veni', adverbium est; quotiens vero verbum non subsequitur, interiectio dolentis est. [5] Itaque sciendum, quod adverbia aptius praeponuntur quo modo adiectiva nomina, ut 'bonus homo bene agit', 'fortis imperator fortiter pugnat'. [6] Licet tamen ea praepostere proferri, monosyllabis exceptis et demonstrativis atque interrogativis, ut 'non, ne, dum, cum' temporali, 'per'; [7] 'en, ecce, cur, quare, quamobrem', et praeterea hortativis, ut 'eia, age', et similitudinis, ut 'quasi, veluti', et vocativis, ut 'heus', et optativis, ut 'utinam' quae semper praeponuntur.

665. COMPARATIO ACCIDIT ADVERBIO (386,25). [2] Sicuti accidit nomini comparatio, ita et adverbio. [3] Et quare ita subintulit: QUIA HIC QUOQUE COMPARATIONIS SUNT GRADUS TRES (386,25), scilicet sicuti et in nomine.

666. POSITIVUS COMPARATIVUS SUPERLATIVUS: POSITIVUS, UT DOCTE, COMPARATIVUS, UT DOCTIUS, SUPERLATIVUS, UT DOCTISSIME. [2] ET QUONIAM ADVERBIA QUOQUE SUNT, QUAE PER OMNES GRADUS IRE NON POSSUNT, IDEO HIS AD AUGENDAM SIGNIFICATIONEM PRO COMPARATIVO ET SUPERLATIVO MAGIS ET MAXIME CONIUNGIMUS, AD DEMINUENDAM MINUS ET MINIME (386,26). [3] Iunctio talis est: ergo, id est certe, QUONIAM SUNT QUOQUE ADVERBIA, QUAE scilicet adverbia NON POSSUNT EXIRE PER OMNES GRADUS, quia non habent tres gradus, IDEO CONIUNGIMUS HIS, scilicet adverbiis, PRO COMPARATIVO ET SUPERLATIVO gradu MAGIS ET MAXIME AD AUGENDAM SIGNIFICATIONEM, id est sensum; AD DEMINUENDAM sensum coniungimus MINUS ET MINIME. [4] Ad augendam significationem coniungimus MAGIS pro comparativo, et MAXIME pro superlativo; ad deminuendum sensum coniungimus MINUS pro comparativo, et MINIME pro superlativo.

667. Vel iunctio talis est: et ideo iungimus nos AD AUGENDAM SIGNIFICATIONEM HIS, scilicet adverbiis, quae non comparantur, PRO COMPARATIVO ET SUPERLATIVO MAGIS ET MAXIME, AD DEMINUENDAM MINUS ET MINIME, quia sunt QUOQUE ADVERBIA QUAE PER OMNES GRADUS IRE NON POSSUNT, et ideo his adverbiis, quae non habent omnes gradus coniungimus MAGIS ET MAXIME PRO COMPARATIVO ET SUPERLATIVO, ut 'pie' positivus non facit 'piius' propter duas vocales ne fieret nimia oris apertio, sed pro comparativo et superlativo 'magis pie' et 'maxime' dicimus ad augendam significationem: MINUS ET MINIME ad deminuendam significationem, ut 'minus pie' et 'minime pie'.

668. Quare autem hoc fiat, reddit causam cum subiungit, quia QUEMADMODUM COMPARANTUR adverbia crescendo, ITA ET DEMINUUNTUR: A POSITIVO, UT PRIMUM PRIMULE, LONGE LONGULE (386,30). [2] Ab eo quod est PRIMUM venit PRIMULE. PRIMUM dicitur de re perfecta; [3] PRIMULE de re im-

---

664,6 proferri: 'proferre' P. III 89,17   667,1 minime pie: maxime pie

664,5-7 cf. P. III 89,15-24   667 'piius' cf. C.G.L. V 93,5   668 cf. P. III 79,24-80,2; 'primule' cf. C.G.L V 630,49

perfecta. [4] Haec ut positivi sunt per se et minus significant quam PRIMUM vel LONGE. [5] Nam PRIMUM et LONGE dicitur in re perfecta. [6] PRIMULE autem et LONGULE positivi sunt per se. [7] Verbi gratia, si dicam 'ego legi PRIMUM; PRIMULE legisti', id est 'non tam primum sicut ego'; similiter si dicam 'LONGE porrexi ego; LONGULE porrexisti tu', id est 'non tam longe sicut ego'.

669.   A COMPARATIVO, UT MELIUS MELIUSCULE, LONGIUS LONGIUSCULE, A SUPERLATIVO gradu, VEL NULLA EXEMPLA VEL RARA SUNT (386,32). [2] Notandum est quod ista adverbia a comparativo venientia minus significant quam comparativus et maius quam positivus, quomodo illa nomina quae sunt 'grandius' et 'maiusculus'. [3] Sicut enim 'grandiusculus' plus significat quam 'grandis' et minus quam 'grandior', et 'maiusculus' plus quam 'magnus' et minus quam 'maior', ita MELIUSCULE plus significat quam 'bene' // et minus quam MELIUS; similiter, LONGIUSCULE plus significat quam 'longe' et minus quam LONGIUS.

670.   Primitiva quidem, quae a se nascuntur, ut 'non, ceu, clam, saepe'; derivativa vero, quae ab aliis nascuntur, ut 'clanculum, saepius, cursim, ductim'. [2] Derivativa igitur adverbia, vel quae ab aliis adverbiis derivantur, ut 'prope propius'; [3] vel a nominibus, ut 'Tullius Tulliane, felix feliciter'; [4] vel a verbo, sive participio, vel participiali nomine, ut 'sentio sensus sensim, sto status statim, singultio singultus singultim, tractus tractim'; [5] vel a pronomine, ut 'hic illic' ab 'hic' et 'ille'; [6] vel a nomine et verbo, ut a 'pede' et 'tempto': [7] 'pedetemptim'; vel a praepositione, ut ab in 'intra', a con 'contra', a sub 'subter'.

671.   Nec mirum videatur quod a ferus 'fere', et a sanus 'sane', et a sensus 'sensim', et a rito vel a ritu 'rite' derivatur, quia 'fere' pro 'iuxta' — quod celeribus omnia iuxta sunt — accipitur; [2] et 'sensim' pro 'paulatim', quia ea maxime faciunt sensum quae morantur; [3] et 'rite' pro 'recte', quia nihil traditur ritibus nisi quod rectum esse creditur; [4] 'sanus' vero pro 'validus' accipitur, ex quo per syncopam fit 'valde' adverbium: ergo est 'sane' pro 'valde'. [5] In 'o' primitiva quidem, inveniuntur ut 'quando' et ex eo composita, 'siquando, nequando', quae ne duae esse putentur partes, in antepaenultimis habent accentum. [6] 'Aliquando' vero differentiae causa ab 'aliquanto' acuit antepaenultimam. [7] Habet etiam derivativa, ut iam dictum est, ut a cis 'citra', ab in 'intro' et 'intus', ab omni 'omnino'; et composita habet, ut 'praesto, profecto', a parte 'partim', a vice 'vicissim', a viro 'viritim', ab ostio 'ostiatim', a statu 'statim', a raptu 'raptim', a saltu 'saltuatim', a

f. 55[v]

670,1 nascuntur: *'nascitur'* P. III 63,7-8   670,1 nascuntur: *'nascitur'* P. III 63,7-8
671,3 ritibus: retibus: cf. P. III 71,15

670 P. III 63,7-20   671,1-4 P. III 71,8-15   671,5-6 P. III 72,18-21   671,7 cf. P. III 72,21 sqq.

cursu 'cursim', a stricto 'strictim', a furto 'furtim', a singulis 'singillatim'.

672. FIGURAE ADVERBIORUM DUAE SUNT (387,1). [2] Sicut componuntur aliae partes, ita haec. [3] AUT ENIM SIMPLICIA SUNT ADVERBIA, UT DOCTE PRUDENTER, AUT COMPOSITA, UT INDOCTE IMPRUDENTER (387,1). [4] Notandum est, quod in adverbiis non solum 'simplex' et 'composita', sed et 'decomposita' invenitur figura. [5] Sicut enim Priscianus testatur, simplicia sunt adverbia, ut 'diu, huc'; composita, ut 'interdiu, adhuc'; [6] 'perinde', id est consequenter; [7] et aequaliter 'permutua', hoc est invicem; [8] 'itidem', quod est similiter; [9] et iterum 'iamdudum', quod est 'cito', et 'olim' et 'quamprimum' significat.

673. 'Quocirca', quod est quapropter; [2] 'magis ac magis' hoc est magis et plus; [3] 'non nunc'; [4] 'nunc usque'; [5] 'usque non'; [6] 'usquequaque'; [7] 'quamdiu'; [8] 'paulo minus'; [9] 'alioquin' quod significat non, sinon, sive ceterum. [10] 'Accurate', id est studiose; [11] 'hactenus', hoc est hucusque; [12] 'deinceps', quod est etiam nomen, id est qui 'deinde cepit', sicut princeps qui primum cepit; [13] 'examussim' quod significat regulariter — amussis enim regula fabrorum: vel, ut alii volunt, ferramentum, quo in poliendo utuntur — ; [14] 'inibi, ibidem': distat inter 'ibi' et 'inibi' et 'ibidem', quod 'ibi' dicitur cum locus semel ostenditur, 'ibidem' cum saepius, 'inibi' cum intus esse aliqua significant.

674. 'Tantisper' significat interim; [2] et 'proinde' itaque; [3] et 'quin immo' magis etiam; [4] et 'quin potius' magis ac magis; [5] 'aliquatenus' aliqua ratione; [6] et 'aliorsum' alia parte; [7] et 'ne umquam' nullo modo; [8] et 'nudius tertius' quod componitur a 'nunc' et 'die tertia'.

675. 'Parumper' refertur ad tempus et significat 'paulisper', hoc est valde parum; [2] 'prorsus', id est porro versus: invenitur etiam pro affirmandi adverbio. [3] 'Quaque versum'; [4] 'orientem versus'; [5] 'dextrorsum'; [6] 'sinistrorsum'; [7] 'quorsum'. [8] 'Quoad', id est usque ad tempus vel locum; [9] 'nihilominus' hoc est non; [10] 'postridie', id est cras; [11] 'si[c]cine', hoc est taliter; [12] 'sub hoc' quod significat statim, sive posthac.

673,13 vel, ut: veluð: cf. Fest. 70,22

672,4-5 cf. P. III 80,22-29   672,6 cf. C.G.L. II 147,13   672,7 v. Serv. Aen. VII 66   672,8 cf. C.G.L. V 28,1   672,9 C.G.L. IV 525,43; V 552,39   673,1 C.G.L IV 277,39   673,6 cf. C.G.L. II 393,39; IV 196,19   673,7 cf. C.G.L. II 166,17   673,8 cf. C.G.L. II 394,12   673,9 C.G.L. IV 481,54   673,10 cf. C.G.L. 530,21   673,11 C.G.L. IV 84,38   673,13 Fest. 70,21-22; cf. C.G.L. V 19,6   673,14 'ibi' 'ibidem' Fest. 93,20; cf. N.M. 180   674,1 C.G.L. IV 290,9   674,2 C.G.L. V 137,45 et saepe   674,3 C.G.L. IV 277,10 et saepe   674,4 C.G.L. IV 384,5 et saepe   674,5 C.G.L. IV 478,1   674,6 cf. C.G.L. IV 14,17; 205,48   674,7 Fest. 161,1   674,8 Fest. 173,1   675,1 Fest. 247,25-26   675,2 Fest. 268,7   675,3-7 cf. P. III 75,14-21   675,9 cf. C.G.L. IV 368,33   675,10 C.G.L. IV 273,37   675,11 C.G.L. IV 284,45   675,12 cf. C.G.L. IV 393,15

676. Proferuntur et adverbia per syncopam, ut 'valde' pro 'valide'; ² et 'interdum' pro 'interduatim', et 'interim' pro 'interatim', quod antiqui dicebant. ³ Decomposita vero, hoc est a compositis derivata, ut a potente 'potenter', a misericorde 'misericorditer', ab efficace 'efficaciter'.

677. COMPONUNTUR ETIAM ADVERBIA MODIS QUATTUOR (387,2), sicut et nomina, scilicet ex duobus integris, ut 'indocte', 'praepotenter', 'obiter', quod est celeriter; componuntur quoque ex duobus integris, ut 'imprudenter' — 'in' est integra praepositio; ³ 'prudenter' est integrum adverbium—; ⁴ ex duobus corruptis, ut 'sufficienter'—'sufficio': <'sub'> corrumpitur et facit 'suf'; 'facio' corrumpitur et facit 'ficienter': 'sufficienter' dicitur [h]abundanter — ; ⁵ ex integro et corrupto, ut 'inaniter', 'insipienter' — 'in' est integra praepositio; 'sapienter' corrumpitur et facit 'sipienter': ⁶ 'insipienter' dicitur indocte — ; ex corrupto et integro, ut 'biduo', 'suspendenter', 'diffidenter' — 'de' praepositio corrumpitur et facit 'di'; 'fidenter' est integrum adverbium — . ⁷ 'Affatim' quod ex corrupto et integro componitur: 'fatim' ergo significat abundanter, sive usque ad latitudinem, ex quo etiam adverbio et 'hisco' verbo, id est aperior, componitur 'fatisco', hoc est abundanter aperior. ⁸ Et 'comiter' ex corrupto et integro, significans 'benigne' vel 'humane'.

678. SUNT MULTAE DICTIONES DUBIAE (387,4), id est partes incertae, inter adverbium et nomen, et pronomen, et verbum, et participium, et coniunctionem, et praepositionem, et interiectionem, id est dubitatur quando sint adverbia et ceterae partes.

679. INTER ADVERBIUM ET NOMEN, UT FALSO (387,4). ² FALSO namque nomen est dativi vel ablativi casus, ab eo nomine quod est 'falsus', et adverbium qualitatis; sed tamen ita [dis] // discernitur: quando enim nomen est, ad personam respicit et significat substantiam alic<u>ius, ut 'falso homini dedi praemium'; quando vero est adverbium, sensum verbi explanat, ut 'falso legit'.

f. 56ʳ

680. INTER ADVERBIUM ET PRONOMEN, UT QUO (387,5). ² Similiter QUO, quando adverbium est, ponitur pro 'ubi' et est infinitum adverbium loci, 'quo pergis?', et 'quo ibo a spiritu tuo?', 'quo vadis?'; quando pronomen est, ablativus casus est ab eo quod est 'quis' et ponitur pro nomine, ut 'a quo audisti lectionem?', 'a quo magistro didicisti?'.

677,6 suspendenter: suppendenter
                        s

676,1 cf. P. III 71,12-13; Fest. 98,24-25   676,2 Fest. 98,24-25   676,3 P. III 80,23-25   677,1 'sicut et nomina' v. D. 377,4-7; 'obiter' cf. C.G.L. IV 128,2   677,4 'sufficienter' cf. C.G.L. II 244,51   677,5 'insipienter' cf. Caper VII 110,7-8   677,7 'affatim' Fest. 10,25-11,2; 'fatisco' Serv. Aen. I 123   677,8 C.G.L. IV 38,34   678-686 cf. Pomp. V 250,36 ff.   679 cf. P. III 68,24-26; cf. R.H. 261,9-11   680 cf. R.H. 261,11-13   680,2 'quo pergis' Vulg. I Sam. 30,13   680,2 'quo ibo a spiritu tuo' Vulg. et Vet. Lat. (Ps. Rom. et Hebr.) Ps. 138,7   680,2 'quo vadis' Vulg. et Vet. Lat. Ioan. 13,36 et saepe

681. INTER ADVERBIUM ET VERBUM, UT PONE (387,5). [2]Quando adverbium est, PONE ponitur pro 'iuxta', et est adverbium loci, et significat 'prope' vel 'retro'.

[3]Pone sub[i]it coniunx,

[4] dicit Vergilius; sed tunc acuitur in ultima syllaba causa differentiae, ne verbum putetur. [5]Quando vero verbum est, imperativus est modus, et venit a 'pono, ponis', et pronuntiatur circumflexo accentu, et significat 'mitte'.

682. INTER ADVERBIUM ET PARTICIPIUM, UT PROFECTO (387,6). [2]PROFECTO adverbium est affirmantis, et ponitur pro 'certe', ut: [3] 'Profecto pervenit in vos regnum Dei'; et participium est dativi sive ablativi casus, ab eo quod est 'perfectus', quod venit a verbo quod est 'proficiscor', ut 'profecto homini in itinere dedi munus'.

683. INTER ADVERBIUM ET CONIUNCTIONEM, UT QUANDO (387,6). [2]QUANDO adverbium temporis infinitum, ut 'quando veniet?'; et est coniunctio casualis, et ponitur pro 'quoniam', et pro 'siquidem'.

684. INTER ADVERBIUM ET PRAEPOSITIONEM, UT PROPTER (387,7). [2]PROPTER adverbium est loci et ponitur pro 'iuxta', ut 'propter stat', id est iuxta: [3] 'Ecce ego sto propter fontem aquae', id est iuxta; [4] et est praepositio serviens accusativo casui, ut 'propter eum venit', 'propter augurium'.

685. INTER ADVERBIUM ET INTERIECTIONEM, UT HEU (387,7). [2] HEU et adverbium est respondentis quando sequitur verbum; alias inter < iec >tio est dolentis.

686. Omnes partes recipit in se adverbium. [2] Nam simile est perae bactr[i]operitarum: bactr[i]operitae sunt populi instabiles qui de loco ad locum peregrinantur, et sicut illa pera omnem eorum substantiam recipit, sic et adverbium omnes recipit partes.

687. HORUM QUAEDAM, id est quasdam ex istis, ACCENTU DISCERNIMUS, QUAEDAM discernimus SENSU (387,8). [2] SENSU discernuntur, ut 'falso', sicut dictum est: monstrat enim constructio quae pars est 'falso'; QUAEDAM ACCENTU, ut unum tantum 'pone'. [3] Nam quando verbum est, habet accentum in paenultimo loco; quando vero adverbium, in ultimo.

681,3 sub[i]it: *cf. Verg. Aen. II 725; v. P. III 29,7*   681,5 pronuntiatur: *post 'pronuntiatur' signum inintelligibile*

681,2 cf. Fest. 292,16-17   681,3 Verg. *Aen.* II 725; R.H. 261,16; P. III 29,7 et passim   681,4-5 cf. P. III 520,27 ff.   682 cf. R.H. 261,17-19   682,3 Vulg. *Luc.* 11,20; cf. R.H. 261,19   683 cf. R.H. 261,19-20   683,2 cf. P. III 82,24-83,2   684 cf. R.H. 261,20-22   684,3 Vulg. *Gen.* 24,13 (prope fontem)   685 cf. R.H. 261,22-23   686,1 cf. Pomp. V 250,36-37   686,2 v. Hier. *Comm. in Ev. Matt.* 64-65; 'pera' cf. C.G.L. IV 553,44 (sacculus)   687,2 cf. P. III 528,26-27   687,3 cf. P. III 520,27-31

688. SUNT ADVERBIA LOCI, QUAE IMPRUDENTES NOMINA esse PUTANT; IN
LOCO, UT ROMAE SUM; DE LOCO, UT ROMA VENIO; ² AD LOCUM, UT ROMAM PERGO
(387,9). ADVERBIA LOCI, id est quae locum significant, QUAE scilicet adverbia PUTANT IMPRUDENTES, id est insipientes, NOMINA esse, ³ Adverbia
localia sunt quae in loco esse aliquid ostendunt. ⁴ Ideo imprudentes, id
est indocti, putant haec adverbia nomina esse, quia tantum nominis litteraturam retinent. ⁵ Veniunt quoque a nominibus IN LOCO, UT ROMAE
SUM per genetivum. ⁶ Sed haec adverbia, quando adverbia sunt,
significant tantum spatium civitatis; quando nomina sunt, significant
aedificia vel hominis vel civitatis.

689. HIS PRAEPOSITIO NON ANTEPONITUR (387,11). ² HIS, scilicet adverbiis, PRAEPOSITI[TI]O NON ANTEPONITUR, quia pura adverbia sunt, quia
non dicitur 'in ROMA[E] SUM', nec 'de ROMA VENIO', nec 'ad ROMAM PERGO'.

690. Anteponitur his, QUAE PROVINCIIS LOCIS REGIONIBUSVE ADICI SOLET
(387,11). ² Iunctio talis est: anteponitur autem praepositio his, scilicet
nominibus, QUAE nomina solent ADICI, hoc est adiungi PROVINCIIS LOCIS
vel REGIONIBUS; nominibus autem civitatum non anteponitur, quia inter
adverbia adscribuntur. ³ Merito ergo nominibus civitatum, quae in adverbia transeunt, praepositio non anteponitur.

691. Nominibus autem provinciarum, locorum, vel regionum anteponitur praepositio, QUIA DE SIGNIFICATIONE, id est a sensu, NOMINIS NON
RECEDUNT, UT DE AFRICA VENIO, AD SICILIAM PERGO, IN ITALIA SUM (387,12).
² AFRICA nomen est proprium provinciae, non adverbium, et dicitur
AFRICA, id est sine frigore fervere. ³ Provincia dicitur quasi 'porro vicina'
regno, id est coniuncta regno. ⁴ Verbi gratia, Iudaea cum regnaret Archelaus ibi, regnum vocabatur; eiecto illo provincia dicta est. ⁵ Sicilia
dicitur a Siculo rege, in qua est mons Aetna eructuans incendium.
⁶ Italia ab Italo rege dicta.

692. Sed, cum nomina civitatum in adverbia transeant, quaerendum
est quando IN LOCO (387,10), vel AD LOCUM, vel 'per locum', vel DE LOCO
significent. ² Ad quod sciendum, quod propria civitatum nomina, si
primae vel secundae declinationis sint, genetivo casu pro adverbio IN
LOCO accipiuntur, 'UT ROMAE SUM', vel 'Tarenti'; accusativo vero AD LOCUM
cuiuscumque sint declinationis, ut 'Romam eo', vel 'Tarentum', vel
'Carthaginem', vel 'Athenas'; ablativo DE LOCO vel 'per locum', ut 'Roma
exeo', 'Tarento transeo'. ³ Sin tertiae sint declinationis, ablativo tam IN

691,3 vicina: *'porro vincta'* R.H. *261,31*   691,4 Archelaus ibi: *'ibi Archelaus'* R.H.
261,32   691,5 Aetna: ethna: cf. Isid. XIV 6,37

688-693 cf. Pomp. V 251,38 ff.   688 cf. P. III 73,9-10; 66,4 ff.   689 cf. P. III 28,29-29,1;
cf. Pomp. V 252,3-5   691,2 cf. Fest. 2,16-18; cf. Isid. XIV 5,2; cf. R.H. 261,30-31   691,3-4
R.H. 261,31-262,1; cf. Fest. 253,15-16   691,5-6 cf. Isid. XIV 5,18-19; 6,32-37   692,2-5 P. III
66,4-13

LOCO quam DE LOCO vel 'per locum', ut 'Carthagine sum, Carthagine venio, Carthagine transeo'. [4] Idem et in semper pluralibus invenitur — quae semper pluralia sunt, ut 'Athenae, Thebae, Mycenae', ut 'Athenis sum, Athenis venio, Athenis transeo'. [5] Inveniuntur tamen, et maxime apud historicos, cum praepositionibus prolata, ut 'tunc Brutus ab Roma aberat'.

693. Alia vero nomina sunt etiam loco adverbii posita per genetivum, ut 'domi, belli', per dativum, ut 'vesperi, sorti, ruri', per accusativum, 'domum'; per ablativum, 'qui', quando pro 'quomodo' vel 'unde' accipitur.

694. PRAEPOSITIO SEPARATIM ADVERBIIS NON APPLICATUR, per appositionem, sed per compositionem, QUAMVIS LEGERIMUS "DE REPENTE", "DE SURSUM", "DE SUBITO" ET "EX INDE" ET "AB USQUE" ET "DE HINC" (387,13). [2] Et in divina Scriptura inveniuntur, ut 'deintus respondens ait'; [3] et 'mundatis quod deforis est paropsidis et calicis'. [4] "AB USQUE" tantum significat quantum simplex 'abs' vel 'a'; unde Sedulius:

[5] Primus abusque Chao vixit Enoch;

f. 56ᵛ [6] 'abusque Chao', id est 'a Chao', ipsa videlicet primordiali // confusione. [7] 'Adusque' tantum significat quantum et 'ad'.

695. Quare dixit praepositionem SEPARATIM (387,13) non applicari adverbiis? [2] Ideo scilicet, ne quis putaret quod, si praepositio separatim, hoc est propter appositionem, iuncta esset adverbiis, pro duabus deberet haberi partibus.

696. Quid ergo sit faciendum ipse subiungit: SED HAEC TAMQUAM UNAM PARTEM ORATIONIS SUB UNO ACCENTU PRONUNTIABIMUS (387,15), id est non debemus distinguere, tamquam duae sint partes, sed sub uno accentu pronuntiare sicut unam partem. [2] Quia igitur una pars orationis est, unus non duo accentus pronuntiari debent.

697. Notandum praeterea est quia, sicut Priscianus dicit, quomodo sunt nomina [h]omonyma vel polyonyma, sic inveniuntur adverbia vel in una significatione diversas voces habentia, ut 'olim, dudum, quondam, aliquando, cito, propere, celeriter', vel in una voce diversas habentia significationes, ut 'o, ubi, quando'.

692,5 tunc: *'tum' P. III 66,15*   694,3 paropsidis: parabsidis: *v. B.V. Matt. 23,25*   694,4 Sedulius: *subscriptum A²*   695,1 Quare: quere   697,1 <h> omonyma: omonima   697,1 polyonyma: polionima   697,1 diversas: *'multas' P. III 88,24-25*   697,1 diversas: *'multas' P. III 88,24-25*

---

693 P. III 72,2-10   694,2 Vulg. *Luc.* 11,7 (et ille deintus respondens dicat); Vet. Lat. ms. Colbert. (et ille deintus respondeat); Vet. Lat. cod. Cant. (et ille deintus respondens dicit).   694,3 Vulg. *Matt.* 23,25 (mundatis quod deformis est calicis et paropsidis); Vet. Lat. ms. Colbert. (mundatis ... parapsidis)   694,5 Sedulius *C.P.* I 103 (Primus abusque chao meritis vivacibus Enoch); cf. R.L. IX 484.17   697 P. III 88,23-26

698. 'O' etenim aliquando adverbium est vocandi, ut Vergilius in primo Aeneidos:

² O regina, novam cui condere Iu[p]piter urbem;

³ aliquando adverbium optandi, ut idem ipse in octavo:

⁴ Adsis o placidusque iuves et tua numina firmes;

⁵ est etiam interiectio admirantis, ut Iuvenalis in quarto:

⁶ O qualis facies et quali digna tabella;

⁷ est et indignantis, ut Cicero dicit: 'o tempora, o mores'; ⁸ est etiam nomen ipsius litterae. ⁹ Similiter 'ubi' adverbium est loci et adverbium temporis, et ponitur pro 'postquam'.

699.   De ordine quoque adverbiorum quaeritur, utrum praeponi an supponi verbis aptius possint. ² Et manifestum est, quod aptius quidem praeponuntur, quomodo adiectiva nomina, ut 'bonus homo bene agit', 'fortis rex fortiter pugnat'. ³ Licet tamen tam adiectiva nomina quam adverbia praepostere proferri, exceptis monosyllabis omnibus, 'non, ne, dum, cum'. ⁴ Sed et demonstrativa quoque et interrogativa adverbia et similitudinis et vocandi et optandi semper praeponi debent.

< DE PARTICIPIO > (387,17)

700.   PARTICIPIUM EST PARS ORATIONIS. ² Quare participium vocetur, ipse exponit dicens: eo QUOD PARTEM CAPIAT NOMINIS, PARTEMQUE VERBI (387,18). ³ Est PARTICIPIUM PARS ORATIONIS DICTA (387,18) ipsa pars, eo QUOD PARTEM CAPIAT NOMINIS et PARTEM VERBI.

701.   Definitio substantiae est hic, in qua definitione communio et proprietas ostenditur. ² Est enim communio, in hoc quod dicitur PAR-TICIPIUM EST <PARS> ORATIONIS; est enim illi commune cum omnibus par-tibus. ³ Proprietas vero in hoc quod subditur: DICTA QUOD PARTEM CAPIAT NOMINIS PARTEMQUE VERBI. ⁴ Nulla enim [par] alia pars orationis significationem verbi nominisque simul ita comprehendit, ut par-ticipium. ⁵ Sicut enim neutrum genus abnegativum est masculini femininique generis — nec dici neutrum valet nisi illa praecedant — ita participium non valet dici, nisi istae duae partes e quibus subsistat praeponantur illi.

698,4 Adsis: assis: cf. Verg. Aen. VIII 78; v. P. III 89,9   699,3 proferri: 'proferre' P. III 89,17   701,2 <PARS >: v. D 387,18

698,1-8 P. III 89,2-10   698,2 Verg. Aen. I 522   698,4 cf. Verg. Aen. VIII 78   698,6 Iuv. 10,157   698,7 Cic. Catil. or. I 1,1   698,9 cf. P. III 83,11; 85,13   699 P. III 89,14-23   700-750 cf. R.H. 263,21-264,21; cf. R.F. 67,13-70,17   701-702 v. 8

702. Potest etiam definitio soni in hoc comprehendi, quod dicit Donatus: PARTICIPIUM PARS ORATIONIS DICTA, QUOD PARTEM CAPIAT NOMINIS PARTEMQue VERBI per compositionem. ² Ubi enim invenitur 'dicor' verbum, vel aliquid eius membrum 'dictus, ta, tum', ibi intelligitur definitio soni, ut in hoc loco potest intellegi.

703. RECIPIT ENIM A NOMINE GENERA ET CASUS (387,19), quia eadem genera et eosdem casus habet participium, quos et nomen. ² A VERBO TEMPORA ET SIGNIFICATIONES (387,19), quia eadem tempora et easdem significationes habet participium quas et verbum. ³ Unde et dictum est participium, quasi 'particapium', eo quod ex utrisque conficitur. ⁴ Sed, cum omnes partes orationis natura simul protulerit, merito quaeritur quare dicit Donatus recipere participium a nomine genera et casus, a verbo tempora et significationes. ⁵ Sed quia a verbo accipit tempora et significationes, non est mirum quia participium non potest esse nisi prius sit verbum: unde nomina participii derivativa sunt a verbis.

704. Sed sciendum, quia ideo dixit Donatus participium accipere a nomine genera et casus, quia ad similitudinem nominis genera et casus habet, vel etiam quia participium praesentis temporis non terminat certum genus certumque casum, donec nominibus iungatur, ut 'amans'. ² Cum enim dico hoc participium, dubium est utrum pertineat ad marem, vel ad feminam an ad mancipium, vel utrum sit nominativus an vocativus casus. ³ Nomine autem addito, haec ambiguitas procul abicitur et certudo mentibus nostris infunditur, ut 'amans me Cato docet', 'diligens me Marcia loquitur', 'venerans mancipium dominum suum ministrat ei'. ⁴ Ecce 'Cato' et 'Marcia' et 'mancipium' nominativi casus habentur in hoc exemplo.

705. Quaeritur, cum pronomen omnia accidentia habeat quae et nomen, cur non dicatur participium accipere a pronomine genera et casus. ² Sed ideo, quia pronomen ramusculus est nominis, et omnia quae habet, a nomine accipit: unde a quibusdam pro una reputantur. ³ Sed ideo proprie dicitur a nomine genera et casus accipere, quia nomen maior est omnibus partibus.

706. Sequitur: AB UTROQUE NUMERUM ET FIGURAM (387,20), id est a nomine et verbo NUMERUM ET FIGURAM recipit participium, quia aeque illae partes haec duo accidentia sibi vindicant. ² Sicut igitur pronomen f. 57ʳ ideo inventum est, ut adiungi primae et secundae verbi // personae possit — nomina enim tertiae personae coniungi volunt, absque

---

703,4 quare: queritur   704,1 casum: cas'ū

703 v. Pomp. V 256,9-17   703,3 cf. Isid. I 11   704 cf. Pomp. V 256,18 ff.   705 cf. P. II 551,4 ff.   705,2 'a quibusdam': v. P. II 54,5-7; v. P. II 551,18-19   706,2 P. II 553,7-11; 2-3

vocativo casu qui semper secundae adiungitur personae — sic participia inventa sunt, ut quod deest verbis, id est casus, compleant coniuncta nominibus, ut 'boni hominis loquentis orationem audivi', 'bono homine loquente delectatus sum'. ³ Vocativus quoque intransitivus solet esse, ut 'o homo bene legens fac', id est 'o homo bene lege et fac'.

707. Nec solum per obliquos casus est utile participium, sed etiam per nominativum. ² Diversa enim verba absque coniunctione adiungi non possunt, ut 'lego disco', vel 'doceo discis' non est dicendum, sed 'lego et disco' vel 'doceo et discis'. ³ Nam hoc proprium est tam transitivorum quam intransitivorum; participium si proferas pro aliquo verbo et adiungas ei verbum, bene sine coniunctione profers, ut 'legens disco' pro 'lego et disco', et 'docente me discis' pro 'doceo et discis'. ⁴ Obliqui vero casus participiorum ad hoc etiam sunt utiles, quod non solum sine coniunctione proferuntur cum obliquis casibus nominum, sed etiam ad alias transeunt personas, ut 'docentis potior', et 'docenti respondeo', et 'docentem audio' et 'illo docente didici'. ⁵ Ergo nominativus et vocativus intransitivi sunt, ut 'legens ego homo facio' pro 'lego ego homo et facio'; similiter vocativus, ut supra dictum est.

708. Ceteri vero magis transitivi sunt, ut praedictum est, ut 'bellantis hominis misereor' pro 'bellat homo et eius misereor', 'imperanti homini oboedio' pro 'imperat homo et ei oboedio', 'docentem hominem audio' pro 'docet homo et eum audio', 'lucente sole video' pro 'lucet sol et video'. ² Nisi ipsa persona in sese faciat: tunc enim utimur consuetudine transitivorum, ut 'misereor mei legentis', 'praebeo mihi legenti', 'a <c >cuso me legentem', 'fruor me legente'.

709. Et admonendum quod, quemadmodum coniungitur adverbium verbo, sic etiam participio. ² Nec mirum, cum pro verbo ponitur, ut 'bene legens delectat' pro 'bene legit et delectat'.

710. Participia quoque, si consequantur sese, egent coniunctione, ut 'loquens et currens fecit'; ² velut nomina adiectiva, si geminentur, necesse est interponi coniunctionem, ut 'bonus et pius et iustus et fortis Aeneas'. ³ Si vero diversa nomina ad unum referuntur, sine coniunctione oportet ea proferre, ut 'Publius Cornelius Scipio Africanus': unam enim his indico omnibus esse substantiam. ⁴ Similiter 'homo est animal rationale, mortale, disciplinae capax', cum unam substantiam significo quamvis multorum communem, non egeo coniun-

707,3 profers: profres: cf. P. II 553,17   708,2 Nisi: 'nisi si ipsa in sese' P. II 555,13

706,3 cf. P. II 553,5-7   707,1-3 P. II 553,12-18   707,4 P. II 555,3-9   708 P. II 555, 9-16   709 P. II 554,11-13   710,1 P. II 553,24-25   710,2 cf. P. II 553,20-24   710,3 P. II 553,19-20; 554,1-3   710,4 P. II 554,3-6

ctionibus, quae diversas solent res coniungere; diversae autem substantiae in eodem esse non possunt.

711. PARTICIPIIS ACCIDUNT SEX, id est sex accidentia habet participium, GENUS CASUS TEMPUS SIGNIFICATIO NUMERUS FIGURA (387,20).
[2] Definitio numeri est hic. [3] Quidam aestimaverunt plura accidentia addentes comparationem, quam Donatus ideo non computavit, quia, si
participium comparationem recipiat, ad nominis significationem per-
tinebit. [4] Hoc namque distat inter nomen et participium: quando enim
nomen est comparationem recipit; quando vero participium comparatione caret. [5] Quidam pauciora, auferentes inde figuram, eo quod
nullum participium per se componatur, nisi antecedens verbum ex quo
participium derivatur compositum fuerit — et omnia participia quae a
compositis derivantur decomposita sunt — et simplex non possit dici
figura nisi ad compositionem compositae. [6] Quare ergo Donatus computavit figuram inter cetera accidentia participii? [7] Ideo scilicet, quia
non consideravit compositionem primam quae fit in verbo, sed potius
duas imagines vel formas quae reperiuntur in participio. [8] Si enim recte
attenditur, aliam similitudinem habet illud quod nascitur a composito
verbo, et aliam illud quod nascitur a simplici verbo.

712. GENERA PARTICIPIIS ACCIDUNT QUATTUOR, MASCULINUM, UT LECTUS,
FEMININUM, UT LECTA, NEUTRUM, UT LECTUM, COMMUNE, UT LEGENS. [2] NAM
OMNIA PRAESENTIS TEMPORIS PARTICIPIA GENERIS SUNT COMMUNIS (387,22).
[3] Licet generaliter hoc dixit, sunt tamen quaedam quae ad mares vel ad
feminas pertinent, ut verbum 'nubo': verbum feminis adhaeret. [4] Inde
eius participium 'nubens' feminini generis est, quia mulier dicit 'nubo',
id est virum accipio, si non figurate dixeris 'bonus animus nupsit mihi'
pro 'muliere bonum animum habente'; 'futuens' masculini generis est,
quia vir dicit 'uxorem duco'.

713. Illud non incongrue quaeritur a quibusdam, quare participia
unius tantum generis non re[p]periantur ad similitudinem nominis vel
verbi. [2] Nam unius generis est nomen, ut 'Priscianus', et unius
significationis verbum, ut 'lego'. [3] Ad hoc dicendum, quod idcirco participia unius generis non reperiuntur, quia adiectiva sunt, et necesse est,
ut aut in una voce, aut in divisione vocum, omnia genera comprehendantur, sicuti verba a quibus derivantur, ut 'lego' pertinet ad
virum, pertinet ad mulierem, pertinet ad mancipium; et si unius generis
f. 57ᵛ   esset participium nequaquam // officium nominis vel verbi ex quibus
derivantur per omnia supplere posset.

710,4 autem: 'enim' P. II 554,6   711 cf. P. II 555,21; Pomp. V 258,8; Char. 232,29-30;
v. Prob. IV 138,31   711,4 cf. Pomp. V 256,21-22; 257,30-258,3   711,5 cf. Pomp. V 263,29 ff.
712,3-4 cf. P. II 556,10-25   713 cf. Pomp. V 258,12 ff.

711 The Grammatici Latini regularly discuss six *accidentia* of the participle (cf. P. II 555,21;
Pomp. V 258,8; Char. 232,29-30); Probus adds 'accentus' (IV 138,31).

714. CASUS TOTIDEM SUNT PARTICIPIORUM, QUOT ET NOMINUM (387,24):
sex scilicet sunt nominis, sex et participii. [2] Sed ne quis putaret quod
deficerent participia quo modo nomina per casus, ideo adiungit: NAM
PER OMNES CASUS ETIAM PARTICIPIA DECLINANTUR (387,25). [3] Nec sunt in ipsis
deficientia aliquo casu. [4] Nec mirum, nam in eo quoque imitantur
adiectiva quae nullo deficiunt casu, sive sint mobilia, sive in duas consonantes desinentia. [5] Quae enim deficiunt fixa sunt, ut 'fas, dicione,
vicem, tabo'. [6] Nam 'frugi, nihili, mancipi', huiuscemodi similia non
deficiunt aliquo casu certo, sed pro omni casu eadem terminatione
funguntur.

715. TEMPORA PARTICIPIIS ACCIDUNT TRIA, PRAESENS PRAETERITUM ET
FUTURUM UT LUCTANS LUCTATUS LUCTATURUS (387,26). [2] Et hic definitio
numeri est. [3] Fuerunt quidam, qui dicerent non esse amplius quam
unum tempus, id est PRAESENS. [4] Quare? [5] Quia nec praeteritum tempus
potest retineri, nec futurum, nec quicquam agere valemus nisi in
praesenti. [6] Quare ergo Donatus tria computavit? [7] Propter varios
scilicet et diversos actus nostros. [8] Nam ea quae in praesenti facimus
iam praeterita sunt, et remanent quae necdum fecimus, et in futuro
facere disponimus.

716. Et sciendum, quod saepe et praesenti pro praeterito, et
praeterito pro praesenti utuntur auctores necessitatis causa, cum
deficiunt et in 'or' desinentia praesenti, et in 'o' terminata praeterito.
[2] Praesens namque participium, quod etiam praeteritum imperfectum
significat, solet coniungi verbis praeteriti perfecti et plusquamperfecti,
et signifi<ca>tionem eorundem temporum complere; quo modo
verba praesentis temporis, si adiungantur participiis praeteriti,
praeteritum significant, ut 'cenatus sum, cenatus es, cenatus est'. [3] Sic
ergo si dicam 'cenans fui, fuisti, fuit' pro 'cenavi, cenavisti, cenavit',
'cenans fueram, fueras, fuerat' pro 'cenaveram, cenaveras, cenaverat',
accipi potest. [4] Itaque quod deest Latinitatis linguae naturaliter,
iuncturae ratione completur.

717. SIGNIFICATIONES PARTICIPIORUM A GENERIBUS VERBORUM, et a formis, SUMUNTUR (387,27), quia cuius significationis sit verbum, eius erit et
participium. [2] Verbi gratia, 'lego' activae significationis est: sic et
'legens'. [3] Recte SIGNIFICATIONES PARTICIPIORUM dicuntur hic venire a
generibus verborum, ne repetita locutio fastidium gigneret in
auditorum auribus, si diceretur iterum "Genera PARTICIPIORUM A
GENERIBUS VERBORUM SUMUNTUR".

716,2 Praesens: *'praesentis'* P. II 565,11   716,2 cenatus: *'caenatus'* P. II 565,17
716,4 ratione: rāocione: cf. P. II 565,22

714,3-6 P. II 563,18-564,5; cf. Serg. IV 540,11 ff.   715 v. 537 supra   716 P. II 565,11-22

718. VENIUNT ENIM PARTICIPIA AB ACTIVO VERBO DUO, PRAESENTIS TEMPORIS ET FUTURI, UT LEGENS LECTURUS (387,28). [2] Cum enim omnia verba activa, ex quibus haec participia derivantur, omnibus temporibus [h]abundent et omnia tempora habeant, quare haec participia praeterito tempore carent? [3] Ideo scilicet, quia omnia participia ab activo vel neutrali verbo venientia neutraliter apud Latinos in praeterito tempore deficiunt, sicut omnia passiva in praesenti.

719. A PASSIVO DUO, PRAETERITI TEMPORIS ET FUTURI, UT LECTUS LEGENDUS (387,29). [2] A PASSIVO, subaudis verbo, veniunt participia, UT LECTUS LEGENDUS.

720. A NEUTRO DUO, SICUT AB ACTIVO, PRAESENS ET FUTURUM, UT STANS STATURUS (387,30). [2] Merito A NEUTRO genere duo participia veniunt, quoniam sic declinatur neutrale verbum quemadmodum activum, et necesse fuit ea habere participia quae habet etiam activum; secundum enim declinationem ordinantur et participia.

721. A DEPONENTI TRIA, PRAESENS PRAETERITUM ET FUTURUM, UT LUCTANS LUCTATUS LUCTATURUS (387,31). [2] Cum deponentia verba sensum habeant neutralis, ut in verbo dictum est, quare uno tempore superant neutralia verba? [3] Ideo, quia deponentia in quantum sensum neutralis habent, recipiunt duo LUCTANS LUCTATURUS; in quantum vero sensum vel litteraturam passivam, unum sibi plus a neutrali verbo vindicant tempus praeteritum LUCTATUS.

722. A COMMUNI QUATTUOR, PRAESENS PRAETERITUM ET DUO FUTURA, UT CRIMINANS CRIMINATUS CRIM[IM]INATURUS CRIMINANDUS (387,32-388,2). [2] Participia a communi genere venientia quattuor tempora habere dicuntur, quia actionem et passionem significant: propter sensum enim activum duo activa habent participia, ut 'scrutans, scrutaturus', CRIMINANS, CRIMINATURUS: et propter praeteritum sensum vel litteraturam passivam simili modo a passivo verbo duo tempora recipiunt, ut SCRUTATUS, SCRUTANDUS.

723. INCHOATIVA PARTICIPIA PRAESENTIS TEMPORIS SUNT TANTUM, UT HORRESCENS TEPESCENS CALESCENS (388,2). [2] Item praeteritum non habent, quia ea quae inchoantur praeterita esse non possunt, et praeteritum tempus non habent, ut Donatus testis est. [3] Futuro autem idcirco carent, quia deficiunt in praeterito tempore et in duobus membris ultimis gerundivi modi a quibus participia futuri temporis formantur.

724. Fiunt autem participia praesentis et praeteriti temporis imperfecti a prima persona verbi praeteriti imperfecti in omni

718,3 cf. Pomp. V 259,24-26   719 cf. Pomp. V 259,27   720 cf. Pomp. V 259,28-34
721 cf. Pomp. V 259,34 ff.; cf. P. II 567,10 ff.   722 cf. Pomp. V 260,19 ff.; cf. P. II 566,28 ff.
723 cf. Pomp. V 261,2-16   723,2 'Donatus testis' D. 381,31-382,2   724,1-2 P. II 557,4-5; 13-17;
19-22

coniugatione, mutatione extremae syllabae, id est 'bam' in 'ns', ut
'amabam, amans', 'docebam, docens', 'legebam, legens', 'faciebam,
faciens', exceptis in 'eo' desinentibus quartae coniugationis verbis, quae
contra aliorum regulam 'i' ante 'bam' productam habent, quod etiam in
aliis verbis saepe solet fieri, ut 'polibam' pro 'poliebam', 'insignibam'
pro 'insigniebam'. [2] Nec tamen id prohibuit participia ad perfectorum
regulam nasci; dicimus enim 'iens, adiens, quiens, poliens, insigniens'.

725. Et sciendum, quia quamvis ab indicativis derivantur verbis par-
f. 58r ticipia, potestate tamen et vi significationis // omnes continet modos,
hoc pacto: 'exponens doce' pro 'expone et doce', 'utinam exponens
docerem' pro 'utinam exponerem et docerem', 'cum exponens doceam'
pro 'cum exponam et doceam', 'exponens docere volo' pro 'exponere et
docere volo'. [2] Eius ergo obtinet vim modi cuius verbo coniungitur. [3] Et
in hoc quoque, quantam habeant cum infinitivo coniunctionem, ostenditur. [4] Infinitiva enim similiter cum ab indicativo nascuntur, pro omni
accipiuntur modo, sicut supra dictum est cum de modis verborum
tractaretur.

726. Futuri vero temporis participia, in 'rus' terminantia, fiunt ab
extremo supino addita 'rus', ut 'amatu amaturus', 'doctu docturus',
'lectu lecturus', 'auditu auditurus', 'statu staturus', 'locutu locuturus',
'criminatu criminaturus'. [2] In 'dus' vero eiusdem temporis desinentia
formantur a genetivo temporis praesentis participii 'tis' finali in 'dus'
conversa, ut 'amans amantis amandus', 'docentis docendus', 'legentis
legendus', 'audientis audiendus', 'transeuntis transeundus'.

727. Praeteriti autem temporis participia quae nascuntur a verbis
passivis et communibus et deponentibus et neutropassivis et quibusdam
neutris, similiter a supino extremo fiunt addita 's' et correpta 'u', ut
'amatu amatus', 'doctu doctus', 'mersu mersus', 'auditu auditus',
'osculatu osculatus', 'fatu fatus', 'gavisu gavisus', 'cenatu cenatus'. [2] Excipitur 'mortuus' pro 'mortus', quod nomen magis esse putatur.
[3] Quare excipitur 'mortuus' et non dicitur 'mortus' quod secundum
regulam videtur esse, ut quidam dicunt? [4] Quod sicut homo qui
moritur desinit esse ab hac vita, ita et hoc participium quod nascitur a
verbo quod mortem significat fiat extrema regula ceterorum participiorum; [5] sed melius videtur causa euphoniae fieri, quia melius
'mortuus' quam 'mortus' sonat.

725,3 habeant: *'habeat'* P. II 554,19   725,3 infinitivo: *'infinito'* P. II 554,19-20
725,4 Infinitiva: *'infinita'* P. II 554,20   726,1 supino: *'supinorum'* P. II 557,26

725 P. II 554,14-21   726,1 P. II 557,25-28   726,2 P. II 558,1-6   727,1 cf. P. II 558,7-
16   727,2-5 cf. P. II 558,16-21; v. Aug. *R.* V 520,22-27

728. DEFECTIVA INTERDUM ALICUIUS SUNT TEMPORIS, UT SOLEO SOLENS SOLITUS (388,3). [2] DEFECTIVA, subaudis participia, INTERDUM ALICUIUS SUNT TEMPORIS, id est aliquod tempus habent non omnia tantum, UT SOLEO SOLENS SOLITUS; non facit 'soliturus'. [3] DEFECTIVA, id est quae per praeterita deficiunt, non per casus, ut SOLEO in praesenti litteraturam activam habet; in praeterito passivam, ut 'SOLITUS sum'. [4] Idcirco ab activa declinatione quae est in praesenti praesens habet participium; a passiva declinatione quae est in praeterito, praeteritum scilicet habet: SOLITUS vero facit, quia declinationem passivam habet in praeterito tempore.

729. INTERDUM NULLIUS, UT AB EO verbo QUOD EST MEMINI NULLUM PARTICIPIUM RE[P]PERITUR (388,4). [2] INTERDUM scilicet NULLIUS temporis sunt participia, UT AB EO QUOD EST MEMINI NULLUM PARTICIPIUM REPERITUR. [3] Bene a defectivo verbo participia quoque deficiunt. [4] MEMINI defectivum verbum est et non habet praesens, sed aliquando pro praesenti utimur praeterito, ut 'MEMINI modo', 'MEMINI olim'. [5] Et ideo AB EO NULLUM PARTICIPIUM RE[P]PERITUR.

730. INTERDUM A NON DEFECTIVO VERBO PARTICIPIA DEFECTIVA SUNT, UT AB EO QUOD EST STUDEO STUDENS, cresco crescens, FUTURUM TEMPUS NON HABENT (388,5). [2] STUDEO verbum neutrale in nullo deficit, et tamen in participio defectionem patitur; futurum enim tempus non habet. [3] 'Cresco' similiter, cum non deficit in verbo, deficit in participio futuro, quia, ut quidam grammaticorum testantur, deficiunt in duobus membris ultimis gerundi modi, a quibus, sicut supra diximus, participium futuri temporis formatur.

731. Neutra passiva trium temporum habent participia, 'gaudens gavisus gavisurus', 'audens ausus ausurus', 'solens solitus soliturus', 'fidens fisus fisurus', 'fiens factus fauturus' differentiae causa, ne, si 'facturus' dicamus, simile sit participio, quod venit a 'facio' verbo, quod vim possidet activam 'fio' verbi, unde a supino eius nascitur passivum praeteriti participium et futuri activum: 'factum factu, factus facturus'.

732. In anomalis quoque supra dictae regulae servantur, ut 'latu latus laturus', 'ferens ferentis ferendus', 'esu esus esurus', 'edens edentis edendus'. [2] A defectivis, licet non trium simul temporum, veniunt tamen participia: a 'coepi', 'coeptus'; a 'novi', 'notus'; a 'memini', 'meminens', quia 'memini' tam praesentis quam praeteriti vim habet, quo modo 'odi'. [3] Unde et 'osus' pro praesenti, ex quo 'perosus' et 'exosus', et 'meminens' pro praeterito licet accipi.

732,2 quo modo: quomodi: cf. P. II 560,24   732,3 accipi: accepi: 'accipere' P. II 560,25

728-730 cf. Pomp. V 261,27-262,7   728,2 v. P. II 560,5-7   729,3 v. P. II 560,22-25   730,3 'quidam' v. P. II 560,25 ff.; 560,7-13   731 P. II 566,21-27   732,1 P. II 559,23   732,2 cf. P. II 560,13-25

733. AB IMPERSONALI VERBO PARTICIPIA NISI USURPATA, id est usu rapta, NON VENIUNT (388,7). [2] Merito, quamvis enim 'paenitens' et 'libens' videantur venire a verbo impersonali quae sunt 'paenitet' et 'libet', non tamen ita est, sed potius verbalia nomina sunt venientia a verbis, quae apud antiquos fuerunt in usu, 'paeniteo' et 'libeo'.

734. NUMERUS PARTICIPIO ACCIDIT UTERQUE, SINGULARIS, UT HIC LEGENS, PLURALIS, UT HI LEGENTES. [2] <F >IGURA ITEM PARTICIPIORUM DUPLEX EST. [3] AUT ENIM SIMPLICIA SUNT PARTICIPIA, UT SCRIBENS, AUT COMPOSITA, UT DESCRIBENS (388,8). [4] Priscianus dicit, quia omne participium, si a composito derivetur verbo, decompositum erit, id est a composito derivatum. [5] 'Describo' verbum compositum: unde decompositum participium DESCRIBENS. [6] Ideoque omnis figura participii aut simplex est aut decomposita.

735. COMPONI ETIAM PARTICIPIA QUATTUOR MODIS POSSUNT (388,11); sicut verbum compositum fuerit, sic et participium erit. [2] Si verbum ex duobus integris, et participium similiter, ut 'describo', sic et DESCRIBENS; si ex duobus corruptis, ut 'sufficio', sic et 'sufficiens'; ex corrupto et integro, ut 'componens'; ex integro et corrupto, 'incipiens', ex 'in' et 'capiens'.

736. Excipiuntur quae non servant compositiones compagine verborum, ut 'infringor infractus' a simplici 'fractus', 'effringor effractus', f. 58[v] 'contingor contactus'. // [2] Unde apparet quod haec et similia non a verbis, sed a se componantur. [3] Non est enim dubium, quod interroganti unde componitur 'effractus', ab 'ex' praepositione et 'fractus' participio respondebimus, et 'subactus' a 'sub' et 'actus', et 'exactus' ab 'ex' et 'actus' et de omnibus similibus. [4] Praepositiones quidem habent, quas per nominativum vel a verbis accipiunt, ex quibus derivantur per compositionem, ut 'exigo exigens', vel ad imitationem verbi per se componuntur, ut 'exigi exactus'.

737. Possunt etiam per appositionem assumere praepositiones ad imitationem nominum, quia casus quoque obliquos habent, sicut nomina, sed non possunt componi nisi per nominativum, quoniam sunt cognata verbis quae vim nominativi possident per omnes personas, ut

736,1 compositiones: 'compositionis verborum compaginem' P. II 568,24-25

733 cf. Pomp. V 261,17-26; cf. P. II 561,3-17   734,4 cf. P. II 568,17-18   735 v. D. 384, 4-7   736,1-2 P. II 568,23-26   737,1 cf. P. II 552,21-24

'facio ego, facis tu, facit ille': similiter per omnia tempora. ² Si enim ipsa
per se componantur non prius verbis compositis, transeunt in vim
nominum, ut 'nocens innocens', 'sapiens insipiens'. ³ Simplicia enim
horum possunt et participia esse et nomina, composita vero sine dubio
nomina sunt. ⁴ Similiter, si comparentur, fiunt nomina, ut 'indulgens in-
dulgentior', 'amans amantior', 'acceptus acceptior'.

738. SUNT NOMINA SPECIEM PARTICIPIORUM HABENTIA, UT TUNICATUS
GALEATUS (388,12). ² SPECIEM PARTICIPIORUM videntur habere, quia in 'tus'
ad similitudinem participii praeteriti temporis desinunt, sed tamen pura
nomina sunt, sicut ipse testatur dicens: QUAE QUIA A VERBO NON VENIUNT,
NON SUNT PARTICIPIIS APPLICANDA (388,13), id est coniungenda.
³ TUNI[NI]CATUS, id est 'tunica indutus', in 'tus' desinit ut participium, sed
non facit verbum 'tunicor tunicaris' a quo participium veniret. ⁴ Ideo
purum nomen est TUNICATUS, et dicitur 'tunica' quasi 'tonica': inde et
'toga' dicitur, quasi 'tega' a 'tegendo'; ⁵ GALEATUS, 'galea indutus': galea
est munimentum capitis.

739. EX QUIBUS SUNT ETIAM ILLA QUAE, CUM PARTICIPIA VIDEANTUR, VER-
BORUM TAMEN SIGNIFICATIONE, id est intellectu et sensu PRIVATA SUNT, id est
alienata et extranea, UT PRANSUS CENATUS PLACITA NUPTA TRIUMPHATA
REGNATA (388,13). ² PRANSUS simile participio, sed quia 'prandeor' non
facit, participio non applicatur; CENATUS nomen est, quia 'cenor' non
facit.

740. Quare PRIVATA SUNT SIGNIFICATIONE VERBORUM, reddit causam
cum dicit: NAM PRANDEOR CENOR TRIUMPHOR REGNOR NON DICITUR (388,16).
² Si enim dicerentur ista, poterant homines aestimare quod ab illis
venirent. ³ Sed si et ista VERBORUM SIGNIFICATIONE PRIVATA SUNT ut
superiora, quare non simul comprehenduntur ut dicatur una serie:
TUNICATUS GALEATUS (388,12), PRANSUS CENATUS (388,15), et cetera? ⁴ Ideo
scilicet non simul comprehenduntur, quia illa, id est TUNICATUS et
GALEATUS, semper nomina sunt, quamvis speciem participiorum videantur habere. ⁵ Ista vero sequentia quamvis nomina sint, utcumque tamen
participia possunt dici retinentia sensum antiquorum passivorum verborum. ⁶ Sicut legimus TRIUMPHATA, 'victoriosa', hinc Vergilius:

⁷ Ille triumphata capitolia ad alta Corintho.

740,7 Corintho: Chorinto

737,2-3 P. II 568,20-23   737,4 P. II 568,26-569,1   738 cf. Pomp. V 262,11 ff.; cf. P. II
562,13 ff.   738,3-4 cf. R.H 262,34-35   738,3 'tunicare' N.M. 268 (C.G.L. V
648,29)   738,4 'tonica' v. Isid. XIX 22,6   738,4 'toga' cf. Isid. XIX 24,3   738,5 'galea'
cf. Isid. XVIII 14   739,2 v. P. II 565,25-27   740,5 cf. P. II 561,14-18   740,6-9 R.H.
262,37-263,1   740,7 Verg. Aen. VI 836; P. II 561,19

[8] REGNATA; unde Vergilius:

[9] Acri quondam regnata Lycurgo.

[10] Et illa quidem superiora, id est TUNICATUS et GALEATUS, nulla ratione verbum recipiunt. [11] Nec 'tunico' enim, nec 'tunicor' dicitur.

741.   Haec autem quae seq<u>untur, id est PLACITA NUPTA TRIUM-PHATA REGNATA (388,15), licet non habeant propria verba unde nascantur, habent vicina unde originem sumant. [2] Nam quamvis NUBOR, vel TRIUM-PHOR, vel REGNOR non dicamus, dicimus tamen 'nubo, triumpho, regno'; [3] vel certe aliter VERBORUM SIGNIFICATIONE PRIVATA esse dicuntur illorum scilicet quae nunc habentur in usu, id est 'prandeo, ceno', quae neutralia existunt et participia praeteriti temporis, ut superius diximus, non possunt habere. [4] Illud praeterea a quibusdam interrogatur, quare Donatus non sub una litteratura posuit haec nomina, scilicet in 'us' aut in 'a'. [5] Ad quod dicendum, quia plus est in usu legendi PRANSUS CENATUS PLACITA NUPTA quam 'pransa, cenata, placitus, nuptus', et ideo taliter posuit haec nomina.

742.   SUNT ITEM ALIA PARTICIPIA, QUAE ACCEPTA PRAEPOSITIONE ET A VER-BIS ET A PARTICIPIIS RECEDUNT, UT NOCENS INNOCENS (388,16). [2] Hoc vult osten-dere, quia sunt quaedam participia quae tam diu sunt participia quam diu non componuntur. [3] Cum autem composita fuerint, non iam erunt participia sed nomina, ut NOCENS. [4] Ecce hoc participium quod est NOCENS, quamdiu simplex est participium esse potest; cum autem com-ponitur cum praepositione et dicitur INNOCENS, iam non participium sed nomen est. [5] Nam, et ipse dicit, NOCEO DICITUR, INNOCEO NON DICITUR.

743.   SUNT VELUTI PARTICIPIA, QUAE A VERBO VEN[I]IUNT ET, QUIA TEMPUS NON HABENT, NOMINA MAGIS QUAM PARTICIPIA IUDICANTUR, UT FURIBUNDUS MORIBUNDUS (388,19). [2] Ab eo enim verbo quod est 'furio', hoc est 'in-sanio', venit FURIBUNDUS nomen, id est 'similis furenti', sed nomen est. [3] 'Ludibundus' venit ab eo quod est 'ludo', id est 'iocor': 'ludibundus' dicitur 'similis ludenti'. [4] Et ab eo quod est 'morior' venit MORIBUNDUS nomen, id est 'similis morienti'. [5] Tempus autem non habent fu//turum, scilicet participii, quia illa verba a quibus oriuntur omnimodis carent futuro participii in 'dus'.

f. 59[r]

744.   SUNT MULTA PARTICIPIA EADEM ET NOMINA, UT PASSUS VISUS CULTUS, sapiens, indulgens, QUAE TAMEN IN CASIBUS DISCREPANT ET IN TEMPORIBUS DINOSCUNTUR (388,20) et comparata mutantur. [2] PASSUS quando nomen est

---

740,9 Lycurgo: ligurido: cf. Verg. Aen. III 14

740,9 Verg. Aen. III 14; Char. 104,5   740,11 v. 738,3n. supra   741,1-2 Pomp. V 262,33-37   741,3 cf. P. II 375,9-22; cf. Pomp. V 263,3-6   742,2 Pomp. V 263,36-264,1   743 cf. P. II 137,16-24; cf. Pomp. V 257,11-24   743,2 'furibundus' 'furio' cf. C.G.L. IV 79,10; 355,44   744-745 cf. Pomp. V 256,18 ff.

iter vel mensuram pedum significat, et est quartae declinationis; quando vero venit a verbo quod est 'patior', est participium praeteriti temporis, et est secundae declinationis, et dividit tria genera in 'us', in 'a', in 'um', ut 'passus est heri' et significat ipsum pati et tribulationem. [3] Simul VISUS, quando nomen est, quartae declinationis est, et significat acumen oculorum; quando vero participium est, secundae declinationis est, et tempus ostendit. [4] Similiter CULTUS. [5] 'Sapiens, indulgens' veniunt a verbis quae sunt 'sapio, indulgeo'; quando participia sunt recipiunt tempus et carent comparatione, et trahunt eundem sensum quem et verba a quibus veniunt.

745. Tribus enim modis discernuntur a participiis: declinatione, comparatione, tempore. [2] Declinatione, sicut VISUS quando nomen est, quartae declinationis, quando participium, secundae. [3] Comparatione, quia quando sunt nomina, comparantur. [4] Tempore, quia quando sunt participia, tempus significant, quando nomina, minime.

746. Et sciendum, quod participia eosdem seq<u>untur casus quos et verba a quibus derivantur, ut 'misereor tui, misertus tui', 'invideo tibi, invidens tibi', 'accuso te, accusans te', 'dignor te illa re, dignans te illa re'. [2] Sin vero amissis temporibus casus quoque, quos nomina solent verbalia sequi, attrahant, transeunt in ea, ut 'amans illum' participium est — amo enim illum dicimus —; 'amans' autem 'illius' nomen est, ut 'amator illius'.

747. SUNT PARTICIPIA DEFECTIVA, QUAE PER OMNIA TEMPORA IRE NON POSSUNT, UT est COEPTUS URGENDUS (388,22). [2] A verbo enim defectivo, quod est 'coepi', venit participium praeteriti temporis, quod est COEPTUS [3] Praesens autem participium ideo non habet, quia et illud verbum a quo oritur caret praesenti tempore. [4] Si enim verbum defectivum fuerit, erit et eius participium: COEPTUS dicitur 'inchoatus'. [5] Similiter URGEN-DUS, id est 'cogendus' venit a verbo quod est 'urgeo', id est 'impello', quod facit praeteritum 'ursi, -sisti', et caret praeterito et futuro tempore in 'rus' et non sine causa. [6] Deficit enim in duobus membris ultimis gerundi modi, a quibus praeterita et futura participia formantur.

748. SUNT PARTICIPIA, QUAE ACCEPTA COMPARATIONE FIUNT NOMINA, UT ACCEPTUS INCENSUS, ACCEPTIOR INCENSIOR (388,24). [2] ACCEPTUS enim participium est, et venit ab eo verbo quod est 'accipio' et significat tempus et caret comparatione. [3] Quando vero ACCEPTUS ponitur pro eo quod 'amabilis' vel 'dilectus', nomen est et caret tempore et recipit comparationem; facit enim 'acceptior, acceptissimus'. [4] 'ACCEPTUS ab illo'

744,3 cf. Pomp. V 257,4-5   745 cf. Pomp. V 257,24-258,5   746,1 P. II 550,1 ff.   746,2 P. II 550,20-23   747 cf. Pomp. V 261,27 ff.   747,3 v. P. II 500,12   747,5 'urgendus' cf. C.G.L. IV 403,11   748,3-5 cf. P. II 550,23-27   748,3 'acceptus' cf. C.G.L. IV 7,16

participium, quia 'accipior ab illo'; 'ACCEPTUS illi' nomen, ut 'amicus illi'. [5] Ideoque tempore quidem carent; comparationem vero sumunt, ut 'amantior, amantissimus', 'acceptior, acceptissimus'.

749. Sed, si quis dicat quod nomina quoque multa inveniuntur tempus significantia, respondetur quod hoc interest inter participia et nomina temporalia, quod nomina illa nihil aliud significant, nisi ipsum tempus per se, ut 'annus, mensis, dies, meridies, hodiernus, hesternus, crastinus'. [2] Participia vero actionem vel passionem in diverso fieri tempore demonstrant, non tempus ipsum per se, et quod eos sequuntur casus, quos et verba, ex quibus nascuntur, et quod verborum significationes habent et quod pro verbo ponuntur, quorum nihil est suum nominis. [3] INCENSUS quoque, hoc est 'combustus', venit ab eo verbo quod est 'incendor', et significat tempus et caret comparatione. [4] Quando vero INCENSUS ponitur pro eo quod est 'iracundus', nomen est carens tempore, comparationemque recipiens facit 'incensior'.

750. ADVERBIA DE PARTICIPIIS FIERI POSSE NONNULLI, id est multi, NEGANT: SED HOS PLURIMAE LECTIONIS REVINCIT AUCTORITAS (388,25). [2] Iunctio talis est: NEGANT plurimi POSSE FIERI ADVERBIA DE PARTICIPIIS, SED REVINCIT eos AUCTORITAS PLURIMAE LECTIONIS. [3] Item alia iunctio: SED HOS, scilicet auctores convincunt, id est REVINCIT AUCTORITAS PLURIMAE LECTIONIS, id est lectiones plurimorum auctorum ostendunt illos fallere. [4] Nam 'indulgens' participium est veniens a verbo 'indulgeo': inde nascitur 'indulgenter' adverbium. [5] Sic etiam a participio 'innocens' venit 'innocenter', et, ut quidam volunt, ab eo participio quod est 'diligens' venit adverbium 'diligentissime'. [6] Unde et Iob loquitur: 'et causam quam nesciebam, diligentissime investigabam'.

<DE CONIUNCTIONE> (388,27)

751. CONIUNCTIO EST PARS ORATIONIS ADNECTENS ORDINANSQUE SENTENTIAM (388,28). [2] EST CONIUNCTIO PARS ORATIONIS, id est una species Latinitatis, ADNECTENS, id est coniungens, et ORDINANS SENTENTIAM. [3] Et coniunctio est pars orationis indeclinabilis, coniunctiva aliarum partium orationis.

749,1 respondetur: 'respondebimus' P. II 549,24   749,2 nominis: n [ominis

749,1-2 P. II 549,23-550,3   749,3 'incensus' cf. C.G.L. IV 413,14   750 v. Pomp. V 264,6-15   750,6 Vulg. Iob. 29,16   751-795 cf. R.H. 263,22-264,21; cf. R.F. 70,19-78,28   751,1 'Latinitas' v. Virg. Gr. 4,23-5,12; v. Funaioli (Varro) 289 (268); Diom. I 439,15 ff.

752.   Definitio substantiae est hic, in qua definitione, ut supra monstravimus, duo comprehenduntur, scilicet communio et proprietas. ² Est enim communio in hoc quod dicitur — CONIUNCTIO EST PARS ORATIONIS — generalis cum ceteris partibus. ³ Proprietas vero in hoc // quod subdit: ⁴ ADNECTENS ORDINANSQUE SENTENTIAM. ⁵ Nulla enim pars adnectit, hoc est ligat, ordinatque sententiam sicut coniunctio. ⁶ Dicta est autem coniunctio, eo quod coniungat elocutiones. ⁷ Nostra enim oratio dissidens et soluta est nec potest in co[n]nexionem venire, nisi interposita coniunctione. ⁸ Ne ergo aliae partes fluidae essent et dissolutae incederent, coniunctio inventa est. ⁹ Est autem quasi 'vinculum' aliarum partium, ligans eas et consolidans et sibi haerere faciens. ¹⁰ Unde merito ei POTESTAS (388,29) pro accidente datur, quam aliae partes non habent.

f. 59ᵛ

753.   Coniungit duo propria nomina, ut 'Vergilius et Priscianus', duo appellativa, ut 'grammaticus et poeta', duo pronomina, ut 'ego et tu', duo verba, 'legit et scribit', duo adverbia, ut 'heri et hodie', duo participia, ut 'legens et scribens', et se ipsam coniungit, ut 'si et si', duas praepositiones, ut 'circum et circa', duas interiectiones, ut 'heu et evax'. ² Recte etiam post alias partes posita est coniunctio, quia eas coniungit. ³ Vincula enim inutilia dicuntur, si defuerint quae ligari debeant.

754.   Sciendum autem, quia coniunctio tribus modis coniungit partes: sensu et litteratura, litteratura et non sensu, sensu et non litteratura. ² Sed hoc inquirentibus dimittendum est. ³ Cum duo verba sunt et unum nomen, duo verba coniunctione egent, ut 'legit et scribit Vergilius'. ⁴ Quando vero multa nomina fuerint et una persona, ut 'Publius Cornelius Scipio Africanus', non egent coniunctione, quia unum hominem demonstrant.

755.   ADNECTENS (388,28), id est ligans; ORDINANS, id est ordinate componens; SENTENTIAM, sensum et litteraturam et partes, ut quae praecedere debent praecedant, et quae sequi sequantur. ² Verbi gratia, 'si dies est, lucet', et 'si stertit, dormit', 'si ambulat, movetur': nequaquam conversim dicere potes 'si lucet, dies est', quia et in nocte saepe lucet, cum dies non sit. ³ 'Si ambulat, movetur': neque potes dicere 'si movetur, ambulat'; nam si coniunctio hunc ordinem facit, et ideo mutari non potest. ⁴ 'Sententia' dicitur a sensu, et est sententia partium iunctura cum pleno sensu vel ordo verborum.

754,2 dimittendum: demittendum

752,2 'supra' 8   752,6 cf. Pomp. V 264,17   752,7 Pomp. V 264,18-19   752,8-9 cf.
Pomp. V 264,19-24   752,10 v. P. III 93,9-10   753,1-2 R.H. 263,23-28   754 R.H.
263,29-264,1   755,1-3 cf. R.H. 264,1-6; v. P. III 93,5-6; 94,15 ff.

756. CONIUNCTIONI ACCIDUNT TRIA, POTESTAS FIGURA ORDO (388,28). [2] Hic non sunt plura accidentia; pauciora sunt vero, quia fuerunt aliqui qui voluerunt inde auferre figuram, dicentes non posse componi omnes coniunctiones, vel quia in paucis re[p]peritur composita figura. [3] Donatus vero ideo adnumeravit figuram, quia, quamvis non omnes, tamen aliquae coniunctiones componuntur. [4] POTESTAS coniunctioni accidit, ut demonstretur cuius potestatis sint coniunctiones, an copulativae, an disiunctivae, an expletivae, an causales, an rationales. [5] FIGURA accidit coniunctioni, utrum sit simplex an composita. [6] ORDO accidit coniunctioni, utrum sit praepositiva, an subiunctiva, an communis.

757. POTESTAS CONIUNCTIONUM IN QUINQUE SPECIES DIVIDITUR: COPULATIVAS, DISIUNCTIVAS, EXPLETIVAS, CAUSALES, R[O]ATIONALES (388,29). [2] IN QUINQUE SPECIES, id est in quinque divisiones, DIVIDITUR POTESTAS CONIUNCTIONUM. [3] Quaestio hic oriri videtur. [4] Quare huic parti evenit accidens quod POTESTAS nuncupatur, cum haec pars paene omnibus aliis minor atque inferior esse videatur? [5] Vel cur nomini aut pronomini vel verbo non accidat POTESTAS, sed soli coniunctioni? [6] Ad quod dicendum, quia haec pars quae coniunctio vocatur more regum procerumque est ordinata. [7] Reges enim quos volunt praeponi, praeponunt, et quos volunt, supponunt: quos autem volunt ut praecedant, praecedunt, et quos volunt ut sequantur, seq< u >untur. [8] Ita et haec pars quas partes vult ut praecedant, facit praecedere, et quas vult ut sequantur, facit subsequi, et quas vult ut praeponantur, praeponit, et quas vult supponi, supponit.

758. COPULATIVAE SUNT HAE, ET QUE AT ATQUE AC AST (388,31). [2] COPULATIVAE dicuntur a copulando, hoc est a coniungendo. [3] Copulant enim tam sensum quam verba, ut 'ego et tu eamus ad forum'. [4] Inveniuntur autem, ut Priscianus dicit, multae coniunctiones tam ex copulativis quam ex aliis coniunctionibus diversas significationes una eademque voce habentes, sicut in exemplis ostenditur, ut QUE; invenitur enim completiva, ut Vergilius in nono:

756 cf. Pomp. V 265,16; Char. 289,19; Diom. I 415,23-24; Prob. IV 143,25; Serg. IV 514,33; P. III 93,9-10   757 v. Prob. IV 143,26; Char. 290,2-3 ff.; Cled. V 248,8 ff.; Pomp. V 265,18; Diom. I 415,27-28; cf. P. III 93,13-16   758,3 Pomp. V 265,20-21; cf. Isid. I 12,2   758,4-7 P. III 93,20-94,4

756 Donatus, Pompeius (V 265,16), Charisius (289,19), Diomedes (I 415,23-24), Probus (IV 143,25), and Sergius (IV 516,33) discuss these three 'accidentia'. Priscian prefers 'species' to 'potestas' (III 93,9-10).

757 Instead of the traditional five classes (copulativae, disiunctivae, expletivae, causales, rationes; v. Probus IV 143,26; Char. (Cominianus) 290,2-3; Cled. V 248,8 sqq.; Pomp. V 265,18; Diom. I 415,27-28) Priscian has seventeen (III 93,13-16). Charisius (Palaemon) also reports others (290,12).

⁵ Alcandrumque Haliumque Noemonaque Prytanimque.

⁶ Ac, quoque copulativa coniunctio, non solum pro 'et', sed etiam pro 'quam' accipitur, ut Vergilius in tertio Aeneidos:

⁷ Haud secus ac iussi faciunt, tectosque per herbam.

⁸ Et ita per cetera invenire poterit, quisque Priscianum legere voluerit.

759. 'Haec copula' in singularitate generis feminini significat 'matrimonium', id est 'nuptiae' ubi duo iunguntur. ² 'Haec copula' in pluralitate neutri generis: unde Martianus 'haec copula' dixit 'sacra', id f. 60ʳ est 'nuptias'. ³ 'Copulae' vero feminini // sunt ligamenta canum quibus ligant canes. ⁴ Hinc verbum 'copulo, -las, copulatus', 'ti' addita 'va' fit copulativa species, ut 'lego et scribo', 'Vergilius Priscianusque', 'ego lego at tu recordaris atque scribis'; 'at' pro 'sed' ponitur.

760 DISIUNCTIVAE, AUT VE VEL NE NEC an NEQUE (389, 1). ² DISIUNCTIVAE dicuntur, quia disiungunt sensum, et alteram quidem rem esse, alteram vero significat non esse, ut 'vel dies est, vel nox'. ³ Quando enim dico 'vel dies est, vel nox', ostendo unum de duobus esse, non tamen utrumque simul. ⁴ Sed si coniunctio dicta est, ut superius praemisimus, a coniungendo, quaerendum est quare hanc speciem intra se contineat quae 'disiunctiva' nuncupatur. ⁵ Quid enim tam contrarium esse potest, quam 'disiunctio' coniunctioni? ⁶ Ad quod dicendum, quod non solum dicitur coniunctio eo quod sensum tantum coniungat, sed etiam super- ficiem; et ideo DISIUNCTIVAE coniunc<t>iones, quamvis sensum disiungant, litteraturam tamen coniungunt.

761. Quando enim dico 'ego aut tu eamus ad balneum', haec locutio quidem co[n]nexa est; sensus tamen divisus. ² Nam quando dico 'ego aut tu eamus', non utrumque iturum ostendo, sed unum e duobus. ³ Cum 'aut legam aut scribam' dico, unum facere et alterum omittere significo; unde Vergilius:

⁴ Aut spoliis <ego iam raptis> laetabor opimis
  Aut leto insigni moriar.

⁵ Verba sunt Pallantis ad Turnum. ⁶ Hic litteratura iungitur, sed sensus separatur. ⁷ Non enim poterat victor esse et mortuus. ⁸ Talis locutio

758,5 Haliumque: albumque: v. Verg. Aen. IX 767   758,5 Prytanimque: phirytanimque: v. Verg. Aen. IX 767   759,3 feminini: 'feminini generis' R.H. 264,9   761,4 <ego iam raptis>: v. Verg. Aen. X 449   761,4 insigni: 'insigni, id est morte nobili moriar' R.F. 72,26-27

758,5 Verg. Aen. IX 767   758,7 Verg. Aen. III 236   759 cf. R.H. 264,6-10; cf. R.F. 71,28- 72,6   759,2 'copula sacra' M.C. I 1,2; cf. R.L. 67,14-19   760,2 P. III 97,17-18; 21   760,4-6 cf. Pomp. V 265,26 ff.   761,1-2 Pomp. V 265,32-35   761,3-8 R.F. 72,23-31   761,4 Verg. Aen. X 449 ff.   761,8 v. Serv. Aen. X 449

dilemma est, id est 'cornutus sy<l>logismus', ex utraque parte
auditorum concludens vel hoc vel illud.

762. VE (389,1):

²subiectisve urere flammis.

³Vergilius multa dicit de equo. ⁴Quidam dicebant eum in flumine
praecipitari; alii in ignem mitti, quod simul facere non poterant. ⁵VE
etiam pro 'non' ponitur, ut 'vecors', id est 'stultus'. ⁶Idem est et 'socors',
id est 'sine corde', et 'vesanus', id est 'non sanus'. ⁷Est et interiectio
dolentis, ut 'v<a>e homini'.

763. NE pro 'ut non' ponitur; verbi gratia, 'lege ne sis stultus'. ²Est
et adverbium prohibitivum , ut 'rogo ne facias'. ³'NEQUE legam NEQUE
scribam', id est 'neutrum illorum faciam'.

764. VE et NE encliticae coniunctiones sunt, id est inclinativae,
quia inclinant accentum prae ceteris partibus, ut 'ergone, verone'.
²Disiunctivae ergo dicuntur, non quod et verba disiungant et sensum,
sed quod verba coniungant et sensum disiungant.

765. EXPLETIVAE, QUIDEM, EQUIDEM, SALTEM, VIDELICET, QUAMQUAM, QUAM-
VIS, QUOQUE, AUTEM, PORRO, licet, TAMEN (389,1). ²EXPLETIVAE dicuntur ab
eo quod explent sensum, ut puta si dicam 'si legere non vis, saltem
dormi'. ³Expleant, id est perficiunt sensum. ⁴Sine his enim potest esse
locutio, sed quando ponuntur, pulchriorem reddunt locutionem, ut
verbi gratia 'Dominus quidem Iesus'. ⁵Si diceremus 'Dominus Iesus',
plenus esset sensus, sed hac addita magis decorata est constructio.

766. QUIDEM et EQUIDEM unum est. ²EQUIDEM non est composita
coniunctio, ut quidam aestimant, quoniam, si composita esset ex 'ego'
et 'quidem', non ei 'ego' subiungeretur, ut 'equidem ego sic existimo';
nec ad secundam et tertiam transferretur personam, ut 'equidem facis',
'equidem facit', sed tantummodo ad primam. ³Nemo enim dicit 'ego
quidem facis', 'ego quidem facit', sed 'ego quidem facio'.

767. SALTEM idem est et VEL (389,1), et est sermo tractus a captivis
qui abducti dicunt hosti: 'Omnia nostra accipe et salutem nobis con-

762,2 subiectisve: *v. Verg. Aen. II 37; cf. Serv. ad loc.; v. P. III 115,9-10; III 196,18-
19*   763,2 prohibitivum: *'prohibentium' R.F. 73,21*

762 cf. R.F. 73,1-9   762,2 Verg. *Aen.* II 37; cf. P. III 115,6-10   762,5 cf. P. III 488,19-23;
cf. Fest. 519,21   762,5 'vecors, vesanus' cf. Fest. 512,7-8 ff.; C.G.L. IV 400,8   762,6 'socors'
cf. C.G.L. II 185,29; 'vesanus' C.G.L. IV 401,8   762,7 'v<a>e homini' Vulg. *Matt.* 18,7; C.G.L.
V 252,13; II 482,5   763,1-2 R.F. 73,20-21; v. P. III 84,16   763,3 R.F. 74,1-2   764 cf. P.
III 488,19 ff.; III 477,1-3 et passim   764,2 v. 760 supra   765 cf. R.F. 74,4-9   765,2
Pomp. V 266,10-11   765,4 'Dominus quidem Iesus' Vulg. et Vet. Lat. *Marc.* 16,19   766,1-2
cf. P. III 103,5-15   766,3 P. III 103,10-11   767 cf. R.F. 74,13-20   767,1-2 v. Funaioli
(Varro) 178 (48); v. Serv. *Aen.* IV 327

cede'. ² Inde dicitur SALTEM per syncopam, id est per incisionem 'u' litterae et ponitur in electione multarum rerum, ut 'si non vis legere,
saltem scribe'. ³ Beatus Augustinus dixit non esse requirendas
etymologias in coniunctionibus, sed naturales tantum esse voces et vult
dicere 'saltim'.

768. VIDELICET compositum est ex 'videre' infinitivo et 'licet' impersonali, et dicitur VIDELICET, quasi 'videre licet'. ² QUAMQUAM et QUAM-
VIS et 'licet' idem sunt. ³ QUAMQUAM ex duobus accusativis, QUAMVIS ex
'quam' et 'vis' componitur: QUAMQUAM pro 'licet' ponitur. ⁴ 'Sin' pro SI
(389,3), vel pro 'quid si'. ⁵ QUOQUE pro 'similiter' ponitur et coniunctio est
copulativa, ut:

⁶ Tu quoque litoribus nostris,

⁷ pro 'et tu'. ⁸ PORRO coniunctio est expletiva, ut 'satagis — id est
laboras — erga plurima: porro unum est necessarium'. ⁹ 'Licet mihi
male faciat, tamen pro Deo dimittam'. ¹⁰ 'Sin autem aliud feceris, morte
morieris.'

769. Igitur expletivis ornatur <o>ratio, ut est illud:

² Saltem si qua mihi [suboles] de te suscepta fuisset
Ante fugam-

³ Sine 'saltem' perfecta manet oratio. ⁴ Dicit autem Pompeius, quod expletivae hanc habent naturam, ut quando adduntur, ornent sensum;
quando detrahuntur, non minuent aliquid. ⁵ Verbi gratia, si dicam
'equidem, volebam videre perfectum'.

770. CAUSALES, SI, ETSI, ETIAM SI, AC SI, tametsi, SI QUIDEM, QUANDO,
QUANDO QUIDEM, QUIN, QUIN ETIAM, QUATINUS, SIN, SEU, SIVE, NEVE, NAM, NAMQUE,
NI, NISI, NISI SI, ENIM, ETENIM, NE, SED, INTEREA, QUAMOBREM, PRAESERTIM, ITEM,
ITEMQUE, CETERUM, ALIOQUIN, PRAETEREA (389,3-7), quia (389,8). ² CAUSALES
dicuntur a causa. ³ Quando enim proferuntur causam significant, ut

767,2 incisionem: 'concisionem' R.F. 74,18   767,3 etymologias: ethimologias   767,3 tantum: tamtum   768,9 male: 'mala' R.F. 75,17   768,9 pro Deo dimittam: 'serviam illi' R.F.
75,17   769,2 [suboles]: v. Verg. Aen. IV 328; cf. P. III 99,14 sqq.; cf. Pomp. V
266,16   769,4 minuent: 'multilant' Pomp. V 266,13

767,3 v. Aug. A. V 495, 28-38; 'saltim' v. P. III 75,5; D. 389,2   768 cf. R.F. 74,20-
75,20   768,1 cf. C.G.L. IV 383,14   768,2-3 v. P. III 96,14-16   768,2 C.G.L. IV 383,14;
v. Serv. Aen. II 12   768,4 v. C.G.L. IV 285,22 (si non sic); cf. C.G.L. V 150,7 (si vero vel non);
'Sin pro si' v. P. III 289,4-5 ff.; 'Sin ... pro quid si' v. L.H.S. II 458³   768,5 v. P. III 103,16   768,6
Verg. Aen. VII 1; p. II 103,18   768,8-10 R.F. 75,12-20   768,8 cf. Vulg. Luc. 10,41-42 (Martha
autem satagebat ... erga plurima. Porro unum est necessarium)   768,9 '... tamen serviam illi' R.F.
75,17   768,10 'morte morieris' cf. Vulg. Gen. 2,17   769,2 Verg. Aen. IV 327 ff., R.F. 74,15; P. III
99,15-16; Pomp. V 266,18-19   770,3 cf. Pomp. V 267,17-18

puta 'occidam hominem quia habet aurum'. ⁴ Causa enim est quae nos impingit ad facinus perpetrandum.

f. 60ᵛ 771. Continuativae // sunt, quae et continuationem et consequentiam rerum significant, id est quae significant ordinem praecedentis rei ad sequentem, ut 'si ambulat, movetur'. ² Sequitur enim ambulationem motus, non tamen etiam motum omni modo sequitur ambulatio. ³ Potest enim aliquis sedens et accumbens moveri. ⁴ 'Ambulare' autem sine motu non potest. ⁵ Et 'si stertit, dormit', 'si aegrotat, pallet'. ⁶ Non converso ordine in his consequentiam sententiae servat oratio. ⁷ Non enim qui dormit omni modo stertit, quo modo qui stertit omni modo dormit. ⁸ Sunt enim hae: 'si, sive, sin, seu'.

772. Subcontinuativae sunt quoque 'quoniam, quia', quae causam continuationis ostendunt; consequentiam ostendunt cum essentia rerum, ut 'quia ambulat, movetur'.

773. Adiunctivae sunt 'si, ut, dum quatenus', ut 'si venias, faciam', 'ut prosit tibi, facio', et

> ² Multa <quoque et> bello passus, dum conderet urbem,

³ id est 'ut conderet'; et 'quatinus id libenter faciat'.

774. Inveniuntur tamen ex his quaedam et CAUSALES, ut 'exerceo te, ut sis sanus', et 'eris doctus, si legas'. ² Adiunctivae vocantur, quia verbis subiunctivis, ut dictum est, adiunguntur. ³ CAUSALES proprie sunt, quae causam antecedentem causativa, vero res ex causa antecedente evenientes, significant, ut 'doctus sum, nam legi', et:

> ⁴ fabor enim, quando haec te cura remordet.

775. Interest autem inter adiunctivas et proprie CAUSALES, quod CAUSALES cum affirmatione, adiunctivae cum dubitatione proferuntur, ut in exemplis antelatis manifestatur. ² Nec praetereo, quia et coniunctivae et subiunctivae et adiunctivae inter species causalium ponuntur; nec irrationabiliter. ³ Et continuationis enim, ut 'si ambulat, movetur'; et subcontinuationis, ut 'quia ambulat, movetur'; et adiunctionis, 'ut et moveatur, ambulat': per has causa ostenditur reddi.

776. Nomina quoque, ut 'qua causa, vel gratia', vel pronomina, ut 'ideo', vel praepositio, ut 'quapropter', loco saepe causalium accipiuntur coniunctionum. ² 'Ne' etiam coniun<c>tio est causalis.

773,2 <quoque et>: v. Verg. Aen. I 6   774,3 vero res: 'id est' P. III 96,23 774,4 quando haec: qⁿᵈo ʰ ie ħec   776,1 praepositio: 'praepositiones' P. III 95,26

770,4 Pomp. V 267,18-19   771,1 P. III 94,12-13; 15-16; 95,4   771,5-7 P. III 94,16-19   771,8 P. III 94,14   772 P. III 94,22-24   773 P. III 95,15-21   773,2 Verg. Aen. I 5   774,1 P. III 95,23-24   774,2 P. III 95,15-16   774,3 P. III 96,23-24   774,4 Verg. Aen. I 261; P. III 97,2   775,1 P. III 95,24-25   775,2 cf. P. III 94,25-95,1   775,3 P. III 95,2-5   776 cf. P. III 95,26-96,2

777. CAUSALES dicuntur, quia causam demonstrant, ut 'quare illum occidisti? quia inimicus erat mihi'. ² Ecce causa: 'chaos' principium et origo est omnium rerum; inde causa dicitur origo uniuscuiusque rei vel materia. ³ Causalis, quod sit ex causa. ⁴ CAUSALES quae causam, ut diximus, significant; rationales, quae rationem. ⁵ Causales ponuntur pro rationabilibus; rationales pro causalibus numquam, quia in causa sunt, sicut causativa sunt in causa. ⁶ Distat inter causam et causativum: causa est origo causativorum. ⁷ Verbi gratia quattuor elementa sunt omnium corporum causa; corpora vero sunt causativa quae constant ex ipsis elementis, ut 'si dies est, lucet': causa lucis est dies. ⁸ 'Si stertit, dormit': dormitio est causa stertionis, nec potest converti, ut dicas 'si dormit, stertit'. ⁹ Multi enim dormiunt, qui non stertunt. ¹⁰ 'Stertere' autem dicimus 'runcare'.

778. ETSI compositum est ab 'et' copulativa et 'si' causativa; ETIAMSI ex 'etiam' adverbio affirmandi, et 'si', ut 'etiamsi oportuerit me mori'. ² SI optantis adverbium est aliquando, ut Vergilius:

> ³ Si nunc se nobis ille aureus arbore ramus
> Ostendat.

⁴ Et SI pro 'quamvis'. ⁵ SIQUIDEM ex 'si' causativa, et 'quidem' expletiva.

779. QUANDO (389,4) et QUIDEM (389,4) unum significant, ut 'tu quando legisti', id est 'tu quidem'. ² Est et adverbium temporis, ut 'quando venisti?', id est 'quo tempore?'. ³ QUANDOQUIDEM ex 'quando' et 'quidem'. ⁴ QUIN pro 'ut non' ponitur, ut 'noli omittere quin legas', id est 'ut non legas'. ⁵ QUATINUS pro 'ut' ponitur, ut 'lege, quatinus non sis stultus', id est 'ut non sis'. ⁶ 'Quatinus' per 'i', coniunctio est et ponitur pro 'ut'; per 'e' vero adverbium est, ut 'quatenus perges?', id est 'quousque'.

780. SIN, 'quod si' significat, ut 'sin legeris, eris doctus', id est 'quod si'; SEU et SIVE idem est, ut Vergilius:

> ² Seu quis Olympiacae miratur praemia palmae.

777,6 causativum: 'causativam' R.F. 76,4   778,3 ramus: ramis: v. Verg. Aen. VI 187
780,1 est: 'sunt' R.F. 77,7

777,1 R.H. 264,17-18   777,2 R.F. 76,2-3; v. Fest. 48,20-25; v. Isid. XVIII 15,2; v. Cal. Tim. 167   777,4-5 cf. Pomp. V 267,29-30; R.F. 75,24-26   777,6-7 cf. R.F. 76,3-6; 'causativum' v. Serv. Aen. II 311   777,8-9 cf. P. III 94,16-19   777,10 v. 'roncus' E.M.   778 cf. R.F. 76,15-18   778,3 Verg. Aen. VI 187-8; cf. P. III 86,1; 7-8   778,4 v. P. II 99,12-28; cf. C.G.L. V 139,38   779,1-5 R.F. 76,25-77,4   779,1 quando = aliquando L.H.S. II 607a   779,5-6 cf. Mar. Vict. 77,40-41   779,5 v. L.H.S. II 656   779,6 v. Beda VII 287,6-8 (Caper VII 100,9-13; 111,5-6; Albinus VII 308,15-16; Fronto VII 522,15).   780 cf. R.F. 77,4-21   780,2 Verg. G. III 49

[3] NEVE ex 'ne' et 've'. [4] 'Ve' quando est coniunctio, sensum disiungit; et quando interiectio est dolentis, affectum mentis ostendit. [5] NI et NISI idem est. [6] NISI SI ex 'nisi' et 'si'. [7] ENIM pro sed ponitur. [8] QUAPROPTER pro 'inde'. [9] INTEREA ex 'inter' et 'ea'. [10] QUAMOBREM, id est 'quapropter'; 'ob' enim 'propter' significat, et compositum ex tribus partibus. PRAESERTIM, id est 'maxime'. [11] CETERUM et 'decetero' idem est. ALIOQUIN, id est 'quod si non' vel 'aliter'. [12] PRAETEREA ex 'praeter' et 'ea'.

781. Subdisiunctivae sunt, quae voce disiunctivarum utrumque tamen esse significant, vel simul, ut 'sive Mars sive Mavors', 'Gradivus sive Maspiter praesul est bellorum', et 'Alexander sive Paris' pro 'Alexander qui et Paris dicitur'; vel discrete, ut utrumque tamen esse significant, ut 'tota die vel legit iste vel cogitat'. [2] Et legere enim et cogitare significant, sed non simul utrumque facere, sed aliis horis legere, aliis cogitare. [3] VEL etiam deminutionem significat, ut:

[4] O felix, si te vel sic —

[5] Amabo subtraheres; pro 'etiam' adverbio accipitur.

782. Disertivae vero sunt, vel electivae, quando diversis propositis aliud ex eis nos eligere ostendimus. [2] Quinimmo beati qui audiunt verbum Dei. [3] QUIN ETIAM pro 'ut' affirmativa coniunctione accipitur, et componitur ex 'qui' et 'non'; QUIN ETIAM et utcumque ex tribus partibus componitur. //

f. 61ʳ

783. 'Quam' etiam infiniti nominis accusativum et adverbium similitudinis pro electiva coniunctione, ut:

[2] Quam inique comparativum,

[3] ponunt pro 'ut'. [4] Haec etiam duplicata pro coniunctione adversativa accipitur, ut:

[5] Quamquam o, sed superent quibus hoc, Neptune, dedisti.

784. Adversativae sunt quae adversum convenientia significant, ut 'tamen, quamquam, quamvis, etsi, etiamsi, saltem'. [2] Haec etiam deminutivam significationem habent. [3] 'At' quoque et 'vel' et 'aut' et 'nec' et 'neque' in eadem inveniuntur significatione, ut:

781,1 significant: *'significat'* P. III 98,12-13   781,4 sic-: *'sic tua Roma videret'* Lucan Phars. VII 29; cf. P. III 98,24   782,1 Disertivae: Disiunctivae: cf. P. III 98,25   782,1 aliud: *'aliquid'* P. III 98,25   783,2 comparativum: *'comparatum'* P. III 99,5; v. Ter. Phorm. I 1,7   784,1 convenientia: *'convenienti'* P. III 99,12

780,4 v. 762,5-7 supra   780,6 v. L.H.S. II 668   780,7 cf. C.G.L. IV 565,52   780,8 v. L.H.S. II 515 (282)   780,10 v. L.H.S. II 515 (282)   780,11 C.G.L. IV 156,22 et passim   780,13 v. L.H.S. II 677; C.G.L. IV 307,29   781,1-2 P. III 98,3-4; 10-14   781,3-4 P. III 98,22-24   781,4 Lucan *Phars.* VII 29   782,1 P. III 98,25   782,2 Vulg. *Luc.* 11,28   782,3 cf. R.F. 77,2-3; v. L.H.S. II 677; cf. C.G.L. IV 158,16; 277,20   783 P. III 99,3-9   783,2 Ter. *Phorm.* I 1,7   783,5 Verg. *Aen.* V 195   784,1-2 P. III 99,12-14   784,3 cf. P. III 99,21-22 ff.

⁴ Si te nulla movet tantae pietatis imago,
   At ramum hunc-
   Agnoscas;

⁵ id est 'saltem', et 'si non vis discere, vel intellegere', et 'si non factis debitum reddis, aut verbis age gratias' pro 'saltem verbis', et 'nec una hora avarus neglegit lucrum neque pius iustitiam, neque unum assem praefert illi egenti nec hic abnegat petenti aliquid, quod potest et decet'.

785. Dubitativae sunt, quae dubitationem significant, 'an', 'ne', 'e' correpta, 'necne', [a]ut

   ² Eloquar an sileam?
   ³ Iustitiamne prius mirer belline laborem?

⁴ 'Necne' accipitur pro 'an non', ut[ut] '<sit sensus> in morte necne, prodest recte vivere'. ⁵ Et vide quia 'ne' sola apostrophum accipit, ut:

   ⁶ Hectoris Andromache Pyrrhin' conubia servas?

⁷ in quo etiam interrogationem non dubitationem significat. ⁸ Invenitur etiam et pro confirmativa, ut:

   ⁹ Clarus erit, fortis, iustus, sapiens, ne etiam et rex.

786. RATIONALES, ITA, ITAQUE, ENIM, ENIMVERO, QUIA, QUAPROPTER, QUONIAM, QUONIAM QUIDEM, QUIPPE, ERGO, IDEO; SCILICET, videlicet, IDCIRCO, PROPTEREA (389,7). ² RATIONALES dicuntur a ratione, quia rationem rei reddunt, ut 'habuit aurum; itaque occidit eum': haec est ratio. ³ Ratione, qua quisque utitur in faciendo, ut 'quo modo occidam hominem qui habet pecunias? veneno an ferro? si ferro occidam, prodo me; veneno ergo interficiam, ut lateam'.

787. ITAQUE, quando in antepaenultima habet accentum, coniunctio est rationalis; quando vero in paenultimo, adverbium est similitudinis. ² ENIMVERO compositum est ex 'enim' et 'vero'; habet accentum in paenultima syllaba, sicut et 'revera', ut Terentius:

784,4 hunc-: v. Verg. Aen. VI 406   784,5 discere: 'ediscere' P. III 99,26   784,5 intellegere: 'intellege' P. III 99,26   784,5 una hora: 'unam horam' P. III 100,2   784,5 praefert illi: 'praestat ille' P. III 100,3   784,5 decet: dicet: 'decet' P. III 100,4   785,1 [a]ut: 'ut' P. III 101,10   785,3 Iustitiamne: v. Verg. Aen. XI 126; Serv. ad loc.   785,3 laborem: 'laborum' Verg. Aen. XI 126; P. III 101,15   785,4 ut[ut]: ut utī   785,4 <sit sensus>: v. P. III 102,10-11   785,8 confirmativa: conformativa: v. P. III 101,21

784,4 Verg. Aen. VI 405-407   784,5 P. III 99,26-28; 100,1-4   785,1-3 P. III 101,9-15   785,2 Verg. Aen. III 39   785,3 Verg. Aen. XI 126   785,4 P. III 102,9-11   785,5 P. III 102,9   785,6 Verg. Aen. III 319; P. III 101,108   785,7 cf. P. III 101,16   785,8-9 P. III 101,21-23   785,9 Hor. Serm. II 3,97   786,2 R.F. 77,22-24   786,3 cf. Pomp. V 267,33-268,7   787,1 R.F. 77,24-26; cf. P. III 100,15-16   787,2-6 R.F. 77,27-31

³ Enimvero, Dave, nihil hic socordiae,

id est stultitiae. ⁴ QUAPROPTER ex 'qua' et 'propter'. ⁵ QUONIAM QUIDEM ex 'quoniam' et 'quidem', et significat 'quia', sicut Lucas: ⁶ 'Quoniam quidem multi conati sunt ordinare e[v]vangelium'.

788. QUIPPE, id est 'nimirium'. ² ERGO, quando in paenultimo habet accentum, coniunctio est; quando vero in ultima circumflectitur, significat 'propter', ut 'ergo illum veni', id est 'propter illum'. ³ IDEO ex 'id' et 'eo'. ⁴ SCILICET: scire lice < t >. ⁵ IGITUR (389,9) et IDCIRCO naturales sunt coniunctiones, et ideo interpretari non possunt.

789. Reperiuntur autem multae coniunctiones quae non sunt hic. ² Quidam has species, id est causalem et rationalem, sub una specie comprehendere voluerunt, sed Donatus noluit, quia praecedit causa et sequitur ratio. ³ Causa potest esse sine ratione; ratio non potest esse sine causa.

790. FIGURAE CONIUNCTIONUM DUAE SUNT, SIMPLEX, UT NAM, COMPOSITA, UT NAMQUE (389,9). ² Quare dicta sit figura, superius in quantum potuimus exposuimus. ³ Sciendum autem quod coniunctiones non componuntur quattuor modis, ut ceterae partes orationis. ⁴ At si aliquo modo compositae repertae fuerint, derivationes accipiendae sunt. ⁵ Simplex, ut 'at, et, sed'; composita, 'etenim, atque, sedenim, quodque, quoque'. ⁶ Neque a quo factum est 'nec' per apocopen extremarum vocalium, quia in fine syllabae 'q' scribi non poterat, sed transivit in 'c'.

791. ORDO CONIUNCTIONUM IN HOC EST, id est quo modo coniunctiones ordinari debeant, quae videlice < t > praecedant et quae subsequantur. ² QUIA AUT PRAEPOSITIVAE SUNT CONIUNCTIONES, UT "AT, AST", AUT SUBIUNCTIVAE, UT "QUE, VE, AUTEM", AUT COMMUNES, UT "ergo, IGITUR" (389,10-12). ³ PRAEPOSITIVAE dicuntur CONIUNCTIONES, quia semper praeponuntur et numquam supponuntur, ut ⁴ 'At Iesus dixit ei', et ⁵ 'Ast ergo divum in caelo regina Iovisque et soror et coniunx'.

792 SUBIUNCTIVAE dicuntur, quia semper supponuntur et numquam praeponuntur, ut ² 'dixitque Dominus ad Moysen: tu autem', et ³ 'dixit

---

787,3 socordiae: cf. R.F. 77,30; P. III 104,1-2   788,2 paenultimo: 'paenultima' R.F. 78,3   790,4 modo: 'aliquando' R.F. 78,18-19

787,3 Ter. And. I 3,1; P. III 104,1-2   787,5 v. L.H.S. II 609ᶜ   787,6 Vulg. et Vat. Lat. Luc. 1,1 (... ordinare narrationem)   788 R.F. 78,2-9   788,1 C.G.L. IV 461,7; v. L.H.S. II 511d;510 788,2 v. P. III 100,15-16; P. III 520,27-32; C.G.L. V 641,20   789 R.F. 78,9-14   789,3 cf. Pomp. V 267,33   790,2 v. 756,5 supra   790,3-4 R.F. 78,17-20   790,5 P. III 93,11-12   790,6 P. III 466,8-10   791 cf. R.F. 78,20-22   791,4 'at Iesus dixit ei' cf. Vulg. Ioan. 20,29 "Dixit ei Jesus"; cf. Vulg. Luc. 12,14 "at ille dixit illi"   791,5 v. Fulg. M. 18,20-22   792,2 'dixitque Dominus ad Moysen' Vulg. Ex. 7,1   792,3 v. Vulg. et Vet. Lat. Luc. 14,21 "paterfamilias dixit"

autem paterfamilias'. [4] Non enim possumus dicere '-que dixit' aut 'autem dixit'.

793. Communes dicuntur, quia aliquando praeponuntur et aliquando supponuntur. [2] Praeponuntur autem, ut 'igitur perfecti sunt caeli et terrae'. [3] Supponuntur, ut 'formavit igitur Dominus hominem de limo terrae'. [4] 'Ergo tu veni', 'tu ergo veni'. [5] Hae duae frequenter in syllogismis, id est in conclusionibus, positae, modo anteponuntur, modo subseq<u>untur vel postponuntur.

794. SUNT AUTEM DICTIONES, id est partes, QUAS INCERTUM EST UTRUM CONIUNCTIONES AN PRAEPOSITIONES AN ADVERBIA NOMINEMUS, UT "CUM, ET, UT". [2] HAEC NISI IN SENTENTIA CONSIDERAVERIMUS // INCERTA SUNT, QUAE TAMEN OMNES SENSU FACILE DINOSCUNTUR (389,13), quia, quamvis in littera non cognoscantur, tamen in sensu cognoscuntur. [3] SENSU DINOSCUNTUR ita: CUM enim quando tempus significat, est adverbium; quando iungitur ablativo casui, est praepositio; et quando coniungit partes, est coniunctio. [4] Similiter UT, quando tempus significat, est adverbium; quando vero coniungit partes, est coniunctio; et cetera his similia.

795. NAM ET CONIUNCTIONES PRO ALIIS CONIUNCTIONIBUS POSITAE INVENIUNTUR POTESTATE MUTATA (389,16), sicut causales ponuntur pro rationalibus. [2] Nam una coniunctio in potestatem alterius transiens, eius vim ad quam transit accipit. [3] NAM (389,5) coniunctio est causalis. [4] Quid coniungit hoc in loco NAM (389,16)? [5] Hoc scilicet quod superius dixerat: SUNT DICTIONES (389,13) dubiae inter adverbia et praepositiones et coniunctiones. [6] Ac si diceret 'quid mirum si partes pro partibus ponantur, cum CONIUNCTIONES quoque PRO ALIIS CONIUNCTIONIBUS POSITAE INVENIUNTUR, POTESTATE tamen MUTATA, quia videlicet si causalis transierit in rationalem, mutat sensum, et si rationalis transierit in causalem similiter mutat sensum?'.

<DE PRAEPOSITIONE> (389,18)

796. PRAEPOSITIO EST PARS ORATIONIS, QUAE PRAEPOSITA ALIIS [a] PARTIBUS OR<AT>IONIS SIGNIFICATIONEM EARUM AUT COMPLET AUT MUTAT AUT MINUIT (389,19). [2] EST PRAEPOSITIO PARS ORATIONIS, id est una species Latinitatis. [3] Praepositio dicitur a praeponendo, eo quod praeponatur ceteris par-

f. 61ᵛ

793 cf. R.F. 78,23-28   793,2 Vulg. *Gen.* 2,1   793,3 Vulg. *Gen.* 2,7 (...Dominus Deus...); Vet. Lat. (Et finxit Deus hominem pulverem de terra...)   793,4 v. Isid. II 28 ff.   794,3 v. P. III 50,22-26; 51,7-10   794,4 v. P. III 86,9-10   795,1 cf. Pomp. V 269,22-23   796-940 cf. R.H. 264,23-265,18; cf. R.F. 78,30-90,5   796,2 v. Virg. Gr. 74,20-21   796,3 R.F. 78,31-32; v. Isid. I 13

tibus [1]. [4] Semper enim praeponitur et numquam supponitur, exceptis 'tenus' et 'cum' quae causa euphoniae supponuntur.

797.   QUAE pars, id est praepositio, PRAEPOSITA, id est anteposita, ALIIS PARTIBUS ORATIONIS SIGNIFICATIONEM, id est sensum illarum, AUT COMPLET, id est perficit, AUT MUTAT AUT MINUIT. [2] Complet autem praepositio significationem, id est sensum partium, ut 'celsus excelsus', 'clarus praeclarus'. [3] Hic enim complet, id est auget, sensum addita praepositio, quia magis significat 'excelsus', id est 'valde celsus', et 'praeclarus' quam illae simplices partes quae sunt 'celsus' et 'clarus'.

798.   AUT MUTAT, id est in alium sensum vertit, ut 'amicus inimicus', 'doctus indoctus'. [2] Ecce addita 'in' mutat sensum. [3] MINUIT vero, ut 'rideo subrideo', 'tristis subtristis', 'lucet sublucet'; 'validus invalidus', 'firmus infirmus'. [4] MINUIT enim hic adiuncta praepositio sensum, quia, cum dico 'validus' et 'firmus', ostendo virtutem quandam habere personam. [5] Cum autem addo praepositionem, quasi paene omnes vires a persona ablatas esse significo. [6] 'Validus' Graeci habent 'halidus', sed adspiratio versa est digamma 'v' apud nos, et dicimus 'validus'.

799.   In huius definitione partis communio et proprietas, ut in superioribus ostenditur partibus. [2] Est enim ei communio cum ceteris partibus, in hoc quod dicitur: PRAEPOSITIO EST PARS ORATIONIS. [3] Proprietas vero eiusdem est, in hoc quod subditur: QUAE PRAEPOSITA ALIIS PARTIBUS ORATIONIS SIGNIFICATIONEM EARUM AUT COMPLET AUT MUTAT AUT MINUIT. [4] Item aliter proprietas eius in hoc dicitur: SIGNIFICATIONEM EARUM AUT COMPLET AUT MUTAT AUT MINUIT. [5] Communio vero potest esse quantum pertinet ad coniunctionem, in hoc quod praemissum est: QUAE PRAEPOSITA ALIIS PARTIBUS ORATIONIS, quia et sunt quaedam coniunctiones quae semper praeponuntur, ut superius monstravimus.

800.   Praepositio autem dicta est a praeponendo, id est anteponendo, eo quod praeponatur nominibus vel verbis sive ceteris partibus, tam per compositionem quam per appositionem, sicut in sequentibus Donatus ostendit. [2] Nam 'prae' pro 'ante' ponitur: inde praepositio quasi 'antepositio', sicut 'praepositus' quasi 'antepositus'. [3] Duobus modis casualibus partibus, licet quaedam sunt quae supponuntur, ut 'cum' et 'tenus'. [4] Sed a maiori parte dicitur praepositio a praeponendo, quia plures sunt quae praeponantur. [5] Sed si praepositio dicta est eo quod praeponatur, quare etiam non 'suppositio' dicitur,

---

796,3 [l]: *signum inintelligibile*   800,2 'prae': per

796,4 cf. R.H. 264,24-26   797 cf. R.F. 79,16 ff.   798,6 'digamma' v. P. II, 11,11-12 et passim   799 cf. R.F. 79,15 ff.   800,1 v. Isid I 13; P. III 24,13-14   800,2 cf. 802,3 infra; v. P. III 50,15   800,4-8 cf. 20 supra; cf. D. 400,25-29; cf. R.F. 79,4 ff.; cf. Pomp. V 270,2-4

cum pleraeque praepositiones non solum praeponantur, sed etiam supponantur, ut 'cum' et 'tenus'? [6]Ad quod dicendum, quia non ab omnibus speciebus nomen potest accipere. [7]Vel etiam ideo haec pars, quamvis aliquando supponatur, magis praepositio quam 'suppositio' dicitur, quia frequentius praeponatur quam supponatur. [8]A maiori itaque parte debuit nomen accipere.

801. NAM AUT NOMINI PRAEPONITUR, UT INVALIDUS (389,20). [2]Nunc ostendit Donatus exempla quomodo praepositio tam sibi quam ceteris praeponatur. [3]'In' enim praepositio est et 'validus' nomen.

802. AUT PRONOMINI, UT PRAE ME (389,21). [2]PRAE est praepositio, et [pro] ME pronomen ablativi casus. [3]PRAE ME autem significat 'ante me'. [4]Vel etiam, ut Priscianus vult, 'PRAE ME nullus est in arte validior', id est 'nullus ad comparationem mei — ut ego — in arte viget'. [5]In hoc loco praepositio quod est 'prae' pro 'ad' ponitur, ut illud:

f. 62[r]   [6]Hic ego illum // contempsi prae me,

id est pro 'ad comparationem mei'.

803. VEL SUPPONITUR, UT MECUM TECUM SECUM NOBISCUM VOBISCUM (389,21). [2]'Cum' praepositio, quando supponitur pronomini, adverbium facit.

804. AUT VERBUM PRAECEDIT, UT PRAEFERO (389,22). [2]'Prae' est praepositio et praecedit verbum quod est 'fero'.

805. AUT ADVERBIUM, UT EXPRESSE (389,22). [2]'Presse' venit a verbo 'premo, premis', quod facit praeteritum 'pressi', cuius passivum est 'premor', quod facit participium 'pressus, pressi, presso'; mutata 'o' in 'e' facit adverbium 'presse'; addita 'ex' praepositione, EXPRESSE, id est 'aperte'.

806. AUT PARTICIPIUM, UT PRAECEDENS (389,23). [2]'Cedo' verbum est et inde venit participium PRAECEDENS, addita praepositione sive verbo sive participio.

807. AUT CONIUNCTIONEM, UT ABSQUE (389,24). [2]'Abs' enim praepositio est, et 'que' coniunctio, quae duae partes simul iunctae faciunt coniunctionem compositam.

808. AUT SE IPSAM, UT CIRCUMCIRCA, id est undique. [2]Et 'circum' et 'circa' utraeque praepositiones sunt, et fit ex utrisque una compositio. [3]Dum autem dico 'CIRCUMCIRCA discurro', tale est quasi dicam 'in circuitum'.

809. PRAEPOSITIONES AUT CASIBUS SERVIUNT AUT LOQUELIS (389,25), id est aut serviunt partibus quae casus habent, aut serviunt loquelaribus quae

---

807,2 simul: post simul p deletur

802,4 cf. P. III 50,1   802,5-6 P. III 49,26-50,1   802,6 Ter. *Eun.* II 2,8   803 cf. Pomp.
V 269,36-270,2   809-810 cf. Pomp. V 271,31 ff.

carent casibus. ² Omnis praepositio hanc habet vim, ut aut casibus serviat aut loquelis. ³ Casibus serviunt praepositiones quae iungi possunt et segregari; loquelis serviunt quae non possunt segregari. ⁴ Casibus serviunt, id est casualibus partibus, nomini videlice < t >, pronomini aut participio, aut loquelis, id est verbis.

810. 'Loquelae' dicuntur verba, eo quod in nostris loquelis crebrius iterentur. ² Huic loquelaris pars dicitur verbum. ³ Verbis tantummodo uno modo iunguntur, id est per compositionem; casualibus vero duobus modis praeponuntur: videlice < t > per appositionem, quando accusativo vel ablativo seorsum iungitur, ut 'ad patrem', vel 'de patre'; per compositionem quando nominativo et reliquis casibus copulatur, ut 'insipiens'. ⁴ In casualibus vero solummodo per compositionem, ut 'perago, peragis'.

811. Unde 'gerundia' magis nomina sunt quam verba; et praepositio per appositionem illius iungitur, ut 'in legendo, in convertendo'. ² Nam nulli alii parti per appositionem iungitur, nisi casuali. ³ Qui autem haec 'gerundia' verba volunt, corripiunt ea, ut 'vigilando', sed illum languorem peperit cibus imperfectus.

812. Sciendum autem multo plures apud nos esse praepositiones quam apud Graecos. ² Apud illos enim duodecim tantum sunt praepositiones; apud nos autem ideo multo plures sunt, quia multa adverbia inter ipsas adnumerantur. ³ Nam omnia adverbia quae accusativo et ablativo praeponi possunt inter praepositiones computantur.

813. AUT aeque CASIBUS ET LOQUELIS (389,25). ² 'Aeque', id est 'aequaliter', ET CASIBUS serviunt praepositiones ET LOQUELIS, quia sunt quaedam praepositiones quae et loquelaribus et casualibus serviunt partibus: loquelaribus tamen semper per compositionem; casualibus autem tam per compositionem quam per appositionem.

814. CONIUNGUNTUR AUT SEPARANTUR (389,26), id est sunt praepositiones quae semper coniunctae serviunt, et sunt quae semper separatae, ut in sequentibus demonstratur.

815. AUT ET CONIUNGUNTUR aut SEPARANTUR (389,26). ² Aut SEPARANTUR, id est separate ponuntur per appositionem; ³ aut CONIUNGUNTUR ET SEPARANTUR (389,26) secundum voluntatis arbitrium. ⁴ Sunt aliquae praepositiones quas easdem et coniungere potest per compositionem et separare per appositionem, ut plerumque scilicet faciunt, et possunt separatae cum aliis iungi partibus, et coniunctae prout voluntas loquentis exigit.

812,2 duodecim: *'decem et octo' P. III 28,20*

810 v. P. III 27,26-27,16   811 cf. P. II 413,16-20   811,3 v. P. II 410,1-23   812,1-2 cf.
P. III 28,19-21   812,3 v. P. III 28,24-29,1

816.   Quae loquelis serviunt CONIUNGUNTUR tantum, UT DI DIS RE SE AM CON; DICIMUS ENIM DIDUCO DISTRAHO SECUBO AMPLECTOR CONGREDIOR (389,26). ² Hoc exponit quod superius dixit: AUT CONIUNGUNTUR AUT SEPARANTUR, quia scilicet sunt quaedam praepositiones quae separatae numquam ponuntur, sed semper coniunctae, ut sunt DI DIS RE AM CON. ³ Istae per se nullum intellectum obtinent, et semper per compositionem positae inveniuntur.

817.   DIDUCO, id est 'separo', et dicitur 'rivum facio' vel 'divido'. ² Unde Iuvenalis:

³ Diducit scopulos et montem rupit acutum.

⁴ DISTRAHO dicitur 'vendo', vel 'in diversas partes traho'. ⁵ RECIPIO, 'iterum capio'. ⁶ SECUBO, 'seorsum cubo', vel 'iuxta cubo', id est 'in parte iaceo'. ⁷ AMPLECTOR dicitur 'brac<c>hiis constringo' vel 'deosculor'. ⁸ CONGREDIOR dicitur 'simul gradior' vel 'pugno'. ⁹ Et sunt quaedam quae separatae semper ponuntur et numquam coniunctae, ut 'apud' et 'penes', de quibus etiam ipse addit: SEPARANTUR, UT APUD et PENES (389,28). ¹⁰ Haec duo praepositiones APUD et PENES separantur per appositionem, quia tantum accusativo casui serviunt. ¹¹ Ceterae omnes praepositiones et iunguntur per compositionem aut separantur per appositionem. ¹² Ista magis sunt adverbia quam praepositiones; sed quia accusativo iunguntur praeponunturque, ideo praepositiones dicuntur. ¹³ Non solum istae per appositionem iunguntur, sed etiam multae aliae, ut 'palam, coram' et his similia.

818.   CONIUNGUNTUR ET SEPARANTUR CETERAE OMNES (389,28), hoc est, quod iam dictum est: AUT ET CONIUNGUNTUR ET SEPARANTUR (389,26), quia
f. 62ᵛ   scilicet et coniungi possunt et separari. //

819.   EX QUIBUS scilicet "IN" ET "CON" PRAEPOSITIONES, SI ITA COMPOSITAE FUERINT, UT EAS STATIM "S" VEL "F" LITTERAE CONSEQUANTUR, PLERUMQUE PRODUCUNTUR, UT INSULA INFULA CONSILIUM CONFESSIO (389,29). ² PLERUMQUE, id est 'frequenter', et venit a nomine 'plerus, plera, plerum' quod non est in usu. ³ Quare dicit Donatus, quod IN et CON PLERUMQUE, id est aliquando, producantur, si ita positae fuerint ut s vel F litterae consequantur? ⁴ Numquid non semper fit hoc, quotiens duae consonantes seq<u>untur? ⁵ Ad quod dicendum, quia vult Donatus ut in his

---

816,1 tantum: tamtum   817,3 Diducit: deducit; *Iuv. X 153; cf. R.F. 89,11*   817,3 rupit
acutum: *v. Iuv. X 153 (rumpit acetum); 'aceto' R.F. 89,11; cf. Isid. XIX 8,13*   817,13 istae:
aste   818,1 Coniunguntur: coniungauntur

---

816 v. P. III 56,10 ff.   817 R.F. 89,8-21; v. 924,6 infra   817,3 Iuv. 10,153   817,4 cf.
C.G.L. IV 332,54 (N.M. 443)   817,8 cf. C.G.L. IV 501,6 (IV 40,28)   817,9-13. v. P. III 40,12-
15; cf. Pomp. V 272,14-25   819,2 'frequenter' C.G.L. IV 377,44; v. P. II 181,18

nominibus supra dictis naturaliter producantur CON et IN; in aliis vero positive.

820. INSULA dicitur, eo quod sit in salo, id est in mari posita. [2]INFULA dicitur vestis sacerdotalis, sed proprie INFULA dicitur vitta qua ornantur capita sacerdotum et pro omni veste ponitur. [3]CONSILIUM a consulendo, et consilium est definitio. [4]'Concilium' multitudo congregatorum hominum. [5]CONFESSIO dicitur vel manifestatio occultae rei, sicut Iacobus in epistola: [6]'Confitemini alterutrum peccata vestra'; [7]vel laudatio, ut Dominus in e[v]vangelio: 'Confiteor tibi, Pater caeli et terrae'.

821. PRAEPOSITIONI ACCIDIT CASUS TANTUM (390,1), id est tantum accidentem habet casum. [2]Si PRAEPOSITIONI ACCIDIT CASUS, quaerendum est quare non declinantur per casus. [3]Ad quod dicendum, quod non plus accidit casus praepositioni, quam praepositio accidit casibus. [4]Quare dicitur praepositio habere casus? [5]Ideo scilicet ne videretur haec pars imperfectior ceteris partibus fore, si sine accidente remaneret. [6]Integritas enim uniuscuiusque partis ex accidentibus cognoscitur.

822. CASUS NAMQUE IN PRAEPOSITIONIBUS DUO SUNT, ACCUSATIVUS ET ABLATIVUS (390,1). [2]Quid coniungit hoc in loco NAMQUE? [3]Hoc scilicet, quod superius dixit: PRAEPOSITIONI ACCIDIT CASUS TANTUM (390,1).

823. ALIAE ENIM ACCUSATIVO CASUI serviunt, ALIAE ABLATIVO, ALIAE UTRISQUE (390,2). [2]Quae praepositiones serviunt accusativo casui, quae ablativo, quae utrisque, inferius sequendo Donatum edisseremus: ACCUSATIVI CASUS PRAEPOSITIONES SUNT HAEC, AD APUD ANTE ADVERSUM CIS CITRA CIRCUM CIRCA CONTRA ERGA EXTRA INTER INTRA INFRA IUXTA OB PONE PER PROPE propter SECUNDUM POST TRANS ULTRA PRAETER SUPRA CIRCITER USQUE SECUS PENES (390,3).

824. AD tam in compositione quam in appositione plerumque proximitatem significat, ut 'accurro, assideo', et 'ad urbem' pro 'iux<t>a urbem'. [2]Est etiam causalis, ut 'ad haec quid fecisti?', hoc est 'cuius causa'. [3]Est et similitudinis, ut 'adaequatus, ad unguem'. [4]Significat etiam contrarietatem, ut 'ad illum mihi pugna est', hoc est 'contra illum'. [5]Pro temporali quoque accipitur, ut 'ad bellum Persi', hoc est 'usque ad bellum Persi'. [6]Est etiam additionis, ut 'ad haec mala'.

823,2 utrisque: utriq)   824,2 haec quid: 'quid hoc' P. III 37,10

820,1 Isid. XIV 6,1   820,2 cf. Isid. XIX 30,4   820,3-4 cf. Isid. VI 16,12   820,6 Vet. Lat. cod. Corb. Iac. 5,16; Vulg. (Confitemini ergo alterutrum peccata vestra)   820,7 Vulg. Matt. 11,25; Luc. 10,21 (...Pater, Domine caeli...)   821 cf. Pomp. V 272,26; v. P. III 35,4   824 P. III 37,7-15

825. APUD unam significationem habet in loco, ut 'apud Numantiam'. ² Adiungitur etiam personis, ut 'apud amicum', et numquam componitur.

826. ANTE et temporalis et localis et simplex et composita re[p]peritur, ut 'ante annum, ante domum, antepono', ² Est etiam adverbium significans 'antea'. ³ Ex hoc nascitur 'antiq< u >us', a quo 'antiquarius' derivatur.

827. CIS et co<m>ponitur et separatur, et significat locum, ut 'cis Rhenum', et tempus, ut 'cis definitum tempus', sicut 'ultra definitum', et 'cis naturae leges'. ² Derivatur ex eo CITRA;

828. CITRA numquam componitur, et paene eandem significationem habet quam CIS. ² Sed CIS solet plerumque propriis nominibus fluminum vel montium preponi, ut 'cis Padum, cis Alpes'; reliquis vero magis CITRA, ut 'citra forum'. ³ Ab hoc derivatur 'citer, citerior, citimus'.

829. CIRCUM tam in compositione quam in separatione praepositio accipitur, ut 'circumfero, circum montem'. ² Est etiam adverbium locale. ³ Unde poeta:

⁴ Anna, vides toto properanti li[t]tore circum.

⁵ Ex hoc nascitur 'circiter'.

830. CIRCA numquam praepositiva componitur; postposita tamen invenitur loco coniunctionis causalis prolata 'quocirca'. ² Est tamen quando CIRCUM ei subiungimus, et 'circumcirca' dicimus. ³ Quando vero pro 'iuxta' ponitur, tam localem, ut 'circa templum', quam temporalem, ut 'circa viginti annos', habet significationem.

831. CIRCITER (390,6) pro 'iux< t >a' accipitur, et ad tempus solum pertinet, ut 'circiter Kalendas Ianuarias'.

832. CONTRA et praepositio est tam simplex, ut 'contra adulterium dico', quam composita, ut 'contradico', et adverbium, ut:

² Stat contra starique iubet.

³ Ex eo derivatur 'contrarius'.

833. ERGA affectum demonstrat, ut 'bonus est erga propinquos'.

834. EXTRA quod ab 'ex' derivatur, et praepositio est, ut 'extra domum', et adverbium, ut et:

827,1 et: 'vel' P. III 39,1   827,2 eo: 'hoc' P. III 39,2   829,4 Anna: Anne: v. Verg. Aen. 4,416   829,4 properanti: properari: v. Verg. Aen. 4,416   829,5 'circiter': 'curcitor' P. III 41,8   834,1 ut et: ut quia (?)

825 P. III 40,12-15   826 cf. P. III 40,16-24   827 P. III 38,28-39,2   828 P. III 40,25-30
829 P. III 41,3-7   829,4 Verg. Aen. IV 416   830 cf. P. III 41,8-12   831 P. III 41,22-23
832 cf. P. III 41,26-42,6   832,2 Iuv. 3,290   833 P. III 41,24-25   834 cf. P. III 42,7-20

² acer est locus, extra

Me < i > te.

³ Ab eo derivatur 'extraneus' et 'externus'.

835. INTER quoque et composita et apposita invenitur, ut 'internuntius', 'inter amicos', et non solum casualibus praeponitur et gravatur, quod suum est praepositionis, // sed etiam verbis potest adiungi et paenultima a[c]cui, ut si dicam: 'tu dextrorsum, ille sinistrorsum, ego curro inter'. ² Derivatur enim ab 'in', sicut a 'prae', 'praeter', a 'pro', 'propter'. ³ Ab 'e' vero derivatur adverbium 'interea'.

f. 63ʳ

836. INTRA videtur ab 'in' derivatum, sicut a 'sub', 'supra et subter', sic ab 'in', 'inter et intra et intus, intro'. ² Sed 'intus' et 'intro' casualibus numquam praeponuntur; 'inter' vero et 'intra' frequentissime.

837. INFRA tam praepositio quam adverbium re[p]peritur, ut 'infra tectum' et 'infra deponite'. ² Ex hoc derivatur 'inferus' vel 'infer', quo modo a 'super', 'superus'.

838. IUX<T>A simul tam adverbium, ut ² 'horum ego vitam mor<t>emque iuxta aestimo', ³ quam praepositio, ut 'iuxta nos residet'.

839. OB quando per appositionem ponitur pro casuali coniunctione accipitur, ut Vergilius:

² Cuius ob auspicium moresque sinistros infandum;

³ vel pro loco, ut idem poeta:

⁴ Haut quaquam ob meritum,

id est 'pro merito'. ⁵ In compositione vero significat 'contra', ut 'obvius, occurro', et 'circum', ut 'obumbro'.

840. PER et componitur et separatur, et tam locum significat, ut 'per medium forum', quam tempus, ut 'per medium diem'. ² Si enim dixerit quis 'per virtutem fio laudabilis', locus laudis virtus fuisse ostenditur; sic etiam de aliis rebus potest aptari. ³ Est et iurandi, ut 'per deum'. ⁴ In compositione quoque tam perfectionem, ut 'perficio, peroro', quam ab-

834,2 Me < i > te: v. Pers. I 113 (meiite); P. III 42,13 (meite)   835,1 a[c]cui: 'accui' P. III 42,26   836,1 sicut: 'velut' P. III 43,15   838,2 mor<t>emque: cf. P. III 44,22   839,2 moresque, sinistros infandum: 'infaustum moresque sinistros' Verg. Aen. XI 347   839,4 Haut: cf. Verg. G. IV 455 (haudquaquam); cf. P. III 37,22   840,2 locus: 'quasi locus' P. III 38,5-6   840,3 deum: cf. P. III 38,8

834,2 Pers. 1,113-114   835,1-2 P. III 42,21-43,1   835,3 v. P. III 43,12-14   836,1 P. III 43,15-16   836,2 P. III 43,21-22   837,1 cf. P. III 44,4-7   837,2 P. III 44,9-10   838 cf. P. III 44,17-25   838,2 Sall. Catil. 2,8   839 cf. P. III 37,16-25   839,2 Verg. Aen. XI 347   839,4 Verg. G. IV 455   840 P. III 37,26-38,12

negationem significat, ut 'perfidus, periurus'. [5] Accipitur enim pro adverbio quando pro 'valde' ponitur.

841. Post et locum, ut:

[2] post montem oppositum,

et tempus significat, ut 'post pietatem utilitas ponenda est'. [3] Loco etiam adverbii ponitur, ut:

[4] post faciet,

[5] in quo, quia non est praepositio, potest ablativo iungi, ut:

[6] longo post tempore visus.

[7] Ex hoc derivatur 'posterus' et 'postica'.

842. Trans et componitur, ut 'transfero', in quo plerumque amittit 'n' et 's', ut 'traduco, trado, traicio, trano', et separatur, ut 'trans Padum'.

843. Et sciendum, quod omnes monosyllabae dictiones tam accusativo quam ablativo casui servientes, et componi, et separari possunt excepto 'cum', pro qua 'con' in compositione semper invenitur praeposita, eandem significationem habens quam 'cum' praepositio, ut 'conficio'.

844. 'Pridie' quoque more praepositionis accusativo adiungitur, ut: [2] 'pridie Kalendas Ianuarias'; [3] 'pridie Idus'; [4] 'pridie Nonas'.

845. Istae praepositiones, quando per se proferuntur, acutum habent accentum in fine; quando cum aliis, gravem.

846. Dicimus enim ad patrem (390,6). [2] Ad semper motionem significat, ut 'ad patrem vado'. [3] 'Pater' dicitur a 'patrando', sive a Graeco quod est παντηρός, id est 'omnia servans' quia omnem servat posteritatem.

847. Apud villam (390,7) sum. [2] Apud stabilitatem significat. [3] 'Villa' dicitur a 'vallo'. [4] Antiqui enim, antequam haberent civitates, vallum faciebant in circuitu possessionum suarum, id est munitionem ex fossa de paleis: inde 'villa' dicitur.

841,6 visus: cf. Verg. Aen. VI 409 (visum); P. III 38,25   843,1 excepto: 'excepta' P. III 39,12 844,4 Nonas: nanas: cf. P. III 44,24 846,3 παντηρός: ΠαΝΘαCHIP: 'pantachir' ss. A²; v. R.F. 81, 3-7

841 cf. P. III 38,15-27   841,2 Verg. G. III 213   841,4 Ter. Adelph. I 2,30   841,6 Verg. Aen. VI 409   842 P. III 39,3-5   843 P. III 39,11-15   844 P. III 44,22-25   844,2 Cic. Catil. or. I 6,15   844,3-4 Liv. p. 131 (XVII fr. 7)   845 cf. P. III 27,4-5   846-874 cf. R.F. 80,19-85,24   846 v. R.F. 81,3 n.; v. C.G.L. II 455,16 et passim (servo = τηρῶ)   846,2 "AD PATREM vado" Vulg. et Vet. Lat. Ioan. 14,12   847,2 cf. P. III 40,12   847,3 Isid. XV 13,2

848. ANTE AEDES (390,7) discurrit sacerdos. [2] 'Aedis' in singularitate 'templum' dicitur. [3] AEDES vero pluraliter 'domos' vel 'munitiones' civitatis significant. [4] Inde 'aedilis' et 'aedituus' dicitur 'custos templi'; et ipsa res 'aedilitas' dicitur.

849. ADVERSUM INIMICOS (390,7) vadit rex. [2] 'Adversum' et 'contra' idem est: ADVERSUM INIMICOS dimico.

850. CIS R<H>ENUM (390,7) civitas est Magontiae. [2] R<h>enus est fluvius magnus dividens Galliam et Germaniam. [3] CIS et CITRA idem est, sed in hoc differunt, quod CIS propriis nominibus montium vel fluminum iungitur, ut 'cis Alpes', CIS R<H>ENUM'; CITRA vero appellativis, ut 'citra flumen, citra montem', et CITRA FORUM (390,7). [4] FORUM appellativum est locus publicus; vel 'mercatum' ubi negotia exercenter et dictum est a commerciis. [5] Omnis locus publicus forum appellatur.

851. CIRCUM VICINOS (390,7-8) benignus est iste. [2] CIRCUM et CIRCA et ERGA idem sunt. [3] 'Vicini' a vico dicuntur.

852. CIRCA TEMPLUM (390,8) Domini est peribolum. [2] CIRCA TEMPLUM satagit sacerdos. [3] Templum dicitur quasi tectum amplum.

853. CONTRA HOSTEM (390,8). [2] 'Hostis' dicitur eo quod iusta re init bellum. [3] 'Hostire' enim dicimus 'aequare'. [4] Hinc et '[h]ostorium' dicitur lignum quo sextarius aequatur. [5] Nam unicuique.iustae causae belli videntur.

854. ERGA PROPINQUOS (390,8) benivolus est iste. [2] ERGA PROPINQUOS affectuosus sum. [3] ERGA affectionem significat semper. [4] 'Propinqui', affines, vicini.

855. EXTRA TERMINOS (390,8) non prodit mare. [2] Ut Salomon: 'Posuit terminos mari, ne extra procederent'. [3] EXTRA TERMINOS non debet ire monachus. [4] μόνος, id est 'unus'; inde monachus.

856. INTER NAVES (390,9) natat piscator. [2] ναῦς Graece, 'navis' Latine. [3] Inde 'nausia' dicitur quae fit propter sentinam. [4] 'Sentina' autem est aqua fetida in navi.

848,4 'aedilitas': edilitas   850,1 Magontiae: cf. R.F. 82,11   850,4 'mercatum': cf. R.F. 82,17 sqq.   854,1 est iste: 'existo' R.F. 83,9   855,4 μόνος: monos   856,2 ναῦς: Naus

848,2 C.G.L. II 565,25 (cf. Char. 35,9-10)   848,3 v. Isid. XV 3,2; v. Fest. 12,3-7   848,4 cf. Fest. 12,10-15   848,4 'aedituus' C.G.L. IV 474,54; 'aedilitas' C.G.L. II 565,21   850,1 R.F. 82,10-11   850,2 v. Isid. XIII 21,30; XIV 4,25   850,3 cf. P. III 40,25-29   850,4 v. Fest. 74   850,4 'mercatum' C.G.L. III 493,2; v. 897 infra   851,2 v. P. III 41,3-25   851,3 Isid. XV 2,22   852,1 R.F. 83,1   852,1 'peribolum' (peribolus) cf. C.G.L. V 622,20; cf. IV 270,54; v. Vulg. Ezech. 42,7 ff. (I Mach. 14,48)   853,2 cf. Fest. 414,37-416,4   853,3 Fest. 416,5   853,4 v. P. II 215,17-18; v. Fest. 288,29-30   854 cf. P. III 41,24-25   854,4 v. Fest. 10,15   855,2 cf. Vulg. Prov. 8,29   855,4 Isid. XV 4,5; VII 13,1   856,2 P. II 39,2   856,3 v. Fest. 164,2-6   856,4 cf C.G.L. II 592,55

857. INTRA MOENIA (390,9) scribo. [2] INTRA MOENIA huius civitatis est ecclesia Sancti Petri vel Sanctae Mariae. [3] 'Moenia' dicuntur a verbo 'munio', quod antiqui dicebant 'moenio'; inde et 'm<o>enia' per

f. 63[v] '<o>e' apud nos scribitur, quasi 'munia' a 'muniendo', // eo quod intra consistentes muniant.

858. INFRA TECTUM (390,9) sto. [2] TECTUM a tegendo vocatur.

859. IUXTA MACELLUM (390,9) est [a]ecclesia Sancti Martini vel Sancti Eusebii. [2] MACELLUM a macerandis carnibus dicitur, ubi boves et porci macerantur; hinc 'macellarii' dicuntur.

860. OB AUGURIUM (390,9) novi futura. [2] OB AUGURIUM dives est iste. [3] AUGURIUM dicitur divinatio in avibus, quasi 'avigerium', eo quod ipsa divinatio in vocibus geritur avium; vel quasi 'avigarrium', eo quod in garritu illarum fiant.

861. PONE, id est 'iuxta', TRIBUNAL (390,10) sto. [2] TRIBUNAL sedes iudic<i>aria dictum, eo quod inde subditis leges tribuant; vel PONE TRIBUNAL sedet lictor. [3] Tribunal sedes est tribuni. [4] Olim erat tribunus qui tertiae parti Romae praeerat; modo 'millenarius' dicitur tribunus qui mille viris praeest; inde tribunal dicitur sedes iudiciaria qua iudicantes sedent iudices.

862. PER PARIETEM (390,10) prospicio. [2] 'Paries' dicitur a parilitate, id est ab aequalitate lapidum.

863. PROPE FENESTRAM (390,10) sedeo. [2] 'Fenestra', quasi 'φῶς nostra', id est lux nostra dicitur, eo quod ferat intus lucem. [3] φῶς Graece, 'lux' Latine.

864. PROPTER DISCIPLINAM (390,11) veni. [2] 'Disciplina' dicitur a discendo, eo quod plena discatur: hinc et discipulus.

865. SECUNDUM FORES (390,10), id est post [h]ostia sto; vel SECUNDUM FORES incedo. [2] Et proximitatem et aemulationem significat, ut 'secundum eum sedeo', et 'secundum mores eius vivo', 'secundum fores accumbo'. [3] FORES [h]ostia domorum quae foris aperiuntur, sicut 'ianuae', quae intus; '[v]valvae' vero quae intrinsecus, a velando dictae, eo quod se velent.

866. POST TERGUM (390,11) respexit uxor Lot[h]. [2] 'TERGUM, tergi', id est 'dorsum'; 'tergus, tergoris', 'corium'.

862,1 prospicio: *Perspicio*' R.F. *84,17*   863, 2 φῶς: fos: cf. R.F. *84,20*   863,3 φῶς: fos
865,3 velent: '*velant*' R.F. *85,2*   866,1 Lot[h]: '*loth*' R.F. *85,3*

857,3 cf. Isid. XV 2,17-18; IX 4,21   859,2 cf. Isid. XV 2,44; cf. Fest. 112,14-16; 'macellarii' v. C.G.L. V 82,14; v. Funaioli 116 (10); 231 (121)   860,3 v. R.F. 84,7   860,3 v. Fest. 2,7; cf. Isid. VIII 9,19; cf. Serv. *ad Aen.* V 523   861,3-4 R.F. 84,13-17; tribunus = χιλίαρχος C.G.L. II 201,36 et passim; cf. Isid. IX 3,29-30; IX 4,18; 'tribunal' cf. C.G.L. II 595,58 (IV 398,11); cf. Isid. XV 4,16   862,2 cf. Isid. XV 8,2   863,2-3 cf. Isid. XV 7,6   864,2 Isid. I 1,1   865,2 cf. Char. 304,18-21   865,3 'Fores = ostia, ianuae' C.G.L. IV 442,47   865,3 cf. Isid. XV 7,4   866,1 v. Vulg. *Gen.* 19,17 et 26 (post tergum ... Respiciensque uxor ...)   866,2 cf. Isid. XI 1,91-92; v. Serv. *ad Aen.* I 211

867. TRANS RIPAM (390,11) iacio. ² 'Ripa' et '[h]ora' et 'margo' idem
sunt. ³ TRANS RIPAM est ecclesia Sancti Martini; TRANS RIPAM, id est 'ultra
ripam', navigo.

868. ULTRA FINES (390,11), id est terminos, civitatis pergit episcopus.
² ULTRA FINES ne procedas. ³ 'Finis', 'terminus'; 'finis' quando mortem
significat, ut quidam dicere volunt, feminini generis est; quando ter-
minum, masculinum est. ⁴ Sed frivolum est, et de termino terrae et de
vita eodem genere proferimus.

869. PRAETER OFFICIUM (390,11), id est excepto officio tuo, nihil agas.
² OFFICIUM ab effectu, quasi 'efficium'; non, ut quidam putant, ab 'officio' verbo quod significat 'noceo': 'efficio' vero 'perficio' vel 'impleo'.

870. SUPRA CAELOS (390,11-12) sedet Dominus. ² 'C<a >elum' dicitur
pictum a 'c<a >elando', a verbo 'c<a >elo, las', id est 'sculpo' vel
'pingo', eo quod sit c<a >elatum, id est sculptum, mira pictura
stellarum.

871. USQUE O[C]CEANUM (390,12) gubernat Dominus cuncta. ² USQUE
O[C]CEANUM perrexit Alexander, id est mare. ³ O[C]CEANUM est mare ἀπὸ
τοῦ ὠκέος, id est ab ambitu, eo quod ambiat, id est circumdat mundum. ⁴ Vel ὠκύς Graece, 'velox' Latine. ⁵ Inde 'O[c]ceanus' mare
magnum a velocitate undarum, quo totus cingitur mundus.

872. CIRCITER, id est prope, ANNOS (390,12) triginta habet ille
aetatem. ² CIRCITER semper ad aetatem refertur, et ad tempus pertinet
solum, ut 'circiter Kalendas'.

873. SECUS VOS (390,12), id est 'iuxta vos'.

874. PENES ARBITROS (390,12), id est 'iuxta iudices': SECUS VOS sedeo;
PENES ARBITROS, id est iuxta arbitros, sedeo. ² 'Arbitri' dicuntur iudices,
eo quod arbitrio, id est iudicio suo, cuncta decernant: inde arbitrium
dicitur iudicium. ³ Arbitrium vero est libera potestas.

875. Sciendum est apud Graecos tredecim esse praepositiones; apud
Latinos vero multo plures. ² Sed facit poly[s]sema significatio paene
omnibus Graecis praepositionibus indita. ³ Verbi gratia, περί Graeca
praepositio est, et diversis sensibus accipitur: ⁴ περιφέρω, id est cir-

---

871,3 ἀπὸ τοῦ ὠκέος: apo toy okeos: cf. P. III 507,31   871,4 ὠκύς: ochis: cf. R.F. 85,18;
cf. P. III 80,13   875,1 tredecim: 'decem et octo' P. III 28,20; cf. R.F. 80,6   875,3 περί: peri:
cf. R.F. 80,10 sqq.   875,4 περιφέρω: perifora; cf. R.F. 80,11

867,2 v. Isid. XIV 8,42 (margo)   868,3-4 v. Char. 352,5-6; cf. P. II 141,16-17; 160,10-12; v.
Serv. ad. Aen. II 554   869,2 cf. Isid. VI 19,1; 'officio' cf. C.G.L. IV 131,50 et passim; 'efficio' cf.
C.G.L. IV 60,5 et passim   870,1 'super caelos' Ps. 112,4 et passim; "supra caelos" non invenitur
in ed. Vulg.   870,2 cf. Isid. III 31,1; XII 4,1; XX 4,7-8   871,3-4 cf. P. III 507,30-32; v. Isid.
XIII 15,1   871,4 C.G.L. II 205,38 et passim   872,2 cf. P. II 41,23   873 cf. Char.
101,13-19   874,2 v. Fest. 14   874,3 cf. C.G.L. IV 19,44 (311,19) et passim   875 R.F.
80,5-18   875,1 cf. P. III 28,19-20   875,3-5 cf. P. III 41,4-5; III 344,18 ff.; 'perissologia' D.
395,5

cumſero; ⁵ περὶ τὸ ὄρος, circa montes; ⁶ περὶ ἀρχῶν, id est de principiis; ⁷ περισσολογία, supervacua verborum adiectio. ⁸ Hoc modo et κατά; ⁹ dicimus enim κατὰ Ματθαῖον, id est secundum Matthaeum; ¹⁰ et "cata mane", id est 'iuxta'. ¹¹ Πρός quoque diversas habet significationes, et apud nos ponitur pro 'apud', ut est illud:

¹²Prima quod ad Troiam pro caris gesserat Argis;

¹³ 'ad Troiam' pro 'apud Troiam'.

876. EX HIS "AD" ET "APUD", CUM UNIUS CASUS SINT, DIVERSO MODO PONUNTUR (390,13). ² EX HIS praepositionibus PONUNTUR D<I>VERSO MODO "AD" ET "APUD", CUM UNIUS CASUS SINT. ³ DICIMUS ENIM "AD AMICUM VADO", "APUD AMICUM SUM". ⁴ NAM NEQUE "APUD AMICUM VADO" RECTE DICITUR, NEQUE "AD AMICUM SUM" (390,13). ⁵ Quare hoc? ⁶ Quia AD praepositio mutationem significat; APUD vero stabilitatem.

877. "USQUE" PRAEPOSITIO PLURIMIS NON VIDETUR, QUIA SINE ALIQUA PRAEPOSITIONE PROFERRI RECTE NON POTEST (390,15). ² Pluribus NON VIDETUR, id est quidam putant eam non esse praepositionem, sed tamen est. ³ Quare hoc putant? ⁴ QUIA SINE ALIQUA PRAEPOSITIONE RECTE PROFERRI NON POTEST. ⁵ Verum est: numquam enim aliae parti praeponitur, nisi alia addatur praepositio. ⁶ Unde — id est pro 'quare' — adiungitur utrique casui, et accusativo et ablativo pro qualitate et pro significatione, id est secundum sensum praepositionis eius cui, scilicet praepositioni, copulata fuerit, id est eundem sensum trahit quem et praepositio cui copulata fuerit, ut 'usque ad caelum', et 'usque ab O[c]ceano'. ⁷ 'Ad' accusativo copulatur; unde et USQUE copulatur similiter, 'usque ad O[c]ceanum'. ⁸ 'Ab' ablativo gaudet, et USQUE similiter.

f. 64ʳ   878. ABLATIVI CASUS PRAEPO//SITIONES SUNT HAE, A AB ABS CUM CORAM CLAM DE E EX PRO PRAE PALAM SINE ABSQUE TENUS (390,17). ² Hic singularem vim praepositionum casus ablativi inquiramus. ³ A enim et AB et ABS et E et EX eandem fere vim significationis habent. ⁴ Nam et locales et temporales et ordinales similiter inveniuntur. ⁵ Sed quando consonans sequitur, A et E magis praeponuntur, ut 'a domo', 'e iure'. ⁶ AB vero et

875,5 περὶ τὸ ὄρος: perithoros: cf. R.F. 80,12   875,6 περὶ ἀρχῶν: Periarchon: cf. R.F. 80,13   875,7 περισσολογία: Perisologia; cf. R.F. 80,12   875,8 κατά: cata; cf. R.F. 80,13   875,9 κατὰ Ματθαῖον: cata matheum; cf. R.F. 80,13   875,10 'cata': cf. R.F. 80,14   875,11 Πρός: Pros; cf. R.F. 80,15   878,2 singularem: 'singularum' P. III 47,10

875,6 cf. C.G.L. II 297,42   875,7 D. 395,5   875,8 cf. P. III 37,20   875,9 v. C.G.L. V 352,26; v. Hier. de vir. ill. 54   875,10 Vulg. Ezech. 46,14-15 (cata mane mane); v. E.M. (cata); v. C.G.L. VI 188   875,11 cf. P. III 354,17-20   875,12 Verg. Aen. I 24; P. III 30,19   876,5-6 v. P. III 37,7 ff.; 40,12-15   877 cf. Pomp. V 273,31-274,5   877,5 'aliae' v. L.H.S. I 291   877,6 v. D. 390,17 [ms. P.]   878,2-6 P. III 47,10-16

EX saepissime in compositione non solum vocalibus, ut 'abigo, exuro', sed etiam consonantibus, ut 'abduco, excurro'.

879.   ABS tam in compositione quam in appositione consonantibus solet praeponi, ut 'abscondo, abs quolibet'. [2] A et AB et ABS verbis passivis vel ablativo iunguntur, ut 'amor a viro' vel 'ab illo' vel 'abs quolibet', 'aufero'.

880.   CUM et praepositio est et adverbium. [2] Et per praepositionem invenitur, quia loco eius in compositione semper 'con' praeponitur, ut 'conspiro'. [3] Et est copulativa, ut 'cum ducibus pugno', 'cum rege proficiscor'. [4] Et enclitici vice fungitur, cum pronominibus postponitur, ut 'mecum, tecum, nobiscum, vobiscum'. [5] Aliis vero postposita acuitur, ut 'quocum, quacum, quicum, quibuscum'.

881.   CLAM non solum ablativo, sed etiam accusativo iungitur, et gravi accentu pronuntiatur, nec in compositione invenitur. [2] Est etiam adverbium, ut supra dictum est, ut:

[3] Clam ferro incautum superat.

[4] Ex hoc 'clandestinus' derivatur.

882.   CORAM   et PALAM similiter et praepositiones et adverbia reperiuntur, ut CORAM TESTIBUS (390,19), et:

[2] coram, quem quaeritis, adsum.

[3] Sed contrarias habent significationes: CORAM magis ad personas; PALAM ad omnia accipitur.

883.   DE localis in compositione reperitur, ut 'deduco'; est enim intentivum, ut 'deprehendo'; est et privativum, ut 'demens, desum'.

884.   E autem in compositione vel privativum est, ut 'enervus'; vel intentivum, ut 'enarro'; vel pro 'extra' accipitur, ut 'elimino'.

885.   EX uno modo pro 'extra' accipitur, ut 'extermino'; modo privativum, ut 'expedio'; modo intentivum vel perfectum, ut 'expleo, exoro'. [2] Ex, sequentibus 'b, d, g, l, m, n, <r' et ante> 'u' et 'i' loco consonantium litteris 'x' amittit, ut 'ebibit, edidit, egessit, elusit, emicuit, enervavit'.

886.   PRO est quando localis invenitur tam in compositione quam in appositione, ut 'procurro, provenio, pro templo, pro curia, pro oculis', in quibus PRO 'ante' significat; est etiam temporalis, ut 'provideo,

---

879,1 quam in: quam in Ɔ 7   880,3 ducibus: 'dicimus' P. III 50,23   880,3 rege: 'imperatore' P. III 50,23-24   885,1 uno: 'quoque' P. III 48,21   885,2 <r' et ante>: v. P. III 48,3

879,1 P. III 47,22-23   879,2 P. III 48,13-15   880 cf. P. III 50,22-51,11   881,1-3 cf. P. III 51,11-17   881,3 Verg. Aen. I 350   881,4 P. III 51,21-22   882 cf. P. III 52,1-14   882,2 Verg. Aen. I 595   883 cf. P. III 48,28-49,4   884 P. III 48,19-21   885,1 P. III 48,21-23   885,2 cf. P. III 48,2-5   886 cf. P. III 49,5-25

proavus'. [2] Sed hoc quidam ab adverbio 'procul' compositum affirmant, et omnia similiter 'pro' correptam habentia, ut 'profatur, protervus'. [3] Loco etiam E vel SUPER (390,23) accipitur, ut 'prominet', pro 'eminet' vel 'supereminet'. [4] Accipitur etiam pro AD, ut 'pro viribus', id est 'ad vires'. [5] IN quoque loco invenitur, ut 'pro testimonio dixit', hoc est 'in testimonio'. [6] Nec non etiam interiectionis loco ponitur, ut Sa<l>lustius: 'pro deum atque hominum fidem'.

887.   PRAE et apponitur et componitur, ut 'prae timore, praeficio', et significat modo AD, ut:

> [2] ego illum contempsi prae me,

[3] hoc est 'ad comparationem mei'; modo AB, ut:

> [4] prae studio, dum id efficies, quod cupis,

pro 'ab studio'. [5] Loco etiam 'super' fungitur, ut 'praesideo, praefectus'. [6] Nec non etiam pro 'valde' invenitur, ut 'praevalidus, praecelsus', 'praeco' quod a valde canendo dicitur. [7] Pro ANTE quoque accipitur, ut 'praedico, praecurro'. [8] Et ab eo derivatum 'praeter' videtur.

888.   SINE et ABSQUE, cum similem habent significationem quae est negativa, nec in compositione inveniuntur. [2] Si postposita paenultimam acuit, ut Vergilius:

> [3] Si sine pace tua,

et:

> [4] Te sine nil altum mens inchoat.

889.   ABSQUE vero magis derivatio est ab 'abs' quam positio, quo modo ab 'unde', 'undique', quia numquam 'que' coniunctio in compositione suam vim amittit, ut 'atque'.

890.   TENUS non solum ablativo, sed etiam genetivo postponitur, ut:

> [2] crurum tenus a mento palearia pendent.

[3] Ex hoc componitur 'hactenus' adverbium.

891.   DICIMUS ENIM A DOMO (390,18) egredior. [2] 'Domus' dicitur a Graeco quod est δῶμα, id est 'tectum' Latine. [3] Hinc et Salomon:

> [4] Melius est sedere in angulo domatis.

887,4 efficies: cf. Ter. And. V 1,6 (efficias); cf. P. III 50,8   887,4 ab: 'a' P. III 50,9   887,6 quod: 'quoque' P. III 50,11   888,4 inchoat: cf. P. III 52,25   889,1 positio: 'compositio' P. III 52,26   891,2 δῶμα: doma; cf. R.F. 86,4

886,6 Sall. Catil. 20,10   887 cf. P. III 49,26-50,20   887,2 Ter. Eun. II 2,8   887,4 Ter. And. V 1,6   888 cf. P. III 52,16-25   888,3 Verg. Aen. X 31   888,4 Verg. G. III 42   889 P. III 52,26-28   890,1-2 cf. P. III 53,4-11   890,2 Verg. G. III 53   891-905 R.F. 86,3-87,17   891,2 v. C.G.L. II 282,41; IV 230,23 (domata)   891,4 Vulg. Prov. 21,9

892. AB HOMINE (390,18-19) accepi. ² AB HOMINE audivi. ³ A, AB, et ABS unius significationis sunt. ⁴ Sed A apponitur illis partibus quae a consonantibus incipiunt; AB quae a vocalibus; ABS tribus consonantibus tantum 'c' et 'q' et 't': 'c', ut 'abscondo', 'q' ut 'abs quolibet', 't', ut 'abstraho'.

893. ABS QUOLIBET (390,19) audivi. ² ABS praepositio, QUOLIBET pronomen ablativi casus facit nominativum 'quislibet'; ABS QUOLIBET, id est 'ab aliquo'.

894. CUM EXERCITU (390,19) procedit rex. ² 'Exercitus' ab exercitio; exercetur enim studio armorum.

895. CORAM TESTIBUS (390,19) locutus est Dominus. ² 'Testes' dicuntur a testiculis, vel a testonibus, qui non minus sunt quam duo, sicut nec minus testes recipiuntur quam duo. ³ Testiculi et testones idem sunt.

896. CLAM CUSTODIBUS (390,19) surrexit Dominus, id est occulte, nescientibus custodibus. ² CORAM et PALAM idem sunt; CLAM vero contrarium est illis. ³ Istae duae praepositiones CLAM et CORAM contrariae sunt, quia CORAM significat PALAM, id est 'manifeste'; CLAM, 'occulte'.

897. DE FORO (390,19) venio, id est 'de mercato'. ² 'Forum' neutri
f. 64ᵛ generis est et significat mercatum // in singularitate; 'fori' pluraliter masculini generis sunt: sedilia enim navium sunt.

898. E IURE (390,20), id est lege dam[p]natus est. ² E IURE, id est 'secundum legem' dicta est sententia.

899. EX PRAEFECTURA (390,20), id est 'ex praefecti ministerio'. ² Ex PRAEFECTURA eiectus est praefectus. ³ PRAEFECTURA est officium praefecti; et praefectus erat secundus ab imperatore. ⁴ DE et E unam significationem habent.

900. PRO CLIENTIBUS (390,20) laborat magister. ² Clientes dicuntur famuli vel discipuli colentes id est venerantes patronum, et clientes dicuntur discipuli, quasi 'colentes', eo quod colant magistrum.

901. PRAE TIMORE (390,20) angeli exterriti sunt custodes.

902. PALAM OMNIBUS (390,20) locutus est Dominus in templo, id est 'manifeste'. ² Nam CORAM et PALAM praesentiam significant, sed CORAM refertur ad personam; PALAM ad omnia. ³ PALAM OMNIBUS loquitur magister.

900,2 discipuli: discupuli   900,2 venerantes: vererantes

892 cf. P. III 47,11-48,2   894,2 v. Fest. 71; v. Isid. IX 3,58   895,1 'coram testibus' v. Vulg. et Vet. Lat. I *Tim.* 6,12   895,2-3 R.F. 86,12-14; v. C.G.L. V 516,46   896,2-3 v. P. 52,1-14   897,1 v. 850,4 supra   897,2 cf. Isid. XVIII 15; cf. Fest. 74,15-27; cf. Char. 90, 21-28   898 v. R.F. 86,21-26   899,3 v. C.G.L. V 575,53   900,2 cf. Isid. X 53   901 cf. Vulg. *Matt.* 28,4 (Prae timore autem eius exterriti...)   902,1 v. Vulg. et Vet. Lat. *Ioan.* 7,26 (Et ecce palam loquitur)   902,2 v. 896, 2-3 supra

903. SINE LABORE (390,21) gubernat Dominus mundum.

904. ABSQUE INIURIA (390,21) regit omnia, id est 'absque iniustitia'.
2 'Ius' dicitur 'lex': inde 'iniuria', quicquid contra legem agitur.

905. TENUS praepositio est, et licet praeponi debeat, tamen
euphoniae causa postponitur, ut PUBE TENUS (390,21). 2 'Pubes' dicitur
barba, vel locus corporis pudendus. 3 Item 'pubes' sunt loca corporis
pilescentia in secretiori parte ventris. 4 Unde legitur Scylla in diversa
monstra PUBE TENUS fuisse conversa, id est 'usque ad pubes'.

906. SED HAEC PRAEPOSITIO CAUSA EUPHONIAE (390,21), id est 'bonae
sonoritatis' supponitur, et ablativo casui iungitur, ut Iuvenalis:

   2 Crure tenus medio tunicas succingere debet.

3 Vergilius tamen ἑλληνισμῷ, id est Graecitate, usus est, et genetivum
iunxit illi, ut illi faciunt, dicens de bove optimo.

   4 crurum tenus a mento palearia pendent.

5 TENUS PUBE, id est usque ad lanuginem puerorum; TENUS PUBE, id est
usque pubes perduxit magister discipulos suos. 6 'Pubes' est prima
barba iuvenis, et 'pubes' est adolescens quin etiam et plurium
<numerus> eiusdem aetatis. 7 Vel 'pubes' puer qui iam generare
potest. 8 Is incipit esse ab annis quattuordecim; femina viripotens a
duodecim.

907. CLAM PRAEPOSITIO CASIBUS SERVIT AMBOBUS (390,22). 2 Quomodo?
3 Dicimus enim 'clam custodes' et 'clam custodibus'; 'clam vos' et 'clam
vobis' dicimus.

908. UTRIUSQUE CASUS PRAEPOSITIONES SUNT HAE, IN SUB SUPER SUBTER
(390,23). 2 UTRIUSQUE CASUS PRAEPOSITIONES HAE dicuntur, quia utrique
casui serviunt accusativo scilicet et ablativo.

909. QUARUM "IN" ET "SUB" TUNC ACCUSATIVI scilicet CASUS SUNT
praepositiones, CUM AD LOCUM VEL NOS VEL QUOSLIBET IRE ISSE ITUROS ESSE
SIGNIFICAMUS (390,24). 2 CUM SIGNIFICAMUS, id est cum demonstramus, NOS
IRE AD LOCUM de praesenti, ISSE de praeterito, ITUROS ESSE de futuro, id est
quod motionem significat.

910. TUNC ABLATIVI, CUM NOS VEL QUOSLIBET IN LOCO ESSE vel FUISSE,
FUTUROS ESSE SIGNIFICAMUS. 2 CUIUS REI EXEMPLUM SUNT HAEC: 3 'IN' ACCUSATIVI

903,1 Dominus: dñs; cf. R.F. 87,9; 'Deus' R.H. 216,27   906,3 ἑλληνισμῷ: elenismo: cf. P. III
32.12   906,6 <numerus>: v. Fest. 241,9

904,2 C.G.L. IV 358,15; cf. Isid. V 26,10   905,1 v. P. III 33,16-20; 53,4-11   905,1 PUBE
TENUS: Verg. Aen. III 427   905,2-3 cf. Isid. XI 1,102   905,3 'pilescentia' v. E.M. (pilus); v.
L.H.S. I 314d   905,4 v. Fulg. M. 49 (IX)   906,2 Iuv. 6,446   906,3-4 cf. P. III 32,10-
17   906,4 Verg. G. III 53   906,5 cf. C.G.L. IV 253,34 (104,6)   906,6 Fest. 241,9-10   906,7-
8 Fest. 297,2-3   907 v. P. III 39,11-27; 45,1-2; 51, 11-24   908-920 cf. P. III 53;14-56,3; Pomp. V
275,16-278,5   910,3 Verg. Aen. VI 179

CASUS, ut "ITUR IN ANTIQUAM SILV[V]AM (390,25) stabula alta ferarum". [4] ITUR motionem significat; ideo in accusativo regitur. [5] ITUR IN ANTIQUAM, id est magnam et nobilem SILVAM, quae est, id est ipsa silva, ALTA STABULA FERARUM. [6] A Troianis ITUR IN ANTIQUAM SILVAM. [7] Ecce motio: qui enim 'it', movetur.

911.　'IN' ABLATIVI CASUS, est, ut "STANS CELSA IN PUPPI" (390,27), scilicet Anchises invocat deas. [2] STANS stabilitatem demonstrat, ideoque ablativo servit. [3] 'Puppis' posterior pars navis, sicut 'prora' anterior. [4] Quando etiam pro 'ad' ponitur, accusativo copulatur, ut:

[5] Impulit in latus,

[6] pro 'ad latus'; quando enim in loco, habet significationem ablativi, ut 'in Italia sum'. [7] In compositione quoque diversas habent significationes: modo enim privativa, ut 'indoctus, infirmor'; modo intentiva, ut 'imprimo, incurso'. [8] IN modo significat id quod est 'valde', et vim verbi cui praeponitur auget, ut 'increpuit, insonuit, infregit'; [9] modo id quod non est, ut 'invalidus'; [10] modo id quod 'inter', ut 'benedicta tu in mulieribus'; [11] modo id quod 'adversus', ut 'duo in tres, et tres in duo dividentur'; [12] modo spatium temporale, cum significat 'usque', ut 'a mane in noctum', id est 'in noctem'.

912.　'SUB' ACCUSATIVI CASUS est, ut:

[2] Haerent parietibus scalae, POS[T]TES[T]QUE SUB IPSOS NITUNTUR GRADIBUS (390,28) clipeosque ac tela sinistris.

[3] NITUNTUR, id est conantur ascendere. [4] Ecce motio: conantur et ascendunt Graeci in domum Priami; GRADIBUS, id est per gradus; SUB IPSOS, id est iuxta ipsos postes. [5] Dicit hoc Vergilius de palatio Priami, quod Graeci voluerunt intrare. [6] 'Postes' dicuntur, eo quod post ostium sint. [7] NITUNTUR motionem significat, et ideo SUB accusativo copulatur.

913.　'SUB' ABLATIVI CASUS est, ut:

[2] ARMA SUB ADVERSA POSUIT RADIANTIA QUERCU (390,29).

911,7 habent: 'habet' P. III 53,23　　　911,7 infirmor: 'infirmo' P. III 53,24　　　911,7 incurso: 'incurro' P. III 53,26　　　912,2 POS[T]TES[T]QUE: v. Verg. Aen. II 442　　　912,2 ac: v. Verg. Aen. II 443 (ad)

910,3-6 v. Tib. D. I 532,30-533,11　　　910,5 v. C.G.L. IV 429,44　　　911,1 "STANS..." Verg. Aen. VIII 680; X 261; (III 527); v. P. II 336,6-10　　　911,1 'Anchises' v. Verg. Aen. III 525 ff.; v. Tib. D. I 333,26-29 (celsa)　　　911,3 cf. Isid. XIX 2,1　　　911,4-6 cf. P. III 53,16-22　　　911,5 Verg. Aen. I 82　　　911,7 P. III 53,22-26　　　911,8-9 cf. Char. 303,3-6　　　911,10 'benedicta tu in mulieribus' cf. Vulg. et Vet. Lat. Luc. 1,42 (...inter mulieres)　　　911,11 v. Char. 304, 15-17　　　911,12 'noctum' v. L.H.S. I 271⁵; 273⁴ (noctu); v. L.H.S. II 147　　　912,2 Verg. Aen. II 442-443　　　912,3-5 v. Tib. D. I 209,25-210,1　　　912,6 cf. Isid. XV 7,9　　　913,2 Verg. Aen. VIII 616

[3] P OSUIT Venus RADIANTIA, id est splendentia, ARMA SUB ADVERSA QUERCU, id est contra posita Aeneae quercu. [4] Dicit hoc Vergilius de armis Aeneae, quae impetravit Venus a Vulcano marito suo. [5] POSUIT SUB AD-VERSA QUERCU. [6] Ecce stabilitas: nam quod deponitur stat. [7] 'Quercus' est arbor glandifera, et dicitur a quaerendo, eo quod antiqui ibi victum quaerebant.

914. Item IN et SUB 'tunc accusativi casus sunt cum 'adversum' vel 'ante' significant, ut:

[2] Ibat in Euryalum,

et:

[3] sub ipsum

Arcturum,

pro 'adversum' (390,24). [4] 'In Euryalum', id est 'contra Euryalum';
f. 65[r] Euryalus quidam iuvenis fuit. //

915. Et SUB ponitur pro ANTE, sicut illud:

[2] sub ipsum

Arcturum,

id est 'ante Arcturum'. [3] Arcturus est signum in caelo, et dicitur Arcturus quasi ἄρχτου οὐρά, id est 'ursae cauda'. [4] SUB quoque, quando pro 'ante', vel pro 'per' ponitur, accusativo iungitur, ut:

[5] POSTES[T]QUE SUB IPSOS,

id est 'ante', et:

[6] Urit atrox Iuno et sub noctem curra recurrit,

hoc est 'per noctem'. [7] In compositione quoque modo localem vim retinet, ut 'subeo, submitto'; modo deminutivam, ut 'subrideo, sub-tristis'.

916. "SUPER" VERO ET "SUBTER" CUM ACCUSATIVO CASUI NATURALITER PRAEPONANTUR, ABLATIVO TAMEN PLERUMQUE IUNGUNTUR (391,1). [2] NATURALITER ACCUSATIVO quidem serviunt; serviunt vero ablativo, sed figurate, UT

915,2 sub ipsum: 'sub ipsum' *A*[2]   915,2 Arcturum: 'Virgilius in Georgicon' *ss*.
A[2]   915,3 Arcturus: arcturum   915,3 ἄρχτου οὐρά: art' ura; *cf. Isid. III 71,8-*
9   915,6 recurrit: *cf. Verg. Aen. I 662 (recursat)*

913,7 cf. Isid. XVII 7,38   914,1-3 D. 390,24   914,2 Verg. *Aen.* IX 424   914,3 Verg.
G. I 67-68   915 cf. P. III 53,27-54,21   915,2 Verg. *G.* I 67-68; P. III 54,1-2   915,3 cf.
Isid. III 71,8-9   915,4-5 P. III 53,27-30   915,5 Verg. *Aen.* II 442   915,6 Verg. *Aen.* I
662; P. III 54,6   915,7 P. III 54,19-21

[3] Sedibus optatis GEMINA SUPER ARBORE SIDUNT (391,2).

[4] De columbis dicit quae ad ostendendum ramum Aeneae venerunt. [5] SIDUNT, id est 'sedent', ipsae columbae super gemina arbore aureos. [6] 'Sido, sidis' tertiae coniugationis, et producit 'si', et omnia ab eo composita: facit infinitivum 'sidere'. [7] 'Sedeo, des' secundae coniugationis corripit 'se' et ab eo composita: facit infinitivum 'sedere'.

917. ET:

[2] FERRE IUVAT SUBTER DENSA TESTUDINE CASUS (391,3-4).

[3] Et IUVAT Graecos FERRE, id est sustinere, CASUS, id est pericula belli, SUBTER DENSA TESTUDINE, id est subter ipsa testudine scutorum. [4] 'Testudo' est camera, ad similitudinem cuiusdam animalis facta, quod testudo dicitur. [5] Et testudo est densitas scutorum facta super capita militum, ad tela venientia recipienda. [6] IUNGUNTUR TAMEN PLERUMQUE, id est aliquando, SUPER ET SUBTER ABLATIVO CASUI, CUM NATURALITER ACCUSATIVO CASUI PRAEPONANTUR.

918. QUAMQUAM MULTI SUNT QUI NON PUTANT PRAEPOSITIONES ESSE AMBIGUAS NISI DUAS, "IN" ET "SUB" (391,5), ac si dicatur: quamvis sint multi qui non aestiment dubias praepositiones nisi duas, 'in' et 'sub', tamen inveniuntur et aliae dubiae, teste Donato. [2] Ambiguae autem praepositiones dicuntur quae accusativo et ablativo casui serviunt. [3] QUAMQUAM, id est quamvis, SUNT MULTI QUI NON PUTANT AMBIGUAS, id est duplices, ESSE PRAEPOSITIONES, NISI DUAS, "IN" ET "SUB", et de quibus dubitatur cui casui serviunt.

919. CETERUM "SUPER" ET "SUBTER", CUM LOCUM SIGNIFICANT, FIGURATE ABLATIVO IUNGUNTUR (391,6). [2] FIGURATE, id est metrice. [3] Causa enim metri SUPER ET SUBTER ABLATIVO IUNGUNTUR, non natura. [4] CETERUM coniunctio est, id est 'de cetero'. [5] Locum significat, ut 'super caelum, super terram': accusativo servit.

920. EXTRA QUAM FORMAM "SUPER" PRAEPOSITIO CUM "DE" SIGNIFICAT, HOC MENTIONEM DE ALIQUO FIERI, ABLATIVI CASUS EST TANTUM, UT

[2] MULTA SUPER PRIAMO ROGITANS, SUPER HECTORE MULTA,

HOC EST DE PRIAMO ET HECTORE (391,7). [3] 'SUPER' hic pro 'DE' ponitur. [4] Verba sunt Didonis apud quam cum esset Aeneas, rogitabat super

---

916,3 SUPER: sub; cf. Verg. Aen. VI 203

916,3 Verg. *Aen.* VI 203   916,4-5 v. Tib. D. I 536,16-27   916,5 v. C.G.L. IV 171,36   916,6-7 cf. P. III 521,25-522,7   917,2 Verg. *Aen.* IX 514   917,3 'Graecos' cf. Verg. *Aen.* IX 503 ff; v. Tib. D II 256,27-258,1   917,4 cf. Isid. XV 8,8   917,5 cf. Isid. XVIII 12,6   918 v. Pomp. V 276,23-277,11   919 v. Pomp. V 277,1-11   919,2 v. Serv. *E.* VI 4,15,37; v. Serv. *G.* I 193,200 et passim   919,4 v. C.G.L. IV 218,10 (nam, quomodo); v. 780,11 supra   920 v. Pomp. V 277,12-30   920,2 Verg. *Aen.* I 750

Priamo rege Troianorum, et super Hectore filio eius. ⁵ EXTRA QUAM FOR-
MAM, id est extra quem sensum? ⁶ Extra eum scilicet, quod "SUPER" ET
"SUBTER" FIGURATE ABLATIVO IUNGUNTUR (391,6-7), id est metrice. ⁷ EST
"SUPER" TANTUM ABLATIVI CASUS, CUM SIGNIFICAT "DE", HOC EST cum MEN-
TIONEM DE ALIQUO facimus, id est memoriam et recordationem. ⁸ 'A nobis
DE ALIQUO FIERI', id est 'cum aliquem nobis reduci ad memoriam
volumus'. ⁹ TANTUM, id est tantummodo, ABLATIVI CASUS EST, UT ROGITANS,
id est interrogans, Dido Aeneam SUPER PRIAMO, id est de Priamo videlicet
qualiter apud Troiam fecerit, SUPER HECTORE, id est de Hectore, MULTA
scilicet ROGITANS, quemadmodum videlicet fortiter in bellis Troianis
fecerit, vel quomodo perierit. ¹⁰ 'Rogito' significat 'interrogo', et
deminuitur a verbo 'rogo, rogas', quod 'interrogo' similiter significat.
¹¹ SUPER et SUBTER contrarias habent significationes. ¹² Invenitur etiam
SUPER verbo coniuncta, in quo sine dubio adverbium esse ostenditur.
¹³ In compositione quoque, ut 'supervacuus'; ex hoc derivatur 'super-
bus'.

921.   SEPARATAE PRAEPOSITIONES, id est sine aliis partibus positae,
A[C]CUUNTUR, id est sub a[c]cuto accentu proferuntur; CONIUNCTAE CASIBUS
AUT LOQUELIS VIM SUAM SAEPE COMMUTANT ET GRAVES FIUNT (391,11).
² CONIUNCTAE CASIBUS, id est casualibus partibus, et LOQUELIS, id est verbis, VIM SUAM SAEPE COMMUTANT, id est accentum quem per se habent
a[c]cutum in fine perdunt, ET GRAVES FIUNT. ³ Quare dixit SAEPE? ⁴ Ideo
scilicet, quia inveniuntur aliquando observare accentum suum quando
cum aliis partibus componuntur, ut in superioribus exemplis ostendi
potest, ut 'insula, infula'. ⁵ Ibi enim a[c]cutus permanet accentus.

922.   Sed non ab re quaeritur, quare nunc verba solummodo dicantur 'loquelae', cum in omnibus partibus orationis 'locutio' consistat.
² Ad quod dicendum ideo hoc fieri, quia frequentius utimur verbis
loquendo quam ceteris partibus.

923.   Sex autem praepositiones, quae sunt 'di, dis, re, se, an, con'
numquam separatae in appositione inveniuntur; sed quia vim et
significationem habent praepositionum et ipsa compositione semper
praepositivae sunt, et ideo praepositionibus connumerantur.

f. 65ᵛ   924.   Et 'di' et 'dis' separativae sunt, // et eandem significationem
habent, quo modo 'ab' et 'abs'. ² Sed tunc 'dis' praeponitur, quando
sequitur 'c', ut 'discumbo', vel 'f', ut 'diffido', in quo et in ceteris
huiusmodi 's' in 'f' convertitur euphoniae causa, vel 'p', ut 'disputo', vel
's', ut 'dissono', vel 't', ut 'disturbo', vel 'i' loco consonantis, ut
'disiungo'. ³ Aliis vero quibuscumque consonantibus sequentibus 'di'

920,10 v. C.G.L. IV 164,50   920,11 P. III 54,25   920,12 P. III 55,16-17   920,13 P. III
55,22-23; 56,3   921 v. P. III 27,4 ff.; v. Pomp. V 279,37-280,9   921,4 'insula, infula' D.
389,31; v. P. 528,33-34   922 v. P. II 369,5-10   923 cf. P. III 56,10-15   924,1-2 cf. P. III
56,16-20   924,3 P. III 56,22-25

praeponitur, ut 'diduco, digero, diluo, dimitto, diruo', et ubique producitur 'di', excepto 'dirimo' et 'disertus. ⁴ 'Di' non potest separari a dictionibus. ⁵ 'Dictio' autem dicitur, eo quod aliquid dicendum, id est intellegendum, habeat. ⁶ 'Diduce[re]re' est 'dividere', ut 'diduco fontem in rivos'; 'distraho', id est 'vendo'; 'distrahere' enim est 'vendere': inde 'distractor'.

925. 'Re', ut quidam sentiunt, a 'retro' per apocopam factum est; sive, ut alii volunt, ab eo nascitur 'retro' adverbium quo modo ab 'ex', 'extra'. ² 'Recipio', id est 'iterum capio'.

926. 'Se' quoque inseparativa est, ut 'secubo, separo'. ² Est enim ab-negativa, ut 'securus'. ³ Ab eo fit 'seorsum', et a 'de', 'deorsum', et a 'super', 'sursum'. ⁴ Quibusdam 'se' a 'semis', quod separationem facit; quibusdam a 'secus' videtur profectum; aliis autem magis ea videntur a 'se' praepositione esse derivata. ⁵ 'Secubo', 'seorsum iaceo' vel 'cubo'; 'amplector', 'circumdo vel deosculor'; 'congredior', 'pugno vel luctor'.

927. 'Am' semper in compositione invenitur, sicut et 'con', de qua supra dictum est, ut 'amplector', 'amputo', 'ambio' in quo additur 'b' consonans.

928. 'Apud' et 'penes' per compositionem numquam iungitur, sed per appositionem semper. ² Reliquae omnes, exceptis 'di, dis, re, se, am, con', per compositionem et per appositionem iunguntur.

929. PRAEPOSITIONES AUT IPSA CORRUMPUNT VERBA, QUANDO COM-PONUNTUR cum eis, UT CONFICIO (391,12-13). ² 'Con' integra praepositio facit corrumpi integrum verbum 'facio', 'a' conversa in 'i': 'conficio', id est 'simul facio'. ³ 'Conficere' etiam pro 'excruciare' ponitur. ⁴ Inde 'confectores' excruciatores dicuntur, id est 'carnifices', ut legimus in passionibus Sanctorum 'iussit confectores venire'.

930. AUT IPSAE CORRUMPUNTUR a verbis in compositione, UT SUFFERO (391,12). ² 'Sub' corrumpitur, quia mutatur 'b' in 's'.

931. AUT CORRUMPUNT simul ET CORRUMPUNTUR, id est ipsae corrum-punt alias partes in compositione, UT SUSPICIO (391,14). ² 'Sub' corrum-pitur mutando 'b' in 's'; 'capio' corrumpitur, quia mutatur 'a' in 'i'. ³ SUSCIPIO, 'recipio'; SUSCIPIO aliquando ponitur pro 'respondeo'. ⁴ Unde

---

929,1 IPSA: ip̄e

924,6 cf. R.F. 89,9-15; v. 817,1-3 supra   925 cf. P. III 57,9-11   926,1-4 P. III 57,12-16   926,5 v. 817,5-7 supra   927 cf. P. III 57,17-18   928,1 v. P. III 40,14-15   928,2 v. P. III 56,10-11   929,2 cf. Pomp. V 277,34-35   929,4 cf. R.H. 265,6; cf. Ado 123,222 (jusserunt propius accedere confectore<s>...)   930 cf. Pomp. V 277,35-37   931 cf. Pomp. V 277,37-278,5   931,4 'suscipiens Iesus' Vulg. et Vet; lat. Luc. 10,30 (Suscipiens autem Jesus); 'respondens dixit' Vulg. et Vet. Lat. Luc. 10,27

in d̹v̹]vangelio: 'suscipiens Iesus', id est 'respondens dixit'. [5] Hoc quidam male emendare volunt 'suspiciens', id est 'sursum aspiciens'. [6] Et SUSCIPIO ponitur pro 'veneror', sicut in salutationibus epistolarum facere solemus, 'suscipiendo patrono', id est 'venerando'.

932. Aut nec corrumpunt ipsae alias partes, nec corrumpuntur ab aliis, ut 'subtraho'.

933. ANTIQUI PRAEPOSITIONES ETIAM GENETIVO CASUI IUNGEBANT, UT

[2] CRURUM TENUS (391,14) a mento palearia pendent,

[3] id est non solum accusativo et ablativo, sed etiam genetivo, quod adhuc Graeci faciunt, qui non habentes ablativum qui proprius est Latinorum — utpote ab ipsis repertus — utuntur pro eo ablativo et dativo, ut CRURUM TENUS pro 'crure tenus'; et est Graeca figura, quia Graeci non habent ablativum, sed genetivo utuntur pro eo. [4] 'Haec PALEARIA', 'hoc paleare', signum bovis boni, id est corium quod a mento pendet.

934. ITEM "POST" ET "ANTE" ET "CIRCUM" UTRISQUE CASIBUS ADIUNCTAS INVENIMUS (391,15), quia sicut Pompeius dicit: non dubitavit Pa[u]cuvius dicere 'ante templo' et 'propter homine', et Sa[l]lustius 'propter condemnatis'.

935. SED SCIRE NOS CONVENIT PRAEPOSITIONES IUS SUUM TUNC RETINERE, CUM PRAEPONANTUR (391,16-17). [2] Quia enim praepositio dicta est a praeponendo, TUNC sine dubio praepositio IUS SUUM, id est legem suam, retinet et vim nominis.

936. SUPPOSITAS VERO ET SIGNIFICATIONEM SUAM ET VIM NOMINIS ET LEGEM PROPRIAM NON HABERE (391,17). [2] SIGNIFICATIONEM SUAM, id est intellectum, ET VIM, id est naturam, ET LEGEM PROPRIAM NON HABERE, sed perdere. [3] Merito praepositiones vim propriam et legem amittunt cum supponuntur, quia non praepositiones, sed 'suppositiones' rite nominantur.

937. SEPARATAE PRAEPOSITIONES, scilicet per appositionem, SEPARATIS PRAEPOSITIONIBUS, similiter per appositionem, NON COHAERENT. [2] ET ADVERBIA FACIUNT, SI QUANDO ILLAS NON SUBSEQUITUR CASUS (391,19). [3] SEPARATAE PRAEPOSITIONES SEPARATIS PRAEPOSITIONIBUS NON COHAERENT,

---

934,1 dubitavit: 'dubitat' Pomp. V 278,21   934,1 propter: 'praeter' Pomp. V 278,22

931,5 v. 'Scottus quidam in territoria Mediolanensi commorans Graecae linguae gnarus de psalterio in linguam Latinam transferendo atque emendando disserit.' ed. E. Dümmler M.G.H. Ep. VI i (Berlin, 1902), 201-5; v. Kenney 569.   931,6 cf. Aug. Ep. 25,79,9; v. M.B. O'Brien, Titles of Address in Christian Latin Epistolography to 543 A.D. (Washington, 1930), p. 121.   932 v. P. III 54,19-20   933 cf. Pomp. V 278,6-14   933,2 Verg. G. III 53   933,3 v. P. II 187,7-12; III 32,10-17   933,4 cf. Isid. XII 1,30   934 cf. Pomp. V 278,21-24. [Pacuv. frag. LXI in Tragicorum Fragmenta, ed. Alfred Klotz (Munich, 1953), p. 188. Sall. Catil. 36 (praeter rerum capitalium condemnatis)]   936,3 v. 800,5-8   937,3 v. P. III 36,20 ff.; v. 808 supra; v. Pomp. V 273,25 ff.

quia non dicimus 'adversum ante', 'adversum post'. ⁴ Et quando absolute ponuntur, ut 'palam, coram' et multa his similia, tunc adverbia magis sunt quam praepositiones.

938. SUNT QUI PUTANT PRAEPOSITIONI ACCIDERE FIGURAM ET ORDINEM: FIGURAM, QUIA SUNT PRAEPOSITIONES SIMPLICES, UT "ABS", COMPOSITAE, UT "ABSQUE" (391,20) et 'circum, circa', et multa alia.

f. 66ʳ 939. Et ORDINEM quoque accidere fatentur, quia praeponuntur // et supponuntur. ² QUIA SUNT PRAEPOSITIVAE PRAEPOSITIONES, UT SINE, SUNT SUBIUNCTIVAE, UT TENUS (391,22), sed quando supponuntur magis passivae qualitates dicendae sunt quam praepositiones. ³ PRAEPOSITIVAE, UT SINE quod etiam aliquando supponitur, ut:

⁴ Te sine altum mens nihil inchoat.

⁵ SUNT SUBIUNCTIVAE, UT TENUS (391,23):

⁶ CRURUM TENUS (391,15).

940. SED HAEC, id est istas praepositiones quae supponuntur, ET his SIMILIA ADNUMERAVIMUS, id est computavimus, IN HIS QUAE ADNUMERANTUR INAEQUALIA (391,23), id est inter passivas qualitates, ut:

² Te sine,

³ pro 'sine te', et:

⁴ capulo tenus.

DE INTERIECTIONE (391,25)

941. INTERIECTIO EST PARS ORATIONIS INTERIECTA ALIIS PARTIBUS ORATIONIS AD EXPRIMENDOS ANIMI AFFECTUS (391,26). ² INTERIECTIO ab interiac<i>endo dicitur, quia de aliis partibus erumpimus interiectivam vocem acti gaudio vel tristitia, vel metu, vel dolore. ³ INTERIECTA, id est interposita. ⁴ Definitio substantiae est hic: in qua definitione communio et proprietas, ut in superioribus ostenditur partibus. ⁵ Est enim communio in hoc quod dicitur: INTERIECTIO EST PARS ORATIONIS, quia omnes partes, partes orationis dicuntur; proprietas vero, in hoc quod subditur: INTERIECTA ALIIS PARTIBUS ORATIONIS AD EXPRIMENDOS ANIMI AFFECTUS.

937,3 post: p'ost   939,4 inchoat: cf. P. III 52,25   940,1 ADNUMERAVIMUS: 'numerabimus' D. 391,24   941,2 interiectivam: 'in interiectivam' R.H. 265,21

937,4 v. P. III 52,1-5   938-939 v. Pomp. V 272,26 ff.   939,4 Verg. G. III 42; P. III 52,25   939,6 Verg. G. III 53; D. 391,15   940,2 Verg. G. III 42; P. III 52,25; v. 939,4 supra   940,4 Verg. Aen. II 533; P. III 32,20   941-957 cf. R.H. 265,20-266,19; cf. R.F. 90,7-91,12; cf. P. III 90,6-91,27; v. Pomp. V 281,5 ff.

942.   Cum enim omnes partes singulariter vim propriam habeant, ut supra dictum est, haec sibi prae ceteris hoc vindicavit officium, ad augendam exigui < ta >tem sui, ut improvise et inconsiderate absque ulla pronuntiaretur praemeditatione. ² Quotienscumque in prosperis vel adversis animi nostri affectum ostendere cupimus, hanc partem proferimus.

943.   Interiectio compositum est ex 'inter' et 'iacio' quod facit praeteritum 'interieci'; transit in participium 'interiectum, ti'; addita 'o' formatur 'interiectio'. ² Igitur interiectio, quae Graece παρένθεσις vocatur, ab interiac < i >endo nomen sortita est, quia, cum de aliis partibus loquimur subito inter eas proferimus interiectionem. ³ Unde et aliae partes quae subita voce proferuntur interiectioni deputantur, ut 'pro dolor', 'pro nefas', 'Deo gratias'. ⁴ Dicitur etiam, ut aiunt, 'interiectio', quasi 'interius iacens < o >ratio'; plerumque impraemeditative exterius emergit.

944.   Quidam hanc particulam adverbio sociare voluerunt. ² Cur Donatus noluit? ³ Quoniam habet proprietatem, sicut ceterae partes, videlicet mentis affectum ostendere. ⁴ Et sciendum, quod ita manent interiectiones apud Hebraeos, sicut et apud Latinos, et non mutantur in alias partes, ut 'racha'. ⁵ Hoc verbum proprie Hebraeorum est, et interp < r >etatur κενός, id est 'inanis' et 'vacuus'; et est interiectio dolentis apud Hebraeos SIGNIFICANS MENTIS AFFECTUM (366,14). ⁶ Quicquid animus noster velit sive erumpere gaudio sive dolore, interiectione ostendit INCONDITA, id est informata, VOCE (336,13-14).

945.   Sed quaerendum est, cum Donatus in minori instructione significationis accidens interiect[ic]ione tribuerit, cur in maiori editione ei nullum accidens accidere dixit. ² Ad quod dicendum, quia hoc in maiori institutione significare voluit, per hoc quod dixit: AD EXPRIMENDOS ANIMI AFFECTUS, quod in minori institutione per illud

---

943,2 παρένθεσις: paratreses; cf. R.F. 90,11; cf. R.H. 218,1   943,4 <o >ratio: 'oratio' R.F. 90,17   943,4 impraemeditative: cf. R.F. 90, 17   944,5 κενός: kenos   945,1 interiect[ic]ione: cf. 'cum donatus in minori institutione significationis accidens interiectionis tribuerit' V 34ᶠ 2-3

943,2 cf. 5 supra; v. L.H.S. II 728,18; cf. Quint. 8,2,15; 9,323; v. Serv. Aen. III 362   943,4 cf. 15 supra   944 cf. R.H. 90,18-27   944,1 v. P. 11 55,6 ff.; III 90,6 ff.; v. Sac. 447,2   944,4 'racha' Vulg. Matt. 5,22 (raca); Vet. Lat. (racha; rachab)   944,5 cf. C.G.L. II 76,8; II 347,39   945,1 v. D. 366,16

---

944 'Quidam' refers ultimately to the Greek grammarians; but there are traces of this theory when Priscian gives only seven in his introduction (II 55,6) and in his fifteenth book (III 90,6). Sacerdos calls the 'interiectio ... adverbio persimilis' (VI 447,2).

'significationis' accidens intellexit. ³ Nam inventa est interiectio AD hos AFFECTUS ANIMI EXPRIMENDOS.

946. AUT enim affectum exprimit METUENTIS (391,27), id est timentis, ut 'attat'. ² Quocumque nobis subito malum aliquod evenire timemus, hac interiectione uti possumus, et EI (391,27). ³ Inde Arator:

Ei mihi iam video subitis,

et reliqua. ⁴ EI interiectio est monosyllaba; 'ei' vero pronomen di[s]syllabum. ⁵ 'Effectus' dicitur ab 'efficio' verbo, id est 'perficio'.

947. AUT affectum OPTANDI exprimit, UT "O" (391,27). ² Similiter quando aliquid optamus, possumus dicere "O".

948. AUT effectum DOLENTIS exprimit, UT "HEU" (391,28), ut Vergilius:

² Heu heu, quam pingui macer est mihi taurus in arvo.

³ Aliquando monosyllabum est; aliquando di[s]syllabum, prout metri ne[c]cessitas coegerit. ⁴ Quando autem quis significare vult dolorem suum, dicere potest HEU.

949. AUT LAETANTIS, UT EVAX (391,28). ² Quando vero laetitiam animi nostri ostendere cupimus, proferimus EVAX. ³ Interiectio gaudentis, sicut 'euge', ut in e[v]vangelio: ⁴ 'Euge, serve bone'.

950. SED HAEC APUD GRAECOS ADVERBIIS APPLICANTUR (391,28). ² SED APPLICANTUR HAEC, id est talia ADVERBIIS, quia Graeci interiectionem non habent, sed inter adverbia deputant, sicut Latini non habent articulos, sed pro illis utuntur pronominibus. ³ Interiectionem quoque Graeci inter adverbia ponunt, quod vel adiungitur verbis, vel verba ei subaudiuntur, ut si dicam 'papae, quod video?', vel per se 'papae'; etiamsi non addatur 'miror', habet in se ipsius verbi significationem. ⁴ Quae res maxime fecit Latinarum scriptores artium separatim hanc partem ab adverbiis accipere, quia videtur affectum habere in sese verbi et plenam motus animi significationem, etiamsi non addatur verbum // 'demonstrare'.

f. 66ᵛ

951. IDEO HOC LATINI NON FACIUNT, QUIA HUIUSMODI VOCES NON STATIM SUBSEQUITUR VERBUM (391,29). ² Istae voces sine verbo proferuntur, ut 'heu mihi', 'evax'. ³ Diximus superius quod proprium sit adverbii cum verbo

946,3 Ei: cf. R.H. 265,25   946,3 subitis: cf. R.H. 265,25 (subitas)   948,2 arvo: cf. Verg. E. III 100 (ervo)   950,3 quod vel: 'quoniam' P. III 90,6   950,3 quod video: 'quid' P. III 90,7   950,4 Latinarum: 'Romanarum' P. III 90,7

946,3 Arator II 701; R.H. 265,25; cf. Beda VII 229,22-23   948,2 Verg. E. III 100; R.H. 265,29; R.F. 91,3-4; Prob. IV 256,2   949,4 Vulg. et Vet. Lat. Matt. 25,21; R.F. 90,28-91,1   950,3-4 P. III 90,6-12   951,3 v. D. 385,11-12; cf. Vulg. Ier. 11,20 (iuste judicas)

poni, et quod adverbium dictum est, eo quod cohaereat, ut 'iuste iudicat'; 'iuste' adverbium est, 'iudicat' verbum. [4] Dum ergo interiectiones non sequantur verbo, merito Latini interiectionem non applicant adverbiis.

952. LICET AUTEM PRO INTERIECTIONE ETIAM ALIAS PARTES ORATIONIS SINGULAS PLURESVE, UT "NEFAS", "PRO NEFAS" (391,30). [2] Quotiens enim subito quis placitam sibi viderit rem, potest dicere FAS. [3] FAS nomen, id est licitum, et transit in interiectionem. [4] Sic 'torvum' nomen pro adverbio ponitur. [5] PLURES vero pro interiectionibus ponuntur partes, UT "NEFAS", "PRO NEFAS". [6] Simili modo si viderit quispiam rem illicitam perpetratam, dicit NEFAS, PRO NEFAS.

953. 'Pro dolor' dolentis, ut Sedulius:

[2] Pro[h] dolor! aeterni fuerant duo crescere postquam,

ex 'pro' et 'dolor'. [3] 'Deo gratias' similiter compositum est ex duabus partibus, et est interiectio laetantis. [4] Quicquid enim sub una voce pronuntiatur, interiectioni deputatur.

954. Possunt tamen quaedam esse dubia inter adverbia et interiectiones, ut 'o': [2] quando indignationem significat vel dolorem vel admirationem, interiectio est; [3] quando vero vocandi est, vel optandi, adverbium est; [4] etiam nomen ipsius litterae. [5] 'A' quoque interiectio est et praepositio et nomen. [6] 'Pro' tam praepositio est quam adverbium, ut:

[7] Pro Iu<p>piter! ibit.

[8] 'Quoniam' quando 'quia' significat, coniunctio est; quando 'postquam', adverbium temporis. [9] Similiter quando 'cum', 'quoniam vel quoque' significat, coniunctio est, et pronuntiatur gravi accentu; cum vero acuitur, adverbium est temporis. [10] Hoc et his similia inconsiderate prolata pro interiectionibus ponuntur, quamvis aliae partes esse valeant.

955. ACCENTUS IN INTERIECTIONIBUS CERTI ESSE NON POSSUNT, UT FERE IN ALIIS VOCIBUS QUAS INCONDITAS INVENIMUS (392,2). [2] Quia enim nulla praemeditatione mentis interiectiones, sed subito et improvisae proferuntur, merito in eis ACCENTUS CERTI ESSE NON POSSUNT, UT FERE IN ALIIS VOCIBUS partium QUAS scilicet voces INCONDITAS, hoc est irregulares INVENIMUS, ut sunt barbara et peregrina, quia quaeque gens suas habet interiectiones quae in alia lingua transferri non possunt. [3] Unde 'racha'

951,3 ut: et   951,3 iudicat: iûdicat   951,3 'iudicat': indicat   953,4 sub una: 'subita' R.H. 266,8

953,2 Sedulius C.P. II 9 (postquam); R.H. 266,6   954,1-6 P. III 91,5-12   954,7 Verg. Aen. IV 590; Serv. IV 443,22-23   954,8 cf. P. III 94,23 ff.   954,9 cf. P. III 50,22 ff.; cf. P. III 95,17 ff.   955,3 v. 944,4 supra; cf. R.H. 266,9

interiectio Hebraea: e[v]vangelista in alia lingua exprimere non potuit.
[4] Sicut nobis earum naturam ignorantibus extranea sunt illa, ita in his
interiectionibus nulla natura servatur, et ob hoc accentus certi desunt.

956. Nihil autem <differt> utrum 'papae' accentum in fine
positum dicatur, an in paenultimo 'papae'. [2] Aut si 'evax' dicas acuta
paenultima, aut 'evax' ultima a[c]cuta, idem est: sic et 'heu' et 'euge' et
'papae'. [3] 'Papae' Graeca interiectio admirantis: unde et 'papa'
apostolicus, et interpretatur 'admirabilis' vel 'pater patrum'. [4] QUAS
voces scilicet interiectionum INCONDITAS INVENIMUS, id est informatas.
[5] 'Incondita' res dicitur 'informata', quae nullam formam, nullam con-
ditionem habet. [6] 'Affectus' dicitur desiderium, id est 'voluntas mentis';
f. 67ʳ 'effectus' vero 'factio', id est 'ipse actus' ... // ...

957. Expositis octo partium orationis regulis, consequenter de
ipsarum partium orationis vitiis atque virtutibus Donatus ex-
cellentissimus auctor artis grammaticae edisserit. [2] Nam utrumque ad
sollertiam artis grammaticae pertinet, ut explosis prius vitiis, deinde
metaplasmaticis et schematicis ac tropicis ornatibus, quasi quibusdam
gemmis picta venustetur locutio. [3] Et quia duo sunt principalia
vitiorum genera, unum quod in singularum partium orationis vitiosa
prolatione accidere cognoscitur, quod barbarismi nomine vocitatur;
alterum quod in contextu partium orationis inesse deprehenditur, quod
soloecismum vocant, primo de barbarismo, dehinc de soloecismo com-
petenter exponit. [4] Quid sit ergo barbarismus differentiali definitionum
specie, quod Graeci κατὰ διαφοράν, hoc est secundum differentiam appellant, breviter lucideque definit dicens: [5] Incipit de barbarismo et
ceteris vitiis.

956,3 'admirabilis': admirantis; cf. R.H. 226,15, R.F. 91,9 sqq.   957,2 metaplasmaticis:
metaplasmiticis   957,4 κατὰ διαφοράν: kata ΔiαφοPaN; cf. Cass. 120,7; 122,3

956,3 cf. C.G.L. V 319,2; cf. Cass. 14,5-6; cf. R.F. 91,10-11   956,6 cf. R.E. 157,34-158,
1-4 n. 956,6-957 v. p. 26, n. 39   957 ed. M. Esposito, C. Quart. XI (1917), 95-96; v. Erch. 63-
64.   957,5 cf. D. 392,4 ff., cf. Isid. II 29,7.

APPENDIX I*

Cum pronomen loco nominis dicatur esse repertum, restat videre quare loco propriorum nominum dicatur esse repertum tantum. Quod quidem videtur velle Priscianus ubi dicit: proprium est pronominis loco proprii nominis poni. Quod vero melius videatur: videndum est quae sit
5 proprietas significati proprii nominis et quae deberet esse proprietas significantis et ipsius nominis. Proprietas itaque significati proprii nominis est discernere subiectum suum a qualibet alia re. Unde etiam dicimus, cum singulis rebus singulae insint substantiae, quod unaquaeque res differt ab alia substantialiter. Et quod significati
10 proprii nominis est facere hoc, esset significantis indicare; sed multa sunt quae impediunt proprium nomen ab hac proprietate: carentia scilicet demonstrationis et relationis; quae duo maxime cooperantur ad hoc ut aliqua dictio discrete discernat subiectum suum ab aliis rebus; alias etiam impedit eventus, id est aequivocatio, proprium nomen ab
15 hac proprietate. Unde contingit quod propria nomina adiectiva recipiunt ad deter<m>inationem aequivocationis, cum appellativa ea non recipiant nisi ad deter<m>i<n>ationem univocationis. Ad hunc itaque defectum supplendum, qui erat in propriis nominibus, inventa sunt pronomina, quae quidem rem determinatam locutioni sup-
20 ponerent, quod et propria nomina faciunt, et auxilio demonstrationis discrete hoc facerent, quod nomina facere non poterunt. Si enim dicam 'Aiax currit' rem discretam locutioni supposui, sed non discrete propter multitudinem nominum concidentium in eandem vocem. Si autem dicam 'ego curro' vel 'iste currit' rem discretam et discrete locutioni
25 supposui auxilio demonstrationis.

---

* See p. 136, n. 337, 4 *supra*.
1 *primam sententiam bis exhibet* A².

APPENDIX II*

Quaerere potest aliquis quae sit differentia inter proprium nomen et appellativum, cum etiam eius significatum discernere videatur subiectum suum ab aliis rebus. Ad hoc dicimus quod significatum appellativi nominis non est esse discretivum, sed est collectivum et
5 adunativum multorum in unam naturam, ut dicit Porphyrius. Ipsum etiam significans rem discretam locutioni non supponit, aliquando tamen pro discreto supponit. Unde etiam est quod ad ipsum potest fieri pronominalis relatio ut 'homo ducitur in urbem' et 'ipse reus constituitur', ibi hoc nomen 'homo' pro discreto, id est pro 'Verre', sup-
10 ponit. Sicut itaque appellativum nomen communem essentiam, ut dictum est, significat, ita etiam et ipsum nomen communiter supponit et sic in eo nullus erat defectus; quod quidem de proprio nomine ostendimus. Et ex hoc etiam potest constare pronomen non esse repertum causa appellativi nominis. Ex praedictis etiam liquet quae sit differentia
15 inter suppositionem pronominis, proprii nominis, appellativi nominis. Pronomen enim rem discretam et discrete locutioni supponit; proprium nomen vero rem discretam locutioni supponit, sed non discrete; appellativum nomen nec discretam nec discrete supponit licet aliquando pro discreto supponat, ut dictum est, nisi quod quaedam appellativa
20 nomina loco propriorum nominum ponuntur per antonomasiam, id est per excellentiam, ut urbs pro 'Roma', Apostolus pro 'Paulus'. Notandum etiam quod, cum nomina appellativa nec in supponendo nec in apponendo defectum habuerint, propria nomina in supponendo, ut dictum est, debito modo defecerint, sed non in apponendo. Nomen enim
25 sive appellativum sive vero proprium deter<m>i<n>atae significationis potest apponere. Suppositio potest apponere vel supponere in quacumque personali proprietate. Unde Priscianus: 'homo est' potest esse qui loquitur et ad quem quis loquitur vel de quo quis loquitur, ut 'ego sum homo', 'tu es homo', 'ille est homo', similiter et Iacobus ut,
30 'ego sum Iacobus', 'tu es Iacobus', 'ille est Iacobus'; qui scripsit hanc regulam valde bonam.

---

* See p. 138, n. 346, 7 *supra*.
5. Porphyrius: 'porfirius' A^2

INDEX OF POETRY
AND BIBLICAL QUOTATIONS

I POETRY

II THE BIBLE[1]

1   References found only in the Vetus Latina (ed. Sabatier) are marked with an asterisk*

INDEX OF SOURCES AND PROPER NAMES
CITED IN THE ARUNDEL MANUSCRIPT

Monica 17, 7
Moyses 166, 3; 792, 1
Musa 166, 2; 300, 7; 450, 5
Musae (novem) 168, 1; 214, 4; 305, 2
Mycenae 90, 7 & 8; 240, 6; 692, 4

Nepa 71, 6
Neptunus 783, 5
Nereius 89, 1
Nereon 82, 3 ff.
Nereus 82, 3 ff.; 83, 1
Nerine 83, 1; 88, 1; 89, 1
Nestor 87, 1
Nestorides 87, 1
Noemonaque 758, 5
Nonae 233, 2
nonnulli 11, 1
Numa Pompilius 34, 6; 224, 3
Numantia 825, 1
Numanti<n>us 40, 12
Numanus 85, 3
Numeria dea 34, 6
Numeria dea paganorum 224, 1

Odysseus 65, 4
Olympiacae 780, 2
Orestes 183, 2; 186, 1 & 5
Ovidius Naso 45, 5
Ovidius in primo Metamorphoseon 76, 2
Ovidius in quarto decimo Metamorphoseon 77, 3

Pa[u]cuvius 934, 1
Padum 828, 2; 842,1
Pallas 761, 5
Pamphila 179, 4; 181, 4; 182, 2
Pan 64, 1; 70, 5
Paris 65, 7; 781, 1
Parmeno 179, 4; 180, 3; 181, 1 ff.
Passionibus Sanctorum, in 929, 4
pater Aeneas 625, 5
<pater Anchises> 518, 4
Pater caeli et terrae 820, 7
pater Graecorum 100, 10
Patriciolus 58, 8
Paulus 43, 1
Paulus apostolus 248, 6
Peleias 83, 1; 88, 1
Peleion 84, 2
Peleides 84, 2; 87, 1; 88, 5
Peleis 88, 5
Pelethronius 201, 10
Peleus 74, 9; 82, 2; 83, 1; 85, 2; 87, 1

Peliades 85, 1; 88, 2
Pelias 85, 1; 88, 2
Pelidae 87, 2
Pelides 74, 9; 82, 2; 85, 2; 88, 5
Peligna 19, 12
Penelopa 55, 10
Persius 34, 8; 108, 1; 224, 5; 425, 3; 482, 7
Persus 824, 5
Petrus, sanctus 857, 2
Phaedria 179, 2 ff.; 180, 1 & 3; 182, 4
Phaethon 78, 1
Phaethontiades 78, 1 ff.; 175, 12; 198, 2
philosophi 38, 2; 346, 7; 539, 1;
Phronesium 189, 1 ff.
Piraeus 180, 1
Pittacus 84, 2
Plato 38, 2; 45, 5
Plinio testante 500, 4
Plinius Secundus 208, 2
Plisthenes 87, 1
Plisthenides 87, 1
Plutone deo 238, 10
poeta 183, 4; 198, 9; 829, 3
poeta (Vergil) 198, 5
Pollux 65, 3 ff.; 647, 4; 648, 1 & 2; 649, 3 & 6; 651, 4 ff.
Polydeuces 65, 3
Pompeio testante 97, 3
Pompeio teste 308, 5; 407, 4
Pompeius 97, 5; 134, 3; 246, 2; 279, 5; 294, 2; 455, 4; 483, 1; 526, 2; 769, 4; 934, 1
Ponticum, mare 146, 4-5
Ponto insula 146, 5
Priameium (regnum) 269, 5
Priami filius 269, 8
Priamides 87, 1; 88, 2; 269, 8
Priamis 88, 2
Priamus 87, 1 ff.; 198, 10; 269, 2 ff.; 912, 4 & 5; 920, 2 ff.
Prisciano testante 541, 3
Prisciano teste 428, 8; 446, 3
Priscianus (maioris auctoritatis) 338, 2
Probus 33, 1; 219, 2
Proserpina 238, 10
Proverbiis, in 421, 4
Prytanimque 758, 5
Psalmi 229, 6; 624, 6
Publius 41, 3; 42, 4; 46, 2; 51, 2
Publius Cornelius 41, 3
Publius Cornelius Scipio Africanus 73, 11; 710, 3; 754, 4
pumiliones 145, 4
Pyrrhus 73, 11 ff.; 785, 6
Pythia 182, 4

INDEX GRAECITATIS *

ους =genetivus Graecus 87, 1.

πᾶν =omne 68, 5.

παντηρός =omnia servans 108, 3; 846, 3.

παρεμβολή =interiectio 5, 13.

παρένθεσις =interiectio 943, 2.

πέντε =quinque 285, 4.

περί =Graeca praepositio diversis sensibus 875, 3.

περισσολογία =supervacua verborum adiectio 875, 7.

περιφέρω =circumfero 875, 4.

πλάτων =latum 45, 6.

πρόθεσις =praepositio 5, 12.

πρός =ad 213, 2; 396, 5.

πρός =apud 875, 11.

προσήλυτος =advena 213, 2.

πρόσωπον =persona 396, 4.

πτῶσις =casus 24, 20; 215, 7; 281, 5.

πῦρ =ignis 203, 13.

ῥῆμα =verbum 5, 7.

σκίπων =baculus 44, 4; 217, 8.

στηριον =statio 165, 5.

στοά =porta 10, 2.

σύ =tu 351, 11; 397, 3.

συμπόσιον =conbibendum 513, 5, convivium 513, 4.

σύνδεσμος =coniunctio 5, 11.

σύνθεσις =compositio 90, 2.

σχολάσατε ='vacate et videte' 56, 10.

σωφρόσυνος =parcus vel temperans 189, 9.

ἀπὸ τοῦ ταρταρίζειν =a stridore vel a tremore 194, 6.

τέρπω =delecto 214, 4.

τέτ<τα>ρα =quattuor 284, 4.

τίθημι =pono 90, 2 ; 93, 2.

τό =hoc 373, 3.

τορεύω =torno 212, 1.

τράγος =hircus 183, 3.

τρυγία =faeces 185, 1.

τύχη =fortuna 170, 8.

τῶν μέσων =mediae significationis 92, 4.

ὕδωρ =aqua 166, 6.

φιλαργυρία =amor argenti 237, 14.

φρόνησις =prudentia 189, 5.

φῶς =lux 863, 2; 863, 3.

χεῖλος =labium 67, 4.

χόω =inchoo 490, 4.

Χριστός =unctus 8, 13.

ᾠδή =cantus 178, 1 ; 178, 2.

ἀπὸ τοῦ ὠκέος =ab ambitu 871, 3.

ὠκύς =velox 871, 4.

ὦπα =faciem 396, 5.

ως =genetivus Graecus 87, 1.

Achilles =sine labiis 67, 3.

ades =genetivus Graecus 86, 1.

Aeaci filius =Aeacides 74, 10.

Aeacides =Aeaci filius 74, 10.

Aeneades =Romani 79, 2; 88, 3; 88, 4.

Agamemnon =Atrei filius 74, 8.

analogia =proportio 322, 4.

ardalio =gluto 118, 3.

ars =virtus 3, 4.

as =terminatio nominativa Graeca 85, 1; 88, 1; 88, 2.

Atlantides =Mercurius 76, 1.

atomos =res individuae 38, 2.

Atreis =filia vel neptis Atrei 83, 1; 88, 1.

Atrides =filius Atrei 74, 6; 82, 1.

Calypso =ferrum 63, 2.

Calypso =venditrix ferri 68, 4.

cata mane =iuxta 875, 10.

Cecropides =incolae Cecropis urbis 80, 1.

Chalybes =populi apud quos abundat optimum ferrum 63, 7.

chalybs =ferrum 63, 6.

Chaos =confusio elementorum 471, 2.

clepere =furari 202, 2.

comici =poetae 178, 6.

comos =villa 178, 1; 178, 2.

cosmetae =ornatrices dominarum 178, 6.

ecclesiastes =contionator 239, 5.

emblema = varietas pavimenti 190, 4; 329, 1; 330, 1.

embolismus = superabundus annus qui tredecim lunationes habet 190, 5.

epigramma = superscriptio 329, 1; 330, 3.

erisenon = dubium 171, 4.

es = terminatio nominativa Graeca 85, 1.

Euterpe = bene delectans 214, 4.

geatragemata = vilia munuscula 185, 4.

Glycerium = dulce 189, 1.

halidus = validus 798, 6.

homonyma = uninomia vel univoca 71, 2.

Hyrradius = Hyrrae filius 84, 2.

ides = genetivus Graecus 86, 1.

iduare = dividere 232, 4.

Iliades = Iliae filius 77, 2.

ios = terminatio nominativa Graeca 85, 1.

is = terminatio feminina 88, 1; 88, 2.

kalendae = vocationes 232, 2.

lambellares = vilia munuscula 185, 4.

lithostrotos = varietas pavimenti 190, 4.

moisa = Musa 166, 2.

moys = aqua 166, 3.

ne = terminatio feminina 88, 1; 89, 1.

Nereon = filius Nerei 82, 4.

Nerine = filia vel neptis Nerei 83, 1; 88, 1.

nympha = dea aquarum 63, 9.

Odysseus = Ulixes 65, 4.

Pan = omne 64, 1; 70, 5.

papae = Graeca interiectio admirantis 956, 3.

pater = pater 204, 8.

pelagus = profundum maris 191, 3.

Peleias = filia vel neptis Pelei 83, 1; 88, 1.

Pelides = Pelei filius 74, 9.

Pelides = Peleides 88, 5.

periochae = circumstantiae 4, 1.

Phaethontiades = sorores Phaethontis 78, 1; 175, 12; 198, 2.

Phronesium = prudentia 189, 2.

pin = acutum 200, 2; 250, 7.

poema = carmen 190, 2; 190, 3; 329, 1; 330, 4.

Polydeuces   Polydeuceos = Pollux Pollucis 65, 3.

prosopa = ad faciem 396, 5.

prosopa = persona 549, 2.

scalineon = gradatim 235, 6.

schema = figura vel habitus 190, 2; 190, 3; 329, 1; 330, 4.

schola = vacatio 56, 7.

Sophronium = parcus vel temperans 189, 1.

stemma = series vel ordo generationis 329, 1; 330, 5.

syllaba = comprehensio 312, 5.

sympulator = conviva 513, 4.

syncategoremata = consignificantia 19, 13.

Themisto = venditrix vini 68, 4.

Themisto = vinum 63, 4.

Thesides = Theseides 88, 5.

traconodon = durum et lamentabile carmen 183, 6.

tyrannus = rex 95, 8.

Ulixes Ulixeos = Ulixes, Ulixis 65, 4.

vulgus = promiscua multitudo hominum 191, 4.

INDEX ORTHOGRAPHICUS

ircos = hircos 234, 2
Lapite = Lapithae 201, 10
litostratos = lithostratos 190, 4
Loth = Lot 866, 1
melancolya = melancholia 96, 6
methaforice = metaphorice 4, 17
Michahel = Michael 30, 4
omonima = homonyma 71, 1; 71, 3;
  72, 1; 73, 10; 697, 1
orathor = orator 17, 7; 17, 8
oratii = Horatii 627, 9; 638, 5
oratius = Horatius 186, 2 (Horatius
  185, 2)
ordea = hordea 237, 1; 237, 4; 237,
  18
ostorium = hostorium 853, 4
peletronii = pelethronii 201, 10
perhendie = perendie 627, 4; 659, 6
Phetontyades = Phaethontiades 198,
  2
phicyam = Pythiam 182, 4
pirrus = Pyrrhus 73, 10
pithacus = pittacus 84, 2
proh = pro 953, 2
renum = rhenum 850, 1-3
rethor etc. = rhetor 7, 5; 8, 4
scema = schema 190, 1 ff.; 329, 1
scola = schola 56, 7; 57, 2 et passim
sepulchrum = sepulcrum 71, 3
superhabundantia etc. = superabun-
  dantia 190, 5; 330, 1
taydem = Thaidem 179, 3-4; 180, 1-4
  ff. (thaidi 181, 3; thais 181, 4; 182,
  2; 182, 4)
tebanus = Thebanus 99, 9; 100, 2
  (thebanus 99, 4 ff.; 100, 2; 100, 14)
Tharso = Tarso 248, 7
thoro = toro 625, 5
toracem etc. = thoracem 64, 3; 64, 4
traso = thraso 179, 3-4 ff.; 181, 3;
  182, 2
ydraulia = hydraulia 166, 4; 166, 5
assimilatio
  acglomerantes = agglomerantes 345,
    1
  adtendentes = attendentes 347, 4

ammirantis etc. = admirantis 404, 3;
  698, 5; 954, 2; (admirandi 634, 7)
  (admirantis 956, 3)
annumeraret   etc. = adnumeraret
  244, 3; 279, 2; 428, 2; 428, 8; 431,
  7; 455, 6; 756, 3; 812, 2; 940, 1
asscribuntur = adscribuntur 690, 2
assis etc. = adsis 698, 4; 882, 2
asspiratio = adspiratio 798, 6
b — h
  ab = ah 198, 6
  babeat = habeat 7, 11
b — p
  parabsidis = parapsidis 694, 3
b — v
  fribolum = frivolum 612, 4
c — cc
  acipit etc. = accipit 248, 6; 516, 4
  acuso = accuso 708, 2
  brachiis = bracchiis 817, 7
c — g
  clicerium = Glycerium 381, 2
c — r
  locica = lorica 64, 4
cc — c
  accui etc. = acui 835, 1; 921, 1
  accuto etc. = acuto 921, 1; 921, 2;
    921, 5; 956, 2
  neccessitas = necessitas 948, 3
  nunccupatur = nuncupatur 220, 4
  Occeanum = Oceanum 871, 1 ff.;
    877, 6 ff.
  siccine = sicine 675, 11
d — dd
  adita = addita 619, 2
d — g
  ligurido = Lycurgo 740, 9
d — t
  addendes = addentes 19, 2
  inquid = inquit 181, 2
  quod = quot 370, 1
  reliquid = reliquit 175, 5
  velud = velut 203, 7; 455, 4
e — a
  Anne = Anna 829, 4
  lebes = labes 477, 3

ipse = ipsa 929, 1
quere = quare 695, 1
e — c
ecee = ecce 378, 5
e — i
accepi = accipi 732, 3
cecropedes = Cecropides   80,   1
(Cecropide 80, 3)
competalia = compitalia 238, 1; 328,
1
competalya = compitalia 238, 10
deducit = diducit 817, 3
definere = definire 24, 1
demittendum = dimittendum 754, 2
encletice *etc.* = enclitice 764, 1; 880,
4
intelligi *etc.* = intellegi 53, 8 (intelleguntur 53, 9)
opteneant = obtineant 169, 2
plestenes *etc.* = Plisthenes 87, 1
semiliter = similiter 173, 5
semplex = simplex 242, 1 (simplex
242, 2)
vendicet *etc.* = vindicet 7, 12; 8, 4;
721, 3; 942, 1
e — o
salemon = Salomon 239, 4
e — oe
ceptus *etc.* = coeptus 747, 1 ff. (coeptus 732, 2)
menia = moenia 857, 3
e — y
seneresyn = synaeresin 87, 1
ę — a
obnoxię = obnoxia 67, 2
Romę = Roma 689, 2
ę — e
alęe = aleae 105, 8
dęę = deae 217, 10
ęcclesia = ecclesia 859, 1
ęuphonię = euphoniae 290, 4; 642, 5
Latinę = Latine 83, 2
poęta = poeta 352, 6
progenię = progenie 136, 6
proprię = proprie 21, 14

quę = que 251, 3
specię = specie 70, 7
superficię = superficie 7, 10; 191, 2;
275, 3
translativę = translative 163, 7; 403,
4
venerę = Venere 228, 4
eę — ae
heę = hae 9, 2; 17, 3; 17, 10; 19, 8 et
passim
puelleę = puellae 228, 6
ei — i
seimplex = simplex 572, 2
f — ph
auferesin = aphaeresin 15, 2
elefante = elephante 49, 1 (elephas
49, 2)
fedriam = Phaedriam 179, 2 ff.
fetontiades = Phaethontiades 78, 1;
175, 12
fronesium = Phronesium 189, 1 ff.
methaforice = metaphorice 4, 17
f — v
festina = Vestina 19, 12
ff — f
Afficanus *etc.* = Africanus 40, 12;
45, 2-3; 47, 2-3; 49, 2; 73, 11; 217,
9; 691, 1-2; 710, 3; 754, 4
deffendit = defendit 278, 5 (defendit
278, 7)
deffinitio = definitio 941, 4
diffinicio = definitio 8, 2; 32, 2; 60, 4
et passim.
diffinivit *etc.* = definivit 1, 2; 22, 2;
351, 2 et passim
ff — ph
suffronium = Sophronium 189, 1 ff.
g — c
ligurido = Lycurgo 740, 9
g — i
congugatio = coniugatio 433, 1
gugurtino = Iugurtino 58, 4
i — terminatio
praesenti 352, 9
absenti 352, 9 (absente 352, 10)

i — a
eneides = Aeneades 79, 2 (Aeneade
  79, 3)
portabit = portabat 230, 4
i — e
Aristotiles = Aristoteles   9,   2
  (Aristotelici 9, 2)
cicidi = cecidi 519, 4
diffinicio *etc.* = definitio 8, 2; 32, 2;
  60, 4 et passim
diffinivit = definivit 1, 2; 22, 2 et
  passim
dilaniatur = delaniatur 564, 3
diminutivum *etc.* = deminutivum 18,
  9 ; 58, 1; 59, 3; 59, 6; 116, 6; 138, 2
  et passim
dirivantur *etc.* = derivantur 8, 6; 9, 4;
  25, 3; 59, 1 *et passim*
exigerit = exegerit 316, 6
genitivum = genetivum   74,   6   *et*
  passim
intelligitur = intellegitur 22, 6; 73,
  11; 94, 5; 527, 3; 924, 5 *et passim*
pinnipotens = pennipotens 250, 1 ff.
quatinus = quatenus 770, 1; 773, 1;
  779, 5-6
Virgilius = Vergilius 26, 5 *et semper*
i — o
polionima *etc.* = polyonoma 73, 1;
  73, 10; 346, 5
i — u
assimilacio = assimulatio 322, 4
peleis = Peleus 87, 1
Silla = Sulla 298, 5
i — y
acirologya = acyrologia 440, 13
amphitrionis = amphytrionis 650, 4
calibs *etc.* = chalybs 63, 6-8
Calipso = Calypso 63, 2; 63, 5; 68, 4
cimbalorum = cymbalorum 168, 3
clicerium = Glycerium 381, 2
Clitemestre = Clytemestrae 186, 1
corinetes etc. = corynetes 86, 1
dissillabum = disyllabum   100,   11;
  948, 4; 948, 3

dyosinya = dionysia 238, 12
egipto = Aegypto 99, 5; 240, 7
ethimologyas *etc.* = etymologias 449,
  1; 483, 1; 767, 3
eurialum = Euryalum 914, 2; 914, 4
giros = gyros 201, 10
glicerium = glycerium 189, 1 ff.
hirradius = Hyrradius 84, 2
hirre = Hyrrae 84, 2
ligurido = Lycurgo 740, 9
micenae = Mycenae 692, 4
moises = Moyses 166, 3
monosillabis = monosyllabis 664, 6;
  843, 1; 946, 3; 958, 3
odisseus = Odysseus 65, 4
omonima = homonyma 71, 1; 71, 3;
  72, 1; 73, 10; 697, 1
pirrus = Pyrrhus 73, 10
polionima = polyonoma 73, 1; 73,
  10; 346, 5; 697, 1
polissema = polysema 875, 2
pollideuces = polydeuces 65, 3
satiri = satyri 566, 8
silla = Sylla 298, 2; 298, 4
sillaba *etc.* = syllaba 1, 3; 61, 3 et
  passim (syllaba 386, 6; 387, 5)
silogismus = syllogismus 761, 8
sincategoremata = syncategoremata
  19, 13
sincopam = syncopam 360, 4; 474, 7;
  671, 4; 676, 1; 767, 2
sinodoche = synecdoche 20, 4; 398,
  4
sinpulator = sympulator 513, 4
synonima = synonyma 73, 1
tipycus = typicus 584, 1
tirannus = tyrannus 95, 8; 95, 11
ii — i
hii = hi 193, 5 et passim (hi porri
  193, 5)
hiis = his 14, 4; 17, 1; 17, 6 et passim
ius — es
Euticius = Eutyches 460, 3
l — d
alulterio = adulterio 650, 4

l — h
  Adelplys = Adelphis 422, 2
l — n
  alimal = animal 72, 2
l — r
  fraglat = fragra<n.>t 638,2
l — ll
  Salustius = Sallustius 58, 4; 866, 6;
    934, 1
  silogismus = syllogismus 761, 8
ll — l
  Allexander = Alexander 99, 8; 99, 10
  alliis = aliis 180, 1
  pollideuces = Polydeuces 65, 3
  populli = populi 155, 2
litterae interpolatae
  accipiuuntur = accipiuntur 631, 1
  Acreusa = Creusa 372, 5
  activvam = activam 505, 1
  adnimadvertendum = animadverten-
    dum 287, 7
  bactrioperitarum   etc. = bactroperi-
    tarum 686,2
  conoiugationem = coniugationem
    496, 2
  conseuetudinem = consuetudinem
    200, 8
  convincior = convicior 505, 1
  factorum = fatorum 198, 10
  inultile = inutile 627, 10
  ligurido = Lycurgo 740, 9
  monoptotia = monoptota 281, 5
  nostaratis = nostratis 360, 4
  paras = pars 423, 1
  partipo = partio 523, 1
  Paucuvius = Pacuvius 934, 1
  phirytanimque = Prytanimque   758,
    5
  postestque = postesque 915, 5
  posttesque = postesque 912, 2
  prars = pars 249, 2
  promittis = promitti 373, 5
  servvantes = servantes 402, 4
  subiit = subit 681, 3
litterae omissae

Agamenonis = Agame<m>nonis
  240, 6
albumque = Haliumque 758, 5
alicius = alicuius 679, 2
autores = auctores 194, 2 (auctoritas
  198, 1)
cadium = cladium 316, 1
celum = caelum 870 ff.
Cereis = Cereris 238, 10
civtas = civitas 240, 6; 240, 9
compari = comparari 415, 4
coponitur = componitur 827, 1
coniuncio etc. = coniunctioni 446, 3;
  446, 5; 776, 2
copulacone = copulatione 6, 11
cunta = cuncta 159, 2
deminuntur = deminuuntur 58, 1
dverso = diverso 876, 2
ece = ecce 406, 4
vvangelio = evangelio 249, 11
fater = frater 397, 4
fomas = formas 514, 2
fraglat = fraglant 638, 2
hius = huius 244, 3
interiacendo = interiaciendo 941, 1;
  943, 2
interpetatur = interpretatur 944, 5
iudicaria = iudiciaria 861, 2
iugitur = iungitur 523, 4
iuxa = iuxta 824, 1; 831, 1; 838, 1
lice = licet 788, 4
mete = meite 834, 2
moremque = mortemque 838, 2
optatio = optativo 452, 2
paturire = parturire 469, 1
penitus = penitius 652, 2
ponut = ponunt 413, 5
postionis = positionis 210, 1
praeera = praeerat 254, 8
praeto urbanus = praetor urbanus
  254, 8
punientia = punitentia 462, 2
ratio = oratio 943, 4
siendum = sciendum 45, 7; 58, 3
sinedoche = synecdoche 398, 4

vocacabula = vocabula 15, 3

syllabae omissae

 consuedine = consuetudine 237, 2

 denutivae = deminutivae 481, 7

 exiquitem = exiquitatem 942, 1

 femini = feminini 378, 7

 frequentiva = frequentativa 470, 2

 intertio = interiectio 685, 2

 legam = legebam 540, 5

 monossilla = monosyllaba 522, 3

 nichi = nichili 216, 5

 partipiorum = participiorum 532, 6

 signifatio = significatio 456, 1

 signifitionem = significationem 716, 2

 similidinis = similitudinis 638, 2

t — tt

 pithacus = pittacus 84, 2

 quator = quattor 117, 1 ; 159, 1 ; 159, 3 et passim

tt — t

 ettiam = etiam 241, 5 (etiam 241, 8)

 littore = litore 829, 4

u — a

 cusu = casu 307, 1

u — i

 discupuli = discipuli 900, 2

u — o

 duplu = duplo 107, 17

 suffronium = Sophronium 189, 1

vv — v

 evvangelio *etc.* = evangelio 216, 7; 229, 8; 249, 11; 336, 3; 787, 6; 820, 7; 931, 4; 949, 3; 955, 2 (evangelio 469, 4; 645, 4)

 parvvi = parvi 58, 5

 silvvam = silvam 910, 3

 vvalvae = valvae 865, 3

x — s

 sexcenti = sescenti 291, 1

x — xs

 exequitur = exsequitur 130, 3; 142, 3

 extitissent = exstitissent 69, 1

 exilitione *etc.* = exsilitione 566, 6 ff.

y — i

acirologya = acyrologia 440, 13

adelplys = Adelphis 422, 2

conpetalya = compitalia 238, 10

Cycero = Cicero 271, 4

cytharis = citharis 167, 3

Dyos = Dios 649, 1

dyosinya = Dionysia 238, 12

eneydos *etc.* = Aeneidos 350, 6; 627, 11; 627, 15; 628, 7

epygramma = epigramma 329, 1

epÿkoenon = epikoenon 171, 1; 173, 1; 173, 4; 173, 6; 376, 3; 376, 7; 377, 2; 377, 5; 378, 2; 378, 10

epÿteta = epitheta 93, 1; 93, 2; 305, 5

ethimologÿas = etymologias 449, 1

eya = eia 635, 2-3

Gallÿa = Gallia 207, 5

gygantum = Gigantum 58, 7

hyadis = Iadis 89, 1

inchoatÿva = inchoativa 471, 1 ff.

melancolya = melancholia 96, 6

onomatopeÿon = onomatopeion 296, 5

pampynus = pampinus 197, 1

parasytum = parasitum 170, 4; 180, 2 (parasitus 180, 1)

peleÿdes = Peleides 87, 1

phityam = Pythiam 182, 4

Phetontÿades = Phaethontiades 198, 2

pomilÿonum = pumilionum 145, 4 (pomilio 145, 6)

Pompeyo = Pompeio 97, 3 (Pompeius 97, 5)

pompeÿus = Pompeius 279, 5

pontÿcum = ponticum 146, 4 (ponticum 146, 1)

proserpÿnam = Proserpinam 238, 10

pÿnnam = pinnam 250, 7

seneresyn = synaeresin 87, 1

tautologÿam = tautologiam 123, 8

taÿdem = Thaidem 179, 3 ff.

Thaÿs = Thais 150, 3

thebeÿ = Thebei 240, 7; 240, 8

tiberẏm = Tiberim 313, 6

tipẏcus = typicus 581, 1

Troẏeve = Troiaeve 261, 3

ẏliades *etc.* = Iliades 77, 2 ff.

ẏmagines = imagines 241, 9; 243, 2

ẏmago = imago 784, 4

ẏpotes = Hippotes 86, 1

ẏtalia = Italia 691, 1; 691, 6

y — u

satẏriarum = saturarum 58, 6

oẏ = ou 86, 1; 87, 1

INDEX LOCORUM ET NOMINUM PROPRIORUM
(Numeri ad paginam referuntur)

INDEX RERUM VERBORUM LOCUTIONUM
(Numeri ad paginam referuntur)